KIRGISTAN

Zu den Gipfeln von Tien Schan und Pamir

Stephan Flechtner, Dagmar Schreiber

Trescher Verlag

4., aktualisierte und erweiterte Auflage 2015

Trescher Verlag
Reinhardtstr. 9
10117 Berlin
www.trescher-verlag.de

ISBN 978-3-89794-270-7

Herausgegeben von Bernd Schwenkros und Detlev von Oppeln

Reihenentwurf und Gesamtgestaltung:
Bernd Chill
Lektorat: Sabine Fach
Redaktionelle Mitarbeit: Hinnerk Dreppenstedt
Stadtpläne und Karten: Martin Kapp, Gerald Sorg, Bernd Chill
Druck: Druckhaus Köthen

Das Werk einschließlich seiner Teile ist urheberrechtlich geschützt. Jede Verwertung ist ohne Zustimmung des Verlages unzulässig. Dies gilt insbesondere für den Aushang, Vervielfältigungen, Übersetzungen, Nachahmungen, Mikroverfilmung und die Einspeicherung und Verarbeitung in elektronischen Systemen.

Gedruckt auf chlorfrei gebleichtem Papier

Printed in Germany

Alle Angaben in diesem Reiseführer wurden sorgfältig recherchiert und überprüft. Dennoch können Entwicklungen vor Ort dazu führen, dass einzelne Informationen nicht mehr aktuell sind. Gerne nehmen wir dazu Ihre Hinweise und Anregungen entgegen. Bitte schreiben Sie an **post@trescher-verlag.de**.

- LAND UND LEUTE
- BISCHKEK UND DER NORDWESTEN
- DER ISSYK KUL – DIE PERLE DES TIEN SCHAN
- ZENTRALKIRGISTAN
- SÜDKIRGISTAN
- REISETIPPS VON A BIS Z
- SPRACHFÜHRER
- ANHANG

Drei Freunde

Inhalt

Vorwort	8
Herausragende Sehenswürdigkeiten	11
Das Wichtigste in Kürze	16

LAND UND LEUTE 19

Zahlen und Fakten	20
Geographie	21
Relief und geographische Regionen	21
Geologie	22
Übersicht über die erdgeschichtlichen Zeitalter	26
Geologische Fachbegriffe	26
Gewässer	28
Klima und Reisezeit	30
Die Pflanzenwelt	32
Die Tierwelt	34
Geschichte	42
Die Steinzeit	42
Die Bronzezeit	45
Die Saken und Usunen	47
Hunnen und Kuschan	47
Sassaniden und Hephtaliten	49
Turk-Kaganate und Chinesen	49
Das Türgesch-Kaganat	50
Der Sieg der Araber	50
Das Reich der Karluken	52
Das Reich der Karachaniden	53
Die Mongolen erreichen Mittelasien	55
Die Timuriden	57
Die Kirgisen besiedeln den Tien Schan	58
Das Kokander Khanat	60
Russische Expansion	61
Als Teil des Zarenreichs	64
Zeit der Sowjetmacht	66
Unabhängigkeit und die Ära Akajew	70
Die Regierung Bakijew	74
Die Unruhen 2010	77
Die Übergangsregierung Otunbajewa	79
Die Ära Atambajew	81

6 Inhalt

Völker und Nationalitäten	83
Die Kirgisen	86
Die Usbeken	87
Die Russen	90
Volkskultur und Volkskunst	92
Kunsthandwerk	92
Nomadentum und Jurten	94
Musik	96
Die kirgisische Küche	99
Zu Gast bei Kirgisen	100
Kann man in Kirgistan als Vegetarier überleben?	101
Staat und Gesellschaft	105
Politisches System	105
Rechtswesen	107
Menschenrechte und Opposition	107
Soziale und gesellschaftliche Struktur	107
Die Stellung der Frau in der Gesellschaft	108
Religionen	110
Wirtschaft	115
Kollektivierung und Planwirtschaft	115
Wirtschaft heute	116
Bodenschätze und Wasserkraft	120
Währung	123
BISCHKEK UND DER NORDWESTEN	127
Bischkek	128
Bischkeks Flair	131
Sehenswürdigkeiten	131
Museen	136
Parks	138
Religiöse Stätten	138
Ausflüge in die nähere Umgebung	139
Sokuluk-Tal	140
Bischkek-Informationen	141

Inhalt 7

Der Tschuj-Oblast	153
Fakten und Zahlen	153
Nationalpark Ala Artscha	155
Ala-Medin-Tal	157
Ysyk Ata	157
Rotfront	158
Tokmak	159
Ak Beschim	160
Burana und Balasagun	160
Kemin und Tschong-Kemin-Tal	162
Suusamyr-Ebene	165
Kyzyl Oj	166
Der Talas-Oblast	168
Fakten und Zahlen	168
Die Stadt Talas	170
Manas Ordo	172
Scheker	174
Nationalpark Besch Tasch	174
Weitere Sehenswürdigkeiten	175

ISSYK KUL
DIE PERLE DES TIEN SCHAN 179

Das Kirgisische Meer	180
Geschichte und Geschichten	181
Anreise zum Issyk Kul	185
Das Nordufer am Fuße	
des Kungej Alatoo	191
Die Berge des Kungej Alatoo	191
Tamtschy	192
Tscholpon Ata	194
Bosteri	197
Grigorjewka	197
Semjonowka	198
Der östliche Issyk Kul	200
Kurgane und Katakomben	200
Prshewalskij-Museum	202
Karakol	202
Der Zentrale Tien Schan	207
Inyltschek-Gletscher	207
Gipfel des Sieges – Pik Pobeda	215

Zurück zum Issyk Kul	215
Das Südufer am Fuße des Terskej Alatoo	216
Karakol-Tal und Skigebiet Karakol	217
Dshety Oguz	218
Tschong Kyzyl Suu	219
Dshuuka	220
Barskoon	221
Tamga	223
Tosor und Skazka	225
Kadshy Saj und Tong	225
Bokonbajewo	225
Zwischen Bokonbajewo und Balyktschy	226

ZENTRALKIRGISTAN 229

Naryn-Oblast	230
Fakten und Zahlen	230
Kotschkor	231
Umgebung von Kotschkor	234
Hochgebirgssee Song Köl	237
Naryn	239
At Baschy	246
Ruinen von Koschoj Korgon	247
Karawanserei Tasch Rabat	247
Der Torugart-Pass	248

SÜDKIRGISTAN 253

Dshalal-Abad-Oblast	254
Fakten und Zahlen	256
Toktogul	257
Karakul	258
Tasch Kumyr	259
Schutzgebiet Sary Tschelek	260
Tschatkal-Gebirge	262
Schutzgebiet Besch Aral	263
Tschandalasch- und Pskem-Gebirge	264
Dshalal Abad	266
Arslanbob	267
Kazarman	271
Sajmaluu Tasch	271

Inhalt

Der Osch-Oblast	273
Fakten und Zahlen	273
Osch	275
Uzgen	287
Der Pamir Highway	290
Das Alaj-Tal	293
Pik Lenin	295
Der Batken-Oblast	300
Zahlen und Fakten	300
Batken	302
Patagonien Mittelasiens	303
Naturpark Ajgul Tasch	303
Reisetipps von A bis Z	306
Sprachführer Russisch	336
Sprachführer Kirgisisch	347
Glossar	352
Literatur	354
Kirgistan im Internet	357
Über die Autoren	358
Register	359
Bildnachweis	365
Kartenregister	380

ESSAYS

Naturreservate	41
Die Seidenstraße	54
Der Landesname	82
Die Jurte	97
Rezepte	103
Lehmbau in Kirgistan	124
Interhelpo – eine Stadt wird gebaut	130
Tschingis Aitmatow	176
Das Biosphärenreservat Issyk Kul	184
Die Legende von der schönen Tscholpon	196
Ein forscher Franke im Tien Schan – Gottfried Merzbacher	212
Das Gold der Berge: Kumtor	222
Transport auf Kirgisisch	250
Gorno Badachschan	296
Deutsch-kirgisisches Engagement im Naturschutz	304

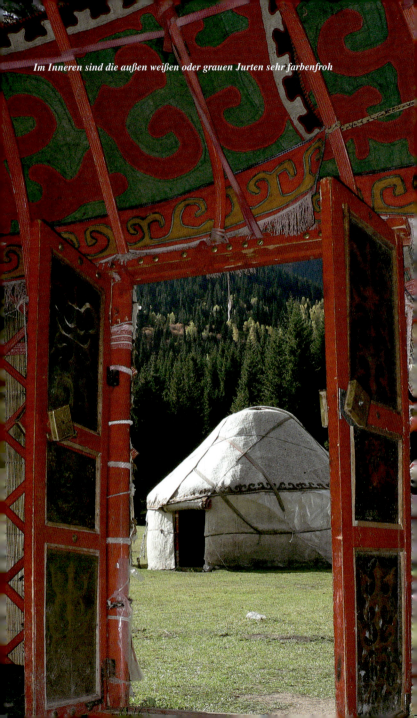

Im Inneren sind die außen weißen oder grauen Jurten sehr farbenfroh

Vorwort

Heißt es nun Kirgistan oder Kirgisistan oder Kirgisien? Oder gar Kyrgyzstan, richtig aus der kirgisischen Sprache mit ihren kyrillischen Lettern übertragen? Egal, wie man es schreibt – das ›Land der Kirgisen‹ ist wunderschön und auf jeden Fall eine Reise wert, zumal seit 2012 auch die Voraussetzungen dafür gut sind: Kirgistan hat als erstes mittelasiatisches Land seine Visaregeln deutlich gelockert, und Bürger der Europäischen Union können sich als Touristen bis zu zwei Monate visafrei hier aufhalten. Lästiges Anmelden bei den Behörden vor Ort entfällt ebenfalls. Das bedeutet: Flug buchen und los!

Die Zahl der Reisenden in die mittelasiatische Gebirgsrepublik hat sich seitdem annähernd verdoppelt. Und es darf erwartet werden, dass sie weiter wächst. Denn alle, die jemals dort waren, bringen außer Filzsouvenirs auch phantastische Bilder mit: Von tiefblauen Hochgebirgsseen, eingerahmt von vergletscherten Bergketten, von Jurten, aus denen einladend der Rauch aufsteigt, und bunten Pferdeherden, die im Sommer scheinbar wild über die Hochgebirgsalmen stromern. Sie teilen ihre Erinnerungen an turmhoch mit Heu beladene Eselskarren, die schwankend durch lange Pappelalleen rumpeln, und an Menschen, die im Abendlicht vor ihren Häusern stehen und schwatzen. Sie erzählen von Mutproben wie Stutenmilch-Verkostungen oder Flussquerungen hoch zu Ross, von sagenhaften motorisierten Fortbewegungsmitteln, die man hierzulande bestenfalls im Museum finden würde und die in kirgisischen Gebirgsschluchten wacker ihre Dienste tun. Und von einfachen Leuten, die neugierig-freundlich jeden Gast aufnehmen, sei es nun ein rucksackbehangener ›wilder‹ Camper, ein abgekämpfter Fahrradfahrer, ein Wildtulpen-Freak oder ein Badegast am ›kirgisischen Meer‹.

Kirgistan ist der ideale Einstieg in die Entdeckung der postsowjetischen mittelasiatischen Länder, aber auch ein guter Startpunkt für eine Weiterreise über die Seidenstraße nach Kaschgar und in die Oasen der chinesischen Taklamakan-Wüste. Visafrei und verhältnismäßig preiswert, freundlich, klein und überschaubar, mit einer landesweit relativ guten Infrastruktur für Rucksacktouristen und passablen Hotels für anspruchsvollere Reisende an den wichtigsten Reisezielen Bischkek und Issyk Kul. Für Bergsteiger und Trekkingtouristen gibt es nach europäischen Richtlinien zertifizierte Guides, und eine Vielzahl von lokalen Reisebüros bieten interessante Touren an. Kirgistan ist das, was man heute ›authentisch‹ nennt – es bekennt sich zu seinen Traditionen und ist – nicht zuletzt wegen seiner Haushaltslage – weit weg von jener Modernisierung um jeden Preis, die in so vielen aufstrebenden Ländern den historischen und natürlichen Charme zerstört hat.

Und Kirgistan ist sicher. Obwohl das kleine, stolze und freiheitsliebende Volk im neuen Jahrtausend zwei autokratische und korrupte Präsidenten zur Abdankung gezwungen hat und es in diesem Zusammenhang Unruhen gab, ist das Land für Reisende nicht gefährlich. Und da die Kirgisen wissen, dass Tourismus auf ihrem landschaftlich einzigartigen, aber sonst nicht gerade mit Reichtümern gesegneten Flecken Erde eine wichtige Einkommensquelle ist, tun sie auch alles dafür, dass ihre Gäste sicher und gut aufgehoben sind.

Herausragende Sehenswürdigkeiten

Kirgistan ist ein ideales Reiseziel für Liebhaber unberührter Gebirgslandschaften. Bauliche Sehenswürdigkeiten gibt es, vor allem im Vergleich mit den Nachbarländern an der Seidenstraße, nur wenige.

Bischkek, Tschuj-Prospekt: An diesem Boulevard konzentriert sich das politische und gesellschaftliche Leben des Landes, denn hier liegen Regierungsgebäude, Theater, Museen und Konzerthäuser. Für Freunde sowjetisch geprägter Architektur in ihrer mittelasiatischen Variante eine Fundgrube. (→ S. 133)

Nationalpark Ala Artscha: Nur eine Stunde Fahrt von der Hauptstadt entfernt, kann man hier einen guten Eindruck von der fantastischen kirgisischen Bergwelt bekommen. Ein Besuch lässt sich problemlos von Bischkek aus organisieren. (→ S. 155)

▲ **Burana, Ausgrabung und Minarett**: Die archäologische Stätte in der Tschuj-Ebene gehört zu den wichtigsten Fundorten aus der Zeit der Karachaniden. Ein imposantes Minarett und die Überreste einer Siedlung aus dem 11. Jahrhundert werfen allerdings mehr Fragen auf, als sie beantworten. Besonders schön ist die stattliche Sammlung von Steinfiguren, die zum Teil über 2000 Jahre alt sind und von ihren Fundorten in den Bergen hierher gebracht wurden. (→ S. 160)

Petroglyphen bei Tscholpon Ata: Unzählige Steingravuren aus der Frühgeschichte der Region liegen hier unter freiem Himmel und künden von der jahrtausendealten Tradition der hier lebenden Völker als Viehzüchter und Nomaden. (→ S. 194)

▲ **Karakol, Moschee und russisch orthodoxe Kirche**: Die beiden Bauwerke stammen aus der Zeit um 1900 und bestehen komplett aus Holz. Die farbenfrohe dunganische Moschee soll sogar ohne einen einzigen Nagel erbaut worden sein. Die Kirche der Heiligen Dreifaltigkeit gilt als ein religiöses Zentrum der slawischen Einwohner des Landes. (→ S. 202)

▼ **Strände am Südufer des Issyk Kul**: Das Südufer des ›kirgisischen Meeres‹ ist kaum besiedelt. Dafür gibt es kilometerlange einsame Badestrände, an denen man im Sommer ein fast mediterran anmutendes

Herausragende Sehenswürdigkeiten 13

Ambiente im Angesicht vergletscherter Gebirgsketten genießen kann. (→ S. 216)

Gebirgssee Song Köl: Dieser große See liegt inmitten einer bezaubernden Gebirgslandschaft und ist traditionell die Sommerweide zahlreicher Nomaden. Der See ist auch ein Ziel für viele Reisende, so dass inzwischen hier einige touristische Jurtenlager entstanden sind. (→ S. 237)

▼ **Karawanserei Tasch Rabat**: Die einsam im Süden des Naryn-Oblastes gelegene Karawanserei ist eines der wenigen erhaltenen Zeugnisse aus der Zeit des Seidenstraßen-Handels. Sie wurde in den 1980er Jahren restauriert, so dass man einen guten Eindruck von der Funktion eines solchen Gebäudes bekommt. (→ S. 247)

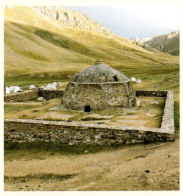

Arslanbob: In diesem überwiegend usbekisch geprägten Dorf kann man viel über das Alltagsleben der Bevölkerung erfahren. Besonders reizvoll ist ein Besuch im Frühjahr, wenn in den ausgedehnten Wildobst- und Walnusswäldern die Baumblüte in vollem Gang ist. (→ S. 267)

Uzgen: Die Stadt im Fergana-Becken ist berühmt für ihren rötlichen Reis, der in ganz Mittelasien für die Zubereitung von Plow bevorzugt wird. Auf dem quirligen Basar kann man sowohl Reis kaufen oder auch als Plow verkosten – in einer richtigen usbekischen Teestube. Ein Muss ist auch der Besuch des Minaretts und Mausoleums aus der Zeit der Karachaniden. (→ S. 287)

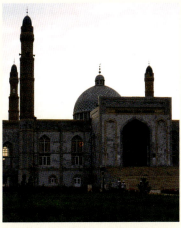

▲ **Osch, Sulajman Too**: Der heilige Berg des Salomon ist seit mehr als 2000 Jahren eine Wallfahrtsstätte und seit 2009 UNESCO-Weltkulturerbe. Er erhebt sich mit seinen Grotten, Mausoleen und Andachtsstätten über einer der geschichtsträchtigsten Städte Kirgistans und gilt als religiöses Zentrum des gesamten Fergana-Beckens. (→ S. 275)

▼ **Tal des Alaj und Basislager Pik Lenin**: Ein ganz besonderes Landschaftserlebnis sind die gletscherbedeckten Giganten des Pamirgebirges, die sich majestätisch über dem abgelegen Alaj-Tal ganz im Süden des Landes erheben. (→ S. 293)

Geleitwort

von Prof. em. Dr. Michael Succow, Vorsitzender des Stiftungsrates der Michael Succow Stiftung zum Schutz der Natur

Wohl jeder, der einmal in diesem so faszinierenden Land war, wird wiederkommen! So ging es auch mir. Inzwischen waren es schon mehr als 20 Exkursionen!

Das Himmelsgebirge – so nennen die Kirgisen ihren Tienschan – zieht Menschen aus allen Teilen der Welt in seinen Bann. Gerade der Zentrale Tienschan, Kern-Lebensraum der Kirgisen, ist für mich der schönste, der bislang am wenigsten durch menschliche Siedlungs- und Bautätigkeit beeinträchtigte Teil dieses großen West-Ost streichenden Gebirges. Die extremen klimatischen Bedingungen dieses in seinem zentralen Teil ausgesprochen kontinentalen, ariden Hochgebirges ließen nur eine dünne Besiedlung mit darin eingepasster Nomadenkultur zu. All das ist heute noch immer bzw. wieder erlebbar. Mit seinen fünf Gebirgsketten, die jeweils viele Gipfel über 5000 Meter in ständiger Schneebedeckung tragen, erhebt sich das Gebirge unvergleichlich aus einer Steppen- und Halbwüstenlandschaft. Die Gipfelketten werden durch Hochtäler getrennt. Eine vielfältige, an Extreme angepasste Pflanzen- und Tierwelt hat sich im Laufe der Nach-Eiszeit hier entfaltet mit Arten, die in ihrem Verbreitungsgebiet insgesamt höchst bedroht sind. In einer langen Koevolution hat sich hier die Weidewirtschaft der Kirgisen in einer langen Tradition entwickelt. Die sprichwörtliche Gastfreundschaft dieses Volkes, seine Pferdekultur, die wieder erlebbaren Jak-Herden – das alles in der Einsamkeit, in der Weite dieser Hochgebirgslandschaft zu erleben, bleibt unvergesslich. Und eingebettet in die Hochgebirgswelt sind voll atemberaubender Schönheit große Seen zu finden, allen voran der Issyk Kul.

Dieses Land prägte den großen kirgisischen Poeten und Menschenfreund Tschingis Aitmatow. Seine literarischen Werke gingen um die ganze Welt, erreichten viele Menschen. Nach der Unabhängigkeit des Landes konnten wir uns immer wieder begegnen, gemeinsam an dem großen Vorhaben wirken, die zentralen Teile des Tienschan in ein von der UNESCO zertifiziertes Biosphärenreservat zu führen. Das ist bereits 2001 gelungen, ein Wiederbeleben der traditionellen Wirtschaftsweise war damit gegeben. Und diese Region des Biosphärenreservates, immerhin mehr als ein Viertel des Landes, wurde damit zum Kernstück eines naturorientierten Tourismus.

Ich bin den Autoren dieses Reiseführers sehr dankbar, dass sie als perfekte Kenner der Natur und Kultur dieses Landes, das ihnen seit langem zur neuen Heimat wurde, ihr Wissen, ihre Erfahrung, in diesem Buch verarbeiteten. Seit 2003 (1. Auflage) sind über 5000 Exemplare verkauft worden, und ich kann nur wünschen, dass diese völlig neu bearbeitete, erweiterte Auflage viele neue Leser findet! Mögen sie bei ihren Reisen durch dieses so beeindruckende Land es lieb gewinnen, es besser verstehen. Wünschen wir uns, dass die Authentizität dieses so unverwechselbaren Landes noch lange erlebbar bleibt, bei seiner weiteren Entwicklung nicht verlorengeht! Jeder Reisende, wir alle können etwas dazu beitragen!

Die Skazka-Felsen am Südufer des Issyk Kul

Das Wichtigste in Kürze

Der erste Teil des Buches gibt ausführliche Informationen zu **Land und Leuten** (→ S. 19), vor allem zu Geographie, Geschichte und Kultur.
Anschließend werden die einzelnen Regionen Kirgistans detailliert vorgestellt: ausgehend von der Hauptstadt **Bischkek** und dem **Norden des Landes** (→ S. 127), über den **Issyk Kul** (→ S. 179) und die **Landesmitte** (→ S. 229) nach **Südkirgistan** (→ S. 253). Zu jeder Region gibt es eine Karte sowie praktische Informationen zu Transport, Unterkunft und Verpflegung.
Die **Reisetipps von A bis Z** (→ S. 304) bieten alles, was man zur Vorbereitung einer Kirgistanreise wissen sollte.
Ein russischer und kirgisischer **Sprachführer** (→ S. 334) sowie ein **Glossar** (→ S. 352) schließen sich an. Die Übertragung der kirgisischen (manchmal noch russischen) Ortsnamen aus dem kyrillischen Alphabet erfolgt nach der im Deutschen üblichen Transkription, die sich stärker an der Aussprache als an der wissenschaftlichen Exaktheit orientiert. Im Land selbst kursieren viele Bezeichnungen in allen möglichen Varianten.

Einreise

Für Bürger der europäischen Union sowie der Schweiz genügt bei Aufenthalten bis zu 60 Tagen der Reisepass, der mindestens noch sechs Monate gültig sein sollte. Das Nachbarland Kasachstan hat für Deutsche für Aufenthalte bis zu 15 Tage die Visapflicht vorerst bis Juli 2015 ausgesetzt. Für die Nachbarländer Usbekistan, Tadschikistan und China werden nach wie vor Visa benötigt.

Geld

Euro und Dollar kann man in Bischkek und anderen größeren Orten in Banken und Wechselstuben gegen Som tauschen (1 Euro = 72 Som). Es gibt internationale Geldautomaten in Bischkek und Osch. Man sollte unbedingt vor der Reise mit seiner Bank klären, ob die jeweiligen Geldkarten funktionieren. Die in Europa mittlerweile weit verbreiteten V-Pay-Karten funktionieren weder in Kirgistan noch in den Nachbarländern. Vor der Fahrt aufs Land sollte man sich ausreichend mit Som bevorraten. Notfallnummer für Kartensperren aller Art: +49/116116.

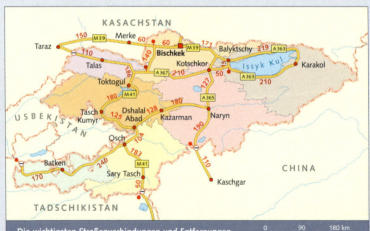

Die wichtigsten Straßenverbindungen und Entfernungen

Das Wichtigste in Kürze

Verständigung
Grundkenntnisse des Russischen sind hilfreich. Touristische Dienstleister sprechen in der Regel Englisch, ebenso zunehmend viele jüngere Kirgisen. Deutschkenntnisse sollte man nicht erwarten.

Unterwegs im Land
Zwischen allen größeren Orten verkehren preiswerte Linienbusse sowie Minibusse auf festen Linien. Auch ist es üblich, sich Taxis mit anderen zu teilen. Kirgisische Reiseveranstalter vermitteln Transfers und Autos mit zuverlässigen Fahrern. Aufgrund vielerorts schlechter Straßen muss man mit langen Fahrzeiten rechnen.

Unterkunft
Außer den großen Hotels in der Hauptstadt sowie am Nordufer des Issyk Kul entsprechen die Unterkunftsmöglichkeiten nicht internationalem Standard. Dafür gibt es zahlreiche Möglichkeiten, auch in sehr ländlichen Gegenden, ein Dach über dem Kopf zu finden: Jurtenlager, Gästehäuser und kleine Privatunterkünfte. Zelten ist überall in der freien Natur möglich.

Klima und Reisezeit
Kirgistan ist ein Hochgebirgsland, entsprechend extrem sind die Wetterverhältnisse. Am Issyk Kul herrscht allerdings nahezu maritimes Klima, in Südkirgistan kann es im Sommer sehr heiß werden. Die beste Reisezeit ist von Juni bis September, aber man kann das Land von Ende März bis Ende Oktober bereisen.

Sicherheit
Bei Beachtung der überall gültigen Regeln ist Kirgistan ein sicheres Land. Vorsicht ist auf Basaren und Busbahnhöfen vor Taschendieben geboten. Nach Einbruch der Dunkelheit sollte man nicht alleine unterwegs sein und in den Städten lieber mit dem Taxi fahren. Wertsachen sollte man ohnehin zu Hause lassen. Während eines Kirgistan-Aufenthaltes sollte man sich von westeuropäischen Vorstellungen von Pünktlichkeit und Zuverlässigkeit verabschieden und mit großzügigem Zeitrahmen planen.

Ausführliche Hinweise in den Reisetipps von A bis Z ab → S. 306.

Kartenregister auf → S. 378.

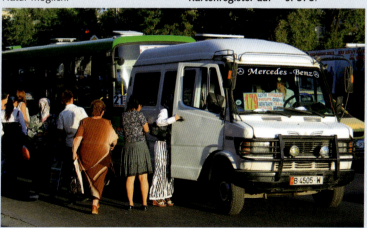

Der öffentliche Verkehr funktioniert vor allem mit Minibussen (Marschrutki)

»Hier spricht die Natur ungleich verständlicher, klarer, in mächtigeren Schriftzügen, in gewaltigeren Verhältnissen als in unseren heimischen Alpen. ... Darf ich wagen, es auszusprechen, so möchte ich hinzufügen, die ergreifende Macht des Eindrucks landschaftlicher Schönheit wird hier noch nicht herabgestimmt, durch das Dazwischentreten von der Zeitkrankheit Angekränkelter...«

*Gottfried Merzbacher,
Der Tian-Schan oder das Himmelsgebirge (1906)*

LAND UND LEUTE

Tal im Terskej Alatoo

Zahlen und Fakten

Offizieller Name: Kirgisische Republik (Kyrgyz Respublikasy, Кыргыз Республикасы)
Hauptstadt: Bischkek
Regierungsform: Parlamentarisch-präsidentielle Demokratie
Amtssprachen: Staatssprache Kirgisisch, Russisch ist seit 2000 ›offizielle Sprache‹.
Währung: 1 Som = 100 Tyjyn. 1 Euro = 72 Som (Januar 2015)
Nationalfeiertag (Tag der Unabhängigkeit): 31. August
Fläche: 198 500 Quadratkilometer
Größte Ausdehnung: Nord-Süd 435 Kilometer, West-Ost 900 Kilometer
Mittlere Höhe ü. d. M.: 2750 Meter
Bevölkerung: 5,8 Millionen (Dezember 2014)
Mittlere Bevölkerungsdichte: 34 Einwohner/qkm
Anteil Stadtbevölkerung: 33,44 %
Bevölkerungswachstum: 1,4 % pro Jahr (2014)
Durchschnittliche Lebenserwartung: 67,5 Jahre (Männer 63,4 Jahre, Frauen 71,9 Jahre)
Alphabetisierung: 97 %
Bevölkerungsanteil unter 18 Jahren: 36,5 % (2013)
Fruchtbarkeitsrate: 3,1 Kinder je Frau
Säuglingssterblichkeit: 2,06 % (2012)
Bruttoinlandsprodukt pro Kopf: 958 Euro/Jahr (2013)
Bevölkerungsanteil unter der Armutsgrenze: 37 % (2014)
Wichtigste Handelspartner: Deutschland, Russland, Usbekistan, Kasachstan, VR China
Nationalitäten: Kirgisen 72,3 %, Usbeken 14,4 %, Russen 6,6 %, andere 6,7 % (Dunganen, Uiguren, Tadschiken, Türken je ca. 1 %, außerdem Kasachen, Tataren, Aserbaidschaner, Koreaner, Ukrainer je ca. 0,5 %, Deutsche noch 0,1 %) (2013)
Religionen: Sunnitische Moslems ca. 80 %, Russisch-Orthodoxe ca. 8 %, außerdem kleine Minderheiten anderer Glaubensbekenntnisse
Zeitzone: MEZ +5, im Sommer +4
KFZ-Kennzeichen: KS
Internetkennung: .kg
Telefonvorwahl: +996

Die Verwaltungsbezirke Kirgistans

Geographie

Kirgistan wird gern als die Schweiz Mittelasiens bezeichnet. Das darf als maßlos untertrieben gelten. Kirgistans Landschaften sind vielfältiger als die der Schweiz, und die Berge sind bedeutend höher. ›Vorne Meer und hinten Berge‹, der Traum vieler Urlauber – hier wird er wahr. Der riesige Hochgebirgssee Issyk Kul mit den ihn umgebenden Gebirgsketten ist allerdings nur ein Höhepunkt von vielen. Schroffe Canyons und beeindruckende Flussterrassen, Gletscher, die zu den längsten der Welt gehören, hochalpine Ebenen mit zauberhaften Seen, Bergsteppe und sogar Wüsten – Kirgistan hat von allem etwas zu bieten.

Relief und geographische Regionen

Kirgistan gehört zu den kleineren mittelasiatischen Republiken und wird flächenmäßig nur noch von Tadschikistan unterboten, das im Süden und Südwesten an das Land grenzt. Im Norden und Nordwesten stößt das Land an Kasachstan, im Osten und Südosten an China und im Westen an Usbekistan. Die größte Nord-Süd-Ausdehnung beträgt nur 435 und die West-Ost-Ausdehnung 900 Kilometer. Aber von diesen Zahlen sollte man sich nicht täuschen lassen: bedingt durch die gebirgige Oberflächengestalt ist das Reisen im Land oftmals eine extrem langwierige Angelegenheit.

Ungefähr 95 Prozent des Landes werden durch das Gebirgssystem des Tien Schan eingenommen, der restliche Teil gehört zum Gebirgssystem des Pamir. Der Tien Schan setzt sich auch über die Landesgrenzen Kirgistans fort. Im Süden, bereits in Xinjiang, fällt er steil zur Taklamakan-Wüste ab. Im Norden, an der kasachischen Grenze endet er ebenfalls abrupt mit dem Transili-Alatau und geht in die Ebenen des Siebenstromlandes über. Im Nordwesten erhebt er sich als Karatau-Gebirge über 250 Kilometer in die kasachischen Ebenen, parallel zum Flussbett des Syr Darja. Im äußersten Südwesten setzt sich das Turkestani-

Stein und Eis im Khan-Tengri-Gebiet

sche Gebirge bis kurz vor Samarkand fort. Insgesamt betrachtet, erstreckt sich der Tien Schan über 2000 Kilometer von West nach Ost und 600 Kilometer von Nord nach Süd.

Etwa 90 Prozent der Landesfläche liegen in über 1500 Metern Höhe, 70 Prozent sogar über 3000 Meter. Somit kann man Kirgistan zu den Hochgebirgsländern der Erde rechnen. Die tiefste Stelle liegt auf etwa 400 Metern im Fergana-Becken, die höchste Punkt ist der Pik Pobeda mit 7439 Metern. Die gewaltigen Reliefunterschiede bedingen eine Mannigfaltigkeit an geographischen Zonen sowie eine große Artenvielfalt der kirgisischen Flora und Fauna. Augenfällig ist, dass fast ausnahmslos alle Gebirgsketten und die dazwischen liegenden Hochebenen parallel zu den Breitengraden ausgerichtet sind.

Das Tien-Schan-Gebirge wird geographisch in fünf Regionen unterteilt. Der sogenannte Nördliche Tien Schan umfasst die Kirgisische Kette (Kyrgyz Alatoo), den Zailiskij Alatoo (kasach. Transili-Alatau) und den Kungej Alatoo sowie das große Becken des Issyk Kul. Den Westlichen Tien Schan bilden u. a. der Talas Alatoo, das Tschatkal-Gebirge und das Fergana-Gebirge. Zum Zentralen Tien Schan gehören die Gebirgsketten des Terskej Alatoo (nur Südflanke), der Moldo-Too, Kök-Schaal-Too, At-Baschy-Too, aber auch die Ebene des Song Köl. Der höchste Teil des Tien Schan ist der sich im Ostteil des Landes befindende Zentrale Tien Schan. Der Gebirgsknoten Ak Schyrak und die Gebirgszüge des Sary-Dshaz-Too (höchster Punkt 5125 m), des Kujlju-Too (höchster Punkt 5281 m) und des Kajyngdy-Too werden dabei zum Inneren Tien Schan gerechnet.

Vier große Naturwunder hat dieser flächenmäßig kleine Teil des Landes zu bieten: Den heiligen Berg Khan Tengri (7010 m), der von den Kirgisen, Ujguren und Kasachen in gleicher Weise verehrt wird. Anzumerken ist, dass die Höhe des Khan Tengri auch mit 6995 Meter angegeben wird, was näher an den Tatsachen liegen dürfte. Weiterhin findet man hier den nördlichsten Siebentausender der Erde (Pik Pobeda 7439 m), den zweitlängsten Gletscher außerhalb der Polgebiete (Südlicher Inyltschek-Gletscher, 59 km und den Merzbacher-See, einen pulsierenden Gletschersee, welcher sich in jedem Sommer auf's Neue füllt und wieder ausläuft.

Der Große Alaj und das Alaj-Tal gehören bereits zum Pamir. Oft wird diese Region auch als Pamiro-Alaj bezeichnet.

Geologie
von Dr. Frank Eigenfeld, ehemals Institut für Geologie, Universität Halle

Die folgende Abhandlung zur Geologie Kirgistans wurde vom Geologen Dr. Frank Eigenfeld, einem langjährigen und ausgewiesenen Experten, verfasst. Um die hochinteressanten und komplexen Zusammenhänge der Erdgeschichte präzise zu beschreiben, ist ein gewisser Fachwortschatz notwendig, den wir auf → S. 26 beschreiben.

In Kirgistan dominieren langgestreckte Gebirgsketten mit Höhen bis über 7000 Meter, zwischen denen ausgedehnte Hochebenen existieren. Der weitaus größte Teil von ihnen ist Bestand des Tien-Schan-Gebirges. Der Name bedeutet sinngemäß: Berge, die bis zum Himmel reichen. Lediglich im Süden des Landes gehört die 240 Kilometer lange Transalaj-Kette mit dem 7134 Meter hohen Pik Lenin

Regionen und Relief 23

Pferdeherde an einem Gebirgssee

zum Pamir-Gebirge. Im äußersten Norden Kirgistans beginnt bei Bischkek mit der Tschuj-Ebene eine flache, bergfreie Region, die sich dann weit nach Kasachstan und Russland fortsetzt.

Entstehung der Gebirgsketten

Beide großen Gebirge haben Gemeinsamkeiten in ihrer Entstehung, unterscheiden sich jedoch im Aufbau, in der Struktur wie auch im Alter der Gesteine. Die Gemeinsamkeiten beziehen sich auf den Zeitraum ihrer ›Hochgebirgswerdung‹ in der jüngsten geologischen Vergangenheit während der letzten 30 bis 40 Millionen Jahre (Beginn im Oligozän, Epoche im Känozoikum). Ursache ist die nordwärts gerichtete plattentektonische Bewegung des indischen Subkontinentes, die seit dem Zerfall der paläozoischen Großerde (Pangäa) vor ca. 200 Millionen Jahren auch heute noch anhält. Sie führt zum Zusammenstoß mit der eurasischen Platte an deren südlichen Rand, wobei die Bewegungsintensität so kräftig ist, dass sich große Teile des indischen Subkontinentes unter die eurasische Platte schieben. Im Ergebnis dieser gewaltigen und noch andauernden Kollision entsteht das Himalaya-Gebirge, dessen westlichster Bereich als Pamir bezeichnet wird. Gleichzeitig werden nördlich des Pamir ältere Krustenteile der eurasischen Platte in Schollen zerlegt, die dachziegelartig Richtung Norden übereinander geschoben werden – der Tien Schan.

Die nach Norden gerichteten Bewegungen erzeugen generell in der gesamten Kollisionszone typische Ost-West-Strukturen, die sich senkrecht zur Druckrichtung einstellen. Der Verlauf vieler Gebirgsketten und Hochebenen belegt das eindrucksvoll. Abweichungen ergeben sich nur in Bereichen horizontaler Verschiebungen, in denen zum Teil große Krustenblöcke aneinander vorbei gleiten. Die Talas-Fergana-Störung mit der parallel verlaufenden Fergana-Kette gibt ein Beispiel dafür. Auch durch Vergletscherungen entstandene Trogtäler mit den begleitenden Bergkämmen 2. Ordnung verlaufen häufig in Nord-Süd-Richtung.

Die nahezu gleichzeitige Heraushebung von Pamir und Tien Schan hält noch an, obwohl die Verwitterung an der Oberfläche gewaltige Schuttmassen erzeugt, die in die tiefer gelegenen Hochebenen transportiert und dort in mächtigen Sedimentpaketen abgelagert werden. Stellenweise werden Wachstumsbeträge der Gebirge bis zu mehreren Millimeter pro Jahr gemessen. Das erzeugt in vielen Regionen ein sehr steiles Relief und führt zu häufigen Geröllströmen und Bergrutschen, die oftmals Verkehrswege tagelang blockieren. Die tektonischen Bewegungen insgesamt auch mit horizontalen Verschiebungen bis zu zwei Zentimeter pro Jahr verursachen nicht selten starke Erdbeben. Gemeinsam mit den Verwitterungs- und Erosionsprozessen verändern sie so ständig das Gesicht der Bergwelt. Da oftmals auch viele Gebirgsketten und steile Hänge nicht bewachsen sind, und somit die Gesteine direkt an der Oberfläche anstehen, gewinnt man in Kirgistan faszinierende Einblicke in ein ›lebendes‹ Gebirge.

Die Transalaj-Kette, deren Kamm die Grenze zu Tadschikistan bildet, ist der nördlichste Rand des großen Pamir-Gebirges. Es ist – wie etwa auch die Alpen – ein junges Falten- und Deckengebirge, weil der Zusammenprall der Kontinente zu Einengungsstrukturen führt. Die ursprünglich horizontal liegenden Gesteinsschichten werden gefaltet, teilweise übereinander geschoben und dabei in die Höhe gepresst. Die zu großen Teilen vereiste und vergletscherte Kette besteht aus verschuppten Schollen mit paläozoischen und mesozoischen magmatischen Gesteinen, überwiegend Granite, wie auch aus paläozoischen Phylliten und Sandsteinen, die auf das nördliche Vorland aufgeschoben sind. Hier beginnt das lang ausgedehnte Tien-Schan-Gebirge, das sich in Ost-West-Richtung über mehr als 2000 Kilometer erstreckt. Es verläuft vom nordöstlichen Rand des Tarim-Beckens in Nordwest-China bis nach Taschkent in Usbekistan. In der Grenzregion zwischen China und Kirgistan liegt der Pik Pobeda, mit 7439 Metern der höchste Gipfel des Tien Schan. Bei Urumqi (Xinjang) hat das Gebirge eine Breite von 100 Kilometern und verbreitert sich zwischen Pik Pobeda und Ferganabecken bis auf 600 Kilometer und ist nun in eine nördliche, mittlere und südliche Zone gegliedert, die sich geologisch unterscheiden. Gemeinsam ist allen Zonen, dass es sich um tektonisch schräg nach Norden aufgeschobene und überschobene Schollen handelt, die verschieden alte Gesteinsinhalte an der Oberfläche zeigen.

Gesteinsformen

Der südliche Rand des eurasischen Kontinentes bestand vor der Kollision mit Indien aus mehreren verfestigten Gebirgszonen unterschiedlichen Alters. Sowohl präkambrische, zumeist aber kaledonische und varistische Faltengebirge waren vorhanden, die bis zum Perm (jüngste Epoche im Paläozoikum) bereits eingeebnet waren. Anschließend wurden sie mehrfach durch kontinentale aber auch flachmarine Ablagerungen überdeckt. Die tektonische Verfrachtung während der Kollision führte allerdings zur weiteren Zerstückelung ursprünglich großer Gesteinseinheiten. Im Gelände zeigen sich daher häufig auch unterschiedlichste Gesteinsarten innerhalb kurzer Distanzen.

Im nördlichen Tien Schan dominieren präkambrische bis kaledonische Bildungen. Metamorphe und magmatische Gesteine – Amphibolite, Granite, Basalte – wie auch terrestrische Sedimente und marine Kalke sind verbreitet. In der mittleren Zone treten zu diesen Gesteinen varistische Anteile in Form vulkanogener Bildungen hinzu. In den präkambrischen Gesteinen sind hier auch Magmatite und Gneise zu finden. Sie stammen aus größeren Tiefen innerhalb der Erdkruste und gelangten durch die gebirgsbildenden Prozesse an die Oberfläche. Was ehemals darüber lag, wurde abgetragen und ist Bestandteil weitverbreiteter, unterschiedlich alter Konglomerate, Brekzien, Sand- und Tonsteine, die jetzt in Resten im gesamten Tien Schan anzutreffen sind. Mit ihrer kräftigen Rotfärbung sind sie typische Molassesedimente, wie sie auch aus den kaledonischen und varistischen Gebirgen Europas bekannt sind. Die südliche Zone besteht nur aus varistisch deformierten Gesteinen in großer Vielfalt. Hervorzuheben sind hier Ophiolithe und später eingeschuppte jurassische Steinkohlevorkommen, die abgebaut werden.

Permafrostboden auf 3200 Metern Höhe

Seit dem Perm entwickeln sich tektonisch angelegte intramontane Becken, die bis heute aktiv sind. Die Senken von Fergana, Naryn und Issyk Kul beinhalten bis zu 10 000 Meter mächtige zumeist klastische Sedimente. Im Tertiär treten Kalk- und Gipsablagerungen auf.

Im Pleistozän wird über die Hälfte von Kirgistan mehrfach vergletschert. Aus den Hochgebirgen werden ungeheure Mengen Gesteinsschutt in die tieferen Bereiche transportiert und dort als mächtige Moränen abgelagert. Sie liefern auch das staubförmige Material, das in kühleren, vegetationsfreien Zeiten ausgeblasen wird und als Löss große Flächen des Landes überdeckt. Moränen und vor allem die Lössdecken unterliegen jedoch seit der Erwärmung im Holozän schon wieder der Zerstörung und Abtragung.

Heute liegt noch ein Drittel des Landes im Permafrostbereich. In Höhenlagen über 3000 Meter sind vielfältige Formen von Solifluktionserscheinungen ausgebildet.

Bodenschätze

Nur wenige Bodenschätze sind in Kirgistan vorhanden. Bedeutend sind Goldvorkommen in verschiedenen Regionen. Die Lagerstätte Kumtor südlich des Issyk Kul gehört bei einer jährlichen Produktion von 18 bis 20 Tonnen zu den größten Vorkommen der Welt (→ S. 222). Auch Uran, Seltene Erden und kleinere Vorkommen von Antimon, Bauxit, Beryllium, Molybdän, Quecksilber, Wolfram, Zinn und Kohle wie auch Erdöl und Erdgas werden abgebaut bzw. sollen zukünftig gewonnen werden.

Übersicht über die erdgeschichtlichen Zeitalter

Zeitalter	Zeitalter der Gebirgsbildung
Erdneuzeit: Känozoikum (66–0 Mio. Jahre)	
Quartär (2,6–0 Mio. Jahre)	alpidisch
Neogen (23–2,6 Mio. Jahre)	
Paläogen (66–23 Mio. Jahre)	
Erdmittelalter: Mesozoikum (250–66 Mio. Jahre)	
Kreide (145–66 Mio. Jahre)	
Jura (201–145 Mio. Jahre)	
Trias (252–201 Mio. Jahre)	
Erdaltertum: Paläozoikum (540–252 Mio. Jahre)	
Perm (298–252 Mio. Jahre)	varistisch
Karbon (358–298 Mio. Jahre)	
Devon (419–358 Mio. Jahre)	
Silur (443–419 Mio. Jahre)	
Ordovizium (485–443 Mio. Jahre)	kaledonisch
Kambrium (540–485 Mio. Jahre)	
Präkambrium 4600–540 Mio. Jahre	präkambrisch

Geologische Fachbegriffe

Amphibolite: durch Metamorphose basischer Gesteine (wie zum Beispiel Basalt) unter Einfluss mittleren Drucks und Temperatur entstandenes Gestein, sehr vielfältige Ausprägungen.

Basalt: magmatisches Gestein vulkanischer Herkunft, das beim schnellen Abkühlen des Magmas entsteht und eine feinkristalline Struktur hat.

Brekzien: grobkörniges, klastisches Sedimentgestein, das mindestens zur Hälfte aus eckigen Komponenten besteht, die durch eine feinkörnige Matrix verkittet sind.

Erosion: natürliche Abtragung von Gestein und Boden durch Wasser, Gletscher und Wind.

Gestein: natürliche Anhäufungen von Mineralien, Glasbestandteilen und Resten von Organismen, die die feste Erdrinde

bilden. Man unterteilt sie nach der Art ihrer Entstehung in drei Gruppen:
- **Sedimentgestein**: entsteht durch Ablagerung von Material.
- **Magmatisches Gestein**: entsteht durch Kristallisation beim Erkalten von Magma.
- **Metamorphes Gestein**: entsteht durch Umwandlung anderer Gesteine unter hohem Druck und Temperatur in der Erdkruste.

Gneis: Gestein, das mehr als 20 Prozent Feldspat enthält und durch Metamorphose unter hohem Druck und hoher Temperatur entsteht.

Granit: grobkristallines magmatisches Tiefengestein, das überwiegend aus den Mineralen Feldspat, Quarz und Glimmer besteht und durch langsames Abkühlen des Magmas entsteht.

klastische Sedimente: entstehen durch Erosion bestehenden Gesteins und dem anschließenden Transport desselben (Trümmergesteine).

Konglomerat: grobkörniges, klastisches Sedimentgestein, das aus mindestens 50 Prozent gerundeten Komponenten (Kies oder Geröll), besteht, die durch eine feinkörnige Matrix verkittet sind.

marin: im Meer stattfindend (vgl. terrestrisch).

Molasse: Sedimentgesteine, die durch Abtragung eines Gebirges entstehen.

Moräne: Gesamtheit des von einem Gletscher transportierten Gerölls, im Speziellen die Schuttablagerungen, die von Gletschern bei ihrer Bewegung mitbewegt oder aufgehäuft werden, sowie die im Gelände erkennbaren Formationen.

Ophiolith: entstammt der ozeanischen Erdkruste und besteht aus basischen Varianten aller drei Gesteinsarten (Magmatite, Sedimente, Metamorphite), häufig grün gefärbt.

Phyllit: Tonglimmerschiefer, der unter Druck durch Metamorphose aus Tonstein entsteht.

Solifluktion: langsame großflächige Fließbewegung von lockerem Gesteinsmaterial, die durch das Auftauen der oberen Bodenschichten im Permafrostbereich entsteht.

tektonisch: die Platten der Erdkruste betreffend.

terrestrisch: auf dem Land stattfindend (vgl. marin).

variskische (variszische, varistische) **Gebirgsbildung**: Auffaltung von Gebirgen vom Devon bis zum Ende des Paläozoikums infolge der Kollision mehrerer Mikrokontinente mit dem bereits vorhandenen Nordkontinent.

Weiterführende Informationen: www.bodenkunde.uni-freiburg.de/objekte/geomorphologie.

Hirte am Tosor-Pass

Gewässer

*von Dshamilja Murzabekowa,
ehemals Staatlicher Hydrometeorologischer Dienst Kirgistans*

Der größte Reichtum des Landes ist neben seiner faszinierenden Landschaft zweifellos das Wasser, das in fester und flüssiger Form in den Hochgebirgen ›lagert‹ und aus ihnen entspringt. Es spendet einer Region Leben und Energie, die weit größer ist als Kirgistan selbst.

Flüsse

Der wasserreichste und längste Fluss des Landes heißt Naryn, jener Fluss, der an der Grenze zu Usbekistan in Syr Darja umbenannt wird und in den nördlichen Teil des Aralsees fließt. In griechischen Quellen taucht er mit dem Namen Jaxartes auf. Zusammen mit dem Oxus, dem heutigen Amu Darja, bildet er das mittelasiatische Zweistromland. Das historische Äquivalent ist ›Transoxanien‹, also das Gebiet ›hinter dem Oxus‹, das den größten Teil von Usbekistan und Teile von Süd-Kasachstan einnahm. An den Ufern beider Flüsse finden sich in den Flussoasen wichtige landwirtschaftliche Anbauflächen Mittelasiens und mit Samarkand, Buchara, Otrar und Turkestan einige der legendären Städte der Seidenstraße.

Der Naryn entspringt im Zentralen Tien Schan aus dem Zusammenfluss von Taragaj und Kara Saj. Am Pegel Utsch Kurgan in Nähe der Grenze zu Usbekistan beträgt der Abfluss etwa 500 Kubikmeter pro Sekunde, die Fließlänge bis zur usbekischen Grenze beträgt 535 Kilometer. Auf seinem Weg durchfließt der Naryn fünf große Staudämme, der größte von ihnen ist der Toktogul-Staudamm mit einer Höhe von 215 Metern. Die Staumauern sind mit Wasserkraftwerken versehen, die fast die gesamte Energieversorgung des Landes garantieren.

Zahlreiche Gletscher speichern den Reichtum an Wasser

Gewässer 29

Im Norden des Landes fließen zwei weitere wichtige Flüsse. Im Tschuj-Becken fließt der Tschuj, der im Zentralen Tien Schan entspringt, ein Einzugsgebiet von 67000 Quadratkilometern (davon 22 000 Quadratkilometer in Kirgistan) besitzt und nach über 1030 Fließkilometern in den Wüsten Südkasachstans versiegt. Von den 1030 Kilometern fließt er 260 Kilometer durch kirgisisches Territorium. Am Pegel Kamyschanowka beträgt der mittlere Jahresabfluss 71 Kubikmeter pro Sekunde. Der Tschuj hat eine große landwirtschaftliche Bedeutung für den kirgisischen Teil des Tschuj-Beckens. Zwischen der Boom-Schlucht und Kamyschanowka liegen um die 150 000 Hektar bewässertes Ackerland. Um noch mehr Flächen im Tschuj-Tal bewässern zu können, wurde in den Jahren 1941 bis 1958 der Große Tschuj-Kanal gebaut

Der zweite große Fluss Nord-Kirgistans ist der Talas mit einer Länge von 660 Kilometern (davon 300 Kilometer in Kirgistan) und einem Gesamteinzugsgebiet von 52 700 Quadratkilometern. Gleich dem Tschuj ist auch er ein grenzüberschreitendes Fließgewässer und bildet wie der Tschuj in der Mojkum-Wüste ein Binnendelta aus. Am Kirow-Stausee, kurz vor der Grenze zu Kasachstan, ist ein mittlerer Abfluss von 33 Kubikmetern pro Sekunde registriert. Aufgrund der im Vergleich zur Tschuj-Aue geringeren Bevölkerungsdichte sowohl in Kasachstan als auch in Kirgistan hat der Talas nicht die immense wirtschaftliche Bedeutung wie der Tschuj, wird jedoch im Nachbarland Kasachstan intensiv genutzt.

Seen

Der Issyk Kul (kirg. Ысык Көл, Ysyk Köl) ist mit einer Fläche von 6236 Quadratkilometern der größte See im Land. Innerhalb der ehemaligen Union Sozialistischer Sowjetrepubliken nahm er nach dem Kaspischen Meer, dem Baikalsee, dem Ladoga-See, dem Balchasch-See und dem Onega-See die sechste Stelle ein. Weltweit liegt er flächenmäßig auf dem 23. Platz und bezüglich seiner Tiefe mit 702 Metern auf Platz sieben. Noch mehr als seine Fläche und Tiefe ist sein Volumen beeindruckend: Mit 1732 Kubikkilometern ist er der größte Hochgebirgssee der Erde!

Der See ist stark überfischt, einige endemische Arten, wie der Issyk-Kul-Osman, sind schon seit Jahrzehnten nicht mehr nachgewiesen worden. Im Jahre 2008 wurde ein Moratorium ausgerufen, das jeglichen Fischfang verbietet. Im Sommer 2014 wurde die Zentrale Verwaltung des Issyk-Kul-Zapowedniks in Ananjewo geschlossen und die Mitarbeiter einstweilen in die Verwaltung des Issyk-Kul-Biosphärenreservates (mit Sitz in Balyktschy) eingegliedert. Durch diesen unverständlichen Schritt wird die weitere Naturschutzarbeit, wie Eindämmung von illegaler Fischerei, Verhinderung des Abschusses gefährdeter Vogelarten oder Kontrolle des illegalen Abholzens der Sanddorn-Wälder, weiter behindert und verringert werden.

Der Hochgebirgssee Song Köl liegt auf einer Höhe von 3016 Metern und besitzt eine Fläche von 270 Quadratkilometern. Seine West-Ost-Ausdehnung beträgt 29 Kilometer und seine Nord-Süd-Ausdehnung 19 Kilometer. Der See ist in eine große Hochebene eingebettet und hat einige fischereiwirtschaftliche Bedeutung für die Nomaden, denen die umliegenden Steppen als Sommerweide dient. Es werden verschiedene Maränenartige gefangen.

Flussquerung im Kungej Alatoo

Der Toktogul-Stausee ist der größte künstliche See im Land. Bei Vollstau beträgt seine Wasserspiegelfläche 280 Quadratkilometer, seine Länge 65 Kilometer und sein Fassungsvolumen 19 Kubikkilometer.

Ein weiterer großer Hochgebirgssee ist der Tschatyr Köl in der Ak-Saj-Hochebene. Er liegt auf 3520 Metern Höhe und misst 170 Quadratkilometer.

Wegen seiner malerischen Ufer, die von Fichtenwäldern gesäumt werden, sei noch der auf 1873 Metern gelegene See Sary Tschelek erwähnt, der das Zentrum des gleichnamigen Naturschutzgebietes darstellt. Mit einer Fläche von nur 5 Quadratkilometern und einer maximalen Ausdehnung von 7,5 Kilometern weist er jedoch mit 234 Metern ein recht große Tiefe auf.

Klima und Reisezeit
von Dshamilja Murzabekowa,
ehemals Staatlicher Hydrometeorologischer Dienst Kirgistans

Kirgistan liegt im Inneren Eurasiens, die Entfernung zum Arktischen Ozean kann mit ungefähr 4000 Kilometern, die zum Indischen Ozean mit etwa 2000 Kilometern beziffert werden. Aufgrund der großen Entfernung zu den Weltmeeren ist das Klima streng kontinental. Infolge der großen Reliefunterschiede können aufgrund der unterschiedlichen Höhenstufen und der unterschiedlichen Hanglage bedeutende Klimaunterschiede verzeichnet werden. Grob kann man den Tien Schan in vier klimatische Zonen unterteilen: in die Zone der Vorgebirge (500–1200 m), die Zone der mittleren Höhen (1200–2200 m), die Hochgebirgszone (2200–3500 m) sowie die Geröll- und Gletscherzone, die oberhalb von 3500 Metern beginnt.

Temperaturverteilung

Die Höhenangaben der genannten Klimazonen können um einige Hundert Meter in Abhängigkeit der jeweiligen Gebirgskette und der jeweiligen Ausrichtung (z. B. Nordhang) variieren. Für die untere Klimazone, welche große Teile der Beckenlandschaften einnimmt, sind mittlere Januartemperaturen von –4 bis –7 Grad und mittlere Julitemperaturen von 25 Grad charakteristisch. Die angegebenen Celsiuswerte sind Mittelwerte! Es können im Januar im Fergana-Becken auch mal Temperaturen von über +20 Grad und im Juli von über 42 Grad gemessen werden.

Das andere Extrem ist die oberste Klimastufe. Hier werden Januar-Mittelwerte von –19 bis –22 Grad und Juli-Mittelwerte von +4 bis +7 Grad fixiert. Die großen Kältelöcher sind dabei die Ak-Saj-Hochebene (3000–3500 m) mit Kälterekorden zwischen –45 und –50 Grad. Die Suusamyr-Hochebene, die deutlich unter 3000 Meter liegt, ist klimatisch ein Sonderfall: Hier wurden in den letzten Jahrzehnten mehrmals Temperaturen von unter –45 Grad ermittelt, erst im Winter 2013/2014 waren es –52 Grad! Auch im Hochsommer (Mitte Juni bis Ende August) ist oberhalb von 3500 Metern täglich (bzw. nächtlich) mit Nachtfrösten zu rechnen. Die Tagestemperaturen steigen in den Sommermonaten oberhalb von 3500 Metern meist nicht höher als 10 Grad, es können aber auch Ausnahme-Tage mit über 15, teilweise über 20 Grad auftreten.

Niederschlag

Die Hauptregenzeit sind die Monate März bis Mai. Die jahreszeitliche Verteilung der Niederschläge wird im Winter und Frühling durch aus Norden (Sibirien) kommende Großwetterlagen bestimmt. Trotz der sehr großen Entfernung spielt auch der Atlantik eine Rolle: Durch Nordwestwinde werden im Frühjahr feuchte Luftmassen herangeweht.

In den meteorologischen Stationen werden die Messdaten per Morse-Alphabet übermittelt

Die große Ungleichheit bei der Temperaturverteilung gilt auch für die Niederschlagsverteilung. In der Vorgebirgszone unterhalb von 700 Metern im Fergana-Becken sind Jahresniederschläge von nur 100 bis 150 Millimetern zu beobachten. Diese subaride Klima bedingt die Halbwüsten in den Randgebieten des Fergana-Beckens. Das andere Extrem sind die Walnusswälder, welche auf 1200 bis 2200 Metern liegend durch Steigregen mehr als 1200 Millimeter Niederschlag im Jahr erhalten. In der Geröll- und Gletscherzone oberhalb von 3500 Metern können sogar mehr als 2000 Millimeter im Jahresverlauf fallen, davon ein großer Teil als Schnee, der dann monatelang einige Pässe blockiert.

Wetterstationen und Flusspegel

Die Betreuung der Flusspegel, der Wetterstationen und die Wettervorhersage wurde zu Sowjetzeiten durch den GIDROMET abgesichert. Der Aufbau des GIDROMET (sinngemäß: Hyrdometeorologischer Dienst) hat sich auch nach 1991 nicht verändert. Allerdings wurde das Beobachtungsnetz drastisch ausgedünnt. Zu Sowjetzeiten wurden im gesamten Tien Schan über 230 Flusspegel-Stationen und meteorologische Stationen unterhalten, heute sind es noch etwas mehr als 100. Eine Station stach besonders hervor. Die Hochgebirgs-Station ›Tien Schan‹, auf einer Höhe von 3650 Metern gelegen, war die zweithöchste meteorologische Station der UdSSR. Leider wurde diese historische Einrichtung durch die Kumtor-Mine in den 1990er Jahren geschlossen.

Sollte der Zufall es wollen, dass man an einer solchen Station Halt macht, so kann man eine in der modernen Welt fast vergessene Technik beobachten: Alle meteorologischen Messwerte werden per Morse-Apparat übertragen! Ein Anblick, der einen in die Zeit zurückkatapultiert, als der Schienenverkehr durch Dampfloks bewerkstelligt wurde.

Die Pflanzenwelt

Die Abteilungen der Moose und der Flechten sind in Kirgistan nur sehr ungenügend erforscht, deshalb beziehen sich die Betrachtungen zur Flora nur auf die höheren Gefäßpflanzen. Die Flora dieser Gefäßpflanzen zählt knapp 4000 Arten, welche Vertreter von 850 Gattungen und 115 Familien sind. Ungefähr 70 Prozent der Gattungen und 90 Prozent der Familien sind in Mittelasien beheimatet.

Wie überall in Mittelasien sind die Farne (*Lycopodiophyta*), Schachtelhalme (*Equisetophyta*) und die Nacktsamer (*Pinophyta, Magnoliophyta*) extrem artenarm. Unter den Nacktsamern gibt es jedoch einige endemische (nur hier vorkommende) Arten, wie die Tienschan-Fichte (*Picea schrenkiana*). Mehr als die Hälfte aller Arten gehören zu den Familien der Korbblütler (*Asteraceae*), Hülsenfrüchtler (*Fabaceae*), Doldenblütler (*Umbrelliferae*), Süßgräser (*Gramineae*), Kreuzblütler (*Cruciferae*), Lippenblütler (*Labiatae*), Nelkengewächse (*Caryophyllaceae*), Rosengewächse (*Rosaceae*), Rauhblatt- bzw. Borretschgewächse (*Boraginaceae*) und Fuchsschwanzgewächse (*Chenopodiaceae*). Eindrucksvoll ist auch der Grad des Endemismus im kirgisischen Pflanzenreich. Es gibt sogar mehrere Dutzend Gattungen, welche endemisch (nur hier beheimatet) sind: Korolkovia, Iskandera, Aflatunia, Kozlowia, Schtschurowskia, Kosopoljanskya, Mediasia, Paulita, Ugamia – um nur einige zu nennen. Hinzu kommen einige Hundert endemische Arten.

Kirgistan weist im Vergleich zu der nemoralen (gemäßigt warmen) und tropischen Zone eine relative Armut an Baumgattungen auf. So sucht man hier vergeblich Arten aus den Gattungen der Linden, Buchen, Eichen oder Kiefern. Dafür existiert eine große Anzahl breitblättriger endemischer Laubbaum-Arten. In den verborgenen Winkeln Südkirgistans wachsen einige Wildobst-Arten, wie die Regel-Wildbirne (*Pyrus regelii*), der Sievers-Wildapfel (*Malus sieversii*), die Fergana-Wildpflaume (*Prunus ferganica*) oder der Tkatschenko-Weißdorn (*Crataegus tkatschenkoi*). Es gilt als erwiesen, dass ein Großteil der kultivierten Obstsorten des Abendlandes aus dem Tien Schan und seinen Randgebieten stammt. So eindrucksvoll wie die vielen Wildobstgehölze sind die weiten Walnusswälder, die unter anderem das Tschatkal-Gebirge bedecken. Auf über 25000 Hektar wird der Bestand dieser natürlich gewachsenen Wälder beziffert, und es ist nicht übertrieben zu sagen, dass sie zu den Naturjuwelen der Erde gehören.

Vegetation auf 3800 Metern Höhe

Für botanisch Interessierte ist vor allem die Zeit im Frühling (Ende März bis Anfang Juni) von hohem Interesse. Besonders interessante Arten sind endemische Vertreter der Schwertliliengewächse (*Iridaceae*) der Gattungen Juno, Corydalis und Iris, der Liliengewächse (*Liliaceae*) der Gattungen Korolkowia, Tulipa, Fritillaria und Scilla. Herausstehend sind hier endemische Arten wie der Sotschiwko-Lerchensporn, die Sewerzow-Korolkowia (*Korolkovia sewerzovii*) sowie unsagbar schöne Wildtulpen (*Tulipa dubia*, *T. platystemon*, *T. anadroma* und *T. binutans*). Ist man Fan von alpinen Blütenpflanzen, so eignet sich die Zeit von Anfang Juni bis August für eine Reise. Hier kann man diverse Paraquilegia-, Saussurea-, Allium-, Saxifraga- und Waldsteinia-Arten auffinden. Besonders schön und zum Teil selten sind der Junussow-Enzian (*Gentiana junosovii*), der Transalaj-Enzian (*Gentiana transalajca*), die Alexandra-Wildzwiebel (*Allium alexandrae*), die Kara-Artscha-Alpenscharte (*Saussurea kara-artscha*) sowie vier Edelweißarten (*Leontopodium*). Letztere sind recht häufig, und auch wer noch nie ein Edelweiß in freier Wildbahn gesehen hat, wird hier mit Sicherheit förmlich drauftreten.

Bei Interesse kann man sich an Herrn Petschkin von der Universität Bischkek (geo-petschkin@mail.ru) wenden, der botanische und geologische Touren durchführt. Nach wie vor gelten die elfbändige ›Flora der Kirgisischen SSR‹ und der ›Bestimmungsschlüssel der Pflanzen Mittelasiens‹ als Standardwerke.

Vegetationszonen

Wie bereits oben ausgeführt, sind die Höhenunterschiede im Tien Schan und Pamir mit über 7000 Höhenmetern sehr extrem und bedingen durch die damit einhergehenden unterschiedlichen Klimata eine Vielfalt der Pflanzenwelt. In Kirgistan findet man mit Ausnahme von Subtropen und Tropen fast alle wichtigen Vegetationszonen Eurasiens: Die klassische Ausprägung von unten nach oben sieht wie folgt aus: Halbwüste, Trockensteppe, Wiesensteppe, Hochgebirgs-Steppen, boreale (kaltgemäßigte) Gebirgswälder, nemorale (warm-gemäßigte) Breitlaubwälder, Hochgebirgs-Trockenwälder, subalpine Wiesen, alpine Wiesen. Hinzu kommen azonale Vegetationszonen wie Niedermoore der Flussauen, Hochgebirgs-Niedermoore und Auwälder. In den verschiedenen Gebirgsketten kann die Anordnung dieser Zonen unterschiedlich bezüglich der Höhe über dem Meeresspiegel und unterschiedlich bezüglich der Abfolge sein. So kommen zum Beispiel im Nördlichen Tien Schan keine nemoralen Breitlaubwälder vor, dagegen sind sie im Fergana-Gebirge zwischen 1100 und 2000 Meter mit Walnuss und Wildobst-Bäumen vertreten.

Die Tierwelt

Fische

Der große Geograph und Ichtyologe Lew Semjonowitsch Berg, legte 1905 mit seiner umfassenden Arbeit ›Die Fische Turkestans‹ die Grundlagen für die Erforschung der Fischfauna Mittelasiens und Kirgistans. Heute sind 67 Fischarten nachgewiesen. Dabei ist die Familie der Störe durch eine Art, die Karpfenfische durch 39 Arten, die Steinbeißer durch eine Art, die Schmerlen durch sechs Arten, die Welse durch eine Art, die Gebirgswelse durch eine Art, die Hechte durch eine Art, die Lachse durch drei Arten, die Maränen durch drei Arten, die Lebendgebärenden Zahnkarpfen durch eine Art, die Groppen durch zwei Arten, die Echten Barsche durch drei Arten, die Schläfergrundeln durch zwei Arten, die Grundeln durch eine Art und die Familie der Schlangenkopffische durch eine Art vertreten.

Der seltene Ibisschnabel

Erwähnenswert ist, dass zu Sowjetzeiten einige Fischarten, vor allem aus Russischen Fernen Osten, eingeführt wurden. Das hatte in erster Linie wirtschaftliche Gründe und betrifft Arten wie den Amur-Karpfen, den Gefleckten Silberkarpfen oder den Hecht. Diese Arten werden auch heutzutage noch im Tschuj-Tal in diversen Fischteichen gezüchtet. Die größten Fischzuchtgebiete sind die Teiche bei Ozjornoje, nördlich von Bischkek.

Innerhalb der Fischfauna sind einige endemische Arten vertreten. Der Nackte Osman (*Diptychus dybowskii*), eine endemische Art des Issyk Kuls, gilt mittlerweile als ausgestorben. Nicht viel besser steht es um die Tschuj-Ostralutschka (*Carpoetobrama kuschakewitschii*). Diese und weitere nur hier vorkommende Arten sind in die Rote Liste Kirgistans aufgenommen worden.

Amphibien

Die Fauna der Lurche ist mit nur vier Arten recht übersichtlich gestaltet. Neben dem auch in Mitteleuropa heimischen Seefrosch (*Rana ridibunda*) kommt der Mittelasiatische Frosch (*Rana asiatica*) in den Niederungen des Landes vor. Daneben sind noch zwei Arten der Familie der Kröten (*Bufidae*) zu nennen: die Pewzow-Kröte (*Bufo pewzowi*) und die Turanische Kröte (*Bufo turanenesis*).

Reptilien

Die Reptilienwelt ist mit 39 Arten, bezogen auf das Gebiet der ehemaligen Sowjetunion, verhältnismäßig artenreich. Sie wird nur in der Anzahl her von Tadschikistan und Turkmenistan übertroffen. Den Familien nach sind die Schildkröten mit einer Art vertreten, die Agamen mit fünf Arten, die Warane mit einer Art, die Geckos mit vier Arten, die Skinke mit fünf Arten, die Echten Eidechsen mit acht Arten, die Riesenschlangen mit einer Art, die Nattern mit acht Arten, die Vipern mit drei Arten und die Familie der Kobras mit einer Art.

Alle endemischen Arten wie die Mittelasiatische Kobra (*Naja oxiana*) und die Große Sandboa (*Eryx miliaris*) wurden in die Rote Liste Kirgistans aufgenommen und genießen staatlichen Schutz.

Herauszuheben sind weitere endemische Arten und Unterarten, die vom herausragenden sowjetischen und russischen Herpetolgen Walerij Konstantinowitsch Eremtschenko in den Jahren 1984 bis 1999 wissenschaftlich erstbeschrieben wurden. Dazu gehören der Tokobajew-Gecko (*Altiphylanx tokobajevi*), eine Unterart des Alaj-Skinks (*Asymblepharus alajcus yakovlevae*), der Kök-Schaal-Wüstenrenner (*Eremias kokshaaliensis*), der Schtscherbak-Wüstenrenner (*Eremias szczerbaki*), eine Unterart des Schnellen Wüstenrenners (*Eremias velox borkini*) und der Naryn-Gecko (*Cyrtopodion narynense*).

Es gibt nur fünf giftige Schlangenarten, von denen zwei dem Menschen gefährlich werden können. Bisse der Mittelasiatischen Kobra und der Levante-Otter, beides extrem seltene Arten, können tödlich sein. Beide Arten besiedeln die Halbwüsten des Fergana-Beckens zwischen 500 und 1000 Metern Höhe. Der letzte Nachweis dieser Spezies liegt 25 bzw. 10 Jahre zurück, und die Wahrscheinlichkeit, während eines einmonatigen Aufenthalts im Süden des Landes auf diese Arten zu treffen, ist gleich Null. Leider spielen ist im Bewusstsein der Kirgisen Schlangen eine eher negative Rolle und sind deshalb extrem gefährdet.

Sibirische Steinböcke bekommt man verhältnismäßig häufig zu Gesicht

Immer wieder muss man beobachten, dass Schlangen aktiv verfolgt und getötet werden. Hier ist von Seiten der Umweltschutzorganisationen noch eine gewaltige Aufklärungsarbeit zu leisten.

Vögel

Mit insgesamt nur 392 Arten ist die Vogelwelt im Vergleich zu südlicher gelegenen asiatischen Ländern sehr artenarm. Hier macht sich unter anderem das Fehlen von Ozeanküsten sowie von tropischen oder subtropischen Zonen stark bemerkbar. Dadurch fallen gleich mehr als ein Dutzend von Familien weg und in der Summe einige Hundert Arten.

Dafür weist die Avifauna der Steppen, der Gebirgs-Taiga, der subalpinen und alpinen Wiesen doch einige ornithologische Besonderheiten auf, die Ornithologen aus der ganzen Welt ins Land lockt. Die Steppenzone bietet mit Braunkopfammer (*Emberiza bruniceps*), Schachwürger (*Lanius schach*) und Schikra (*Accipiter badius*), die Hochgebirgs-Taiga mit Pamirlaubsänger (*Phylloscopus griseolus*), Tienschan-Laubsänger (*Phylloscopus humei*) und Schwarzkehlbraunelle (*Prunella atrogularis*) einige hochinteressante Vogelarten.

Die subalpinen Zone, die in manchen Gebirgsketten aus Wiesen besteht, in anderen wiederum aus Wacholder-Kniegehölz, bevölkern Rotstirngirlitz (*Serinus pusillus*), Sprosserrotschwanz (*Phoenicurus erythronotus*) und Fahlbraunelle (*Prunella fulvescens*). In alpinen Zonen findet man Brutplätze des Mongolenregenpfeifers (*Charadrius mongolus*), der Himalaya-Braunelle (*Prunella himalayana*) und des Mönchsgeiers (*Aegypius monachus*).

Besonders artenreich ist die Familie der Finken (*Fringillidae*). Neben Dompfaff sind Karmingimpel, Graugimpel, Mattenschneegimpel, Waldschneegimpel, Schneesperling, Berggimpel, Rosenmantelgimpel, Meisengimpel und Felsengimpel nachgewiesen.

Die Tierwelt

Mit einigen Endemiten Mittel- und Zentralasiens, wie Schneetaube, Wasserrotschwanz, Stummelscherenschwanz, Purpurhähnchen, Wacholder-Kernbeißer, Berg-Rubinkehlchen, Blaukopf-Rotschwanz, Pallas-Wasseramsel, Purpurpfeifdrossel, Fichtenmeise, Schneegeier und Himalaya-Königshuhn, die in Kirgistan teilweise ihre westliche Arealgrenze erreichen, sind einige besonders interessante Spezies in den Weiten von Tien Schan und Pamir verborgen.

Zu den absoluten Highlights zählt jedoch der majestätische Ibisschnabel (*Ibidorhyncha struthersii*). Diese zu den Limicolen (Watvögeln) gehörende Art brütet in den wilden Flussläufen des Hochgebirges oberhalb von 2000 Metern und gehört zu den seltensten Arten überhaupt.

Zu den interessanten Gebieten für Vogelbeobachtungen gehören der Issyk-Kul-See mit seinen unzähligen Buchten und Landzungen, der Song-Köl-See, die Fischteiche nördlich von Bischkek, die Walnusswälder, das Alaj-Tal mit Alaj und Großem Alaj, die Nationalparks Kyrgyz Ata, Tschong Kemin und Ala Artscha, die Halbwüsten im Batken-Oblast sowie die Tien-Schan-Fichtenwälder im kyrgyz Alatoo und im östlichen Issyk-Kul-Becken.

Grundsätzlich kann man in abgelegenen Hochgebirgsregionen oberhalb von 2500 Metern vier Geierarten und mehrere Adlerarten (Bartgeier, Mönchsgeier, Gänsegeier, Schneegeier, Steinadler, Steppenadler) beobachten. In den Ebenen unterhalb von 1500 Metern kann man außerhalb der Brutzeit (September bis Mai) auch auf Gänse- und Mönchsgeier sowie auf den Schmutzgeier (Brutvogel der Ebenen unter 2500 Metern) treffen. Am Song Köl und Issyk Kul besteht die Wahrscheinlichkeit auf Rohrweihe, Kornweihe, Steppenweihe, Seeadler, Binden-Seeadler, Fischadler, Sakerfalke und Wanderfalke zu treffen. In den trockenen Halbwüsten des Westlichen Issyk-Kul-Beckens und des Fergana-Beckens brüten Schlangenadler, Wüstenfalke und Rötelfalke. Ein Fernglas 10 x 42 oder 10 x 50 leistet in jedem Falle gute Dienste

Erforscher des Tien Schan: Dr. M. von Tschirnhaus und Dima Milko in der Entomologischen Sammlung Kirgistans

Säugetiere

Die Mammofauna des Landes ist bis auf wenige Ausnahmen (Wühlmäuse, Echte Mäuse, Sibirischer Steinbock) nur sehr lückenhaft erforscht. Für manche Arten, wie zum Beispiel die Pallas-Katze, den Manul, den Tigeriltis (*Vormela peregusna*), den Mittelasiatischen Fischotter (*Lutra lutra seistana*) sowie für fast alle Fledermaus-Arten fehlen für die letzten 40 bis 50 Jahre Nachweise, Veröffentlichungen oder Forschungsergebnisse.

Im Land sind derzeit 79 Arten von Säugern verifiziert. Darin sind die Familie der Igelartigen mit zwei Arten, die Spitzmäuse mit drei Arten, die Hufeisennasen mit zwei Arten, die Glattnasen-Fledermäuse mit zwölf Arten, die Bulldogg-Fledemäuse mit einer Art, die Hundeartigen mit vier Arten, die Marderartigen mit zehn Arten, die Kleinbären mit einer Art, die Echten Bären mit einer Art, die Katzenartigen mit fünf Arten, die Echten Schweine mit einer Art, die Hirsche mit zwei Arten, die Familie der Hornträger mit drei Arten vertreten. Die Ordnung der Nagetiere verbucht 35 Arten und die Ordnung der Hasenartigen drei Arten.

Da der Jagddruck in den meisten Gebieten extrem hoch ist, muss man in die Schutzgebiete und in extrem abgelegene Gebiete fahren, wenn man Großsäuger beobachten will. Möglichkeiten, um Isabell-Braunbär, Sibirischen Steinbock, Marco-Polo-Argali, Wolf oder gar Schneeleopard mit eigenen Augen zu erblicken, bieten die abgelegenen Hochgebirgsregionen in den Grenzgebieten zu China und Tadschikistan (Sonderpermit nötig). Jedoch hat man ohne ortskundigen Führer mit biologischem Wissen nur eine sehr geringe Chance auf eine Beobachtung dieser seltenen Tiere.

Es gibt Ausnahmen bezüglich des Sibirischen Steinbockes. Diesen kann man mit großer Regelmäßigkeit in bestimmten Nebentälern des Nationalparkes Ala Artscha sowie im Kungej Alatoo antreffen.

Insekten
von Dmitrij Milko, Kurator der Entomologischen Sammlung Kirgistans

Die Klasse der Insekten ist die artenreichste Gruppe von Lebewesen auf dem Festland der Erdkugel. Dabei ist die Artenvielfalt in der tropischen Zone wesentlich höher als in der Zone der winterkalten Wüsten, in der sich Kirgistan befindet. Jedoch zeichnet sich das Land durch eine besonders hohe Insektenvielfalt aus, was durch die großen Reliefunterschiede und die damit verbundenen vielfältigen geographischen Zonen verursacht wird. Nach Schätzungen beherbergt die Entomofauna ungefähr 25000 Arten, wobei aktuell erst etwas mehr als die Hälfte wissenschaftlich beschrieben wurde. Dabei stoßen in Kirgistan drei sogenannte zoogeographische Provinzen aufeinander: die Afghanisch-Turkestanische Provinz, die Dschungarei-Tien-Schan-Provinz und die Zentralasiatische Provinz. Deshalb weisen Tien Schan und Pamir eine im Vergleich zu anderen Regionen gleichen Breitengrades eine höhere Mannigfaltigkeit der Insektenfauna auf.

Im Vergleich zur Wirbeltierfauna des Landes ist die Wirbellosenfauna sehr schlecht erforscht. Jährlich werden aus allen Landesteilen Dutzende neue Arten beschrieben. Dies sind zum einen neue Arten für Kirgistan (die aber aus den Nachbarländern schon bekannt sind), zum anderen auch neue Arten für die Wissenschaft (sogenannte Erstbeschreibungen).

Charltons Apollofalter (*Parnassius charltonius*)

Die Erforschung der Insektenwelt nahm in der Mitte des 19. Jahrhunderts ihren Anfang. Im 20. Jahrhundert wurde sie dann vor allem während der Sowjetzeit intensiviert. Nach 1991 kam es zur Abwanderung namhafter Zoologen, vor allem in Richtung Russland und Westeuropa. Darunter leidet seitdem die entomologische Forschung massiv. In der Zusammenstellung der Wirbellosen Kirgistans (›Kataster des genetischen Fonds der Kirgisischen Republik‹, Band 1 und 2, 1996) sind 9032 Arten der Klasse ›Insecta‹ aufgeführt. Im Jahre 2012 wurde dieser Katalog durch den ›Nationalen Bericht zum Zustand der Umwelt der Kirgisischen Republik für 2006–2011‹ ergänzt, in dem 14600 Insekten-Arten gelistet sind.

Die Konzentration der Insekten-Arten in Kirgistan ist 1,3 mal höher als die mittlere weltweite Kennziffer. Mehr als die Hälfte der Arten kann man als auf Gebirge und Hochgebirge spezialisierte Arten charakterisieren. Erstaunlich ist, dass mehr als ein Viertel der Arten endemisch (nur hier beheimatet) ist, und es sogar über ein Dutzend endemische Gattungen gibt.

Die Arten teilen sich in 29 Ordnungen auf. Dabei existieren Ordnungen mit über 2500 Arten (Käfer, Hautflügler, Zweiflügler, Schmetterlinge), Ordnungen mit 100 bis 500 Arten (Wanzen, Auchenorrhyncha (Pflanzensauger), Phytadelgen (Blattläuse und Schildläuse), Heuspringschrecken, Kieferläuse, Blasenfüße, Flöhe), Ordnungen mit 10 bis 100 Arten (Eintagsfliegen, Libellen, Schabenartige, Steinfliegen, Holzläuse, Echte Läuse, Echte Netzflügler und Köcherfliegen), Ordnungen mit ein bis zehn Arten (Küstenspringer, Silberfischchen, Fangschrecken, Termiten, Ohrwürmer, Webspinner, Gespenstschrecken, Fächerflügler, Kamelhalsfliegen und Schnabelfliegen).

Die größten Vertreter sind die Große Königslibelle (Flügelspannweite bis 110 mm), die Steppen-Sägeschrecke (Körperlänge ohne Legebohrer bis 85 mm), das Turkestanische Nachtpfauenauge (Spannweite bis 110 mm), der Merzbacher-Apollo (Flügelspannweite bis 95 mm). Aus der Gruppe der Käfer sind das der Blatthornkäfer (*Synapsis tmolus*, Länge 50 mm, Flügelspannweite 140 mm); der Bockkäfer (*Aeolesthes sarta*) hat zwar eine geringere Körperlänge, jedoch erreichen die Fühler des Männchens 120 Millimeter. Bei den Fliegen ist die Große Raubfliege (Länge 50 mm), bei den Hautflüglern die Große Riesenholzwespe (*Urocerus gigas*, Länge 45 mm, Spannweite 55 mm) zu erwähnen. Zu den kleinsten Vertretern gehört die Schlupfwespen der Gattungen Anagrus und Trichogramma (Länge 0,6 mm).

In vielen Ökosystemen dominieren die Insekten nicht nur nach der Artenzahl, sondern auch nach der Biomasse. So übertrifft in der mittleren Bergstufe Nordkirgistans (1200 bis 3000 m) die Biomasse der Insekten die der Wirbeltiere um das zweifache.

Besonders erwähnenswert ist Mannigfaltigkeit bei den flügellosen Heuschrecken der Gattung Conophyma (38 Arten), innerhalb der Käfer-Gattung Carabus (ca. 50 Arten) und Trechus (ca. 30 Arten), bei der Totengräber-Gattung Prosodes (30 Arten), bei der Familie der Edelfalter (24 Arten und viele Unterarten), bei der Familie der Bärenspinner (35 Arten), in der Ordnung der Kamelhalsfliegen (23 Arten, alle endemisch), in der Familie der Ameisenwespen (42 Arten) und innerhalb der Gattung der Hummeln (35 Arten).

In die Rote Liste Kirgistans sind nur 17 Insekten-Arten und eine Spinne aufgenommen. Jedoch sind über 100 Arten als stark gefährdet einzuschätzen und benötigen in dringendem Maße den Erhalt ihrer Lebensräume.

Eine Säbelschrecke (Glyphonotus thoracicus)

Naturreservate

Das Schutzgebietssystem Kirgistans ist aus Sowjetzeiten übernommen worden und umfasst Zakazniks (Naturdenkmale), Zapowedniks (Totalreservate), Biosphärenreservate und Nationalparks. Es gibt insgesamt ein Biosphärenreservat, 10 Zapowedniks, 25 Zakazniks und 9 Nationalparks. Die Gesamtfläche beträgt 11893 Quadratkilometer, das entspricht 6,3 Prozent der Landesfläche. Das hört sich viel an, ist es aber leider nicht, denn der Schutzstatus besteht oft nur auf dem Papier. Das allergrößte Problem ist die illegale Beweidung durch Vieh. Dadurch kommt es zu massiven Erosionsschäden, Zerstörungen von Sträuchern und jungen Bäumen und Verringerung der Artenvielfalt. Diesem illegalen Vieheintrieb wollte das kirgisische Parlament im Oktober 2014 eigentlich ›Einhalt gebieten‹. Aber letztlich wurde ein Antrag eingebracht, der die Beweidung in den Totalreservaten erlauben sollte.

In allen Reservaten gibt es erhebliche Probleme: Die Mitarbeiter sind unterbezahlt und müssen in ihrer eigentlichen Arbeitszeit anderweitig Geld verdienen oder sind gezwungen, Bestechungsgelder anzunehmen. Eine gängige Art der Bestechung ist die Bezahlung für illegal weidendes Vieh, illegalen Holzeinschlag oder gar Wilderei. Die ›Agentur für Naturschutz und Forstwirtschaft‹, die für alle Schutzgebiete zuständig ist, hat nur geringes politisches Gewicht. Zudem wurde die Agentur innerhalb der letzten 23 Jahre 12 Mal umstrukturiert, wodurch die Mitarbeiter keine Gelegenheit haben, sich zu profesionalisieren.

Das flächenmäßig größte Schutzgebiet ist das Biosphärenreservat Issyk Kul (→ S. 184), das unter Federführung von Prof. Michael Succow etabliert wurde.

Zwei Schutzgebiete sollen stellvertretend vorgestellt werden:

Nationalpark Ala Artscha

Der heute 228 Quadratkilometer große Nationalpark liegt am Nordhang der Kirgisischen Gebirgskette und stellt das wichtigste Naherholungsgebiet des Landes dar. Er wurde 1974 eingerichtet und nach 1991 um einige Flächen erweitert. Auf einer Höhe zwischen 1600 und 4895 Metern liegend, umfasst er vier wesentliche Ökosysteme: die Gebirgs-Taiga, die subalpinen Wiesen, die alpinen Wiesen und die Geröll- und Gletscherzone. Eingerichtet wurde er vor allem zum Schutz der Taiga, die von Tienschan-Fichten dominiert wird. Im Reservat hat man die landesweit beste Möglichkeit, Sibirische Steinböcke und Bartgeier in freier Wildbahn zu sehen. (→ S. 155)

Besch-Aral-Zapowednik

Der 1979 gegründete Zapowednik umfasst eine Fläche von 632 Quadratkilometern und befindet sich an den Hängen des Pskem-und des Tschatkal-Gebirges. Er wurde zum Schutz des Menzbier-Murmeltieres eingerichtet. Das Tier wurde erst 1925 vom legendären russischen Zoologen Daniil Nikolajewitsch Kaschkarow entdeckt. Interessant ist die Vogelwelt in den Wacholder-Lichtwäldern, hier findet man den seltenen Wacholder-Kernbeißer und den Rosenmantel-Gimpel. Neben der Tierwelt ist auch die Flora vor allem im Frühling einzigartig und rühmt sich ob ihrer Vielfalt an Wildtulpen: Hier wachsen die Zenaida-Wildtulpe, die Kaufmann-Wildtulpe, die Greig-Wildtulpe, die Fergana-Wildtulpe und die Behaarte Wildtulpe. (→ S. 263)

Geschichte

Einen Staat mit Namen Kirgistan hat es vor der Auflösung der Sowjetunion nie gegeben. Er entstand erst 1991 aus der kirgisischen Sowjetrepublik, welche ihrerseits bereits zu Zarenzeiten ein Bestandteil Turkestans war. Auch die heutige Titularnation, die Kirgisen, wanderten erst im 15./16. Jahrhundert vom Oberlauf des sibirischen Flusses Jenissej ein. Selbstverständlich gibt es aber zahlreiche Spuren früherer menschlicher Besiedlung in der gesamten Region.

Die Steinzeit

Auf dem Gebiet Kirgistans können die ersten Zeugnisse menschlicher Tätigkeit auf die Zeit vor etwa 900 000 Jahren datiert werden. Das Paläolithikum stellt die längste geschichtliche Periode in Kirgistan dar und ist mit einer allmählichen Besiedlung der Region verbunden.

Die häufigsten gefundenen Werkzeuge sind Hacken und Schaber, die anfangs nur von einer Seite bearbeitet wurden. Vor 500 000 Jahren wurden dann diese Werkzeuge von beiden Seiten behauen, worin man einen Fortschritt in der Herstellung von Steinwerkzeugen erkennen kann, wie er im gesamten eurasischen Raum kennzeichnend ist. Diese Werkzeuge dienten zur Jagd (Fellbearbeitung) und zur Herstellung einfachster Jagdwaffen aus Holz.

Wie die Menschen aussahen, die diese Werkzeuge benutzt haben, kann man leider nicht rekonstruieren, denn es wurden bislang keine Schädel gefunden. Die gefundenen einzelnen Zähne lassen darauf schließen, dass es sich um eine regionale Rasse des Homo erectus gehandelt haben muss.

Spürbare Umwälzungen im Lebenswandel und in der Kultur fanden dann vor 300 000 und bis 100 000 Jahren statt, als auf dem Territorium des heutigen Kirgistan Neandertaler siedelten, die wahrscheinlich von Westen her kamen. Sie beherrschten bessere Steinbearbeitungstechniken, womit sie zum Beispiel Pfeilspitzen herstellen konnten. Sie besiedelten das Gebiet dichter als ihre Vorgänger, besonders das Fergana-Becken im Bereich des heutigen Batken-Oblastes.

Lange Zeit wurde die Meinung vertreten, dass die Neandertaler eine schwach entwickelte und zurückgebliebene Menschenrasse war. Jedoch beweisen neueste wissenschaftliche Untersuchungen, dass sie ähnliche Fähigkeiten hatten wie der europäische Cro-Magnon-Mensch (ab 40 000 vor unserer Zeit).

Während des späten Paläolithikums, 40 000 bis 12 000 Jahre vor unserer Zeitrechnung, bewohnte der Mensch weite Teile der Region, und archäologische Fundstätten sind aus allen Landesteilen bekannt. Die Werkzeuge wurden feiner und besser auf die Lebensweise eines herumziehenden Jägers abgestimmt.

Wesentliche Veränderungen begannen im Mesolithikum, 12 000 bis 6000 Jahre vor unserer Zeitrechnung. In dieser Periode ging die Eiszeit zu Ende, das Klima wurde insgesamt milder und die Fauna veränderte sich. Große Beutetiere wie Mammut oder Riesenhirsch starben aus, und es kamen kleinere, schnellere Wildtiere auf. Darauf musste sich der Mensch einstellen, denn die Jagd wurde somit schneller und schwieriger. Es wurden Pfeil und Bogen erfunden und der Mensch domestizierte zum ersten Mal in seiner Geschichte ein Tier, den Hund.

Kleiner Reiter

Es gibt zahlreiche Felsgravuren in Kirgistan

Dadurch wurde die Jagd insgesamt effektiver, was wiederum zu einer geringeren Mortalitätsrate und zu einer Erhöhung der Anzahl der Angehörigen einer Sippe und zu einer höheren Bevölkerungsdichte führte.

Noch größere Veränderungen in Kultur und Alltagsleben der Menschen, die den Großraum des heutigen Kirgistans besiedelten, fanden im Neolithikum (Jungsteinzeit), 6000 bis 2000 Jahre vor unserer Zeit, statt: Während der sogenannten ›Neolithischen Revolution‹ begann der Mensch Vieh zu züchten und Ackerbau zu betreiben. Etwas später fing man dann an, Keramik und Bekleidung herzustellen. Aufgrund dieser Entwicklungen wurden die Menschen sesshafter als in den davor liegenden Epochen, was zu größeren Siedlungen führte. Dadurch kam es zu einer zunehmenden Entvölkerung der vorher besiedelten Gebirgs- und Hochgebirgsregionen.

Die Unabhängigkeit von einer erfolgreichen Jagd führte zum allgemeinen Wachstum der Bevölkerung, und es entstanden erste große Stammesverbände. Auf der anderen Seite führten die unterschiedlichen Entwicklungsstadien dieser Stammesverbände zu ersten kriegerischen Konflikten. Dieser Umstand beflügelte auch die Weiterentwicklung der Werkzeugbearbeitung: Die Technik des Schleifens und des Bohrens kam erstmals auf, wodurch nicht nur bessere Werkzeuge und Waffen hergestellt werden konnten, sondern die hergestellten Gerätschaften auch eine ästhetische Gestalt bekamen.

All diese Prozesse fanden in Felsgravuren ihren Niederschlag. Hier werden sowohl das friedliche Leben mit Jagd, Pflügen und Feiern als auch kriegerische Konflikte dargestellt. Am Ende der Jungsteinzeit kamen erste Bronzeerzeugnisse auf, welche aus den Regionen südwestlich des Tien Schan stammten, die bereits damals einige Hochkulturen aufzuweisen hatten.

Die Bronzezeit

Am Anfang des 2. Jahrtausends vor unserer Zeit lässt sich für das Gebiet des Nördlichen und Zentralen Tien Schan und seiner umliegenden Ebenen (z. B. Tschuj- und Talas-Ebene) die Bronzezeit nachweisen.

Um 1500 wanderten wellenartig verschiedene Stämme aus Südsibirien, Ostkasachstan und Xinjiang (heute China) ein, die zur Andronow-Kultur gerechnet werden.

Im Jahr 1914 öffnete der russische Zoologe Arkadij Jakowlewitsch Turgarinow ein Hügelgrab in der Nähe des sibirischen Dorfes Andronowo (heute: Gebiet Krasnojarsk) und entnahm einige Artefakte. Es wusste nicht, welche Bedeutung dieser Fund für die russische und sowjetische Archäologie und die Weltgeschichte haben sollte. Das Material kam nach Leningrad, wo es durch den Archäologen Sergej A. Teplouchow begutachtet wurde. Er stellte fest, dass die Fundstücke keine Ähnlichkeiten mit bereits in Sibirien ausgegrabenen Kulturen besaßen, und folgerichtig beschrieb er als Erster diese neue Kulturepoche. Die Menschen dieser Andronow-Kultur besiedelten demnach großräumig die Steppen Mittelasiens, Zentralasiens und Sibiriens, angefangen vom Ural bis zum Sajan- und Altaj-Gebirge, wobei sich die Einwanderung in das Territorium des heutigen Kirgistan in drei Wellen vollzog.

Die Andronow-Menschen hatten eine sesshafte Lebensweise und beschäftigten sich vornehmlich mit der Viehzucht. Zwar spielte der Ackerbau auch eine Rolle, jedoch war diese gegenüber der Viehhaltung weniger wichtig und diente neben der Erzeugung von Nahrungsmitteln in erster Linie der Produktion von Viehfutter. Die wichtigsten Nutztiere waren Kühe und Pferde, in geringerem Maße auch Schafe. Diese Wirtschaftsform wurde durch Jagd und Handwerk ergänzt. Die Menschen der Andronow-Kultur brachten eine sehr weit entwickelte Technik der Herstellung von bronzenen Waffen und Werkzeugen in die Region. Hinzu kamen Schmuck und Luxusgüter wie Armringe, Ohrringe und Spiegel. Die Bronzeverarbeitung der Andronower erreichte ein sehr hohes Niveau, es kamen immer neue Gegenstände hinzu. Begünstigt wurde dies durch den Kontakt mit Bronzetechniken aus dem südlichen Mittelasien und dem Iran.

Die Andronow-Stämme mussten sich aber den neuen Lebensbedingungen im Hochgebirge Mittelasiens anpassen und änderten ihre Art der Viehhaltung. Aus einer stationären Viehwirtschaft entstand so allmählich eine teilweise mobile. Der größte Teil der Bevölkerung verblieb dabei in den Siedlungen, und ein kleinerer Teil betreute als Hirten das Vieh, das im Som-

Steinstele in Burana, etwa 2000 Jahre alt

mer in die Hochgebirgssteppen getrieben wurde. Im Herbst wurde dann das Vieh zurück in die Ebenen gebracht, um in Gattern bei den Siedlungen die kalte Jahreszeit verbringen. Die in den Siedlungen Zurückgebliebenen waren während des Sommers mit der Getreidewirtschaft beschäftigt.

Neben der Landwirtschaft waren die Bewohner des Tien Schan auch in Handwerk und ›Heimindustrie‹ tätig. Besonders gut entwickelt war die Herstellung von irdenen Gefäßen und Geschirr. Eine weit verbreitete Form waren kleine, bis zu 20 Zentimeter hohe Töpfe, die in ihrer Form an die altrussischen Gefäße erinnern, aus denen man noch heute in der russischen Provinz Pelmeni isst. Diese waren mit Dreiecken, Serpentinen und Hakenkreuzen verziert, die in Ritztechnik aufgetragen wurden.

Etwa 1000 Jahre vor unserer Zeit kam es in den weiten Steppen Eurasiens zu einem starken Klimawechsel, das Klima wurde wesentlich trockener. Dadurch waren die Andronow-Menschen zum wiederholten Male gefordert, sich neuen Lebensbedingungen anzupassen. Sie begannen, weniger anspruchsvolle Tiere wie Schafe und Ziegen zu züchten und gaben Schritt für Schritt ihre Siedlungen zugunsten einer nomadischen Lebensweise auf. Dies kann als Geburtsstunde des Nomadentums im Tien Schan gesehen werden, was sich auf 800 vor unserer Zeitrechnung datieren lässt.

Im Süden Kirgistans, im Fergana-Becken, kam zur gleichen Zeit eine neue Kultur auf, die Tschust-Kultur. Sie ist nach der Stadt Tschust im Fergana-Becken benannt, die heute in Usbekistan liegt. Diese beiden Zivilisationen existierten sehr dicht nebeneinander, denn vom Tschuj-Tal bis ins Fergana-Becken sind es nur 300 Kilometer Luftlinie. Erstaunlicherweise kamen sie nicht miteinander in Berührung und existierten im wahrsten Sinne parallel zueinander. Die Tschust-Kultur kam um 1500 vor unserer Zeit auf und gründete sich auf die an gleicher Stelle entwickelten Regionalkulturen. Ihre Spur verliert sich 800 Jahre später

Nomadennachwuchs mit Schafsherde

wieder. Die Tschuster waren Angehörige einer Ackerbau-Kultur, die neben Getreide und anderen Süßgräsern Gemüse und Obst anbaute. Die Viehzucht hatte nur eine unterstützende Funktion und ist als drittrangig zu bezeichnen. Die Menschen lebten in größeren Siedlungen, die im Normalfall einige hundert Einwohner zählten. Aber es sind auch Häuseransammlungen mit weit über 1000 Bewohnern bekannt. Sie nahmen Flächen von einigen Hektar ein und waren in Einzelfällen auch mit dicken Schutzmauern aus Lehm umgeben.

Die Häuser selbst waren verhältnismäßig klein, waren jedoch in zwei Räume unterteilt. Auch die Kunst der Bronzeherstellung beherrschten die Fergana-Bewohner, wobei sie das Rohmaterial aus dem nördlichen Tien Schan erhielten, also den Siedlungsgebieten der Adronower, oder aus dem südlichen Mittelasien. Um 700 vor unserer Zeitrechnung wurden sie von Nomadenstämmen aus dem Osten angegriffen und vernichtet.

Die Saken und Usunen

Durch die Klimaänderung um die Jahrtausendwende veränderten auch die Stämme der nordöstlich gelegenen Steppengebiete im heutigen Ostkasachstan ihre Lebensweise und wurden nomadisch. Sie zogen aus den Steppengebieten in die Berge des Tien Schan und bildeten dort verschiedene nomadische Stammesverbände aus, von denen ein Teil als Saken bezeichnet wurde.

Am Ende des 6. Jahrhunderts vor unserer Zeitrechnung wurden sie nach jahrelangen Kämpfen durch das Perserreich unter den Achämeniden unterworfen. Gegen Ende des 4. Jahrhunderts erstarkten sie und wurden unabhängig. Sie unterstützten einen Aufstand der mittelasiatischen Völker und Stämme gegen Alexander den Großen und wurden 329 in einer Schlacht am Syr Darja von Alexanders Truppen besiegt. Dadurch waren sie gezwungen, mit dem Perserreich Frieden zu schließen.

In der Mitte des 2. Jahrhunderts vor unserer Zeit drangen zwei Stämme, die Yüe-tschi und die Usunen, aus dem Osten und Südosten (Region zwischen Tarimbecken und Gansu-Provinz, heute in China gelegen) in das Siedlungsgebiet der Saken. Ein großer Teil der Saken wurde in den Ost-Iran und nach Nord-Indien abgedrängt. Die Yüe-tschi und die Usunen waren ihrerseits von den Hunnen aus Xinjiang und Gansu verdrängt worden. Im 1. Jahrhundert zerfiel das Usunenreich in zwei Teile und kurz darauf versank es ganz.

Die Usunen in den Steppen waren reine Nomaden, doch im Gebirge und in den Randbereichen der Gebirge gab es auch einige wenige Siedlungen, in denen in erster Linie Handwerker und Ackerbauern lebten. Auch sie trieben im Sommerhalbjahr ihr Vieh auf die Hochweiden und im Winterhalbjahr auf die niedriger gelegenen Weiden der Ebenen.

Hunnen und Kuschan

Im 1. Jahrhundert vor unserer Zeit drangen von Osten/Nordosten die Hunnen (Hsiung-nu) auch in die Region des heutigen Kirgistan vor. Noch heute ist ihre Herkunft umstritten, man nimmt aber inzwischen an, das es alttürkische krie-

Sonntagsviehmarkt in Karakol

gerische Nomadenstämme aus der heutigen Mongolei waren, die infolge einer Klimaveränderung und damit einhergehender Knappheit an Weidegründen und Nahrungsmitteln über den Altaj und die Sajan-Region nach Westen auswichen und damit eine Völkerwanderung auslösten. Für das Gebiet des heutigen Kirgistan war das insofern relevant, als die Hunnen den nordiranischen Nomadenstamm der Tocharer (chin. Yüe-tschi) nach Westen trieben, vorbei am Issyk Kul und diese hier auf die Saken stießen. Die Saken wurden endgültig nach Süden abgedrängt, und die Tocharer stießen bis ins Ferganabecken vor und beendeten hier unter Mitwirken der ansässigen Bevölkerung die griechische Herrschaft.

Die Hunnen waren wie alle mittelasiatischen Reiternomaden hervorragende Bogenschützen zu Pferd. Mit der Technik des Parthischen Manövers, bei der in vollem Galopp nach hinten geschossen wurde, galten sie als unbesiegbar. Trotzdem beherrschten sie die Steppen Zentralasiens nur bis ins 3. Jahrhundert nach Christi Geburt und zogen dann weiter nach Westen. Wahrscheinlich haben die Hunnen das Gebiet des heutigen Kirgistan nur gestreift. Charakteristische Turmschädel (bei den Hunnen gab es die Sitte der Schädeldeformation) wurden in der Talas-Region gefunden.

Bedeutender für die Region war die nachfolgende Präsenz der Kuschan, einer der Sippen der eingewanderten Tocharer (Yüe-tschi), die sich im 1. Jahrhundert nach Christus über die anderen Fürstenhäuser erhob und ein mächtiges Reich gründete, das dem chinesischen, dem römischen und dem Partherreich in Größe und Macht nicht nachstand. Unter den Kuschan gewann der Buddhismus in der Region großen Einfluss, Kunst und Handel blühten auf.

Sassaniden und Hephtaliten

Im 3. Jahrhundert unserer Zeitrechnung dehnte das persische Sassanidenreich seinen Herrschaftsbereich weit nach Mittelasien bis ins heutige südwestliche Kirgistan aus und drang damit ins Gebiet der Kuschan vor. Man bemühte sich allerdings um gute Beziehungen und setzte Statthalter ein, die als Kuschano-Sassaniden bezeichnet wurden.

Im 5. Jahrhundert wurden den Sassaniden große Gebiete Mittelasiens von den Hephtaliten (auch ›weiße Hunnen‹ genannt) entrissen, einem weitgehend unerforschten Stamm, der aus dem nördlichen China eindrang, das Siebenstromland (heute Kasachstan) besetzte und dann nach Transoxanien (heute Usbekistan) vorstieß. Aber auch ihre Herrschaft währte nur ein Jahrhundert.

Turk-Kaganate und Chinesen

In der Mitte des 6. Jahrhunderts traten neue Akteure auf die Geschichtsbühne Vorder-, Mittel und Zentralasiens: nomadisierende Turkstämme wie Oghusen, Karluken, Kirgisen, Uiguren und andere, die sich vom Nordosten her (Altaj-Region) fächerförmig über das gesamte mittlere und südliche Eurasien ausbreiteten, sich dann hier ansiedelten und größtenteils zur Sesshaftigkeit übergingen. Dabei wurden die Sassaniden zuerst als Bündnispartner gegen die Hephtaliten genutzt und dann doch überrannt. Das Turk-Kaganat, auch Alttürk- oder Köktürk-Reich genannt, zog sich zum Zeitpunkt seiner maximalen Ausdehnung in Ost-West-

Jungs in Osch

Richtung vom Schwarzen Meer bis zum Baikalsee und in Nord-Süd-Richtung vom Altaj bis zum Hindukusch. Im Grunde war dieses Gesamtreich eine lockere Stammesföderation, bei der die einzelnen Stämme mit ihren Khans bestehen blieben und um die Vorherrschaft rangen. Im Jahre 603 zerfiel das riesige Reich nach inneren Kämpfen endgültig in ein Ost- und ein Westreich (Ost-Turkestan, West-Turkestan). Dabei reichte das Westreich vom heutigen Nordkasachstan über ganz Mittelasien bis zur Krim.

Im Jahre 657 wurde das Westliche Turk-Kaganat durch Truppen der chinesischen Tang-Dynastie erobert, nachdem diese bereits 626/630 einen entscheidenden Sieg über die Osttürken errungen hatten. Die Chinesen hatten die Schwächung des Turk-Reiches nach dessen Spaltung erkannt und machten sie sich zunutze, um weit nach Zentralasien einzudringen. Das westliche Turk-Kaganat existierte jedoch als Vasallenstaat weiter und lieferte seinen Zehnt an das Tang-Reich. In dieser Zeit der ausgedehnten Herrschaft der Tang-Dynastie mit ihrem streng durchorganisierten Beamtenapparat erreichte die Seidenstraße (→ S. 54) ihre erste Blüte.

670 fielen die Tibeter in Ost-Turkestan ein, China wurde geschwächt, was sich langfristig auch auf seine Präsenz in West-Turkestan auswirkte. Zentralasien zerfiel in eine Vielzahl von Kleinstaaten.

Das Türgesch-Kaganat

Im Jahre 704 wurde das Kaganat West-Turkestan gewaltsam durch das Kaganat der Türgesch, eines Turkvolkes auf seinem Territorium, ersetzt. Damit war das westliche Turk-Reich als politisches Gebilde endgültig ausgelöscht. Als Hauptstadt des Türgesch-Kaganats wurde Sujab (heute: Krasnaja Retschka) im Tschuj-Tal auserkoren. Das Herrschaftsgebiet der Türgesch zog sich von Schasch (heute: Taschkent) bis durch das gesamte Siebenstromland nach Turfan in Kaschgarien. An der Ostflanke wurde es allerdings recht bald bedrängt: Das Tang-Reich besetzte das Tarim-Becken (heutiges Xinjiang) und verbündete sich mit dem Uigurischen Kaganat, welches in jener Zeit die Region zwischen Balchasch und Altaj unter sich hatte. In dieser Allianz erfochten sie im Jahre 714 einen Sieg am Issyk Kul.

Unter Kagan Suluk spielten die Türgesch eine große Rolle als Bündnispartner der Sogdier im Kampf gegen die erstarkenden Araber, die auf ihrem heiligen Krieg gegen die Ungläubigen immer weiter vorrückten. Schon seit 651 waren sie in Mittelasien präsent, wurden aber immer wieder von der einheimischen Bevölkerung und von Turkstämmen in Bedrängnis gebracht und teilweise zurückgeschlagen. Die Türgesch hatten zeitweise 30000 Männer unter Waffen und konnten die Araber im Jahre 731 kurzzeitig aus Samarkand und Balch verdrängen.

Im Jahre 738 wurde der mächtige Türgesch-Kagan Suluk in Sujab von einem ehemaligen Mitstreiter ermordet. Die Angriffe der Chinesen von Osten und der Araber von Südwesten verstärkten sich – die Araber eroberten Samarkand zurück und befestigten ihre Grenze zum Türgesch-Kaganat, und die Hauptstadt Sujab wurde 748 von den Chinesen erobert und zerstört. Ihre mutmaßlichen Reste liegen in der Nähe der Straße von Bischkek zum Issyk Kul und können besichtigt werden (→ S. 160).

Der Sieg der Araber

Die Schwächung des Türgesch-Kaganats durch die Chinesen begünstigte einerseits weitere Landeroberungen der arabischen Abbasiden in den Gebieten des heutigen Usbekistans und Turkmenistans. Andererseits sahen die Abbasiden durch diese chinesische Offensive ihr erstarkendes Reich gefährdet und bewegten im Frühling 751 ihre Armee aus der Region um Buchara in Richtung Talas-Tal. Hier trafen sie in der Nähe der historischen Stadt Atlach (unweit des Dorfes Pokrowka) auf die chinesischen Armeen. Und so kam es im Juli 751 zu einer bedeutenden Schlacht zwischen den Arabern und den Chinesen, die als Schlacht am Talas-Fluss eine große Wende in der weiteren Entwicklung Mittelasiens nach sich ziehen sollte. Über 100 000 Soldaten standen sich gegenüber. Die Schlacht endete mit einem Sieg der Abbasiden, die durch die kurz zuvor aus Osten zugewanderten Karluken, unterstützt wurden. Unterschiedliche Quellen sprechen von 20 000 bis 30 000 Toten auf beiden Seiten und 20 000 Gefangenen auf chinesischer Seite. Die Tang-Dynastie und die darauf folgenden Dynastien waren durch diese Niederlage derart geschwächt worden, dass ab diesen Moment 1000 Jahre lang kein chinesischer Soldat mehr seinen Fuß auf mittelasiatische Erde setzte. Der abbassidische Sieg bereitete die Islamisierung Mittelasiens und des heutigen westchinesischen Gebietes Xinjiang vor. Allerdings konnte das Tang-Reich in Koalition mit dem Uigurischen Kaganat das weitere Vordringen der Araber gen Osten stoppen.

Die Abbasiden ließen die eroberten Gebiete durch Statthalter verwalten, die den Abbasiden-Herrscher als Oberhaupt anerkannten. Es entstanden bedeutende Dynastien wie die der Samaniden, unter deren Herrschaft von 874 bis

Fassade eines Mausoleums aus der Karachanidenzeit in Uzgen

999 sich in Turkestan eine Hochkultur entwickelte. Auch das Siebenstromland und heutige Kirgistan am nordöstlichen ›Rand‹ des Herrschaftsbereiches der Samaniden-Dynastie wurde von solchen Statthaltern regiert. Deren Schwäche wurde von den Karluken ausgenutzt.

Das Reich der Karluken

Die Karluken, ein turkischer Stammesverband, der ursprünglich südlich vom Altaj siedelte, hatte 742 gemeinsam mit den Uiguren und Basmylen des Ostturkische Kaganat geschlagen. Nun expandierten sie gemeinsam mit den Jenissej-Kirgisen nach Süden und gingen gegen das Türgesch-Kaganat vor, welches Teile des Siebenstromlandes zu jener Zeit beherrschte. Ein Teil der Türgesch unterwarf sich und ging im Karluken-Reich auf.

Durch das Eingreifen der Karluken wurde die Schlacht der Araber gegen die Chinesen 751 zugunsten der Araber entschieden, aber in der Folge nahmen die erstarkten Karluken den Kampf gegen das gewaltige Araber-Reich auf und drangen 766 mit der Einnahme von Sujab ins Abbasiden-Reich ein. In den Jahren von 766 bis 775 eroberten sie Kaschgarien und drängten die Abbasiden aus dem Fergana-Becken und aus den Oasen des Syr Darja heraus. Zeitweilig ging das gesamte Gebiet des heutigen Kirgistan in das Kaganat der Karluken ein, die Hauptstadt war erst Sujab, später Balasagun, die wahrscheinlichen Überreste beider Hauptstädte lassen sich heute in der Nähe von Tokmak im Tschuj-Oblast besichtigen. Die Herrschaft der Karluken dauerte bis ins erste Drittel des 10. Jahrhunderts, dann zogen sie sich, geschlagen durch andere Turkstämme, ins Gebiet des heutigen südöstlichen Kasachstan zurück und überließen das Feld den Karachaniden.

Das Reich der Karachaniden

Um 940 zerbröckelte das Reich der Karluken, und es entstanden unabhängige Staaten in den Oasen des Tschuj-Tales, des Talas-Tales sowie des Siebenstromlandes.

Das gesamte Territorium des heutigen Kirgistan wurde von den Karachaniden eingenommen, ebenfalls einer Turk-Dynastie, die möglicherweise im 9. Jahrhundert aus dem Stamm der Karluken hervorgegangen war. Auf dem Höhepunkt ihrer Macht beherrschten die Karachaniden ein Reich vom Tarimbecken bis zum Aralsee, vom Balchaschsee bis zum Amu Darja. Balasagun im Tschuj-Tal war ihr Machtzentrum, und Uzgen im Ferganabecken erlebte als weiteres Verwaltungszentrum seine Blüte zu dieser Zeit. Noch heute zeugen der Minarett-Stumpf von Burana und die Karachaniden-Mausoleen in Uzgen von dieser Ära. Die Bezeichnung Karachaniden wird aus dem Titel ihrer Herrscher abgeleitet, welche den Zusatz ›Kara Khan‹ führten. Erwähnenswert ist, dass Machmud Al Kaschgari in der ersten Hauptstadt des Karachaniden-Reiches, in Kaschgar (heutiges Xinjiang), geboren wurde. Er wird als erster Turkologe angesehen. Das Hauptwerk seiner wissenschaftlichen Beschäftigung mit den Turksprachen ist die ›Sammlung der Dialekte der Turksprachen‹.

Bis zur Machtergreifung der Karachaniden war unter den Völkern des Tien Schan sowie der Fergana-, Talas- und Tschuj-Ebenen der Buddhismus verbreitet, auch Zoroastrismus und Christentum hatten Anhänger hier; es herrschte religiöse Toleranz. Unter Khan Satuk, der unter dem Einfluss der Samaniden kurz vor seinem Tod den Islam übernommen hatte, fand Mohammeds Botschaft Verbreitung auf dem Territorium des heutigen Kirgistan. Satuks Sohn Musa, der als nächster Khan eingesetzt wurde, machte den Islam schließlich 960 zur Staatsreligion. Von 992 bis 999 gelang es den Karachaniden, das zum damaligen Zeitpunkt bereits geschwächte Samaniden-Reich einschließlich Buchara und Samarkand ihrem Machtbereich unterzuordnen. Wegen innerer Streitigkeiten kam es 1041 allerdings zur Aufspaltung dieses Riesenreiches in ein West- und ein Ostreich. Das gesamte Territorium des heutigen Kirgistan bildete einen Teil des östlichen Reiches. Die Geschichte beider Reiche nahm völlig unterschiedliche Wege: Das Westreich fiel in einem Krieg den Seldschuken zum Opfer und wurde deren Vasallenstaat. Das Ostreich bestand noch eine Weile fort, auch wenn es, nach einer Niederlage in Auseinandersetzungen mit den Kara Kitai, einem heidnischen Mongolenstamm, 1137 seine Unabhängigkeit verlor. Immerhin durfte es als innerstaatliche Struktur der Kara Kitai mit gewissen Vollmachten für die Karachaniden-Herrscher weiterexistieren, bis der Choresm-Schah Muhammad II. in der Schlacht von Taraz um 1210 die ›ungläubigen‹ Kara Kitai schlug und seine Glaubensbrüder seinem Reich 1212 angliederte. Dieses hatte nicht lange Bestand – es folgte der Mongoleneinfall 1217 bis 1218.

Plan der Karachaniden-Hauptstadt Balasagun (Burana) im Tschuj-Tal

Die Seidenstraße

Die ersten der heute unter dem Namen ›Seidenstraße‹ bekannten Handelswege zwischen China und Europa entwickelten sich bereits im 5. Jahrhundert vor unserer Zeit. Hauptvermittler waren damals die legendären Skythen, die rege Handelsbeziehungen zu Griechen und Chinesen hatten, was sich an ihren Grabbeigaben ablesen lässt. Der Handel intensivierte sich ab dem 2. Jahrhundert vor unserer Zeit. Begünstigt wurde dies durch eine Reichseinigung in China und durch die Tatsache, dass sich das Abendland durch Alexanders Feldzüge mit dem hellenistischen Königreich von Baktrien und Sogdien bis an die Grenze des Tien-Schan-Gebirges ausgedehnt hatte. In der Zeit des Hellenismus war der internationale Fernhandel bereits sehr rege, denn es gab von Sizilien bis nach Fergana ein einheitliches Münzsystem. Außerdem existierte eine Oberschicht, die Bedarf an orientalischen Luxusgütern wie Seide, Diamanten und Rosenöl hatte. Seine Blüte hatte der Handel während der römischen Kaiserzeit, als im römischen Reich eine regelrechte Seidenmanie ausbrach.

Anders als der Name glauben macht, handelt es sich bei der Seidenstraße nicht um eine einzige Route, sondern um ein Netz von Karawanenwegen, das ganz wesentlich von der Topographie Mittelasiens bestimmt wurde. Der Großteil des Weges musste auf Trampelpfaden, Wüstenpisten und durch Schlammfurten zurückgelegt werden. Überfälle von Nomaden und Überschwemmungen oder Erdrutsche zwangen die Karawanen, immer neue Routen zu finden. Auch wurde keineswegs nur Seide auf dieser Strecke transportiert.

Ausgehend von der Hauptstadt der Tang-Dynastie, dem heutigen Xian, führten die Routen zuerst nach Norden, wo sie sich am Rande der unwirtlichen und lebensgefährlichen Taklamakan-Wüste zunächst in zwei Hauptstränge teilten. Der eine umging die Taklamakan nördlich, der andere südlich, anschließend wurden auf zahlreichen Routen, die sich im Laufe der Jahrhunderte auch ständig änderten, die Gebirge und Steppen Mittelasiens durchquert. Wichtige Umschlagplätze der Waren aus China waren Samarkand (heutiges Usbekistan), Isfahan (heutiger Iran) und Herat (heutiges Afghanistan). Von dort ging es weiter nach Syrien und Palästina, von wo aus die Waren nach Italien verschifft wurden.

Auf der Seidenstraße wurden aber nicht nur Handelsgüter transportiert, sondern auch Menschen, Religionen, Kulturen und Krankheiten, wie zum Beispiel die Pest weiterverbreitet. Nach dem Tod Mohammeds im Jahre 632 breitete sich der Islam aus und bald war auch der westliche Teil der Seidenstraße und damit der transasiatische Handel unter islamischer Kontrolle. Nach der Eroberung des Persischen Reiches durch die Araber im Jahre 642 setzte sich die Expansion der neuen Religion in östlicher Richtung fort, zunächst in den Städten entlang der Seidenstraße, später in den ländlichen Gegenden.

Der Begriff der Seidenstraße ist auch eng mit dem Namen Marco Polo verbunden. Durch die schriftlichen Aufzeichnungen Marco Polos über seine Reisen durch Mittelasien, Nordchina und die Mongolei und über seinen Aufenthalt beim chinesischen Kaiserhof eröffnete er seiner Heimatstadt Venedig und damit ganz Europa das Tor zum Osten. Dass der Wahrheitsgehalt seiner Schriften immer mal wieder angezweifelt wurde, tut ihrer Popularität bis heute keinen Abbruch.

Die Mongolen erreichen Mittelasien

Im Reich der Mongolen hatte sich im Jahr 1206 endgültig ein Herrscher durchgesetzt, der die mongolischen Stämme einen konnte: Temujin, der den Titel Dschingis Khan (Großkhan) erhielt, stand zu Beginn des 13. Jahrhunderts an der Spitze einer angsteinflößenden Eroberungsmacht, die auch bis weit nach Europa vordringen sollte.

Anfangs spaltete sich der mongolische Stamm der Naiman unter Khan Kutschluk von Dschingis Khan ab. Die Naiman unterwarfen im Gebiet zwischen Altaj und Tien Schan die Kara Kitai, die seit Beginn des 12. Jahrhunderts in etwa das Gebiet des heutigen Xinjiang (China) beherrschten. Die vertriebenen Kara Kitai baten Dschingis Khan um Unterstützung. Das mongolische Heer, längst auf dem Weg nach Mittelasien, umfasste 200 000 Mann – Soldaten einer beeindruckenden Kavallerie, ausgerüstet mit Pferden und Jurten, die in Begleitung ihrer Familien waren. Allein die Anzahl der umherziehenden Mongolen schüchterte viele Gegner schon im Vorfeld eines Kampfes oder einer Belagerung ein.

Anlass für den Feldzug der Mongolen gen Westen bot Dschingis Khan die Ermordung seiner Botschafter durch Schah Mohammed Alauddin, den Herrscher von Choresm (heute auf usbekischem Staatsgebiet). Zuvor wandte sich das Heer jedoch den ehemaligen Gebieten der Kara Kitai zu. Der Kampf mit Kutschluk Khan, dem Herrscher der Naiman, endete im Jahr 1218 siegreich für die Mongolen. Die Konsequenzen für die Unterlegenen können als exemplarisch für das Vorgehen Dschingis Khans nach einem Sieg betrachtet werden: Er ließ Kutschluk Khan exekutieren und gab die Hauptstadt Sujab der völligen Zerstörung durch seine Leute preis. Damit verschwand im Siebenstromland eine Stadt, die zuvor als bedeutendes Handels- und Kulturzentrum auf eine mehr als 600 Jahre währende Geschichte hatte zurückblicken können. Ihre (wahrscheinlichen) Ruinen sind heute 40 Kilometer östlich von Bischkek zu besichtigen (→ S. 160).

Nach der Zerstörung von Sujab setzten die Mongolen ihren Eroberungszug in Richtung Choresm fort. Dabei bediente sich Dschingis Khan einer Zangentaktik: Der Großteil des Heeres bewegte sich vom Norden her nach Transoxanien (heutiges Usbekistan, Teile Südkasachstans und Südkirgistans). Zusätzlich geriet Choresm mit seiner Hauptstadt Chiwa durch die zweite Streitmacht der Mongolen unter Bedrängnis. Diese bestand aus 30 000 Soldaten, die durch die

Dschingis Khan, chinesische Darstellung aus dem 14. Jahrhundert

Das Reich der Mongolen im 13. Jahrhundert

Taklamakan-Wüste und über den südlichen Tien Schan ins Ferganatal marschiert waren, dabei Osch dem Erdboden gleich gemacht hatten und nun vom Osten her zum Unterlauf des Amu Darja drängten.

Der Sieg über Choresm im Jahr 1223 und die damit einhergehenden mongolischen Eroberungen hinterließen Spuren der Verwüstung: Die Prunkstücke des damals persisch-tadschkischen Zweigs der Seidenstraße wie Penshikent, Samarkand, Schachrizabs und Chiwa wurden geschliffen. Zwistigkeiten unter den mongolischen Fürsten trieb den Niedergang der Städte, Siedlungen und landwirtschaftlichen Strukturen weiter voran. Die mongolischen Feldzüge lösten große Wanderungsbewegungen unter den mittelasiatischen Völkern aus.

Im Jahr 1227 starb Dschingis Khan, und sein Herrschaftsgebiet wurde unter seinen Nachfolgern aufgeteilt. Das Siebenstromland westlich des Ili-Flusses (heute in Kasachstan), die Westhälfte des Tien Schan (heutiges Kirgistan) und die Landstriche zwischen Amu Darja und Syr Darja (heute Usbekistan) erhielt Tschagatai. Die Gebiet östlich davon bis zum Altaj (heute China) bekam Ugedej zugesprochen.

Europa blickte in jener Zeit mit großer Furcht auf die mongolische Armee, die bis Moskau vorgedrungen war. Um Informationen zu sammeln, schickte Papst Innozenz IV. den Mönch Plano Carpini 1246 zur Audienz bei Großkhan Mongkeh. Im Jahr 1247 begab sich auf Geheiß von Ludwig dem Heiligen der Franziskaner Wilhelm Rubruck auf die beschwerliche Reise und erreichte Tokmok, wo er mit den Kiptschaken eine Allianz auszuhandeln versuchte.

Nachdem der jüngste Sohn Dschingis Khans, Tului, den Mongolen-Thron mit Gewalt an sich gerissen hatte und dadurch einen Krieg innerhalb der Mongolenstämme anzettelte, gingen die Gebiete zwischen Tien Schan und Altaj verloren.

Daraufhin errichtete Kaudi-Khan einen neuen Staat, der in der Folge auch die großen Weiten bis zum Aral-See und zum Kaspischen Meer vereinte. Bis zum Jahre 1301 dauerte die Herrschaft Kaudi-Khans an. Mit verschiedenen Reformen seines Staatsgebildes förderte er die Wirtschaft, und auch die nördlichen Routen der Seidenstraße wurden in dieser Zeit wiederbelebt.

Zusehend ging die Macht jedoch an turksprachige Kalifen und Emire über, die zwar mongolischstämmige Herrscher einsetzten, jedoch waren diese nur Titelträger. Keiner von ihnen konnte seine direkte Abstammung von Dschingis Khan und somit die Rechtmäßigkeit seiner Herrschaft nachweisen. Diese losen Staatengebilde hielten die Region zwischen Kaspischen Meer und Tien Schan nur schwach zusammen, was auch in der großen Entfernung zu den Oasen an den Flüssen Amu Darja und Syr Darja begründet war. Aus dem Siebenstromland fanden bis zum Anfang der zweiten Hälfte des 14. Jahrhunderts immer wieder kriegerische Einfälle anderer mongolischer Herrscher statt, die davon träumten, das Großreich Tschagatais noch zu vergrößern. Dabei stießen sie ab 1370 auf einen anfangs ebenbürtigen Gegenspieler: Timur (Tamerlan).

Die Timuriden

Im Jahr 1336 wurde in der Stadt Kesch einer der einflussreichsten und grausamsten Herrscher der Weltgeschichte geboren. Sein Name war Timur. Kesch liegt etwa 80 Kilometer südlich von Samarkand und heißt heute Schachrizabs. Nach der Spaltung des Tschagatai-Reiches gelangte Timur 1370 an die Macht. Timurs Vater gehörte dem turksprachigen Mongolenstamm der Barlan an und bekleidete den Rang eines Kleinfürsten. Timur selbst diente zunächst einem mongolischen Herrscher. Später wendete er sich an der Seite des Emirs Husain gegen die Mongolen. Dabei zog sich Timur während eines Feldzuges eine schwere Beinverlet-

Timurs Reich am Anfang des 15. Jahrhunderts

Mausoleum zwischen Song Köl und Naryn

zung zu, die ihn sein Leben lang begleitete. Diese Verletzung brachte ihm den Namen Timur Lenk ein, was soviel bedeutet wie ›Der lahme Mann aus Eisen‹. In Europa wurde er auch unter dem Namen Tamerlan bekannt.

Timur setzte sich in der Folge als alleiniger Machthaber durch. Im Jahr 1369 verlieh man ihm auf einer Versammlung der Fürsten den Titel des Emirs von Transoxanien. Seine umfangreichen Eroberungszüge führten Timur und sein Heer bis nach Moskau, in den Kaukasus, nach Syrien und nach Indien, wo er bis an den Ganges vordrang. Zur beeindruckenden Hauptstadt seines Großreiches ließ der Herrscher Samarkand ausbauen. Dort entwickelten sich Kultur und Handel auf einem sehr hohem Niveau. Andere Regionen in Timurs Herrschaftsgebiet hatten jedoch unter den Zerstörungen seiner Feldzüge zu leiden, so verwüstete er beispielsweise die Stadt Delhi.

Nach Timurs Tod im Jahr 1405 wurde die Macht unter seinen Nachkommen, den Timuriden, aufgeteilt. Da ein durchdachtes Herrschaftskonzept fehlte und die Timuriden sich auf Dauer nicht durchsetzen konnten, zerbrach das Reich am Anfang des 16. Jahrhunderts. In dieser Zeit drängten die Usbeken in das Gebiet zwischen Amu Darja und Syr Darja.

Die Kirgisen besiedeln den Tien Schan

Im 15. und 16. Jahrhundert wirkten sich die Nachfolgestreitigkeiten unter den Tschagatai auch auf die Entwicklung des kirgisischen Volkes aus. Forschungen haben ergeben, dass die Kirgisen aus dem Gebiet im Süden Westsibiriens in den mittelasiatischen Raum im 15. bis 16. Jahrhundert einwanderten. In Westsibirien bewohnte ein Stamm nachweislich das Minusinsker Becken (heute Republik Tuwa) und Teile des Sajan-Gebirges und ein zweiter Stamm das Altaj-Gebirge. Wahrscheinlich siedelten sie zunächst in der Osthälfte des Tien Schan, wobei sie als Bündnispartner der Karluken gegen die Uiguren auftraten. Bis zum Anfang des 17. Jahrhunderts konnte man die Kirgisen in drei Horden unterteilen, die in einer Vielzahl von Stämmen organisiert waren.

Widerstand gegen die mongolischen Herrscher leisteten die Kirgisen gemeinsam mit den Kasachen, die im 15. Jahrhundert ins Siebenstromland eingewandert waren und gegen die Usbeken gekämpft hatten. Als Siebenstromland wird die Ebene zwischen dem nördlichen Tien Schan und dem Dschungarischen Gebirge bezeichnet, die heute zum größten Teil auf kasachischem Staatsgebiet liegt. Zusammen erlangten Kirgisen und Kasachen die Herrschaft über das Siebenstromland.

In der zweiten Hälfte des 15. Jahrhunderts wurde das erste Khanat der Kirgisen gegründet, das nur einen Teil des heutigen Staatsgebietes umfasste. Die kirgisischen Stämme sahen sich jedoch immer wieder durch feindliche mongolische Horden bedrängt.

Trotz der zunehmenden Macht kirgisischer Stämme blieb es im 15. Jahrhundert den Nachkommen des Dschingis Khan vorbehalten, den Rang des Khans zu bekleiden. Daher bestieg 1484 der Sohn eines Mongolen-Khans namens Achmed den Thron. Über die tatsächliche Macht im Land verfügten jedoch andere: Regionale Feudalherren, die Bejs, besaßen die Herrschaftsgewalt über ihre jeweiligen Einflussbereiche. Dort oblag ihnen das Eintreiben der Steuern und die Rechtsprechung vor Ort.

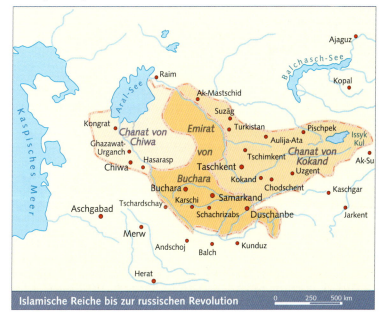

Islamische Reiche bis zur russischen Revolution

Nach Achmed Khans Tod trat im Jahr 1504 dessen Sohn Sultan Chalil seine Nachfolge an. Dieser siegte über die Mongolenherrscher und verdrängte sie aus dem Land. Einen weiteren Machtverlust erlitten die Mongolen, nachdem die kirgisischen Machthaber einen der ihren zum Emir gewählt hatten. Emir Mohammed wendete sich schließlich gegen die Mongolenkhane. Im Jahr 1514 schmiedete er eine Allianz mit Sultan Seid, einem Bruder Sultan Chalils, und begann einen Eroberungszug, durch den die Kirgisen umfangreiche Gebiete in ganz Turkestan errangen, mit denen sie regen Handel trieben.

Im Zeitraum zwischen dem 16. und dem 18. Jahrhundert vergrößerten die Bejs durch weitere Eroberungen stetig ihren Einflussbereich. Zudem kam es zur weiteren Ausbreitung des Islam, der sich auch im Tien Schan festigte.

Doch noch ein weiteres Mal wurden die Kirgisen von den Mongolen regiert, nachdem 1685 der westmongolische Stamm der Dschungaren große Teile Turkestans erobert hatte. Abgelöst wurden die Dschungaren durch die Dynastie der Mandschu, wodurch ein Teil der Kirgisen im Jahr 1758 unter chinesische Herrschaft geriet.

Das Kokander Khanat

Im westlichen Teil des Fergana-Beckens gründete 1709 Schah Ruch Bij das Khanat von Kokand. Der Schah gehörte der usbekischen Dynastie der Scheibaniden an und entzog sich durch die Gründung des Kokander Khanats dem Einfluss Bucharas. Im Jahr 1732 wurde die Festung Iski Kurgan (heute: Kokand) und somit der neue Regierungssitz des Khans begründet. Der Herrschertitel des ›Bij‹ wurde auf die Nachfahren von Schah Ruch – Abdurachium Bij (Herrscher bis 1722), Abdukarim Bij (Herrscher bis 1733) und Irdana Bij (1750–1764) – übertragen. Irdana Bij setzte zunächst auf eine Bündnispolitik mit den Kirgisen, änderte später jedoch sein Vorgehen und griff das kirgisische Territorium an. Im Jahr 1762 eroberte er mit seinen Streitkräften die Stadt Osch.

In dieser Situation benötigten die Kirgisen eine starke Schutzmacht, weshalb sie sich an Russland wandten. Im 18. Jahrhundert betrieb Russland bereits eine ambitionierte Expansionspolitik und war beständig auf der Suche nach neuen Handelspartnern.

Kirgisische Diplomaten setzten sich 1785 in St. Petersburg bei Zarin Katharina II. (der Großen) für eine Allianz zwischen Kirgisen und Russen ein. Dabei ging es nicht allein um den Schutz, den das Russische Reich bot, die Vertreter der Kirgisen warben ebenso für einen wirtschaftlichen Austausch. Längst hatte die Seidenstraße ihre Bedeutung als Haupthandelsweg verloren, wodurch es notwendig geworden war, neue Handelswege aufzubauen. Die Vorschläge weckten das Interesse der Zarin, die auf diese Weise im Süden ohne weitere Expansion an Einfluss gewinnen konnte. In der Folgezeit pflegten die Kirgisen und ihre russischen Nachbarn diplomatische Beziehungen.

Die Herrscher Kokands dagegen festigten ihre Position an der westlichen Grenze zu Kirgistan. Am Rande der von ihnen übernommenen Territorien errichteten sie befestigte Anlagen, wodurch das Khanat die Handelswege in der gesamten Region kontrollierte. Die Kirgisen waren somit gezwungen, Abgaben zu leisten und Grundsteuer zu zahlen. Diese belasteten die kirgisische Bevölkerung ebenso wie die von den Kokandern erhobene Wehrsteuer und der Einzug von Kirgisen zur Landwehr.

Im Jahr 1821 bestieg Madali Khan (auch: Muhammed Ali) den Thron des Kokander Khanats und setzte die Eroberungspolitik seiner Vorgänger fort. So wurden große Teile Nord-Kirgistans zu seinem Hoheitsgebiet. Zur Machtfestigung baute er 1825 die Festungen Pischpek und Tokmak. Obwohl sich die Kirgisen immer wieder zur Wehr setzten, führten die Kokander ihren Eroberungszug fort und unterwarfen immer mehr kirgisische Stämme.

Russische Expansion

Im 19. Jahrhundert rückte Mittelasien ins Blickfeld der Großmächte Russland und Großbritannien. Das Zarenreich betrieb nun seine expansive Politik verstärkt östlich des Kaspischen Meeres und kam dadurch in Konflikt mit dem Britischen Empire. Dabei schielten die Briten in Richtung Pamir und usbekische Khanate. Beiden Mächten ging es um den Zugang zu Rohstoffen und Absatzmärkten, den Russen zusätzlich um einen Zugang zum Indischen Ozean. Der von den Briten ›The Great Game‹ genannte, sowohl politische als auch militärische Wettstreit, den die Russen als ›Turnier der Schatten‹ bezeichneten, bestimmte bis ins erste Drittel des 20. Jahrhunderts die Entwicklung Mittelasiens.

Während das Russische Reich bereits unter Peter dem Großen (1672–1725) und Katharina der Großen (1729–1796) im heutigen Nordkasachstan Fuß gefasst hatte (Gründung von Semipalatinsk 1718, Ust-Kamenogorsk 1720 und Petropawlowsk 1752) und die nördlichen Gebiete Mittelasiens annektierte, begannen

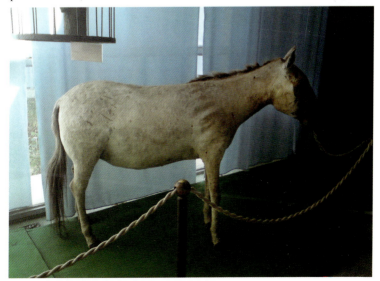

Przewalski-Pferd im Prshewalskij-Museum bei Karakol

Russische Expansion zur Zarenzeit

die Briten im 19. Jahrhundert ihre Macht nach Afghanistan auszuweiten. Zusätzlich versuchte auch das angrenzende China immer wieder, seinen Machtbereich in Richtung Südwesten zu vergrößern.

Im 18. Jahrhundert hatte Russland bereits mehrmals versucht, den Süden Mittelasiens einzunehmen. Jedoch wurde es im Krieg gegen das Khanat Chiwa (1714–1717) vernichtend geschlagen und trat anschließend mehr als 100 Jahre im Zweistromland zwischen Amu Darja und Syr Darja nicht mehr in Erscheinung.

In der zweiten Hälfte des 19. Jahrhunderts wurden dann mehrere wissenschaftliche Expeditionen nach Mittel- und Zentralasien ausgerüstet, die zoologische, botanische, geologische, ethnographische und kulturhistorische Forschungen betrieben und zudem auch neues topographisches Material erstellten. Somit konnte Russland vielseitige Informationen über die Region sammeln, die dann später politisch und militärisch genutzt wurden. Im Jahr 1856 sammelten Mitglieder einer Expedition der Russischen Geographischen Gesellschaft, darunter der kasachische Wissenschaftler Schokan Walichanow und der legendäre Geograph Pjotr Petrowitsch Semjonow-Tjan-Schanskij, in Kirgistan umfangreiches Datenmaterial. Im Jahr 1876 kämpfte sich der große Forschungsreisende Nikolai Przewalski durch den zu jener Zeit schwer zugänglichen östlichen Tien Schan (heutiges Grenzgebiet zwischen Kasachstan, Kirgistan und China) und stieß bis an die Quellen des Ili vor (heute Provinz Xinjiang in China).

Lange wehrten sich die islamischen Staatsgebilde im Süden Mittelasiens erfolgreich gegen die Annexion durch Moskau. Das änderte sich grundlegend, als im Mai 1865 der russische General Michail Grigorewitsch Tschernjajew die Stadt Taschkent eroberte. Gegen den Befehl von Zar Alexander II. belagerte er mit 3000 Soldaten die Stadt, in der sich zwei Tage lang 30 000 Mann gegen die russischen Angriffe wehrten. Allerdings errangen Tschernjajews Männer die Oberhand, weshalb die Stadtältesten schließlich dem General, der später als ›Löwe von Taschkent‹ bekannt wurde, die Schlüssel der Stadttore übergaben. Die Russen machten Taschkent schließlich zur Hauptstadt ihres Generalgouvernements Turkestan, das 1867 gegründet wurde.

Dann ging es Schlag auf Schlag: Im Jahr 1868 fiel das Emirat von Buchara, und 1873 wurde unter dem Oberbefehl des Generalgouverneurs Konstantin Petrowitsch von Kaufman das Khanat von Chiwa eingenommen.

Am längsten von allen islamischen Staatsgebilden hielt sich das Khanat von Kokand. Die Besitzungen des Khanats im nördlichen Kirgistan (heutiger Tschuj-Oblast) wurden bereits 1860 eingenommen, als die Festungen Tokmak und Pischpek (heutiges Bischkek) fielen. Das Fergana-Becken fiel erst 1876 in russische Hand, als die Verteidiger der Stadt Kokand von zaristischen Truppen unter General Skobeljow aufgerieben wurden und damit auch die Existenz dieses Khanats endete. Es wurde ebenfalls dem neugebildeten Generalgouvernement Turkestan einverleibt.

Pamirskij Post, der südlichste Befestigungsposten des Russischen Reichs auf dem Pamir

Ihre Macht festigten die Russen auf kirgisischem Territorium, indem sie russische und ukrainische Siedler in den Ebenen des Talas-Tales, des Tschuj-Tales und des Issyk-Kul-Beckens ansiedelten. Dieser Prozess begann in den 70er Jahren des 19. Jahrhunderts und setzte sich bis in die 80er Jahre des 20. Jahrhunderts fort.

Die Neugründung von Städten und Dörfern – zum Beispiel der Stadt Karakol 1869, Sazanowka (heute: Ananjewo) 1871 und Kara Balta 1874 – bekräftigte zusätzlich die Vormachtstellung des Russischen Reiches. Zudem veränderten zwischen 1868 und 1880 Einwanderungen von Dunganen und Uiguren nach Kirgistan die ethnische Zusammensetzung der Bevölkerung in der Region.

Dass heutzutage im Pamir (heute Ost-Tadschikistan) Russisch gesprochen wird, ist eine Folge des Feldzugs von General Ionow. Im Sommer 1892 und 1894 machte er sich mit einer Division von Margilan über Osch auf und zerschlug im Ost-Pamir chinesische und vor allem englische Truppen und hisste in einer der unwirtlichsten Gegenden und gleichzeitig am höchstgelegenen Militärposten des Russischen Reiches die russische Flagge. Die in die Geschichte als ›Pamirskij Post‹ eingegangene Garnison auf 3600 Metern Höhe bereitete den Weg für die Erschließung des Pamirs.

Letztlich erwies sich Russland im ›Great Game‹ gegenüber den Briten überlegen. Schließlich wurde 1895 im Rahmen eines russisch-britischen Abkommens die Grenze im Südteil Mittelasiens zwischen dem britischen und russischen Einflussbereich demarkiert. Dabei wurde der sogenannte Wachan-Korridor als Puffer zwischen den Einflusssphären Russlands und Großbritanniens Afghanistan zugeschlagen.

Als Teil des Zarenreichs

Nach der Integration der mittelasiatischen Territorien ins zaristische Russland erlebte das Gebiet zwischen Kaspischen Meer und Altaj einen wirtschaftlichen Aufschwung. Ein Hauptaugenmerk lag auf der Ausweitung der Baumwollproduktion. Nach dem Amerikanischen Bürgerkrieg war es auf dem Weltmarkt zu einer Verknappung an Baumwolle und zu Preissteigerungen gekommen. Um unabhängiger von Importen zu werden, baute Russland intensiv die Infrastruktur Mittelasiens aus.

Dabei lagen die Schwerpunkte im Bau von Bewässerungssystemen und im Ausbau des Eisenbahnnetzes. Eine der neuen Bahnverbindungen wurde bereits 1899 mit der Transkaspischen Eisenbahn eingeweiht, die zwischen Krasnowodsk (heute Turkmenbaschi, Turkmenistan) und Taschkent (heute Usbekistan) verlief. Von Taschkent aus wurden dann im ersten Drittel des 20. Jahrhunderts Bahngleise in den kirgisischen Teil des Fergana-Tals, nach Tasch Kumyr und Dshalal Abad verlegt. Eine für Kirgistan noch wichtigere Verkehrsader wurde durch den Bau des Großprojektes Turkestan-Sibirische Eisenbahn (kurz Turksib) vollendet, deren Originalstrecke von Orenburg über Kyzyl Orda, Dshambul, Wernyj (heute Almaty), Semipalatinsk, Barnaul bis nach Nowonikolajewsk (heute Nowosibirsk) führte. In der Station Lugowoje wurde ein Abzweig nach Pischpek (heute Bischkek) verlegt. Erste Streckenabschnitte wurden bereits 1905 fertiggestellt. Aufgrund des Ersten Weltkrieges und der Wirren der Bürgerkriege wurde die

Trasse aber erst 1931 übergeben. Dabei nahm der Streckenabschnitt Wernyj–Orenburg allein schon 2250 Kilometer ein. Mit knapp 3850 Schienenkilometern gehört die Turksib zu den Mammutbauten der Sowjetunion.

Der Turkestan-Aufstand

Im Jahr 1914 trat Russland in den Ersten Weltkrieg ein. Dann kam der für das kirgisische Volk verhängnisvolle 25. Juni 1916. An diesem Tag erließ Zar Nikolaus II. einen Befehl (Ukas), dass aus dem Siebenstromland-Oblast (heutige Oblaste von Almaty, Tschuj, Naryn und Issyk Kul) 60 000 Kasachen und Kirgisen im Alter zwischen 19 und 43 Jahren einzuziehen waren. Viele Einheimische stellten sich gegen den Einberufungsbefehl. Im Juli 1916 kam es zu Aufständen in allen größeren Städten des Siebenstrom-Oblastes, auch in Prshewalsk (heute: Karakol), Pischpek, Tokmak und Belowodsk.

Dabei richtete sich der Hass der Aufständischen nicht nur gegen den Zaren und das Generalgouvernement in Wernyj, sondern auch gegen die slawischen Siedler vor Ort. In der Folge kam es zu brutalen Massakern unter der slawischen Bevölkerung durch aufgebrachte Kirgisen und Kasachen. Im Gegenzug mobilisierte der Generalgouverneur Aleksej Nikolajewitsch Kuropatkin im Juli 1916 russische Truppen aus Andishan zu einer Vergeltungsaktion. Diese töteten genauso brutal die Aufständischen, aber ebenso auch die wehrlose kirgisische Zivilbevölkerung.

Nach der Niederschlagung des Aufstandes wurden 347 Aufständische zum Tode, 578 zur Zwangsarbeit und 129 zu Gefängnisstrafen verurteilt. Die Opferzahlen auf beiden Seiten belaufen sich nach unterschiedlichen Quellen auf 1500 bis 2000, wobei die Verluste auf kirgisischer Seite bei mehr als 80 Prozent der angegebenen

Vergnügungspark in Osch

Opfer lagen. Viele kirgisische Familien sahen sich daraufhin gezwungen, ihr Land zu verlassen und gaben dabei Haus und Hof auf. Bei dieser Flucht spielte der im südlichen Tien Schan gelegene Bedel-Pass eine wichtige Rolle. Über diesen ehemaligen Pass der Seidenstraße wanderten zehntausende Kirgisen nach Xinjiang aus, Schätzungen gehen von bis zu 100 000 aus. Dabei starben viele Flüchtlinge in der eisigen Kälte oberhalb von 4000 Metern. Ein Großteil der geflüchteten Kirgisen kehrte in den Folgejahren in die Heimat zurück, als unter den Sowjets wieder annehmbare Lebensbedingungen herrschten. Ein geringer Teil blieb und lebt bis heute im Kirgisischen Autonomen Gebiet von Kyzyl Suu in der Autonomen Region Xinjiang (China). Das als ›Kirgisen-Aufstand‹ bezeichnete Ereignis gilt als das traurigstes Kapitel der kirgisischen Geschichte. Die Aufarbeitung ist bis heute nicht erfolgt.

Im Zuge der revolutionären Umwälzungen im Russischen Reich wurde im Frühjahr 1917 in Bischkek unter Mustafa Tschokajew eine Gruppe der Alasch-Partei ins Leben gerufen. Diese Partei war kurz zuvor im Februar 1917 in Orenburg als Interessenvertretung der Steppenvolker gegründet worden. Ihre Mitglieder, zu denen auch Kirgisen gehörten, forderten unter anderem einen eigenständigen islamischen Staat, den Alasch-Orda-Staat, der im Dezember 1917 ausgerufen wurde. Das Gebiet umfasste die Regionen Orenburg, Turgaj und Semipalatinsk. Allerdings forderten die Vertreter der Unabhängigkeitsbewegung ein Areal von etwa drei Millionen Quadratkilometern Größe, welche dem ungefähren Siedlungsgebiet aller turksprachigen Völker des heutigen Mittelasien entsprach. Die Alasch-Orda-Bewegung wurde von den Bolschewiki jedoch nicht geduldet, die den jungen Nationalstaat bereits 1918 wieder zerschlugen.

Zeit der Sowjetmacht

Nach der Oktoberrevolution im Jahr 1917 und der Absetzung des Zaren übernahm eine Übergangsregierung die Führung im Russischen Reich. Das Ende der Zarenherrschaft weckte bei der Bevölkerung Mittelasiens die Hoffnung auf Unabhängigkeit. Zugleich kam es in der Region jedoch zum Konflikt zwischen liberalen und islamischen Kräften, die sich um die Führungsposition stritten.

Im Zuge der Oktoberrevolution formierten sich die Bolschewiki als neue Macht in Russland. Sie strebten danach, eine starke Zentralmacht zu errichten, was den Widerstand der mittelasiatischen Völker herausforderte.

Auch im heutigen Bischkek übernahmen die Bolschewiki im Jahr 1918 die Macht. Eine gegenrevolutionäre Bewegung, die ihren Ausgang in der Stadt Belowodsk nahm, wurde schnell durch Truppen der Bolschewiki eingedämmt. Am 30. April 1918 integrierte dann Moskau das heutige Territorium Kirgistans in die Turkestanische Autonome Sozialistische Sowjetrepublik (TASSR), die wiederum Bestandteil der Union der Sozialistischen Sowjetrepubliken (UdSSR) wurde. Dennoch blieb das Streben der Kirgisen nach Unabhängigkeit erhalten. Viele unzufriedene kirgisische Einwohner schlossen sich den rebellierenden Basmatschen an, die in den Jahren zwischen 1918 und 1924 auf dem heutigen kirgisischen Staatsgebiet gegen die sowjetische Zentralmacht aufbegehrten. Der Basmatschen-Bewegung, die nach der Niederschlagung des Kokander Khanats entstand, folgten

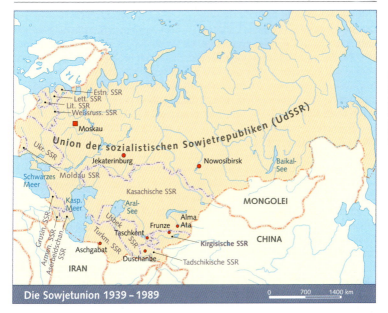

Die Sowjetunion 1939 – 1989

bald Angehörige verschiedener mittelasiatischer Völker aus allen Gesellschaftsschichten und mit unterschiedlichem religiösem Hintergrund. Insgesamt betrachtet, war die Bewegung jedoch Teil des Russischen Bürgerkrieges, der zwischen den Weißgardisten und den Bolschewiki tobte. Sein Ende auf russischem Boden fand er im Oktober 1923 mit dem Fall von Wladiwostok, in Mittelasien endeten die Kampfhandlungen erst 1931/32.

Größere Bedeutung erhielt die Rebellenbewegung der Basmatschen, als sich Ismail Enver, genannt Enver Pascha, an deren Spitze stellte und versuchte, ein neues Kalifat zu gründen. Er scheiterte jedoch daran, die regional organisierten Gruppen zu einer schlagkräftigen Einheit zu formieren. Die Rote Armee besiegte Enver Pascha und dessen Anhänger letztlich im Jahr 1922 nahe der Stadt Duschanbe, der Hauptstadt des heutigen Tadschikistan.

Um die Kontrolle über die mittelasiatische Region zu festigen, konstruierten die Sowjets in Mittelasien neue nationale Identitäten und Territorien. Dies sollte verhindern, dass sich die Völker Mittelasiens gegen die sowjetischen Machthaber verbündeten. Aus diesem Grund wurden auch die Unterschiede zwischen den einzelnen Ethnien gefördert.

Nachdem die Turkestanische Autonome Sozialistische Sowjetrepublik im Oktober 1924 aufgelöst worden war, wurde am 24. Oktober der Karakirgisische Autonome Oblast gegründet, der am 25. Mai 1925 in den Kirgisischen Autonomen Oblast überführt wurde, der innerhalb der UdSSR den Rang einer autonomen Republik innehatte. Am 1. Februar 1926 wurde auch diese Struktur wieder aufgelöst und die Kirgisische Autonome Sozialistische Sowjetrepublik (KASSR) gegründet.

Planwirtschaft und Kollektivierung

Die Sowjets griffen tief in die Lebensweise der kirgisischen Bevölkerung ein, die nach wie vor stark nomadisch geprägt war. Während des ersten Fünfjahrplanes (1928–1932) wurde im gesamten Sowjetreich damit begonnen, die zahlreichen nomadisch lebenden Völker sesshaft zu machen. Dies traf nicht nur Nenzen, Korjaken, Ewenen oder Ewenken, die als Rentier-Nomaden in der sibirischen Tundra und Taiga lebten, sondern auch die Bewohner der südlichen Steppen und Wüsten wie Burjaten, Kasachen, Turkmenen und Karakalpaken, die auf Pferde- und Schafzucht spezialisiert waren. In Kirgistan betraf dies von 167 000 Haushalten 82 000. Zwar erfolgte in dieser Periode auch eine Landreform, in deren Zuge die Kirgisen Land zurückbekamen, das zuvor an russische Siedler verteilt worden war. Doch damit gingen auch Zwangskollektivierungen einher. Die sowjetische Führung beabsichtigte, die ehemaligen Stammes- und Clanstrukturen durch neue, systemkonforme Gefüge zu ersetzen.

Am 5. Dezember 1936 schlug die Geburtsstunde der Kirgisischen Sozialistischen Sowjetrepublik (KSSR). Damit war das Land eine der 15 gleichrangigen Sowjetrepubliken der Sowjetunion und theoretisch der Russischen Sozialistischen Sowjetrepublik gleichgestellt. Die Entwicklung der neuen Sowjetrepublik steuerte jedoch weiterhin die Führung in Moskau. Wirtschaftspolitisch und ideologisch war das Land in die Pläne der Sowjets eingebunden.

Um die wirtschaftliche Entwicklung in der KSSR voranzutreiben, erfolgte der Bau neuer Straßen, Kraftwerke, Industriebetriebe und Bergwerke. Es wurden zahlreiche Krankenhäuser, Schulen und kulturelle Einrichtungen nach russischem Vorbild errichtet. Eine Akademie der Wissenschaften mit vielen Forschungsinstituten sowie verschiedene Hochschulen und Fachschulen wurden gegründet. Dazu wurden Wissenschaftler und Pädagogen aus dem europäischen Teil der UdSSR im Land angesiedelt. Kurzum, die gesamte materielle und ideelle

Die Tradition der Schuluniformen stammt aus sowjetischer Zeit

Infrastruktur wurde erneuert bzw. aufgebaut. Widerspruch gegenüber der Partei war seitens der Sowjets, wie überall in der Sowjetunion, auch in Kirgistan nicht erwünscht. Immer wieder verschwanden dort Menschen, die Kritik am Sowjetsystem geübt hatten. Der brutale Terror des stalinschen Systems entlud sich, als in einer Nacht- und Nebel-Aktion mehrere Dutzend Parteifunktionäre und Intellektuelle im Jahr 1937 unmittelbar beim Dorf Tschong Tasch, das nur wenige Kilometer südlich von Bischkek liegt, ermordet wurden. Zu ihnen gehörte auch der Vater des Schriftstellers Tschingis Aitmatow.

Der Zweite Weltkrieg

Während des Zweiten Weltkrieges fuhr man in der mittelasiatischen Region die industrielle Produktion hoch, da das Gebiet weitab der Fronten lag. Ganze Fabriken oder Industriebetriebe wurden dabei im europäischen Teil der Sowjetunion abgebaut und nach Kasachstan, Sibirien und teils auch nach Kirgistan transportiert und dort wieder neu aufgebaut. Mit den Betrieben wurde oft auch die vollständige Belegschaft umgesiedelt.

Zudem verbrachte man Völker, die Stalin der Kollaboration mit den herannahenden deutschen Truppen für fähig hielt, nach Mittelasien. Neben den Wolga-Deutschen betraf dies die Mescheten (ein Turkvolk aus Georgien), Tataren, Tschetschenen und andere kaukasische Ethnien. All diese Entwicklungen machten das Land zu einem Vielvölkerstaat, der zeitweise über 80 Völker beherbergte. Die heterogene Bevölkerungsstruktur in Kirgistan erschwerte, wie auch in den anderen Republiken Mittelasiens, die Ausbildung einer nationalen Identität.

Ein herausragendes, jedoch unbeachtetes Detail des Zweiten Weltkrieges ist die Evakuierung von russischen Kindern aus dem eingekesselten Leningrad. Aus der ›Heldenstadt‹, die über 900 Tage den deutschen Belagerungsring unter unvorstellbarem Leid ertrug, wurden in den Jahren 1942 bis 1944 mehrere tausend Kinder nach Kirgistan gebracht, wo diese weitab der Kriegswirren meist in Kinderheimen aufwuchsen und dann nach Möglichkeit wieder in ihre ursprüngliche Heimat zurückgebracht wurden. Insgesamt nahm das Land aus den Kriegsgebieten im Westen der Sowjetunion 16 000 Menschen auf.

Die Nachkriegsjahre

In den Kriegs- und Nachkriegsjahren erhielt das Land eine wichtige Bedeutung als Lieferant landwirtschaftlicher Produkte. Ein wichtiges Standbein war die Fleischproduktion in Form von Schafzucht. Die damit verbundene Erhöhung des Tierbesatzes hatte auf die Steppen der Täler und Hochgebirge drastische Auswirkungen. Man kann davon ausgehen, dass ab 1941 eine allmähliche Überweidung stattfand, die in einigen Gegenden bis heute anhält.

Die Zeit zwischen 1945 und 1987 verlief unter dem Banner von Hammer und Sichel ähnlich wie in den anderen Sowjetrepubliken. Dies änderte sich etwas, als 1987 Michail Gorbatschow das Moskauer Ruder übernahm. Der im Westen bis heute hochgeschätzte Politiker ›genießt‹ allerdings in den Weiten Mittelasiens das negative Image eines Totengräbers der UdSSR. Fragt man heute in Bischkek auf der Straße Menschen, die vor 1965 geboren wurden, so hört man größtenteils nur Abneigung in Bezug auf den Perestroika-Erfinder. Viele, auch zum Teil Jugendliche meinen, dass zu Sowjetzeiten alle Menschen gleich waren, niemand hungern oder betteln musste, alle eine Arbeit hatten und man wusste, wie der morgige Tag aussieht – alles Dinge, die man heute zwischen Kaspischen Meer, Pamir und Altaj nicht mehr überall findet.

Perestroika und ethnische Konflikte

Im Aufwind von Glasnost und Perestroika entstand eine Art demokratische Bewegung, und im Jahr 1988 wurde eine Aktionsgruppe ›Ökologie‹ gegründet. All diese demokratischen Entwicklungen wurden jedoch durch den KGB gestoppt. Dass die sowjetischen Staatsstrukturen Ende der 1980er Jahre nicht mehr problemlos funktionierten, zeigen einige größere ›Zwischenfälle‹, die in den Jahren zuvor rigoroser befriedet worden wären: Im Jahr 1988 kam es im Osch-Oblast zu Messerstechereien zwischen Usbeken und Kirgisen. Im April 1989 besetzten Kirgisen landwirtschaftliche Flächen im Umkreis der Hauptstadt Frunze (heute Bischkek). Sie wollten Bauland erzwingen, da an Nichtkirgisen mehrere der begehrten Wohnungen in einem der neu errichteten Stadtbezirke (Mikrorajons) vergeben wurden. Im Juni versuchten Mescheten im Osch-Oblast, Bauland zu besetzen und zogen sich dabei den Zorn der alteingesessenen Usbeken zu, wobei auch Tote zu beklagen waren. Im Januar 1990 kam es zu Krawallen in Frunze, weil angeblich armenische Flüchtlinge Wohnraum in der Hauptstadt beziehen sollten.

Zu den grausamsten Zusammenstößen jener Zeit kam es im Juni 1990 zwischen Kirgisen und Usbeken. Aufgrund von Landstreitigkeiten trafen am 4. Juni etwa 10 000 Usbeken und Kirgisen auf den Feldern einer Kolchose namens Lenin aufeinander, wobei schon erste Tote zu beklagen waren. Der Konflikt griff auf die Usbekische Sowjetrepublik über, denn viele der Usbeken Kirgistans riefen ihre Verwandten aus dem usbekischen Landesteil zu Hilfe. Am 6. und 7. Juni waren an den schwersten Unruhen, die das Fergana-Becken in der jüngsten Geschichte erlebt hat, über 35 000 Menschen beteiligt. Nach unterschiedlichen Quellen wird die Zahl der Todesopfer auf 300 bis 800 geschätzt.

Unabhängigkeit und die Ära Akajew

Einen tiefen Einschnitt stellte der Zerfall der Sowjetunion im Jahr 1991 dar. Als erste der ehemaligen Republiken der UdSSR entzog sich Kirgistan dem sowjetischen Machtbereich, indem das Parlament am 31. August 1991 die Unabhängigkeit erklärte. Seither wird an diesem Datum der Nationalfeiertag gefeiert. Kirgistan galt zunächst als Vorbild für den Wandel von der Sowjetrepublik zu einer unabhängigen Republik mit demokratischer Ausrichtung.

Zum ersten Staatspräsidenten bestimmten die Wahlberechtigten im Oktober 1991 mit 95 Prozent Askar Akajew. Der Physiker, der vorher nicht der Kommunistischen Partei angehört hatte, stand an der Spitze einer Regierung, die sofort Reformen durchsetzte. Man versuchte, demokratische Strukturen aufzubauen, und das Land erhielt im Jahr 1993 eine neue Verfassung. Zudem kam es zum Übergang von der Plan- zur Marktwirtschaft, was mit Privatisierungen ehemals staatseigener Betriebe einherging. Akajew versuchte auch, die zahlreichen Minderheiten in die politischen Prozesse einzubinden.

Parade zum Unabhängigkeitstag in Bischkek

Im Dezember 1995 gelang es Akajew, seinen Wahlsieg zu wiederholen, wodurch er erneut für fünf Jahre im Amt bestätigt wurde. Dieser Erfolg setzte sich während der Parlamentswahlen zum Jahresbeginn 2000 fort, aus denen die regierungstreuen Parteien mit der Mehrheit der Sitze hervorgingen. Allerdings wurden Stimmen laut, die der Regierung Wahlbeeinflussung und Wahlbetrug vorwarfen.

Unruhige Jahre

Die im März 2000 folgenden Nachwahlen lösten Unruhen aus, denn der Unmut der Bevölkerung über die Amtsausübung Askar Akajews nahm zu. In Dshalal Abad protestierten über 2000 Menschen gegen den Präsidenten. Der Staatspräsident hatte seinen Machtbereich durch eine umstrittene Volksabstimmung ausgedehnt und damit seine Befugnisse weit überschritten. Nach der Verhaftung des Oppositionellen Azimbek Beknazarow kam es zu weiteren Demonstrationen im Süden. Die Situation spitzte sich zu, als Polizisten bei einer friedlichen Zusammenkunft von Protestierenden in Ak Suu eingriffen und dabei sechs Menschen ums Leben kamen. In dieser politisch schwierigen Lage entschied sich der Premierminister Kurmanbek Bakijew zum Rücktritt, das gesamte Parlament folgte ihm.

Im Land brodelte es. Die einzelnen Provinzen verlangten nach mehr Selbstbestimmung. Die Unzufriedenheit mit Akajew und dessen Politik wirkte sich besonders im wirtschaftlich abgehängten Süden negativ aus. Dort gab es sogar Bestrebungen zur Loslösung der Oblaste Batken, Osch und Dshalal Abad vom Rest des Landes, vor allem die hier stark vertretene usbekische Minderheit machte sich für eine Loslösung von der Zentralregierung stark.

72 Geschichte

Um seine Position wieder zu stärken, entschied sich der Staatspräsident, die Pressefreiheit einzuschränken, um auf diese Weise kritische Töne zu unterbinden. Zudem weitete Akajew erneut die Machtbefugnisse seines Amtes aus. Damit reagierte die Führung Kirgistans auf Kritik aus der Bevölkerung ähnlich wie die autoritären Regierungen in den Nachbarrepubliken.

Die Unruhen führten jedoch letztlich zu einem Referendum, das am 2. Februar 2003 abgehalten wurde. Im Mittelpunkt der Abstimmung stand die Entscheidung, ob Akajew die volle Amtszeit bis 2005 absolvieren sollte. Außerdem waren die Wahlberechtigten dazu aufgerufen, über punktuelle Änderungen der Verfassung abzustimmen. So sollte die Anzahl der Abgeordneten im Parlament in Zukunft von 105 auf 75 gesenkt werden.

Die Opposition konnte kaum auf das kurzfristig angesetzte Referendum reagieren, zudem einte die unterschiedlichen Kräfte lediglich der Widerstand gegen Akajew. Eine echte Alternative für den Wähler bot sich jedoch nicht.

Demzufolge verlief das Referendum für Akajew erfolgreich. Die Wahlbeteiligung fiel mit 86 Prozent hoch aus. Für eine Fortführung des Amtes durch den bisherigen Präsidenten stimmten 77 Prozent der Wähler. Außerdem wurden als Folge der Wahl die beiden Kammern des Parlaments zusammengelegt, die so entstandene eine Kammer erhielt zudem mehr Kompetenzen. Darüber hinaus räumte man den Gerichten formal eine größere Unabhängigkeit ein.

Wichtig ist der Fakt, dass Akajew eine umfangreiche Vetternwirtschaft in Politik und Wirtschaft betrieb. Trotz aller innenpolitischen Fehler erhielt er weiterhin Unterstützung durch ausländische Mächte. Schließlich sah man ihn im Ausland als Garant für die Stabilität des Landes. Das positive Bild des Landes als demokratischer Vorreiter in Mittelasien sprach für den Staatspräsidenten. Zusätzlich unterstützte Akajew die strategischen Interessen der beiden Supermächte Russland und USA, da beide Länder Militärstützpunkte in Kirgistan betreiben durften. Die Spannungen innerhalb des Landes jedoch blieben bis zur Wahl 2005 erhalten. Die Unzufriedenheit der Bevölkerung wuchs, die oppositionellen Kräfte forderten Veränderungen im Staat.

Das Jahr 2005 war erneut ein Wahljahr. Am 27. Februar und am 13. März fanden die beiden Wahlgänge statt, aus denen sich die Sitzverteilung im Parlament ergeben sollte. Bereits nach dem ersten Wahlgang verwiesen internationale Beobachter auf gefälschte Wählerlisten und weitere Manipulationen, die sowohl die Vorbereitungen als auch die Durchführung der Wahl betrafen.

Nach der Bekanntgabe der ersten Wahlergebnisse blieb der tatsächliche Ausgang vorerst offen. Schließlich waren 80 Prozent der Kandidaten als unabhängig angetreten, weshalb deren Haltung gegenüber der Regierung als unsicher galt.

Aufgrund des Manipulationsverdachts während des Wahlverlaufs verstärkten sich erneut die Auseinandersetzungen auf den Straßen. Wieder zeigten sich die Einwohner im Süden als besonders unzufrieden, denn in der Region herrschte größere Armut als in den wirtschaftlich etwas besser gestellten nördlichen Gebieten des Landes. Die schlechtere Lage sorgte für hier eine kritischere Haltung gegenüber der Regierung als im Norden. Im südkirgisischen Dshalal Abad eskalierte die Situation, es kam zu gewalttätigen Auseinandersetzungen bis hin zur Besetzung des Gouverneurssitzes durch Demonstranten am 18. März 2005.

Der legendäre Volksheld Manas steht vor dem Historischen Museum in Bischkek

Akajew beschuldigte dagegen ausländische Kräfte, die Entwicklung im Land zu beeinflussen, wodurch er hoffte, von den Unregelmäßigkeiten im Zusammenhang mit der Wahl abzulenken. In dieser aufgeheizten Atmosphäre fand der zweite Wahlgang statt. Insgesamt waren 75 Parlamentssitze zu vergeben, davon erhielt die bisherige Regierungspartei ›Alga Kirgistan‹ nach Auszählung der Stimmen 17 Sitze, lediglich einen Sitz konnten die Sozialdemokraten erringen, auf die Kommunisten entfielen 3 Sitze. Die überwiegende Mehrheit von 47 Plätzen ging an unabhängige Abgeordnete.

Da das Oppositionsbündnis lediglich sechs Parlamentssitze errungen hatte, spitzte sich der Konflikt zu. Die Proteste weiteten sich von den südlichen Regionen in andere Gebiete des Landes aus. Dies gipfelte in einem Sternmarsch nach Bischkek, an dem 15 000 Menschen teilnahmen und der am 24. März 2005 in der Hauptstadt endete. Erneut folgten Gewaltausbrüche, in deren Verlauf die Protestierenden das Weiße Haus (den Palast des Präsidenten) stürmten. Der noch amtierende Präsident verließ daraufhin Kirgistan mit seiner Familie, um über Kasachstan nach Moskau zu fliehen. Dort suchten ihn die Mitglieder des kirgisischen Parlaments auf und zwangen ihn am 4. April 2005, seine Rücktrittserklärung zu unterzeichnen. Nach deren Ratifizierung am 11. April endete die Ära Akajew endgültig.

Die Regierung Bakijew

In dieser schwierigen Lage übernahm eine oppositionelle Übergangsregierung die Führung des Landes. Doch innerhalb des politischen Spektrums existierten vielfältige Einzelinteressen, die eine Einigung erschwerten. Speziell die politi-

Die kasachische, die kirgisische und die russische Flagge wehen bei einer Veranstaltung zu Ehren Kurmanbek Bakijews im Jahre 2005

Die Regierung Bakijew 75

sche Zusammenführung des Nordens und des Süden bildete eine wichtige Aufgabe, um die notwendige Stabilität im Land herzustellen. Denn nur auf diese Weise, so waren sich die politischen Kräfte einig, würde man ein Auseinanderbrechen Kirgistans verhindern. Aber auch die Motivation der kirgisischen Politiker spielte eine wichtige Rolle: Klientelpolitik und die Förderung eigener Clanmitglieder standen für viele Abgeordnete im Vordergrund ihrer politischen Arbeit. Zudem nutzten einige Parlamentsmitglieder ihre Immunität für ihre persönlichen Zwecke. So entgingen verschiedene Abgeordnete, die mit dem Gesetz in Konflikt geraten waren, der Strafverfolgung. Zusätzlich zur schwierigen inneren Lage mischten sich auch äußere Mächte in den Prozess ein. So versuchten Russland und China auf die Geschehnisse einzuwirken und dadurch ihre jeweilige Position in Mittelasien zu stärken.

Um eine handlungsfähige Führung in Kirgistan zu etablieren, entschied sich die Übergangsregierung, das alte Parlament aufzulösen und ein neues auf Grundlage der letzten Wahlergebnisse zu formieren. Dies sollte zur Legitimation der neuen Regierung beitragen. Außerdem wollte die politische Elite unter Beweis stellen, dass man sich im Gegensatz zu Akajew an geltendes Recht halten würde.

Aus den Unruhen ging schließlich ein Führungsduo hervor, von dem man hoffte, es würde die im Land herrschenden Gegensätze einen. Am 10. Juli 2005 erlangte der aus dem Süden stammende Kurmanbek Bakijew die Mehrheit bei der Präsidentschaftswahl. Den Posten des Premierministers erhielt Felix Kulow aus dem Norden. Kulow hatte auf die Teilnahme an der Wahl als Präsidentschaftskandidat verzichtet, da er sich mit Bakijew für den Fall eines Wahlsieges auf die erfolgte Amtsverteilung geeinigt hatte.

Da Akajew seine Position letztlich auf Druck der Straße aufgeben musste, werden die Ereignisse im Frühjahr 2005 auch als ›Tulpenrevolution‹ bezeichnet. Das Symbol der Wildtulpe, die in mehreren Dutzend Arten sowohl in Kirgistan als auch in Kasachstan beheimatet ist, tauchte im Zuge der Proteste mehrmals auf und wurde durch die Medien verbreitet. Allerdings kam es in Kirgistan durch die Unruhen nicht zu einer echten Revolution, denn die Amtsübernahme Bakijews zog keine grundlegende Änderung des politischen Systems nach sich. Es erfolgte lediglich ein Austausch des Personals.

Nach den Ereignissen im Frühjahr 2005 und den Wahlen im Sommer stand nun Kurmanbek Bakijew an der Spitze der kirgisischen Republik. Allerdings stellten sich die erhofften Veränderungen im Land nicht ein. Vielmehr zeugten die vergangenen Geschehnisse davon, wie instabil die Demokratie in Kirgistan war, da nicht die Wahl an sich, sondern die anschließenden Unruhen zu Akajews Amtsverlust geführt hatten.

Auch die komplexe außenpolitische Konstellation wirkte sich auf Kirgistan aus. Bereits im Mai 2005 waren im benachbarten Usbekistan Unruhen ausgebrochen, als Folge daraus suchten usbekische Flüchtlinge in Kirgistan Schutz. Zwischen den beiden Ländern kam es daher zu Unstimmigkeiten. Zugleich profitierte Kirgistan auch vom Beschluss der usbekischen Führung, die militärischen Einheiten der USA des Landes zu verweisen. Infolgedessen mieteten die USA ein großes Stück des Bischkeker Flughafens an und stationierten dort Soldaten und Flugzeuge. Die Hauptaufgabe dieses Kontingents bestand in der

Versorgung amerikanischer Truppen in Afghanistan. Dadurch erhielt Kirgistan eine größere geopolitische Bedeutung, und die Amerikaner konkurrierten fortan mit Russland um das Wohlwollen der kirgisischen Führung. Beide Mächte nutzten die schlechte Wirtschaftslage des Landes für ihre Interessen und lockten mit umfangreichen Investitionen, die wirtschaftlichen Aufschwung versprachen. Rückhalt innerhalb der kirgisischen Führungsriege fanden beide Supermächte: Staatspräsident Bakijew zeigte sich Russland gegenüber aufgeschlossen, Premier Kulow dagegen war proamerikanisch eingestellt.

Innenpolitisch sahen sich Bakijew und seine Regierung weiterhin mit dem Problem konfrontiert, stabile Verhältnisse zu schaffen. Das politische System krankte nach wie vor an Korruption und Opportunismus – oft wurden öffentliche Positionen zum persönlichen Vorteil genutzt.

Bakijew verwaltete seine Macht ähnlich wie Akajew, er verteilte Ämter an seine Anhänger sowie an Mitglieder seines Clans. Seine elf (!) Brüder bedachte er mit hohen politischen Ämtern. So wurde Marat Bakijew Botschafter in Deutschland und Dschanysch Bakijew Chef des Innenministeriums im Dshalal-Abad-Oblast. Für einen grundsätzlichen Wandel des Systems setzte sich Kurmanbek Bakijew nicht ein.

Eine Reihe von Weggefährten Bakijews schieden aus der Regierung aus oder wurden zum Rücktritt gezwungen. So wandten sich Ex-Außenministerin Rosa Otunbajewa und der Generalstaatsanwalt Azimbek Beknazarow der Opposition zu. Gemeinsam gründeten sie die ›Bewegung für Reformen‹. Felix Kulow wechselte im Januar 2007 ebenfalls zur Opposition, nachdem er zusammen mit dem gesamten Kabinett zurückgetreten war. Allerdings erlangte er mit seiner Partei ›Vereinte Front‹ nicht genug Rückhalt in der Bevölkerung, um Bakijews Machtstellung ernsthaft zu gefährden.

Ein im Oktober 2007 durchgeführtes Referendum verlief zu Gunsten Bakijews und sicherte ihm weitere Machtbefugnisse. Danach löste er etwas später im Jahr das Parlament auf und enthob die Regierungsmitglieder ihrer Ämter.

Zudem wurde die Verfassung geändert und das Wahlgesetz reformiert: Statt 75 Sitze sollte das neue Parlament nach der Wahl über 90 Sitze verfügen. Die Verteilung der Plätze sollte wieder nach den Ergebnissen der jeweiligen Parteien zu ermitteln sein, diese Regelung hatte bis 2003 bestanden. Um ins Parlament einziehen zu können, musste jede Partei die Fünf-Prozent-Hürde nehmen, zudem war es notwendig in jedem Oblast 0,5 Prozent der Stimmen zu erlangen. Mit dieser Regelung sollte einer Zersplitterung des Parlaments entgegen gewirkt werden.

Ebenfalls im Oktober 2007 gründete Präsident Bakijew die Partei ›Ak Dshol‹ (›Weißer Weg‹ oder sinngemäß ›Richtiger Weg‹), die regen Zulauf durch Parlamentsangehörige verbuchte. Aus den Wahlen im Dezember ging Bakijews ›Ak Dshol‹ als stärkste Kraft hervor. Außerdem schafften es die Kommunistische, aber auch die Sozialistische Partei ins Parlament. Von den oppositionellen Parteien zog jedoch keine in das Abgeordnetenhaus ein.

Seinen Sieg verdankte der Präsident zum großen Teil seiner umfassenden Präsenz in den Medien während des Wahlkampfes. Das Ergebnis der Wahl rief in der Öffentlichkeit Kritik hervor, Proteste blieben jedoch aus.

Der Siegespark im Stadtzentrum von Bischkek

Bakijews Verhalten ähnelte zunehmend Akajews Vorgehen, wodurch das Ansehen des Präsidenten in der Öffentlichkeit litt. Gewandt bediente er sich zur Sicherung seiner Position der Medien. Unter ihm konnten die Medien sich zwar freier entfalten als unter seinem Vorgänger, allerdings wirkte auch Bakijew auf die Presseorgane ein. Einfluss auf Medienanstalten erlangte er, indem er diese über Mittelsmänner aufkaufte.Problematische Arbeitsbedingungen erschwerten die Tätigkeit unabhängiger Medien. Dies bewiesen der Brandanschlag auf eine TV-Station und die Ermordung eines kritischen Journalisten.

Um dieser negativen Entwicklung entgegenzuwirken, setzte Kirgistan als erster mittelasiatischer Staat im Februar 2008 eine Medienbeschwerdekommission ein. Diese Maßnahme sollte die Tätigkeit unabhängiger Medien unterstützen und den Medienvertretern eine gewisse Sicherheit bieten.

Die Ergebnisse der Wahlen 2009 bestätigten Kurmanbek Bakijew in seinem Amt als Präsident Kirgistans. Mit 76 Prozent der Stimmen wirkte es, als würde Bakijew über eine breite Unterstützung in der Bevölkerung verfügen. Doch die politische und wirtschaftliche Situation Kirgistans stagnierte weiterhin. Die Frustration darüber entlud sich ein Jahr später erneut auf der Straße.

Die Unruhen 2010

Aufgrund der Differenzen zwischen dem Norden und dem Süden Kirgistans sowie der desolaten wirtschaftlichen Lage verschlechterte sich während Bakijews Präsidentschaft die Stimmung innerhalb des Landes zunehmend. Teile der Bevölkerung reagierten im April 2010 mit Demonstrationen und gewalttätigen Ausschreitungen, die sich gegen die Regierung und den Präsidenten Bakijew richteten. Die Situation im Land eskalierte, und schließlich waren auch Todesopfer zu beklagen.

78 Geschichte

Trauer um getötete Demonstranten im Mai 2010

Um die Kontrolle zurückzuerlangen, ließ die Präsidialmacht den Ausnahmezustand ausrufen. Zudem verhängte man eine nächtliche Ausgangssperre, die zur Beruhigung der Lage beitragen sollte. Oppositionelle Politiker wie der Vorsitzende der Sozialdemokraten, Almazbek Atambajew, wurden verhaftet. Diese Maßnahmen hielten jedoch den Niedergang Bakijews nicht auf, der schließlich am 7. April von Seiten der Opposition für abgesetzt erklärt wurde.

Sofort übernahm eine Übergangsregierung unter Rosa Otunbajewa die Führung Kirgistans. Bakijew zog sich in seine Heimatstadt Dshalal Abad zurück. Eine Woche später gab er seinen Rücktritt bekannt und verließ fluchtartig mit seiner Familie das Land in Richtung Kasachstan, um später nach Weißrussland zu reisen, wo ihm seiner guter Freund, der weißrussische Präsident Alexander Lukaschenko politisches Asyl gewährte.

Neue Unruhen erschütterten das Land am 11. Juni 2010, als in der Stadt Osch zwischen Kirgisen und Usbeken schwere Konflikte ausbrachen. In Stadtteilen, die vorwiegend von Usbeken bewohnt waren, gingen Autos in Flammen auf, es kam zu Plünderungen. Der konkrete Auslöser für die Ereignisse ist umstritten, ebenso wie die Hintergründe der Unruhen insgesamt. Von Seiten der UNO hieß es, dass die ersten Angriffe gut organisiert waren und zeitgleich abliefen. Stimmen wurden laut, die eine Einmischung des Ex-Präsidenten Bakijew vermuteten, der angeblich auf diese Weise destabilisierend auf Kirgistan einwirken wollte. Andererseits hieß es, dass usbekische Jugendliche mit den Krawallen begonnen hatten.

Als Reaktion auf die eskalierende Gewalt verhängte die Regierung den Ausnahmezustand, nachdem sich usbekische Einwohner in ihren Wohngegenden verbarrikadiert hatten. Regierungskräfte stürmten diese Barrikaden, danach verübten kirgisische Angreifer brutale Anschläge auf die Usbeken.

Aus Angst vor weiteren Gewalttaten verließen zahlreiche usbekischstämmige Einwohner die Region und suchten Schutz in Usbekistan. Als weitere Maßnahme der Führungsriege erfolgte eine Anfrage an Russland, um durch militärische

Hilfe die Situation wieder unter Kontrolle zu bekommen. Allerdings lehnte die russische Führung einen Eingriff in die inneren Angelegenheiten Kirgistans zunächst ab. Verschärfend wirkte sich die Beteiligung der kirgisischen Sicherheitskräfte auf die Konflikte aus, die sich laut Beobachtern von Human Rights Watch an den Kämpfen auf Seiten der kirgisischen Angreifer beteiligten.

Am folgenden Tag, dem 12. Juni 2010, entschied sich die Regierung, das Kriegsrecht auszurufen und militärische Kräfte im Land zu aktivieren. Allerdings verschlechterte sich die Situation weiter, da in den Städten Dshalal Abad, Kotschkor Ata, Uzgen und in vielen Dörfern der Oblaste Osch und Dshalal Abad ebenfalls brutale Übergriffe auf Usbeken erfolgten. Weitere Angehörige der usbekischen Minderheit flüchteten aus dem Gebiet: Es wurden 75 000 erwachsene Flüchtlinge gezählt, die sich in der usbekischen Region Andishan in Sicherheit brachten. Um die Menschen versorgen zu können, wurden vor Ort Flüchtlingslager eingerichtet. Letztlich bestätigte die Organisation ›Ärzte ohne Grenzen‹ sogar die Anzahl von etwa einer Million Menschen, die aufgrund der Ereignisse unter Mangel an Trinkwasser und Nahrungsmitteln litten.

In den folgenden Tagen setzten sich die Krawalle mit Brandanschlägen und gewalttätigen Angriffen noch bis in den Zeitraum zwischen 15. und 18. Juni fort. Russland schickte schließlich militärische Unterstützung nach Kirgistan. Die entsandten Truppen sollten helfen, die Region zu befrieden. Hilfsgüter konnten am 15. Juni in die betroffenen Gebiete gebracht werden. Deutschland und andere westliche Staaten brachten Ausländer außer Landes. Die Übergriffe auf Usbeken wurden allmählich weniger, allerdings blieb die Atmosphäre im Land weiter gespannt.

Einen ethnischen Hintergrund der Exzesse wollte die Präsidentin Otunbajewa nicht eingestehen. Unabhängige Berichte deuteten jedoch daraufhin, dass die Übergriffe vorwiegend auf usbekische Stadtteile erfolgten und auch die Opferzahl unter der usbekischstämmigen Bevölkerung wesentlich höher ausfiel als unter den Kirgisen. Der kirgisische Geheimdienst rückte jedoch den abgesetzten Präsidenten und dessen Clan ins Blickfeld: Bakijew sollte Terroristen finanziert haben, die dann in Kirgistan als Provokateure auftraten und die Ereignisse in Gang setzten.

Letztlich blieb die genaue Zahl der Opfer, die im Verlauf der Unruhen starben, im Dunkeln. Abhängig von der jeweiligen Quelle geht man von 174 bis 2500 Toten aus. Viele der Flüchtlinge kehrten in ihre kirgisische Heimat zurück, nachdem sich die Situation wieder beruhigt hatte. Die Aufarbeitung der Geschehnisse verläuft schleppend, so kritisierten unabhängige Beobachter noch im Jahr 2013, dass die Straftaten im Umfeld der Unruhen nicht umfassend aufgeklärt worden sind.

Die Übergangsregierung Otunbajewa

Die Übergangsregierung, die seit den Unruhen im Frühjahr 2010 die Führung Kirgistans übernommen hatte, setzte im Juni des gleichen Jahres ein Referendum an. Damit sollten dem Parlament wieder größere Machtbefugnisse zugesprochen werden, während die Stellung des Präsidenten stark beschnitten wurde. Für eine Annahme des Volksentscheides stimmten 90 Prozent der teilnehmenden Wähler. Dadurch erhielt Kirgistan die Verfassung einer parlamentarischen Republik, deren Präsident nur noch repräsentative Funktion besitzt.

Aufgrund der Vorfälle im Frühling wurde entschieden, Rosa Otunbajewa in ihrem Amt als Übergangspräsidentin zu belassen. Allerdings sollten neue Parlamentswahlen durchgeführt werden. Diese erfolgten unter Einsatz von über 20 000 Sicherheitskräften, die für eine gewaltfreie Durchführung der Wahlen sorgen sollten. Auch Beobachter der OSZE begleiteten die Vorgänge, die sie insgesamt als frei und demokratisch einschätzten. Allerdings kam es erneut zu vereinzelten Unstimmigkeiten, darunter die mehrmalige Abgabe von Stimmen einzelner Wähler.

Aus den Wahlen am 10. Oktober 2010 ging das neue Parlament hervor. Zu diesem gehörten die Sozialdemokraten unter Almazbek Atambajew und die Ata-Dshurt-Partei, in der sich viele einflussreiche Ex-Beamte Bakijews sammelten. Mit der Partei ›Ar Namys‹ unter Felix Kulow und der Partei ›Ata Meken‹ hatten es auch oppositionellen Kräfte in die neue Volksvertretung geschafft. Außerdem zog die Partei ›Respublika‹ ins Parlament ein, die als neutral galt. Doch 29 Mitglieder der Ata Dshurt demonstrierten aufgrund parteiinterner Unstimmigkeiten gegen den Wahlausgang, indem sie ihr Mandat nicht antraten. Ihrer Meinung nach war die Wahl keineswegs fair durchgeführt worden.

Dennoch beauftragte die Staatspräsidentin Otunbajewa, die diesen Posten seit ihrer Vereidigung am 11. Juli 2010 innehatte und deren Amtszeit bis 31. Dezember 2011 dauern sollte, die gewählten Parteien damit, eine Regierung zu bilden. Die Verhandlungen, aus denen eine Koalition aus drei Parteien hervorging, waren zunächst im November abgeschlossen. Ein Bündnis aus Sozialdemokraten, Ata Meken und Respublika sollte die Geschicke des Landes bestimmen. Allerdings ließ sich diese Konstellation nicht verwirklichen, da Omurbek Tekebajew, Chef der Partei ›Ata Meken‹, bei der Wahl zum Parlamentsvorsitzenden keine Mehrheit erhielt. Daraufhin folgten im Dezember neue Gespräche, die in einem weiteren

Sitz des kirgisischen Parlaments in Bischkek

Dreierbündnis gipfelten, bestehend aus der Republika, der sozialdemokratischen Partei sowie der Ata Dshurt. Das Amt des Premierministers übernahm Almazbek Atambajew, zum Präsidenten des Parlaments wurde Achmatbek Keldibekow gewählt, der Parteichef der Ata Dshurt.

Im Jahr 2011 folgten die nächsten Präsidentschaftswahlen, doch es bestanden noch immer die gleichen Probleme: Differenzen zwischen Norden und Süden, wiederkehrende Streitigkeit zwischen der Bevölkerung und der politischen Elite, das Fehlen einer einigenden Politikerpersönlichkeit.

Die Ära Atambajew

Bei den Wahlen am 30. Oktober 2011 durfte die amtierende Übergangspräsidentin Rosa Otunbajewa nicht mehr als Kandidatin teilnehmen. Bis zum Bewerbungsschluss hatten sich 83 Bewerber gemeldet, die als Präsidentschaftskandidaten antreten wollten. Zur Riege der Kandidaten gehörte auch der Sozialdemokrat Almazbek Atambajew, der sich nach 2009 zum zweiten Mal zur Wahl stellte. Im Vergleich zu den anderen Bewerbern standen ihm die meisten Finanzmittel zur Verfügung, zudem galt er als klarer Favorit.

Auf ihn entfielen schließlich 63 Prozent der Stimmen und somit folgte er Otunbajewa als kirgisischer Staatspräsident. Wiederum äußerte sich die OSZE positiv bezüglich des Wahlprozesses, der gerecht und frei ausgefallen sei, einzig der Ablauf der Stimmenauszählung wurde kritisch betrachtet. Letzteres führte dazu, dass die Oppositionsparteien die Wahl als unzulässig erachteten.

Trotzdem löste Atambajews Regierung die Übergangsregierung ab und übernahm die Führung Kirgistans im Dezember 2011. Den Posten des Premierministers bekam Ömürbek Babanow von der Partei Republika, der dieses Amt bis zum September 2012 ausfüllte. Derzeit ist der parteilose Dschantoro Satybaldijew Ministerpräsident.

Der neue Staatspräsident setzt sich für einen stärkeren wirtschaftlichen Austausch mit der Türkei ein. Besonders wirbt Atambajew für türkische Investitionen, durch die er die kirgisische Wirtschaft ankurbeln will. Auch bemüht er sich darum, Kirgistan in finanzieller Hinsicht sowie in Energiefragen unabhängiger zu machen und eigene Bodenschätze besser auszubeuten. In diese Kerbe schlug auch der Vorstoß des Präsidenten vom Februar 2013, den Vertrag mit der kanadischen Gesellschaft Centerra, dem Betreiber der Goldmine Kumtor, überprüfen zu lassen. Begleitet von teils gewaltsamen Protesten durch Umweltschützer, begannen die Verhandlungen um einen neuen Lizenzvertrag, der der kirgisischen Seite einen größeren Einfluss sichern und Umweltbelange stärker berücksichtigen soll (→ S. 222). Bis 2014 konnte keine Einigung erzielt werden, so dass die Goldmine derzeit nur mit einer befristeten Genehmigung arbeitet.

Weitere wirtschaftliche Vorteile versprach sich Atambajew von einer noch engeren Zusammenarbeit mit Russland. Unter Beweis stellte er dies, als er den Vertrag mit den USA zur militärischen Nutzung des Bischkeker Flughafens zum Sommer 2014 aufkündigte. Im ›Amerikanischen Transit-Zentrum‹ wie die Basis offiziell heißt, fand am 2. Juni 2014 die feierliche Übergabe an die kirgisische Armee statt.

Der Landesname

Welche von den vielen Bezeichnungen, die man im Internet oder in der gedruckten Literatur findet, sind nun richtig? Im Russischen und Kirgisischen findet man fünf Bezeichnungen für das Land:
1) Кыргызстан (kirg. Kyrgyzstan)
2) Киргизстан (russ. Kirgizstan)
3) Киргизия (russ. Kirgizija)
4) Кыргыз Республикасы (kirg. Kyrgyz Republikasy)
5) Киргизская Республика (russ. Kirgizskaja Republika)

Kyrgyzstan: Als in den 1920er Jahren von den Russen das kyrillische Alphabet eingeführt wurde, schrieben die Kirgisen ihr Land ›Кыргызстан‹. Dieses Wort wird in der wissenschaftlichen Transliteration als ›Kyrgyzstan‹ übertragen und gibt die Sprache der Kirgisen korrekt wieder. Diese Schreibweise ist zudem mit der englischen identisch.

Kirgistan: Die russische Orthographie erlaubt nach den Lauten г, к, х (dt. g, k ch) kein ›ы‹ (dt. y). Deswegen schrieb man ›Киргизстан‹ und ›Киргизы‹ (Kirgisen). Ins Deutsche wurde das Wort zunächst als ›Kirgisstan‹ übertragen, da nach der meist verwendeten Duden-Transkription die kyrillischen Buchstaben ›з‹ und ›с‹ beide als ›s‹ dargestellt werden. Da das etwas eigenartig aussah, wurde daraus ›Kirgistan‹. Diese Variante findet man überaus häufig, weswegen wir sie auch in diesem Buch verwenden; sie ist aber nicht korrekt, da ein Buchstabe weggelassen wird.

Kirgisien: Diese Landesbezeichnung ist aus dem russischen Wort ›Киргизия‹ (Kirgizija) abgeleitet worden und kann als wortgetreue eingedeutschte Variante angesehen werden.

Kirgisische Republik: Der Begriff ›Kirgisische Republik‹ ist die korrekte Übersetzung der offiziellen Landesbezeichnung.

Kirgisistan: Diese Bezeichnung ist eigentlich falsch, auch wenn sie offiziell vom Auswärtigen Amt verwendet wird. Weder im Russischen noch im Kirgisischen existiert ein solches Wort.

›Mittelasien‹ oder ›Zentralasien‹?

In der zweiten Hälfte des 19. Jahrhunderts war die Region zwischen Ural und Pamir und zwischen Kaspischem Meer und Altaj vom Zaren in mehrere große Provinzen aufgeteilt. Hier forschten verschiedene russische Gelehrte, die wissenschaftliche Abhandlungen verfassten und erstmals die Bezeichnung ›Mittelasien‹ (russ. Srednjaja Azija) für die Region einführten. Im Zarenreich wurde dieser Begriff auch im politischen und wirtschaftlichen Kontext benutzt. Zu Sowjetzeiten wurde Mittelasien geographisch als auch geopolitisch für alle fünf Sowjetrepubliken gebraucht.

Dagegen verkörpert der Begriff ›Zentralasien‹ im geographischen, botanischen, zoologischen und geopolitischen Sinne eine ganz andere Region: Hierzu zählen große Teile der Mongolei, Nordwestchinas und Nordafghanistans und Nordpakistans.

Eine weitere Bezeichnung für die Region ist Russisch-Turkestan oder West-Turkestan. Dieser Name stammt ebenfalls aus der zweiten Hälfte des 19. Jahrhunderts, als große Teile Mittelasiens Teil des Generalgouvernements Turkestan waren. Unter ›Ost-Turkestan‹ wird das heutige Xinjiang verstanden.

Völker und Nationalitäten

Kirgistan ist ein Vielvölkerstaat. Bis zum Ende der Sowjet-Ära siedelten etwa 80 Nationalitäten im Land. Die Volkszählung im Jahr 2009 kam auf 5,4 Millionen Menschen in 60 Nationalitäten, für 2014 wird eine Zahl von 5,8 Millionen geschätzt. Davon gehören 71 Prozent zur Titularethnie. Eine große Minderheit waren bis 2010 mit 15 Prozent die Usbeken. Allerdings kann man ihren Anteil nach den tragischen Geschehnissen von 2010 nicht mehr genau beziffern. Er liegt in jedem Falle unter 15 Prozent. Die slawische Minderheit (Russen, Weißrussen, Ukrainer) ist mit 8,3 Prozent vertreten. Die Dunganen haben einen Anteil von 1,2 Prozent, die Uiguren von 0,9 Prozent, die Tadschiken von 0,9 Prozent, die türkischen Mescheten 0,8 Prozent, die Tataren 0,8 Prozent, die Kasachen 0,6 Prozent, die Koreaner 0,4 Prozent, die Kurden 0,4 Prozent und die Völker des Kaukasus 0,3 Prozent. Die Gemeinschaften aller anderen Völker sind so klein, dass sie in der Summe nur 0,3 Prozent ausmachen.

Bemerkenswert ist, dass Kirgistan erst vor historisch kurzer Zeit zu einem Vielvölkerstaat wurde. Dies geschah im 20. Jahrhundert, größtenteils während der Sowjet-Ära. Bis zur Mitte des 19. Jahrhunderts gab es nur drei Völker, deren Gemeinschaften in einem langen Zeitraum gewachsen waren: Kirgisen, Usbeken und Tadschiken. Dabei siedelten die Usbeken und Tadschiken ausschließlich in den Grenzen des Fergana-Beckens. Mit der Einverleibung des heutigen Kirgistan durch Russland im Zeitraum von 1855 bis 1876 veränderte sich die ethnische Struktur des Landes völlig. Schon Ende der 1850er Jahre kamen die ersten Siedler aus Osteuropa in den Norden, vornehmlich ukrainische und russische Bauern, deren Zahl sich jedoch auf einige hundert beschränkte. Das Bild änderte sich in den 60er und 70er Jahren des 19. Jahrhunderts, denn neben Russen und

Drei Generationen

Ak Sakal (wörtl.: Weißbart) mit traditionellem kirgisischem Filzhut

Ukrainern fanden auch Deutsche, Moldawier und Weißrussen in Mittelasien eine neue Heimat und sie kamen in einigen Tausenden. All diese Neusiedler bevölkerten ausschließlich die landwirtschaftlich ergiebigen großen Beckenlandschaften Nordkirgistans: die Talas-Ebene, die Tschuj-Ebene und das Issyk-Kul-Becken.

In der zweiten Hälfte des 19. Jahrhunderts kam es jedoch parallel zu dieser Entwicklung zu einer Besiedlung aus dem Osten: Den großen Gruppen von Dunganen und Uiguren, die nach einem Muslim-Aufstand aus Xinjiang flüchten, wies die russische Regierung Gebiete im Issyk-Kul- und im Tschuj-Becken zu. Dort war es ihnen möglich, ihre traditionellen Wirtschaftsweise weiterzuführen, nämlich Acker- und Gemüsebau.

In den 80er und 90er Jahren des 19. Jahrhunderts wuchs der Zustrom aus den europäischen Gebieten des Zarenreiches an. Neben Russen und Ukrainern siedelten sich auch Tataren und Balten an. Ein großer Teil der Tataren war muslimischen Glaubens und konnte sich dadurch schnell in die kirgisische Gesellschaft integrieren. Auch deutschstämmige Mennoniten und Baptisten vom Mittellauf der Wolga kamen in das Talas- und das Tschuj-Tal. Diese deutsche Auswanderungswelle wurde durch eine neue Gesetzgebung im Zarenreich hervorgerufen. Diese sah vor, dass auch die Angehörigen dieser Religionsgruppen, die bis dahin vom Wehrdienst befreit gewesen waren, eingezogen werden sollten.

Die Siedlungsströme waren aber erst die Vorboten für eine gewaltige Einwanderungswelle in den Jahren von 1907 bis 1911, die durch agrarpolitische Entscheidungen innerhalb des Zarenreiches hervorgerufen wurde. Ein spürbarer Bevölkerungsrückgang der Titularnation fand nach dem ›Kirgisen-Aufstand‹ statt, der von russischen Truppen brutal niedergeschlagen wurde (→ S. 65). Nach unterschiedlichen Quellen flohen zwischen 100 000 und 150 000 Menschen bzw. 25 bis 30 Prozent der kirgisischen Bevölkerung. Im Jahr 1917 betrug der Anteil der ethnischen Kirgisen an der Bevölkerung ungefähr 20 bis 25 Prozent.

Dies änderte sich nach der Oktoberrevolution und während des blutigen Bürgerkrieges (1918–1922). Aufgrund der nach der Gründung der Sowjetunion (30.12.1922) stattfindenden sogenannten Entkulakisierung (als Kulaken wurden wohlhabende Bauern bezeichnet), die mit Enteignungen und Vertreibungen osteuropäischer Bauern auch in Mittelasien einherging, verringerte sich der Anteil der europäischen Bevölkerung in den 20er und 30er Jahren des 20. Jahrhunderts merklich. Gleichzeitig kamen in dieser Zeit viele kirgisische Familien aus China zurück, wohin sie nach dem Kirgisen-Aufstand geflohen waren. Laut historischer Quellen kehrten bis zu 90 Prozent der Geflohenen zurück. Deshalb war bereits bei der Volkszählung im Jahr 1926 der Anteil der Kirgisen auf dem Territorium der Kirgisischen Autonomen Sowjetrepublik wieder auf 67 Prozent gewachsen.

Gegen Ende der 1920er Jahre begann ein Zustrom von Fachkräften und politischen Funktionären aus dem europäischen Teil der Sowjetunion. In erster Linie kamen Ukrainer, Weißrussen und Russen, um die Wirtschaft und Wissenschaft des Landes aufzubauen. Dieser Prozess setzte sich bis in die 1930er Jahre fort.

Eine weitere Umwälzung der Völkerzusammensetzung fand während des Zweiten Weltkrieges (1939–1945) statt. Stalin befürchtete, dass die im Russischen Fernen Osten lebenden Koreaner mit den Japanern kollaborieren könnten, weshalb er sie u.a. in die Kirgisische Sowjetrepublik deportieren ließ, wo man sie in der Tschuj-Ebene ansiedelte. Andere Völker wurden der Kollaboration mit den Deutschen verdächtigt und ebenfalls nach Mittelasien, vor allem nach Kasachstan und Kirgistan deportiert. Dies betraf vor allem Russlanddeutsche von der mittleren Wolga, Ukrainer und Kalmyken, aber auch Angehörige zahlreicher kleinerer Völker: Mescheten, Karatschajer, Balkaren, Awaren, Lezginen, Kurden, Bulgaren, Tschetschenen, Inguscheten. Sie wurden von Frunze aus auf die einzelnen Rajone aufgeteilt. Im Ergebnis dieser Umsiedelungen in großem Stil fiel der Anteil der Kirgisen auf 50 Prozent.

In den 1950er bis 1980er Jahren kamen Angehörige weiterer Nationalitäten in die Sowjetrepublik Kirgistan, um in der Industrie, im Sozialbereich, in der Bildung und in der Wissenschaft zu arbeiten. Somit wohnen 1991 über 80 Nationalitäten im Land. Die Volkszählung von 1989 ergab einen Anteil von 52 Prozent Kirgisen.

Mit der Unabhängigkeit der mittelasiatischen Republik änderte sich die ethnische Situation tiefgreifend. Es kam zu einer wirtschaftlichen Krise, und die zwischenethnischen Konflikte spitzten sich zu. Die einseitige Politik des Kirgisischen Staates gegenüber den Minderheiten und die schwere politische Krise von 2005 bis 2010 trugen dazu bei, dass ein gewaltiger Anteil der europäischen Bevölkerung (Russen), andere Nationalitäten (vor allem Juden und Usbeken) und auch viele Kirgisen das Land verließen. Die Zahl der Menschen, die von 1991 bis 2012 emigrierten, beläuft sich auf rund 700 000.

Die gewaltigen Umsiedlungen der letzten 20 Jahre haben das Land in seiner ethnischen Zusammensetzung zum wiederholten Male geändert. Es ist auffällig, dass solche Veränderungen in der neueren kirgisischen Geschichte immer wellenartig stattfanden und oft an politische Ereignisse gekoppelt waren. Die heutige ethnische Verteilung innerhalb des Landes ist sehr ungleichmäßig. So sind im Tschuj-Oblast und im Fergana-Becken nur die Hälfte der Bevölkerung Kirgisen, jedoch im Issyk-Kul-Gebiet 86 Prozent und im Naryn-Gebiet sogar 99 Prozent.

Die Kirgisen

Die Herkunft der Kirgisen ist bis heute nicht eindeutig geklärt. Ein Volk dieses Namens wurde im 2. Jahrhundert vor unserer Zeit im Zusammenhang mit einer Schlacht in der Mongolei erwähnt, aber auch ein Stamm am sibirischen Strom Jenissej bezeichnete sich seit dem 4. Jahrhundert als Kirgisen. Wahrscheinlich ist eine Herkunft aus dem mongolischen Altajgebirge, von dem aus die Kirgisen südwärts wanderten und sich dabei mit anderen Völkern, vor allem turksprachigen vermischten. Ab dem 14. Jahrhundert wurden sie islamisiert, haben sich dabei aber viele ihrer schamanischen Traditionen bewahrt, zum Teil bis heute. Das kirgisische Volk umfasst heute etwa vier Millionen Menschen, davon leben die meisten in Kirgistan, als Minderheiten sind sie in allen Nachbarländern anzutreffen.

Die Kirgisen entstammen einer größtenteils nomadischen Tradition, die ihre ersten Wurzeln etwa 800 Jahre vor unserer Zeit hat. Die Berghänge und -täler wurden traditionell für die Viehzucht als Weiden für Pferde und Schafe genutzt. Im Sommer lebten die Viehzüchter größtenteils in der Nähe der Flüsse im Flachland, im Winter zogen sie in die gegen die Sonne gerichteten Täler. Auf der Suche nach besseren Weiden und Wasserquellen zogen die Nomaden auch oft von einer Gegend zur anderen.

Die Tiere dienten den kirgisischen Nomaden als Nahrung und Transportmittel, die Häute wurden für Kleidung verwendet. Aus der Wolle wurde Filz gewonnen, das zur Herstellung von Jurten, den traditionellen Rundzelten aus Holz und Filz, und von Kleidung (zum Beispiel der Filzhüte) Verwendung fand. Die jahrhundertalte Tradition der Herstellung handgefertigter Filzteppiche, den sogenannten Ala Kijz und Schyrdak, verkörpert bis heute einen Teil der kirgisischen Identität. Alles, was die kirgisischen Nomaden zum

Nomadenjunge

Leben benötigten, lieferten ihnen ihre Tiere. Auch die ansässigen Handwerker hatten dadurch ihr Auskommen, sie stellten beispielsweise metallische Alltagsgegenstände wie Steigbügel, Messer und Schnallen für das Zaumzeug her. Andere Handwerker waren auf die Holzbearbeitung spezialisiert und produzierten die Gestelle für die Jurten oder Räder für Karren, vor die Jaks oder Pferde gespannt wurden.

Die Nomaden lebten im Rhythmus der Natur, und es gab regionale Wirtschaftskreisläufe, über die heute wieder diskutiert wird. Doch auch Ungleichgewichte störten die vermeintliche Idylle. So gab es Besitzer großer Herden, denen auch der meiste Weidegrund gehörte. Hingegen hatten Familien mit wenigen Tieren Schwierigkeiten, ihren Lebensunterhalt selbst zu bestreiten. Teilweise waren sie gezwungen, das selbständige Nomadenleben aufzugeben und einer anderen Arbeit nachzugehen. Oft arbeiteten sie bei reichen Herdenbesitzern, mussten ihnen das Wachstum der Herden gewährleisten und konnten im Gegenzug tierische Erzeugnisse behalten.

Die Usbeken

Die Usbeken sind in Kirgistan die zweitstärkste Bevölkerungsgruppe und nahmen entsprechend der Volkszählung 2009 einen Anteil von ca. 15 Prozent, also 768 500 Einwohner ein. Nach den ethnischen Konflikten von 2010 hat sich die Zahl der Usbeken um einiges verringert, ausgehend von Befragungen kann man von etwas mehr als 600 000 ausgehen.

Das historische Siedlungsgebiet der Usbeken innerhalb Kirgistans ist das Fergana-Becken, also die Oblaste von Osch, Dshalal Abad und Batken, die allesamt an der Grenze zu Usbekistan liegen. Einige kleinere Gruppen siedeln bereits seit über 150 Jahren in Bischkek, Tokmak und Karakol.

88 Völker und Nationalitäten

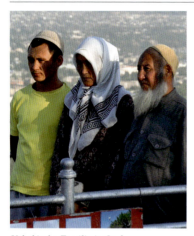

Usbekische Familie in Osch

Innerhalb des Fergana-Beckens machen sie etwa die Hälfte der städtischen Bevölkerung in Osch, Uzgen, Dshalal Abad und Kara Suu aus. In den Dörfern des Fergana-Beckens leben sie in gemischten Dörfern mit den Kirgisen zusammen. Es gibt einige wenige Dörfer mit überwiegender (mehr als 70–80 Prozent) usbekischer Bevölkerung.

Auch die Usbeken sprechen eine Turksprache. Allerdings wird das Usbekische einer anderen Untergruppe, der Karluk-Gruppe, zugeordnet. Trotz der gemeinsamen Sprachfamilie unterscheidet sich das Usbekische in Aussprache und Wortschatz stark vom Kirgisischen. So können Kirgisen beispielsweise nur 20 bis 30 Prozent der Nachrichtensendungen in usbekischer Sprache verstehen. Das Alltags-Usbekisch ist jedoch für die Kirgisen verständlicher, und das Verständnis des Wortschatzes liegt bei 50 bis 70 Prozent. Begünstigt wird dieses Sprachverständnis dadurch, dass der sogenannte Osch-Dialekt (ein Dialekt des Kirgisischen) von einem Großteil der Kirgisen im Fergana-Becken gesprochen wird und dieser Dialekt näher am Usbekischen ist als alle anderen kirgisischen Dialekte, vor allem auch im Bereich der Lexik. Ein ins Auge stechendes Beispiel sind die Honigverkäufer auf den Basaren: Sie schreiben ›asal‹ (usb. für Honig) anstelle des kirgisischen ›bal‹. Mehr als die Hälfte der südlichen Kirgisen können sich sogar auf usbekisch verständlich machen. Nur 40 Prozent der befragten Usbeken können andererseits Kirgisisch sprechen.

Die kirgisischen Usbeken sprechen den sogenannten Fergana-Dialekt des Usbekischen. Innerhalb des Fergana-Beckens wird dieser wiederum in unterschiedliche Mundarten unterteilt, so dass die Usbeken auch untereinander erkennen, aus welchem Teil Kirgistans jemand kommt.

Die Usbeken Kirgistans sind Nachkommen einer arischen Bevölkerung des Ferganatals. Vom 1. bis 6. Jahrhundert formierte sich in dieser Region ein sogenanntes ›altferganisches Volk‹, das eine ostiranische Sprache benutzte. Im 9. bis 10. Jahrhundert kristallisierte sich das Volk der Tadschiken heraus, und im weiteren Verlauf entstand hier eine besondere ethnographische Gruppe der Tadschiken, die sogenannten Fergana-Tadschiken.

Am Ende des 10. Jahrhunderts kam die Region erstmals unter die Herrschaft eines Turkvolkes: Die Karachaniden herrschten bis ins 12. Jahrhundert, bis zum 19. Jahrhundert folgten weitere Turkvölker. So wurde innerhalb von über 900 Jahren die ursprünglich persischssprachige Bevölkerung assimiliert, und es entstand die ethnische Gruppe der Fergana-Usbeken, deren Angehörige sich durch die sowjetischen Grenzziehungen 1924 in zwei unterschiedlichen Sowjetrepubliken wiederfanden und deren Schicksal mit der Neuentstehung von zwei unabhängigen Republiken 1991 nicht einfacher wurde.

Die Usbeken 89

Der Großteil der heutigen Usbeken hat sein Haupteinkommen in der Landwirtschaft. Es werden Reis, Weizen, Mais, Tabak, Baumwolle und Melonen angebaut. Ein weiterer wichtiger Wirtschaftszweig ist der Obstanbau. Außerdem sind die Usbeken im Binnenhandel und im grenzüberschreitenden Handel tätig. Traditionell sind sie auch sehr gute Handwerker. Vor allem vor der Oktoberrevolution blühten Teppichknüpferei, Töpferei, Holzschnitzerei, Kupferschmiedehandwerk, Herstellung von Baumwollstoffen und Seidenweberei. Ein Großteil der genannten Handwerke ist auf kirgisischem Gebiet verlorengegangen und ist nur noch bei den Usbeken Usbekistans zu finden. Auf den Basaren Südkirgistans findet man heutzutage Goldschmiede und fingerfertige Schwarz- und Blechschmiede, die Alltagsgegenstände aus Eisen und Zink herstellen, wie zum Beispiel Zaumzeug, Scheren und Blechgefäße. Weiterhin werden nationale Trachten und Seidenstoffe gehandelt.

Viele usbekische Traditionen sind in den letzten 80 Jahren verlorengegangen, die Bräuche und Lebensweisen innerhalb der Familie, der Verwandtschaft und im Alltag sind jedoch erhalten geblieben. Wie vor mehreren hundert Jahren leben die Usbeken in einem speziellen Viertel, der Machalla. In dieser Machalla werden alle Feste gefeiert, insbesondere die Geburt eines Kindes, die Hochzeit und das Begräbnis. Die Machalla ist wie eine große Gemeinschaft, und Nachbarschaftshilfe wird hier groß geschrieben. Dadurch sind die Bewohner zusätzlich sozial abgesichert.

Die Lebensbedingungen der Usbeken in Kirgistan sind eigentlich recht gut. Sie verfügen über eigene Schulen, in denen der Unterricht auf Usbekisch stattfindet. In Osch gibt es sogar eine usbekische Universität, an der man seinen Abschluss auch auf Usbekisch machen kann. Es existieren auch verschiedene Kultur- und Bildungsvereine. Usbekischstämmige Politiker sind auf Rajon-, Oblast und Landesebene tätig, um die Interessen der Minderheit zu vertreten. Ein bitterer Wermutstropfen ist das problematische Verhältnis zu den Kirgisen in Südkirgistan, was historisch bedingt ist und sich in den letzten 150 Jahren nicht geändert hat.

Der erste ernsthafte Konflikt zwischen Usbeken und Kirgisen nach der Unabhängigkeit fand 1990 wegen Wasser- und Bodenrechten statt, denn diese beiden Ressourcen sind seit Menschengedenken im Fergana-Becken immer schon knapp gewesen. Die bürgerkriegsähnlichen Zustände spielten sich im Großraum Osch ab. Es gab auf kirgisischer Seite schätzungsweise 1200 und auf usbekischer einige tausend Tote.

Genau 20 Jahre später, im Juni 2010, gab es wieder schwere Zusammenstöße zwischen beiden Ethnien. Diesmal war eine größere Region betroffen. Außer in Osch gab es gewaltsame Ausschreitungen in den Städten Dshalal Abad , Suzak und Bazar Korgon. Allerdings waren die Opferzahlen wesentlich geringer als 1990. Laut offiziellen Angaben des kirgisischen Staates starben 442 Menschen. Es gibt unterschiedliche Angaben von unabhängigen Medien, welche die Opferzahl zwischen 457 und 800 beziffern.Aufgrund der Ereignisse siedelten im Jahr 2010 etwa 110 000 Usbeken nach Usbekistan um. Auch nach 2010 verließen weiterhin Usbeken ihre historischen Siedlungsgebiete und reisten auch nach Russland oder in die Türkei aus.

Die Russen

Die Russen sind die zweitstärkste Minderheit in Kirgistan. Entsprechend der Volkszählung von 2009 beträgt ihr Anteil an der Gesamtbevölkerung 8,3 Prozent oder 432 000. Dabei zählen zu den ›Russen‹ mittlerweile alle slawischen Minderheiten, also auch Weißrussen und Ukrainer. Aufgrund der politischen Krise im Frühjahr 2010 verließ ein Teil der slawischstämmigen Bevölkerung das Land, so dass der jetzige Anteil um die 400 000 Einwohner liegen dürfte, von denen die Hälfte in Bischkek lebt.

Im heutigen Kirgistan leben Russen vor allem im Tschuj-Tal (Bischkek eingeschlossen) und am Issyk Kul (Issyk-Kul-Becken). Nicht zufällig tragen viele Orte in jenen Oblasten noch russische Bezeichnungen. Und selbst nach Umbenennungen von Dörfern werden anstelle der neuen kirgisischen Namen sowohl von den Russen als auch den Kirgisen noch die alten russischen verwendet. Beispiel dafür sind Bystrowka anstelle von Kemin oder Strelnikowa antelle von Araschan. Kleinere Gruppen von Russen leben im Osch- und im Talas-Oblast. So leben in der Stadt Talas noch 2200 Einwohner russischer Herkunft, was immerhin 7 Prozent der Stadtbevölkerung bedeutet. Auch in der Stadt Osch, wo es sogar ein Russisches Konsulat gibt, wohnen 1500 Russen (0,6 Prozent der Stadtbevölkerung).

Die ersten Russen und Ukrainer kamen, als die Region in den Jahren von 1855 bis 1876 dem russischen Zarenreich einverleibt wurde. Zuerst waren es Soldaten und Offiziere, die ihren Dienst in den Militärstützpunkten absolvierten. Aber schon in den 1860er Jahren kamen erste Siedler aus dem europäischen Teil Russlands. Dies waren in erster Linie Ackerbauern und einige wenige Handwerker. Der Zustrom an Neusiedlern erhöhte sich merklich in den 1870er bis 1890er Jahren, als aus Zentral- und Südrussland weitere Bauern eintrafen.

Sie wurden in der Tschuj-Ebene und dem Issyk-Kul-Becken angesiedelt und konnten dort recht schnell ihre althergebrachten landbaulichen Arbeitsweisen anwenden, da die klimatischen und landschaftliche Verhältnisse denen ihrer Heimat glichen. Die slawischen Neuankömmlinge gründeten einige Dutzend neuer Dörfer und waren auch bei der Errichtung von Städten (z. B. Tokmak, Prshewalsk, Pischpek) eingebunden. Die südlichen Landesteile wurden von ihnen einstweilen nicht besiedelt, da es im Fergana-Becken schon immer einen Mangel an landwirtschaftlichen Flächen gab. Erst gegen Ende des 19. Jahrhunderts wurden einige russische Dörfer vor allem in Flusstälern der Randbereiche des Fergana-Tales gegründet, wobei die meisten davon östlich von Dshalal Abad zu finden sind.

In den Jahren 1907 bis 1911 kam es zu einer letzten Welle der russischen Kolonisierung, wodurch sich der Anteil der Russen an der Bevölkerung auf bis zu 20 Prozent erhöhte. Viele landlose Bauern wanderten aus den verhältnismäßig dicht besiedelten Regionen West-, Zentral- und Südrusslands nach Sibirien und Mittelasien aus. Ein nicht unerheblicher Teil kam dadurch nach Kirgistan, wobei wiederum das Tschuj-, Talas- und Issyk-Kul-Becken das Ziel waren. In dieser Zeit drangen sie aber bereits in die Gebirgsgegenden vor und gründeten erste Gehöfte im Kotschkor-Tal, am mittleren Naryn und im At-Baschy-Tal, alles Täler oberhalb von 2000 Metern. In diesen Hochtälern spielte weniger der Ackerbau eine Rolle, vielmehr gewannen die Viehzucht und die Imkerei an Bedeutung.

Tür der russisch-orthodoxen Kirche in Karakol

Volkskultur und Volkskunst

Auch wenn längst nicht mehr alle Kirgisen leben wie ihre Vorfahren, so ist in vielen Familien die eng mit dem Nomadenleben verbundene kirgisische Volkskultur lebendig. Auch wer in der Stadt wohnt und nicht selbst mit den Jurten auf die Sommerweide zieht, hat in der Regel Verwandte, die dies tun. Vor allem die kunstvollen Ornamente, mit denen zahlreiche Alltagsgegenstände verziert werden, sind überall im Land gegenwärtig.

Kunsthandwerk

Wie alle Nomadenvölker sind die Kirgisen begnadete Kunsthandwerker. Doch das, was wir heutzutage als Gäste in Kirgistan bewundern und vielleicht als Souvenir mit nach Hause nehmen, war (und ist zum Teil noch) für die Kirgisen Element des Überlebens. Das unstete und harte Leben mit den Tieren brachte und bringt es mit sich, dass alles, was diese Tiere liefern, auch benötigt und verarbeitet wird. Das betrifft nicht nur Fleisch und Milch, sondern auch Wolle, Leder, Sehnen, Haare. Auch die umgebende Natur liefert Material für Bau und Einrichtung der Behausung, Herstellung von Kleidung, Gefäßen zur Aufbewahrung von Speisen, Spielzeug und Musikinstrumenten.

Sowohl Frauen, als auch Männer nutzen vor allem die langen Abende in der Winterzeit zum Herstellen von Gegenständen des täglichen Gebrauchs. Dabei gibt es eine feste Arbeitsteilung. Frauen sind Experten für alles Weiche. Sie sind vor allem mit der Herstellung von Filzgegenständen wie Jurtenfilz, Filzteppiche mit eingelegten oder aufgenähten Ornamenten (*schyrdak*), warmen Hausschuhen und Westen beschäftigt. Sie fertigen Einrichtungsgegenstände der Jurte wie Wandverkleidung, Matten (*korpesch*), Bänder und Borten sowie Kleidung. Die Män-

Von der Volkskunst inspirierte Bushaltestelle

ner verarbeiten Holz und Leder, Steine und Metall. Die Endprodukte ihres Tuns sind hölzerne Scherengitter, Dachstäbe und Dachkränze sowie die Türen für die Jurten, außerdem Truhen und Bettgestelle, Holzfässer für die Bereitung von Kymyz, Holzgefäße, Sättel, Sattelflaschen und Peitschen aus Leder, Waffen. Nicht nur rein Zweckmäßiges stellen sie her, sondern auch Gegenstände zur Ausschmückung und Verschönerung des Lebens wie eine Vielzahl von Musikinstrumenten und Schmuck.

In den Jahrtausenden des Nomadenlebens haben es die Kirgisen zu Perfektion bei der Herstellung dieser Gegenstände gebracht. Sowohl die Funktionalität als auch die Ästhetik der Gegenstände beeindrucken. Das ist nicht ›nur‹ Handwerk – das ist KUNSThandwerk. Schaut man sich eine Jurte genau an, wird man viele Beweise dafür finden. Sie ist nicht nur ein kuppelförmiges, warmes Filzzelt. Sie ist außen wie innen mit Ornamenten geschmückt, in Filz gewalkt, auf Wandbehänge gestickt, in Hartgrasmatten gewirkt und in Teppiche gewebt. Jede Sitz- und Liegematte hat ein anderes Muster, Geschirr ist gekerbt oder bemalt. Truhen und Bettgestelle sind kunstvoll beschlagen, ebenso wie die Sättel und das Zaumzeug der Pferde, Reitpeitschen liebevoll mit geschnitzten Griffen versehen und mit Halbedelsteinen besetzt. Und erst die Kleidung! In Filzpantoffeln eingewirkte oder aufgenähte florale und zoomorphe Ornamente, Volants, Rüschen und Spitzen an den Frauenkleidern, hier und da aufgenäht Federn, Perlen und Pailletten. Es gibt Kappen und Mützen in allen Formen sowie Seidentücher mit eingefilzten Mustern. Früher verwendete jeder Stamm seine eigene Symbolik, und die Ornamente hatten allesamt eine Bedeutung. Begegneten sich unbekannte Menschen, konnten sie einander an den Mustern der Kleidung unterscheiden und zuordnen.

Typische Filzornamente

Musikinstrumente werden aus dem Holz der hier wachsenden Bäume gefertigt, bespannt mit dem Leder der Tiere und versehen mit Saiten aus Sehnen, Därmen oder Rosshaar. Einzigartige Klänge entlocken die Kirgisen diesen Instrumenten: die Komuz klingt wie Pferdegetrappel, die Kyl Kyjak klagt wie der Wind in einer einsamen Bergschlucht, die Hirtenflöte Sybyzgy macht Geräusche wie ein übermütiger Frühlingsvogel.

Heute nutzen viele Familien diese uralten Kenntnisse und Fertigkeiten, um sich ein kleines Zubrot zu verdienen, denn viele Reisende aus dem Ausland sind von ihren Erzeugnisse begeistert. Wer Kunsthandwerksgegenstände kaufen möchte, kann sich auf den Märkten in Bischkek und Osch umsehen. Im Kaufhaus ZUM in Bischkek (→ S. 132) gibt es in der oberen Etage ein paar gute Stände. Ljuba Danitschkina im Gästehaus in Tamga (→ S. 224) betreibt einen gut ausgestatteten kleinen Laden, in dem sie die die schönsten Erzeugnisse der Handwerkerinnen der umliegenden Dörfer mit ganz geringem Aufpreis verkauft. Auch die

Genossenschaft der Kunsthandwerkerinnen in Kotschkor (→ S. 234) hat ein gutes Sortiment im Angebot. Es gibt eine Marketinginiative (›Dajry‹), die mit Unterstützung der asiatischen Wirtschaftsbank kleine Hersteller und Kooperativen vertritt. Im Internet findet man unter www.handicrafts.kg eine vollständige Liste aller Kunsthandwerks-Genossenschaften Kirgistans sowie einen Internetshop.

Nomadentum und Jurten

Wenn der Frühling in den Frühsommer übergeht, irgendwann im Juni, kann man im ganzen Land eine große Bewegung beobachten. Um diese Zeit treiben die Dörfler ihre Herden auf die Almen, wo sie bis zum Herbst bleiben, um dann ins Winterlager zurückzukehren. Oder sie lassen treiben. Wer eine kleine Herde hat, mietet einen Hirten, der das Hüten übernimmt. Und aus dem Lohn für das Betreuen der ihnen anvertrauten Herden bestreiten viele Menschen sommers ihren Lebensunterhalt.

Trotz Verbot und Verfolgung der nomadisierenden Viehzucht in frühen sowjetischen Zeiten war diese Lebensform gerade in Kirgistan nie richtig verschwunden. Die Kirgisen und ihre Vorfahren waren fast 3000 Jahre lang Nomaden. Diese Kultur ist die einzig vernünftige Art, zwischen den Extremlandschaften Steppe und Halbwüste einerseits und Hochgebirge andererseits dauerhaft zu überleben. Hier die Frühlingswärme, der dürftige Pflanzenbewuchs und die spärlichen Wasserreserven, wo spätestens ab Ende Juni alles verdorrt ist – dort die sommers üppig grünen Matten, die sich von November bis April in eine Eiswüste verwandeln.

In den späteren Jahren der Sowjetunion versuchte man, die Erfahrungen der nomadischen Viehzucht und die Kollektiv-Wirtschaft miteinander zu verbinden. Nicht immer gelang das. In Tschingis Aitmatows Büchern finden sich etliche Episoden über Konflikte zwischen Verfechtern traditioneller Lebensweise und sowjetischer Kommandowirtschaft. Jetzt, wo letztere ausgedient hat, in einer Periode der Selbstfindung der Kirgisen und der strukturellen Krise auf dem Land, zeigt sich die Überlebensfähigkeit des Nomadentums. Die mancherorts sorgsam eingelagerte Filzjurte kam wieder zu Ehren, auch mit Armeezelten oder in China hergestellten Behelfsjurten wird improvisiert. Neue Jurtenmanufakturen sind entstanden. Das von Generation zu Generation weitergegebene Wissen über die Eigenheiten des Wetters, der Pflanzen, des Wassers und der Tiere gelangt wieder zur Anwendung. In vielen Tälern und auf den Almen kann man im Sommer mobile Nomadensiedlungen sehen, in manchen Jurten gibt es sogar Radio und Fernsehen. Solarkollektoren, kleine Windräder oder Mini-Wasserkraftwerke liefern den nötigen Strom.

›Dshajloo‹ heißen diese Sommerlager, und der Klang dieses Wortes ruft bei jedem richtigen Kirgisen ein Lächeln hervor. Aus den Jurten steigt Rauch auf, Kinder tollen herum. Kurz vor Einbruch der Dunkelheit tauchen berittene Hirten auf, die Schafe und Ziegen, Kühe oder Pferde vor sich hertreiben. Den ganzen Tag waren die Tiere auf den Weiden in Seitentälern oder auf den höher gelegenen Matten. Sie werden zur Nacht in die Pferche getrieben. Aus den Jurten ist noch stundenlang Gesumm und Gelächter zu hören. Wer sich dazugesellt, bekommt eine Schale Kymys oder Tee mit Fladenbrot angeboten. Oft schicken Städter ih-

Jurten auf der Hochgebirgsweide

re Kinder in die Sommerfrische auf's Dshajloo. Die Familien sind groß – in fast jeder finden sich Verwandte auf dem Land. Auch wenn das Leben auf den Weiden viel mehr harte Arbeit ist als die von uns Mitteleuropäern phantasierte Romantik – es ist auch bei den Kirgisen der Inbegriff von Freiheit.

Im Winterlager (*kystoo*) geht es heute etwas anders zu als vor 100 Jahren. Die Hirten wohnen in normalen Dorfhäusern, es gibt Strom. Die Tiere werden auch im Winter nach draußen getrieben, nur bei Unwetter und starker Kälte bleiben sie im Stall und werden mit Heu gefüttert. Halbnomaden nennt man die Hirten, die im Sommer dem Wasser und dem Futter folgen und winters feste Standplätze bevorzugen.

Das Fleisch der Tiere ist das Hauptnahrungsmittel der Kirgisen. Bei Anbruch des Winters muss ein Pferd dran glauben, sein Fleisch gilt als idealer Energiespender. Das liebste Frühjahrsessen ist das Fleisch der jungen Bullen, und Lamm oder Hammel gibt es das ganze Jahr über. Besonders gut schmeckt das Fleisch der jungen Schafe im Sommer, wenn die Tiere auf den Kräuterwiesen stehen und praktisch schon vorgewürzt sind.

Die halbnomadisierende Viehzucht in Kirgistan hat unbedingt eine Zukunft, nicht zuletzt auch dank der Verbindung mit dem Tourismus. Reisende aus dem ›Westen‹ freuen sich, wenn sie ihre städtische Zivilisation hinter sich lassen können und eintauchen dürfen in eine andere, fremde, aber durchaus anziehende Zivilisation, die, obwohl uralt, immer noch ihre Lebensfähigkeit beweist. Das, was bei Kirgistan-Reisenden als Erinnerung ›hängenbleibt‹, hat immer mit einem Stück Nomadentum zu tun und mit der Sehnsucht nach unser aller Wurzeln in der Natur.

Musik

In der Musik Kirgistans sind die Berge zu hören. Berge sind voller Musik: das Tosen der Flüsse, das Murmeln der Bäche, das Rauschen der Wälder und das Rascheln der Gräser, Vogelgezwitscher und Tierrufe, das Säuseln, Wehen oder Brausen des Windes, rollende Steine, donnernde Lawinen, der Widerhall des Gewitters zwischen den Felswänden, das Ächzen, Knirschen und Krachen der Gletscher. Und auch die große Stille, vor deren Hintergrund diese Geräusche deutlich zur Geltung kommen. All das wurde mit menschlicher Stimme und der Hilfe von Instrumenten eingefangen und wiedergegeben. Unendlich ist die Vielfalt der Musikinstrumente der Völker Zentralasiens. Man kann nicht zwischen der Musik der Steppe und der Musik der Berge trennen. Musik war die Brücke zwischen beiden, denn die Hirten der Steppe kamen sommers in die Berge. Oft fertigten sie ihre Instrumente hier – die einfachsten aus den Hörnern ihrer Tiere (kas. *bugyschak*, *uran*), Hirtenflöten aus Ton oder Rohr (kirg. *sybyzgy*, *choor* und *chopo choor*), aus dem Holz bestimmter Bäume der Bergwälder, bespannt mit Tierhäuten und Saiten aus Rosshaar. Es gibt eine Vielzahl von Saiteninstrumenten (kirg. *komuz*, *kyl kijak*), außerdem Maultrommeln (kas. *zhan kobyz*), Rasseln und Trommeln (kirg. *asa tajak*, *dobulbas*). Zeit zum Spielen auf ihren selbstgefertigten Instrumenten hatten die Hirten auf der Weide und abends am Feuer der Jurten. Man hört in den Liedern und Instrumentalstücken nicht nur die Naturgeräusche, sondern auch das Trappeln der Pferde, das Lachen der Mädchen und die Scherze der Hirten. Welch schöne Einheit von Mensch und Natur in der Musik! Hörbeispiel: www.sounds.kg/ru/about/.

Nomade mit Herde beim Abtrieb vom Dshajloo

Die Jurte

Die traditionelle Behausung mittelasiatischer Nomadenvölker ist die Jurte. Auf kirgisisch heißt sie *bos uj*, graues Haus. Die Erfindung der Jurte hat wesentlich zur Mobilität der Turkvölker und zu ihrer Ausbreitung bis nach Ost- und Mitteleuropa beigetragen. Ohne Jurte keine Völkerwanderung unter Attila und keine mongolischen Welteroberungen unter Dschinghis Khan.

Für viele Mongolen, Kirgisen und Kasachen hat die Jurte heute wieder eine mehr als symbolische Bedeutung. Nach Jahrzehnten kommunistischer Zwangskollektivierung und brutalen Maßnahmen zur Sesshaftmachung der Viehzüchter war die Jurte bis Ende der 1980er Jahre auf dem Rückzug. In der Nachbarrepublik Kasachstan galt sie als Überbleibsel einer rückständigen Vergangenheit und war bestenfalls noch im Museum zu betrachten. Dabei ist die Jurte eine äußerst praktische Wohnstatt: warm im Winter, kühl im Sommer, variabel in Größe und Ausstattung. Sie ist die ideale Behausung für Halbnomaden, die im Frühsommer mit ihren Herden in die Steppe oder in die grünen Täler der Gebirge ziehen. Sie erlaubt ein problemloses Umziehen an einen anderen Ort im Falle der Abgrasung oder Austrocknung des Weidelandes.

Die Grundkonstruktion der Jurte ist ein Gestell, bestehend aus einem kreisförmig aufzustellenden hölzernen Scherengitter (kirg. *kerege*), gebogenen Dachstangen (kirg. *uuk*), einer hölzernen Dachöffnung (kirg. *tündük*) und der zweiflügeligen Holztür.

Das Scherengitter wird aus dem Holz der Weide, Birke oder Pappel hergestellt und ist maximal zwei Meter hoch. Lederbändchen werden an den Kreuzungspunkten der Stangen durch Bohrungen im Holz gezogen und ermöglichen das Zusammenklappen der Konstruktion. Je nach Größe der Jurte werden vier bis zwölf Gitterabschnitte im Kreis aufgestellt. Die Jurten der Khans hatten sogar bis zu 30 Abschnitte. Eine Öffnung wird für den Eingang freigelassen, das ist der *bosogo*. Mit ihm beginnt man den Aufbau der Jurte. Er ist immer nach Südosten ausgerichtet. Von hier kommt das Licht, und es ist in der Regel die den Niederschlägen abgewandte Seite. Nach der Aufstellung des Scherengitters um den *bosogo* herum wird mit einer gabelförmigen Stütze die Einfassung der Dachöffnung erhoben und mit Dachstangen an den oberen Kreuzungspunkten des Gitters befestigt. Ist das Aufstellen der Jurte Sache der Frauen der Familie, so bleibt das Erheben des Dachkranzes dem Oberhaupt der Familie vorbehalten. Denn dieser *tündük* ist nicht nur der Rauchabzug der Jurte – er gilt den Kirgisen als Symbol für das Heim, die Familie und als Sinnbild für die Öffnung zur Welt. Die Auswahl des *tündük* als nationales Symbol auf der kirgisischen Staatsflagge war wohl bedacht.

Wer einmal in einer Jurte übernachtet und vor dem Einschlafen durch den *tündük* in den Sternenhimmel aufgeblickt hat, wird diese Symbolik verstehen. Der *tündük* wird vom Vater an den jüngsten Sohn vererbt. Alle Bestandteile der Jurte können ausgewechselt werden – der *tündük* bleibt. Für seine Fertigung wird das haltbarste Holz und besondere Sorgfalt verwandt. Ein fester Ring, mit Bohrungen für die Dachstangen versehen, wird durch mehrere Querstreben zusammengehalten. Die Querstreben wiederum sind durch Leisten verbunden, die oft mit Schnitzwerk oder mit metallischen Ornamenten verziert sind.

Vom *tündük* ausgehend werden nun die gebogenen Dachstangen nach unten geführt und am oberen Rand des kerege festgebunden. Mit einem dicken Wollfaden wird die Festigkeit dieser Verbindung hergestellt. In der Eingangsöffnung werden nun der Türrahmen und die hölzerne Tür befestigt. Traditionsgemäß muss die Tür quietschen, damit man auf Eintretende aufmerksam wird. In ärmeren Jurten wird der Eingang nur mit einer dicken Filzbahn abgedeckt.

Eine umlaufende Matte aus Schilfhalmen oder dünnen Weidenzweigen, oft gefärbt oder mit bunten Fäden umwickelt, umgibt das Scherengitter. Über diese Konstruktion werden nun schichtweise die Filzbahnen gelegt. Eine lange Filzbahn (*tschij*) umschließt das gesamte Gitter und den unteren Teil der Dachstäbe, an denen sie mit Seilen befestigt wird. Alsdann werden mit der Stütze die Dachfilzstücke (*kijiz*) über die Dachstäbe geworfen und ebenfalls verschnürt. Der *tündük* wird mit einem besonderen Teil Filz abgedeckt (*tuurduk*), an dem eine Zugschnur zum Öffnen und Schließen angebracht ist. Eine Filzbahn, die über der Türöffnung aufgerollt wird, kann bei schlechtem Wetter sowie bei Nacht heruntergelassen werden (*dzhabuu*).

Die Jurte wird nun stabilisiert: Bunte Bänder verbinden den tündük mit dem Scherengitter, ein oder mehrere starke Seile werden zwischen der Jurte und in die Erde getriebenen Pflöcken verspannt. So kann die Behausung auch starken Stürmen trotzen. Die gesamte Prozedur dauert bei einer Jurte mittlerer Größe ungefähr zwei Stunden.

Das Innere der Jurte ist aufgeteilt in eine rechte Hälfte für die Frauen und eine linke für die Männer. Rechts wird der Hausrat aufbewahrt, links die Gegenstände für die Jagd und den Viehbetrieb. Die Inneneinrichtung besteht aus bunten Borten, Troddeln und Teppichen – der schönste Teppich wird hinter dem hölzernen Bett und an der Jurtenwand befestigt. In ärmeren Jurten wird auf Matten geschlafen. Alle Gegenstände finden tagsüber Platz in Truhen und Kästen oder aber an den hölzernen Stangen des Scherengitters. Der Platz in der Jurte wird dann benötigt zum Bereiten der Mahlzeiten, zum Essen – gegessen wird im Sitzen oder Hocken um das Tischtuch oder einen niedrigen Tisch herum – und zum Arbeiten.

In einer normalen Jurte von vier Metern Durchmesser können sechs bis zehn Personen wohnen. Oft finden auch junge Kälber oder Lämmer in kalten Nächten in der Jurte Schutz. Wohlhabende Familien besitzen mehrere Jurten, die nach Funktionsbereichen getrennt werden – Kochjurte, Essjurte, Schlafjurte, Gästejurte.

Jurtendach

Die kirgisische Küche

Die Geschichte der Kirgisen als viehzüchtendes Nomadenvolk bestimmt die Küche ganz wesentlich. Die Hauptnahrung der Kirgisen ist – Fleisch. Die Zubereitungsarten variieren, als Beilage sind Nudeln, Reis und Kartoffeln verbreitet. Gegessen werden vor allem Schaf und Pferd. Letzteres wird, neben der Kuh und (seltener) der Ziege, auch als Milchlieferant genutzt. Stutenmilch, besonders in vergorener Form (Kymyz) ist das saisonale Lieblingsgetränk aller Kirgisen. Es gibt sie nur dann, wenn die Stuten junge Fohlen haben – also von Mai bis August oder September. Genauso erfrischend und für mitteleuropäische Gaumen ungewöhnlich ist Schoro, ein Getränk aus vergorenem Getreide. Brot in Form von Fladen (kirg. Tandyr Nan, russ. Lepjoschka) wird meist selbst im Lehmofen (Tandyr) gebacken, und die kleinen, in Fett ausgebackenen Boorsok-Teigbällchen dürfen auf dem kirgisischen Dastarchon (Tisch) nicht fehlen. Sie sind der ›Lückenfüller‹ auf dem Tisch, werden in alle verfügbaren Zwischenräume zwischen den Schüsseln und Tellern gelegt, damit der Eindruck einer reichlich gedeckten Tafel entsteht. Denn für Kirgisen ist es eine Schande, wenn der Tisch nicht richtig voll ist. Die Boorsok verschwinden, wenn sie noch warm sind, allerdings recht rasch…

Die historische Nachbarschaft der Kirgisen zu Uiguren, Russen und Usbeken hat dazu geführt, dass die Küche viele Gerichte dieser Völker ›adoptiert‹ hat. Uigurischer Lagman (Nudeln mit kleingeschnittenem Gemüse und etwas Fleisch) und Manty (Gedünstete Teigtaschen mit Fleisch- oder Gemüsefüllung) sind von den Speiseplänen der Straßencafés genauso wenig wegzudenken wie russischer Borschtsch (Rote-Bete-Suppe mit Kraut) oder usbekischer Plow (Reisgericht mit Fleisch und gestifteten Möhren). In den warmen, größtenteils geschützt gelegenen südlichen Regionen, wo Ackerbau möglich ist und Usbeken und Kirgisen eng zusammenwohnen, ist auch die kirgisische Küche reicher – Gemüse und Gewürze spielen hier eine stärkere Rolle. Manch ein Kirgise hat sich hier wie ein Usbeke dem Plow und grünen Tee verschrieben. Oben aber, in den rauen Bergen, wo außer Gras nichts wächst und Weidewirtschaft die einzige Form des Überlebens bildet, ist die Küche der Viehzüchter reduziert auf das, was sie eigentlich ausmacht: Fleisch und Milchprodukte der Tiere.

Das Fleisch wird eher gekocht als gebraten, und die am meisten verbreitete Beilage sind Nudeln, oft selbst hergestellt. Diese beiden Bestandteile machen die Nationalspeise in Kirgisstan aus: Beschbarmak, wörtlich übersetzt ›fünf Finger‹. Dieses einfache und doch gehaltvolle Gericht wird stilecht mit den Fingern der rechten Hand gegessen. Man nimmt sich Nudeln (Kesme) vom großen Gemeinschaftsteller in der Mitte, greift damit ein Stück Fleisch und steckt es möglichst schmatzend in den Mund. Für einen ungeübten Beschbarmak-Esser ist das eine artistische Meisterleistung. Im Gegensatz zu den benachbarten Kasachen verwenden die Kirgisen nämlich keine großen, quadratischen Nudelfladen, mit denen man das Fleisch gut greifen kann, sondern Bandnudeln. Auch die großzügige Methode der Fleischzerteilung, die in manchen Haushalten praktiziert wird, erschwert das klassische Fünffingeressen – oft bekommt man einen ganzen Knochen mit allem Drum und Dran auf den Teller gepackt. Dann heißt es wacker zubeißen und abnagen. Die Brühe, in der das Fleisch gekocht wurde, wird vor dem Beschbarmak mit einem Fleischstück am Knochen als Schorpo gereicht und genüsslich geschlürft.

Zu Gast bei Kirgisen

In allen mittelasiatischen Ländern ist der Gast etwas ganz besonderes. Für den ›konak‹ (Kasachstan), ›mechmon‹ (Tadzhikistan) oder ›konok‹ (Kirgistan) wird alles aufgefahren, was der Haushalt zu bieten hat.

Wird man eingeladen, sollte man sich seiner Rolle bewusst sein und mit einem Mitbringel (mindestens Wein, Cognak oder Torte, Blumen für die Dame des Hauses) und in einer feierlichen Grundstimmung im Haus des Gastgebers erscheinen. Denn mit großer Wahrscheinlichkeit wird ein Schaf extra für diesen Anlass geschlachtet oder es wurde wenigstens ganz frisches Fleisch vom Markt oder von Verwandten mit Beziehungen zu Fleischerzeugern geholt. Die eigentliche Zubereitung des Hauptgerichts beginnt meistens erst mit dem Erscheinen des Gastes, deswegen bringt man am besten auch reichlich Zeit mit. Man nimmt seinen Sitz am Ehrenplatz ein – der Gast wird meistens gegenüber vom Eingang platziert – und beginnt mit den Gastgebern und den anderen Gästen ungezwungene Gespräche, verpackt in eine lange Abfolge des Verzehrs von Vorspeisen und des Aufsagens von Trinksprüchen. Auf letztere sollte man vorbereitet sein, denn mit einem einfachen ›Prost‹ oder gar dem russisch-forschen ›Na zdarowje!‹ kommt man hier nicht durch. Der Trinkspruch muss immer etwas mit dem Anlass des Treffens zu tun haben, und er sollte durchblicken lassen, dass der Gast sich Gedanken über die Familie seines Gastgebers gemacht hat und ihnen von ganzem Herzen und nicht nur formal alles Gute wünscht. Lange, blumige oder

Borsook dürfen auf keiner Tafel fehlen

Es gibt alle möglichen mit Fleisch gefüllten Teigtaschen

arabeskenhafte Trinksprüche werden gern gehört; man kann seine Wünsche auch in Geschichten oder Gedichte einpacken. Der Phantasie sind keine Grenzen gesetzt, und man darf auch ruhig ganz persönlich werden.

Nach den Salaten, den anderen Vorspeisen und der Vorsuppe, wenn der durchschnittliche Europäer also schon satt ist, wird das Hauptgericht hereingetragen. Oft ist es Beschbarmak, denn was den Kirgisen am besten schmeckt, mundet sicher auch dem Gast. Wenn der Beschbarmak aus dem Fleisch eines frisch geschlachteten Schafs bereitet wurde, bekommt man als richtiger Ehrengast im Ernstfall nun eine wichtige Aufgabe: Man darf den gekochten Kopf des Tieres zerlegen und die Einzelteile an die Tischgenossen verteilen. Dabei geht man mit Bedacht vor – die Augen gehen an die wichtigste Person am Tisch, gefolgt von Ohren, Zunge, Gaumen und Bäckchen des Tieres, erst dann kommt das normale Fleisch. Dazu sagt man Sprüche wie ›Möget Ihr immer einen scharfen Blick für die wichtigen Dinge des Lebens haben‹ usw. Wer sich überfordert fühlt, sollte das gleich kundtun. Man verzeiht es einem ausländischen Städter, wenn er kein Tier zerlegen kann. Allerdings sollte man sich in diesem Fall darauf einstellen, dass man selbst als Ehrengast die Augen bekommt und essen muss. Auch hier gibt es eine ehrenwerte Ausflucht. Man kann das begehrte Teil an einen Ak Sakal (ehrenwerte Anrede für alte Männer, wörtlich ›Weißbart‹) am Tisch weiterreichen, unterstreichend, dass man der Meinung ist, ihm gebühre die Ehre mehr als einem selbst. Danach erst wird der eigentliche Beschbarmak gegessen. Oft ist das Fleisch noch an den Knochen, und jene werden vom Hausherrn gemäß einer bestimmten Rangordnung unter den Gästen verteilt.

Kann man in Kirgistan als Vegetarier überleben?

Man kann. Es gibt Milch- und Mehlspeisen, die zudem auch noch den strengen Kriterien der biologisch-dynamischen Landwirtschaft genügen würden – mit ihnen kann man sich sehr gesund ernähren. Um die Orientierung zu erleichtern, seien hier einige aufgezählt:

Kymys und Ajran

Kajmak ist ein Sauermilchprodukt, das unserem Schmand ähnlich ist, aber vom Geschmack her etwas süßer.

Ajran ist Joghurt in seiner klassischen Form.

Kurut, ein getrockneter und oft gesalzener Frischmilchkäse, wird in handgeformten Bällchen oder Zylindern unterschiedlicher Größe angeboten. Die ungetrocknete Rohmasse des Kuruts wird manchmal der Schorpo (Fleischbrühe) zugesetzt und ist dann für Vegetarier weniger geeignet.

Kymyz, fermentierte und vergorene Stutenmilch, ist nicht nur ein Durstlöscher, er wird auch zu Heilzwecken gegen Lungenkrankheiten und Immunschwäche eingesetzt. Der Kymyz ist – in größeren Mengen genossen – mit einem Alkoholgehalt bis 4,5 Prozent auch durchaus zum Berauschen geeignet.

Byschtak ist Quark, er ist im Geschmack deutlich besser als das, was in europäischen Supermärkten angeboten wird.

Sary maj heißt ›gelbes Fett‹, es ist das klassische Butterschmalz, also Butter, der durch Erhitzen das Wasser und Milcheiweiß sowie der Milchzucker entzogen wurde. Damit wird die Haltbarkeit deutlich verlängert, auch kann man Butterschmalz stark erhitzen und damit zum Braten verwenden. *Sary maj* und *Kajmak* werden oft anstelle von Butter zum Fladenbrot oder den Boorsok gegessen.

Nach dem obligatorischen Fleischessen schlägt die Stunde des Vegetariers: Es werden Trockenfrüchte, Nüsse und Süßigkeiten serviert, oft auch frisches Obst und selbst zubereitete Teigspeisen und Gebäck, das entweder in der Pfanne ausgebacken, in Öl frittiert oder über Dampf gedünstet wird: *Gokaj* (kleine Fladen aus Sauerteig, in der Pfanne ausgebacken), *Sanza* und *Kinkga* (aus einem schweren Teig, in Form von Figürchen in Fett ausgebacken), *Jutaza* und *Shenmomo* (gedämpfte Hefeteigröllchen oder -bällchen), *Tak Moscho* (in Fett ausgebackene Teigzöpfe oder -ringe, nach dem Backen gezuckert) oder Mürbteigplätzchen mit und ohne Füllung.

Wer jetzt noch nicht genug hat, darf sich an Fladenbrot und Boorsok sattessen.

Rezepte

Beschbarmak – das Nationalgericht der Kirgisen (*Tuuragan et*)

Schritt 1:
Suchen Sie sich einen Anlass für ein großes Fest (kirg. *toj*) und laden Sie viele Leute ein. Das ist der wichtigste Bestandteil für den Beschbarmak. Stellen Sie sicher, dass mindestens ein Mann und eine Frau im Gastgeberhaushalt zugegen sind.

Schritt 2:
Wenn Sie ein Mann sind, schlachten Sie nun kurz vor dem Eintreffen der Gäste einen Hammel, alternativ auch ein Pferd. Zerteilen Sie das Tier fachgerecht mit einem großen, sehr scharfen Messer. Sollten Sie dazu aus irgendwelchen Gründen nicht in der Lage sein, kaufen Sie beim Metzger eine große Menge gutes Lammfleisch am Knochen, alternativ Innereien (Leber, Nieren, Lunge, Magen).
Wenn Sie eine Frau sind, bereiten Sie den Teig. Das dürfte einfacher zu bewerkstelligen sein: Kneten Sie aus Weizenmehl, Eiern, Wasser und Salz einen Nudelteig und rollen ihn möglichst dünn aus. Schneiden Sie den Teig in dünne Bandnudeln. Variante für Anfänger oder notorische Kochmuffel: Bandnudeln aus dem Supermarkt.

Schritt 3:
Die Arbeitsteilung zwischen Mann und Frau wird beibehalten. Wenn Sie ein Mann sind, kochen Sie das Fleisch in einem großen Kessel, bis es gar ist. Zugegeben wird dabei außer Wasser nur etwas Salz, Pfeffer und Zwiebel.
Wenn Sie eine Frau sind, bringen Sie in einem großen Topf leicht gesalzenes Wasser zum Kochen und kochen darin die Nudeln weich.

Schritt 4:
Mann: Servieren Sie jedem Gast eine Schale Brühe mit einem Stück Fleisch am Knochen.

Schritt 5:
Mann: Aus einem Teil der Kochbrühe wird unter Zusetzung von Pfeffer und großer Mengen kleingeschnittener oder geriebener Zwiebel eine Soße bereitet. Nehmen Sie nun das Fleisch aus dem Kessel und richten es auf einer großen Platte an.
Frau: Drapieren Sie die Nudeln um den Fleischberg herum.
Mann: Gießen Sie die Soße zum Fleisch und tragen Sie das Gericht nun zum Tisch. Wenn Sie einen großen Anlass zum Feiern haben, müssen Sie nun noch den gekochten Hammelkopf feierlich zerteilen und in der richtigen Reihenfolge unter den Gästen verteilen.

Viel Spaß und guten Appetit!
Es gibt Variationen des Beschbarmak. Im Norden des Landes wird statt der Nudeln oft nur die Soße aus Zwiebeln unter Zusetzung von Katyk (Sauermilch) unter das Fleisch gemischt – dieses Gericht nennt man Naaryn. In Gegenden, wo Gemüse wächst, wird das Fleisch in einem Ring aus quadratischen Nudelfladen

und in der Boullion gedünstetem Gemüse (manchmal auch nur Zwiebelringen) serviert – das heißt Kultschötaj.
Wenn Sie etwas Leichteres probieren möchten, versuchen Sie es mit Oromo (›Eingewickeltes‹), einer gedünsteten Teigrolle, gefüllt mit Hackfleisch oder/und Gemüse.

Oromo (Rezept für vier Personen)

Teig:
Bereiten Sie einen Teig aus 500 g Mehl, 200 ml Wasser, einem Ei und einem Teelöffel Salz. Dafür wird das Salz im warmen Wasser aufgelöst, dann Mehl und Ei zugefügt und die Mischung zu einer homogenen Masse gewalkt. Der Teig wird mit einem Tuch zugedeckt und sollte so 20 Minuten ruhen.

Füllung:
Für die Füllung benötigen Sie 300 g Lammhack, 3 mittelgroße, kleingehackte Zwiebeln (es kann auch wilder Lauch verwendet werden), einen halben Teelöffel frischgemahlenen schwarzen Pfeffer, 10 g Salz. Man kann auch gehobelte Kartoffeln oder/und Kürbis zusetzen oder das Hackfleisch zum Teil oder ganz ersetzen. Die Zugabe von etwas Wasser macht die Mischung geschmeidiger.

Rollen Sie den Teig zu einem großen, 2–3 mm dicken Rechteck aus und belegen Sie ihn mit der Füllung. Formen Sie eine Rolle daraus und schließen Sie diese zu einem Ring. Diesen legen Sie auf die mit Pflanzenöl eingefettete Dünsteinlage in einem mit ausreichend kochendem Wasser gefüllten Topf. Dünsten sie die Rolle mit geschlossenem Deckel 30 bis 40 Minuten.
Serviert wird heiß, mit einer Soße aus kleingehackten Tomaten und Kräutern oder mit einer Ajran-Kräuter-Mischung.

Fleisch ist das wichtigste Nahrungsmittel der Kirgisen

Staat und Gesellschaft

Die offizielle Bezeichnung des Landes lautet ›Kirgisische Republik‹ (kirg. Кыргыз Республикасы, russ. Киргизская Республика). Die administrative Struktur besteht aus sieben Regierungsbezirken, sogenannten Oblasten: Batken (kirg. Баткен облусы, russ. Баткенская область), Tschuj (kirg. Чүй област ы, russ. Чуйская область), Dshalal Abad (kirg. Жалал Абад област ы, russ. Джалал Абадская область), Naryn (kirg. Нарын област ы, russ. Нарынская область), Osch (kirg. Ош област ы, russ. Ошская область), Talas (kirg. Талас област ы, russ. Талаская область) und Issyk Kul (kirg. Ысык Көл област ы, russ. Иссык Кульская область) sowie die freie Stadt Bischkek (kirg. Бишкек шаары, russ. город Бишкек).

Politisches System

Kirgistan hat eine säkulare Verfassung, welche die Gründung religiöser Parteien verbietet, jedoch Religions- und Glaubensfreiheit garantiert. Die erste Verfassung von 1993 sah ein gewaltenteilendes Regierungssystem mit einer starken Stellung des Staatspräsidenten vor. Die Stellung des Präsidenten wurde durch Verfassungsänderungen in den Jahren 1996, 1998, 2003 und 2007 zu Lasten des Parlaments weiter ausgebaut. Seit 2010 hat Kirgistan eine neue Verfassung, die eine parlamentarische Demokratie nach deutschem Vorbild festschreibt.

Kirgistan ist derzeit das einzige Land in Mittelasien mit einer parlamentarischen Demokratie; auch das benachbarte Kasachstan mit seiner ›Präsidialdemokratie‹ kann hier nicht mehr mithalten. Die Verfassung ist eine Mischform aus einem parlamentarischen und einem präsidialen System.

Der Präsident wird vom Volk für eine Amtszeit von sechs Jahren gewählt; eine Wiederwahl ist nicht vorgesehen.

Der Premierminister wird von derjenigen Parteifraktion nominiert, die über mehr als 50 Prozent der Sitze verfügt. Wenn dies auf keine Partei zutrifft, entscheidet der Präsident, welche Parteien die Koalitionsmehrheit und damit Regierung bilden. Alle kirgisischen Bürger haben dem Wahlgesetz zufolge ab Vollendung ihres 18. Lebensjahres das Recht zu wählen – ungeachtet ihrer Herkunft, Rasse, Ethnie, religiösen oder politischen Überzeugungen und ihres Geschlechts. Ab dem Alter von 25 Jahren können sie sich selbst zur Wahl aufstellen lassen.

Das Ein-Kammer-Parlament ›Dshogorku Kengesch‹ (kirg. Жогорку Кеңеш, Oberster Rat) besteht aus 120 Abgeordneten, die nach dem Verhältniswahlrecht gewählt werden. Keine Partei kann mehr als 65 Sitze erhalten.

Parteien spielen für die politische Meinungsbildung und die Wahlen eine andere Rolle als in Mitteleuropa, da es in Kirgistan kaum programmatisch ausgerichtete Parteien gibt. Die meisten der Parteien sind kurzlebige Zweckbündnisse, die keine politischen Konzepte vertreten, sondern die Interessen von Clans oder Personen.

Die derzeitige Regierung wird von einer Vierparteien-Koalition aus der Sozialdemokratischen Partei Kirgistans SDPK, Respublika (kirg. Республика), Ata Meken (kirg. Ата Мекен) und Ar Namys (kirg. Ар Намыс) gebildet. Die wichtigsten oppositionellen Parteien sind Ata Dshurt (kirg. Ата Журт, zur Zeit im Parlament) und Butun Kyrgyzstan (kirg. Бутун Кыргызстан, zur Zeit nicht im Parlament).

Ehrenwache vor dem Nationalmuseum in Bischkek

Rechtswesen

Die höchste gerichtliche Instanz ist der oberste Gerichtshof (russ. верховный суд), der die Aktivitäten aller Gerichte einschließlich der Militärgerichte überprüft. Die sogenannten Arbitragegerichte sind für wirtschafts- und verwaltungsrechtliche Streitigkeiten der Unternehmen zuständig. Unterhalb der staatlichen Gerichtsbarkeit werden auf kommunaler Ebene die traditionellen Schiedsgerichte der Ak Sakale (kirg. Ак Сакал, wörtl. Weißbärte) tätig. Sie können auf Initiative von Bürgern oder Selbstverwaltungen in Dörfern und Städten für vermögens- und familienrechtliche Fragen einberufen werden.

Bis 2010 gab es neben dem Obersten Gerichtshof als zweite höchste Instanz das Verfassungsgericht. Mit der Verfassung von 2010 wurde anstelle dessen eine Verfassungskammer beim Obersten Gericht eingesetzt, der die verfassungsmäßige Kontrolle obliegt. Die neue Verfassung räumt den Bürgern auch ein individuelles Beschwerderecht für den Fall ein, dass ihre verfassungsmäßigen Rechte durch Gesetze oder normative Akte verletzt werden.

Menschenrechte und Opposition

Kirgistan ist den wichtigsten Menschenrechtsabkommen beigetreten. Die Todesstrafe wurde im Juni 2007 per Gesetz abgeschafft. Die Verfassung garantiert eine weite Palette von Grundrechten, deren Durchsetzung in der Praxis allerdings aufgrund der mangelnden rechtsstaatlichen Tradition und fehlenden Unabhängigkeit der Justiz erschwert ist.

Es gibt eine große Zahl von Nichtregierungsorganisationen, die sich auf unterschiedlichsten Gebieten mit Fragen der Gesellschaft, der Politik, des Umweltschutzes und vielem mehr beschäftigen. Fast alle hängen jedoch von ausländischen Geldgebern ab. Darum werden diese Organisationen von vielen kirgisischen Bürgern mitunter als Hebel empfunden, mit denen das Ausland Einfluss auf die kirgisische Politik nehmen will.

Genau wie die Nichtregierungsorganisationen, ist in Kirgistan auch der Journalismus von Repressionen betroffen. Immer wieder wird von körperlichen Angriffen auf Journalisten sowie deren mangelhafter Untersuchung und Aufarbeitung seitens der staatlichen Behörden berichtet.

Soziale und gesellschaftliche Struktur

Kirgistan hat derzeit etwa 5,8 Millionen Einwohner (Bevölkerungswachstum 2011: 0,89 Prozent) und ist überwiegend ländlich geprägt; der Anteil der Landbevölkerung betrug 2012 etwa 65 Prozent. Armut und Arbeitslosigkeit sind weit verbreitet, das jährliche Pro-Kopf-Einkommen liegt bei 2500 US-Dollar. Mehr als ein Drittel der kirgisischen Bevölkerung lebt unterhalb der nationalen Armutsgrenze.

Es gibt mehr als 80 verschiedene Ethnien in Kirgistan. Den Hauptteil der Bevölkerung machen laut Zensus 2009 Kirgisen (70 Prozent), Usbeken (15 Prozent) und Russen (8,4 Prozent) aus. Die slawische Bevölkerung ist nach dem Ende der

Sitz der kommunistischen Partei in Osch

Sowjetunion zu einem großen Teil wieder ausgewandert. Kleinere Minderheiten bilden Tataren, Kasachen, Dunganen, Tadschiken und Uiguren. Bis in die 1990er Jahre waren drei Prozent der Bevölkerung deutschstämmig. Seit dieser Zeit haben die meisten Russlanddeutschen das Land verlassen. Die Zahl der verbliebenen Deutschstämmigen wird auf etwa 10 000 (0,18 Prozent) geschätzt. Ethnische Konflikte bestehen vor allem zwischen Kirgisen und Usbeken.

Innerhalb der Bevölkerung gibt es eine deutliche Differenzierung zwischen den Regionen im Norden des Landes und im Süden. Die ehemals nomadisch besiedelten nördlichen Teile sind durch den Städtebau zu Zeiten der Sowjetunion stark russisch geprägt. Dagegen hat der Süden eine größere kulturelle Nähe zur Usbekistan und ist durch einen stärkeren islamischen Einfluss gekennzeichnet.

Die russische Prägung Kirgistans reicht zurück bis in die zweite Hälfte des 19. Jahrhunderts und zur Eroberung Mittelasiens durch das Zarenreich. Stalins Nationalitätenpolitik unterstützte die verstärkte Ausbreitung der russischen Kultur und Sprache; die unterschiedlichen Nationalkulturen wurden von manchen als regionale Folklore verstanden. Damit verbunden war auch die Zurückdrängung des Islam. Unter Breshnew erhielten die Führer in den mittelasiatischen Sowjetrepubliken – unter der Voraussetzung unbedingter Loyalität gegenüber der sowjetischen Staatsführung – freie Hand in ihren Regionen. Bis heute werden die sozialen und politischen Strukturen durch die Machtgefüge bestimmt, die sich in dieser Zeit herausbildeten.

Die Stellung der Frau in der Gesellschaft

Für die Frauen der kirgisischen Bevölkerung haben die Entwicklungen seit der Unabhängigkeit auch neue Belastungen mit sich gebracht.

Aus westlicher Perspektive erscheint die Position der Frau in der kirgisischen Gesellschaft problematisch. Vorherrschend ist ein traditionelles Frauenbild, demzufolge sich eine ›tugendhafte‹ Frau stets zurückhaltend zeigt. Niemand erwartet von ihr, dass sie aktiv Entscheidungen trifft. Vor diesem Hintergrund ist die massive Zunahme des ›Brautraubes‹ (kirg. ала качуу) seit dem Ende der Sowjetunion zu betrachten. Dieser geht meist so vonstatten, dass der Mann die Frau seiner Wahl (mithilfe einer größeren Gruppe von Männern) auf offener Straße entführt und in das Haus seiner Familie bringt, wo sie bereits erwartet werden. Die zukünftige Braut kennt ihren Entführer oftmals nicht. Die weiblichen Familienmitglieder des Bräutigams versuchen, die Frau mit Drohungen und Verwünschungen dazu zu bringen, in die Ehe einzuwilligen. Dabei versuchen sie, ihr den traditionellen Brautschleier anzulegen, dessen Aufsetzen die Zustimmung bedeutet.

Der Brautraub gilt in manchen, vor allem in dörflichen Gegenden als Tradition und ist im Norden verbreiteter als im Süden. Volkskundler und Historiker sehen darin ein eher neues Phänomen. Ethnologische Studien besagen, dass in manchen Dörfern von den über 70 Jahre alten Frauen nur 20 Prozent geraubt worden waren, aber 80 Prozent derer, die jünger als 30 Jahre sind. Die Gründe für diese Entwicklung sind vorrangig in den heutigen wirtschaftlichen und politischen Verhältnissen zu suchen. In gleichem Maße, wie die Gesellschaft auf archaische Rollenbilder zurückfällt, nehmen junge Frauen diese Entführungen und Zwangsheiraten zunehmend widerstandslos hin. Tatsächlich ist Brautraub in Kirgistan gesetzlich verboten, und auch die islamischen Würdenträger betonen öffentlich, dass eine muslimische Ehe in gegenseitigem Einvernehmen geschlossen werden sollte. Das Problem: Niemand bringt den Brautraub zur Anzeige. Der Gehorsam den Älteren gegenüber und die Furcht vor sozialen Konsequenzen (denn nach einer Nacht in einem fremden Haus gilt die ›Ehre‹ als ›verloren‹) ist es, der die meisten Mädchen davon abhält, gegen einen Brautraub aufzubegehren.

Polygamie

Die schwierige wirtschaftliche Lage und die Tatsache, dass viele kirgisische Männer das Land für Arbeit im Ausland verlassen haben, lässt den Frauen mitunter keine Wahl: Viele von ihnen haben keine Chance auf ein selbständiges Leben mittels einer qualifizierten Ausbildung und eines Arbeitsplatzes. Auch darin mag ein Grund liegen, dass sich viele Kirgisinnen auf eine Zwangsehe oder Polygamie einlassen. Diese gibt es in allen sozialen Schichten mit muslimischem Hintergrund. Die Befürworter der Polygamie geben unter anderem wirtschaftliche Gründe an: Es sei besser, ein Mann versorge drei bis vier Frauen, als dass diese zur Prostitution gezwungen wären. Tatsächlich sind die bei den Mullahs geschlossenen zweiten und weiteren Ehen nach dem kirgisischen Gesetz nicht rechtskräftig – es gibt im Gegenteil einen Polygamie-Paragraphen, der als Strafe bis zu zwei Jahre Haft vorsieht. Die so verheirateten Frauen haben weder rechtlichen Schutz noch Anspruch auf Unterhalt, Alimente oder Erbe.

Dorf am Südufer des Issyk Kul

Religionen

In Kirgistan sind Staat und Religion laut Verfassung getrennt. Kirgistan ist also kein islamischer Staat, auch wenn man das fälschlicherweise oft liest. Es gibt ein Nebeneinander verschiedener Religionen; und zahlreiche Menschen, vor allem ein Großteil jener, die in der Sowjetunion aufgewachsen sind, sind nicht religiös oder praktizieren ein Gemisch aus Ahnenkult, Schamanismus und verschiedenen religiösen Vorstellungen. Nur eine winzige Minderheit der Bevölkerung ist streng gläubig; die weitaus meisten leben Religion (noch) als traditionelles Kulturmuster.

Allerdings wird der Staat in Zukunft verstärkt die Tätigkeit religiöser Vereinigungen kontrollieren und auf religiöse Fragen Einfluss zu nehmen versuchen. Mit der Verabschiedung eines neuen Religionsgesetzes im Jahre 2014 soll die Transparenz der Arbeit religiöser Vereinigungen erhöht werden. Im Kontext einer weltweiten Radikalisierung des Islam will man religiös motivierte Konflikte im Land verhindern und weiterhin die Toleranz der Vertreter der verschiedenen Religionen untereinander gewährleisten.

Islam

Der Islam ist in Kirgistan in seiner sunnitischen Form verbreitet. Sein Siegeszug in der Region begann mit der Eroberung durch die Araber unter Ibn-Kutaiba im 8. Jahrhundert und der Verkündung zur Staatsreligion im Staat der Karachaniden mit der Hauptstadt Balasagun auf dem Gebiet des heutigen Kirgistan. Das war im Jahre 960. Die Dominanz des Islam wurde im 13. Jahrhundert unterbrochen durch die Feldzüge Dschinghis Khans. Doch schon 1356 wurde in Mogulistan der Islam als Staatsreligion rehabilitiert. Die Verbreitung des Islam unter der einfachen Bevölkerung erfolgte unter starker Einbeziehung sufistischer Bruder-

Frau mit ihren Kindern in Osch

schaften wie der von Hodsha Achmed Jassaui und Nakschbandija. Hierbei gab es starke regionale Unterschiede. Osch im Süden, wo in den Oasen des Ferganabeckens sesshafte Lebensweise überwiegt, war eines der kulturell bedeutenden Zentren des Islam. Der gebirgige Norden mit der vorherrschenden Lebensform der nomadisierenden Viehzucht war noch lange animistisch, d.h. hier dominierten Naturreligionen.

Islam in der Sowjetunion

In der Sowjetunion wurde seit den frühen 1920er Jahren jegliche Form der Religion bekämpft. Die Menschen sollten auf allen Ebenen des sozialen Lebens zu modernen sozialistischen Bürgern geformt werden. Der Einfluss der religiösen Autoritäten und die Bedeutung des Islam nahmen zusehends ab – durch die Verfolgung religiöser Führer und die Schließung der meisten Moscheen und Medresen. Zahlreiche Sakralbauten wurden in Museen umgewandelt oder für andere profane Zwecke (z.B. als Getreidespeicher) verwendet.

Dennoch war es – mit Ausnahme der Zeit der antireligiösen Kampagnen unter Stalin in den 1930er und unter Chruschtschow in den 1950er und 1960er Jahren – möglich, Wallfahrten zu Heiligtümern und den Gräbern von Heiligen zu unternehmen.

Die Einhaltung muslimischer Regeln wie die der täglichen Gebete oder des Ramadan – bereits zu vorsowjetischer Zeit nicht besonders streng – war weiter rückläufig, doch die wichtigsten Rituale im Lebenszyklus (Geburt, Beschneidung, Trauung, Bestattung) bewahrten ihren islamischen Charakter und wurden weiterhin von der überwiegenden Mehrheit der Bevölkerung beachtet.

Die Religion behielt ihre Bedeutung im Alltag, wobei die religiöse Praxis als kulturelles Erbe angesehen wurde. Der Begriff ›atheistischer Muslim‹ wurde nicht als Widerspruch angesehen, da der Islam den kulturellen Hintergrund der Menschen darstellte, bei welchem die nationalen Traditionen wichtiger waren als Lehre und Schriften.

Der Islam nach 1991

Im Allgemeinen gilt der kirgisische Islam nach 1991 als moderat und weltoffen. Die Kirgisen selbst bezeichneten ihre usbekischen Nachbarn als ›muslimischer‹ und führten ihre weniger dogmatische Glaubenshaltung auf ihre nomadische Vergangenheit zurück. Der Islam wurde weiterhin als Teil der kirgisischen nationalen Identität angesehen, die eigentlichen Glaubensinhalte wurden jedoch nur selten in den offiziellen politischen und gesellschaftlichen Diskursen erwähnt. Wenn es um Fragen der Spiritualität ging, beriefen sich die politischen Führer zumeist auf das Manas-Epos, das zu dieser Zeit als das ideale Modell für geistige und moralische Erziehung und Lebensführung angesehen wurde.

Seit der Jahrtausendwende verändert sich in Kirgistan allerdings die religiöse Landschaft zusehends. Mehr Frauen tragen den Schleier, und der Ramadan wird sowohl von Männern als auch Frauen strenger eingehalten. Besonders auf dem Land ist die wachsende Akzeptanz der Regeln des Islam zu beobachten – inklusive des Alkoholverbotes und einer strengeren Geschlechtertrennung. Es treten vermehrt muslimische Missionare auf; islamische, aber auch andere religiöse Gemeinschaften haben wieder Zulauf. Zweifellos hat das vor allem sozial-ökonomische Ursachen. Die Perspektiv- und Orientierungslosigkeit vieler junger Kirgisen treibt sie religiösen Gruppierungen in die Arme, die Gemeinschaft und alternative gesellschaftliche Lösungsmodelle anbieten sowie gewisse Heilsversprechungen machen.

Seit einigen Jahren verstärkt der Staat die Kontrolle über die Glaubensgemeinschaften und hat hier vor allem muslimische Organisationen im Visier, nicht zuletzt jene, die von Geistlichen geleitet werden, die ihre Ausbildung in arabischen Ländern erhalten haben. Bereits 2009 wurde ein Religionsgesetz verabschiedet, das die staatliche Neu-Registrierung religiöser Gemeinschaften zur Pflicht macht. ›Normaler‹ Glauben befindet sich nicht im Fokus dieser staatlichen Einmischung – es geht um die Kontrolle des politischen Islam. Man hat die Hoffnung, mit strengeren Gesetzen eine weitere Radikalisierung verhindern zu können.

Christentum

Anhand von archäologischen Funden und schriftlichen Aufzeichnungen kann die Geschichte des Christentums in Kirgistan bis in das frühe Mittelalter zurückverfolgt werden. Die ersten christlichen Spuren stammen aus dem 7. Jahrhundert und sind der nestorianischen Kirche zuzuordnen, die heute nur noch im Irak, Iran und in Syrien besteht. In Ak Beschim und in Nawekat grub man zwei nestorianische Gotteshäuser aus.

Die moderne Geschichte des Christentums beginnt jedoch mit der Eroberung der Region durch das russische Zarenreich im 19. Jahrhundert. Die ersten russisch-orthodoxen Kirchen wurden in militärischen Siedlungen gebaut.

Die Gemeinden, Kirchen und Dekanate im Land sowie das Frauenkloster in Kara Balta werden von der russisch-orthodoxen Eparchie Bischkek betreut. Das christlich-orthodoxe Weihnachtsfest gehört neben dem muslimischen Opferfest Kurman Ajt zu den staatlichen Feiertagen.

Mit den deutschen Siedlern kamen auch Katholizismus und Protestantismus nach Turkestan. Daneben existieren weitere christliche Gemeinschaften wie Baptisten, Adventisten, Pfingstler u.a. Die Anzahl der christlichen Organisationen in Kirgistan ist rückläufig. Es wird geschätzt, dass etwa acht Prozent der Bevölkerung dem christlichen Kulturkreis zugeordnet werden können oder aktive Christen sind.

Zoroastrismus und Buddhismus

Zoroastrismus und Buddhismus spielen heute in Kirgistan nicht mehr die Rolle, die sie einmal hatten. Stumme Zeitzeugen wie Felsgravuren mit zoroastrischen Symbolen auf dem Sulajman Too in Osch oder Tamga-Steine mit buddhistischen Mantras, aber auch Ausgrabungen von zoroastrischen keramischen Kultgegenständen und buddhistischen Siedlungsresten in der Tschuj-Ebene erinnern daran, dass diese Gegend – begünstigt durch Völkerwanderungen, den Austausch auf der Seidenstraße und durch Eroberungszüge – alle Arten von Missionaren, Botschaftern und Gläubigen gesehen hat.

Ein besonders schönes und sehr lebendiges Erbe der Zoroastrier ist das Nooruz-Fest (›Oruzdama‹), das im persischen Kulturkreis und in ganz Zentral- und Mittelasien als Frühlingsfest zur Tag- und Nacht-Gleiche am 21. März begangen wird. In Kirgistan ist dieser Tag ein staatlicher Feiertag.

Schamanistische Glaubenselemente, Ahnenkult

Von der Mongolei bis nach Zentral- und Vorderasien wurde und wird er angerufen: Tengri, der Herr des blauen Himmels, oberster Gott im Pantheon der nomadisierenden Turkvölker dieser Region. Ihm wurde lange vor der Verbreitung des Islam gehuldigt, und auch heute noch ist er ›anwesend‹, und sei es nur in Redewendungen. Anhänger des Tengrianismus verehren Schamanen als Mittler zwischen sich und ihren Göttern. Der Berg Khan Tengri, der weit sichtbar aus dem Gebirgsknoten des Zentralen Tien Schan herausragt, gilt als Thron des Herrschers.

Nicht minder wichtig im Weltbild der Kirgisen und ihrer kasachischen Nachbarn sind die Vorfahren. Bis ins siebte Glied muss man sie und ihre Geschichte kennen, anhand der Ahnentafel kann die Stammeszugehörigkeit bestimmt werden, mit ihrer Hilfe wird auch festgelegt, wer wen heiraten darf. Fährt, reitet oder geht ein Kirgise an einem Friedhof vorbei, streicht er sich mit den Händen über's Gesicht und grüßt somit die Ahnen. Gerät er in Schwierigkeiten, zieht er sie im Ernstfall eher zu Rate als Allah.

Synkretismus

In Kirgistan sind, wie auch im benachbarten Kasachstan, synkretistische Glaubensvorstellungen weit verbreitet. Sicher ist das dem Umstand geschuldet, dass Zentralasien Jahrtausende lang am Kreuzungsweg vieler Kulturen lag. Schon eine Religion wie der im frühen Mittelalter in dieser Region verbreitete Manichäismus vermischte Elemente von Zoroastrismus, Buddhismus, Christentum und Tengri-Kult zu einem synkretistischen Ganzen. Das Vermischen von schamanistischen Elementen, Ahnenkult und Glaubensfragmenten aus den großen Weltreligionen ist aber auch eine häufige Erscheinung bei Völkern mit nomadischer Vergangenheit und Gegenwart. Die naturnahe Lebensweise dieser Völker und die jahreszeitlichen Wanderungen brachten und bringen es mit sich, dass man die Natur und ihre Erscheinungen als beseelt ansah und die eigenen Vorfahren mehr vergötterte als fremde Götter, die von sesshaften Völkern in Tempeln verehrt werden.

Die Islamisierung wurde in den Gebirgen und Steppen Zentralasiens auf höchst pragmatische Weise vollzogen – es wurden jene Elemente übernommen, die mit dem Nomadenleben vereinbar waren, bestimmte Regeln wurden an den Alltag angepasst. Wenn beispielsweise auf der Sommerweide keine Moschee vorhanden ist, muss das Freitagsgebet eben auf einer Filzmatte auf der Wiese vollzogen werden. Auch religiöse Autoritäten spielen unter diesen Umständen nicht die Rolle, die ihnen in streng muslimischen Gesellschaften zukommt.

Oft findet man in kirgisischen Haushalten neben dem Koran im Regal auch einen Talisman über der Tür und daneben ein Büschel Eulenfedern gegen den bösen Blick. Lästige Geister werden mit dem Verbrennen von Kräutern ausgeräuchert, und Kranke werden zum Heiler gebracht, der schamanische Formeln murmelt und Rituale vollzieht, die im strengen Islam als gottlos gelten würden.

Zusätzlich zum Synkretismus ist bei vielen Gläubigen ein gewisser Pragmatismus zu beobachten. Ein Gläschen in Ehren zu freudigen oder traurigen Anlässen wird von den meisten nicht verachtet, und wenn der russische Nachbar dazu ein Stück Schweinespeck anbietet, wird auch das durchaus nicht von jedem Moslem abgelehnt.

Die kirgisische Sprache

Das Kirgisische gehört zur Sprachfamilie der altaischen Sprachen. In dieser wird sie zur Gruppe der Turksprachen und zur Untergruppe der Kyptschak-Sprachen gerechnet.

In Kirgistan selbst bezeichneten im Jahre 2009 3,8 Millionen Menschen die Sprache als ihre Muttersprache und weitere 270 000 beherrschen sie als Zweitsprache. Außerhalb Kirgistans wird sie von Kirgisen in Kasachstan, Usbekistan, Tadschikistan, China und Afghanistan gesprochen.

Die Vorfahren der Kirgisen bedienten sich des uigurischen Alphabets, welches aus dem syrischen Alphabet entstanden war. In dieser Schrift verfasste nicht nur Machmud Al Kaschgari im 11. Jahrhundert das erste turksprachige (nicht türkische!) Wörterbuch, sondern auch Jusuf Balasaguni seine Schrift ›Kadaktu Bilik‹ (Glückverheißendes Wissen). Beide schrieben zur Zeit des Karachaniden-Reiches in einer nicht mehr existierenden Turksprache. Die Vorläufersprachen des modernen Kirgisischen bildeten sich nach der Einwanderung der Jenissej-Kirgisen ab dem 16. Jahrhundert heraus und wurden mit arabischen Buchstaben geschrieben. Dabei beherrschte nur eine kleine Gruppe von Religionslehrern, Mullahs und Adligen die Schriftsprache. Das einfache Volk konnte weder lesen noch schreiben und gab Märchen, Sagen und auch den Manas-Epos mündlich weiter. Nach der Errichtung der Sowjetmacht im Jahre 1924 sahen die kommunistischen Führer eine Gefahr darin, dass die Kirgisen das arabische Alphabet verwendeten, eine Schrift, die sie mit den Muslimen außerhalb der Sowjetunion verband. Deshalb überführte man die kirgisische Schriftsprache ins lateinische Alphabet, das von 1928 bis 1940 genutzt wurde.

Unter Stalin wurde im Jahre 1937 das kyrillische Alphabet für alle Sprachen in der UdSSR eingeführt, auch für das Kirgisische. Ausgenommen waren nur das Armenische, Georgische und Jiddische. Da es einige Laute im Kirgisischen gibt, welche das kyrillische Alphabet nicht aufweist, wurden zusätzliche Zeichen eingeführt. Dazu zählen das ö, ü und ng (kirg. Өө, Үү, Ңң).

Erst am 23. Oktober 1989, also noch zu Zeiten der Kirgisischen SSR, erhielt das Kirgisische den Rang einer offiziellen Staatssprache, neben dem Russischen. Nach 1991 behielt das Land die kyrillische Schrift bei – anders als das Usbekistan und Aserbaidschan, die das lateinische Alphabet wieder einführten.

Die meisten Kirgisen in Bischkek und in den Städten und Siedlungen des Tschuj-Tales besitzen nur sehr oberflächliche oder keine Kenntnisse des Kirgisischen, ihre Muttersprache ist Russisch. In allen anderen Regionen ist es so, dass diejenigen, welche ihre vollständige Schulausbildung in der Sowjetunion absolviert haben, gutes, verständliches Russisch sprechen, Kirgisisch jedoch besser beherrschen. Bei Kirgisen die nach 1975 geboren wurden, sind Kenntnisse des Russischen oft nur noch bruchstückhaft vorhanden. In den Dörfern, in denen nach 1991 kein Russischunterricht mehr in den Schulen stattfand, kann man sich mit Kirgisen, die jünger als 40 Jahre sind, nur auf Kirgisisch verständigen, sobald das Gespräch über einfache Alltagsfloskeln hinaus geht.

Wirtschaft

Kirgistan ist ein armes Land mit großen wirtschaftlichen Schwierigkeiten. Diese sind zum einen durch seine Geschichte, aber zum anderen auch durch die schwierige Topographie bedingt. Zu Sowjetzeiten hatte es seinen Platz im sozialistischen Wirtschaftsgefüge und muss nun seit der Unabhängigkeit versuchen, ein eigenes wirtschaftliches Profil zu entwickeln.

Kollektivierung und Planwirtschaft

Die Rahmenbedingungen für die landwirtschaftliche Produktion änderten sich nach der Gründung der Sowjetunion in den 1920er Jahren erheblich. Die Kollektivierung der landwirtschaftlichen Betriebe der Sowjetunion wurde erstmals 1927 zum politischen Ziel erklärt. Traditionelle Machtstrukturen, die eine Sowjetisierung der Gesellschaft verhinderten, sollten aufgelöst werden.

In einem ersten Schritt wurden nomadische Familiengruppen zwangsweise angesiedelt sowie Weideland von Stammesführern beziehungsweise Clanoberhäuptern beschlagnahmt und umverteilt. Viele Hirten schlachteten lieber einen Großteil ihres Viehs, als es in die Hände des Staates fallen zu lassen. In einem zweiten Schritt wurden die Zwangssiedlungen in Kolchosen umgewandelt. Die Kollektive wurden in Anlehnung an bestehende Familienclans eingerichtet, die Namensgebung entsprach weiterhin denen der Gemeinschaften präsowjetischer Zeit. Daran anschließend erfolgte eine Absetzung und Vertreibung der Clanoberhäupter. Diese wurden unter anderen wegen der Nichterfüllung vorgegebener Plansolls ihrer Ämter enthoben. Paradoxerweise führte die Sesshaftigkeit sogar zu einer weiteren Stärkung der Clanstruktur, da nun Familien ständig beisammen waren, die sich vorher nur in den Wintermonaten gesehen hatten. Außerdem blieben die so entstandenen Kolchosen nomadischen Ursprungs im Vergleich zu denen in den herkömmlichen Ackerbauregionen (zum Beispiel Usbekistan) bedeutend kleiner.

Heuernte

Händler auf dem Osch-Basar in Bischkek

Die einzelnen Sowjetrepubliken waren auf bestimmte Aufgaben im Gesamtsystem Sowjetunion spezialisiert. Kirgistan war ein Produzent für Fleisch, Milch, Wolle und Leder. Die verarbeitende Industrie wurde daher vom Zentralstaat in Kirgistan generell vernachlässigt.

Vor der Unabhängigkeit der kirgisischen Republik befand sich das Land in Besitz des Staates und wurde von etwa 500 Kolchosen und Sowchosen bewirtschaftet. Die Vermarktung wurde zentral organisiert, Preise und Ablieferungsquoten, Produktionsumfang und Tierzahl wurden vom Staat festgelegt.

Nach der Unabhängigkeit Kirgistans 1991 wurde eine Bodenreform durchgeführt, die Privatpersonen die Inanspruchnahme von Landnutzungsrechten für den Zeitraum von 49 Jahren ermöglicht. Seit September 2001 ist der Landkauf und -verkauf möglich. So sind bis zum Jahr 1999 ungefähr 52000 neue Betriebe offiziell registriert worden.

Die staatlichen Organisationen, die bisher den Handelsaustausch zwischen den Sowjetrepubliken, sowie Preise und Subventionen koordiniert hatten, fielen nach der Unabhängigkeit weg. Ein Handelsmarkt brach zusammen, Kirgistan musste nun auf dem Weltmarkt ein- und verkaufen, große Mengen bis dahin im Land produzierter Waren wurden nicht mehr benötigt. Eine Umstellung der Produktion war daher notwendig geworden.

Wirtschaft heute

Der Zusammenbruch der staatlichen Wirtschaft und der alten Handelsbeziehungen zeigte sich auch in Zahlen: Von 1990 bis 1999 sank das Pro-Kopf-Bruttoinlandsprodukt von 592 US-Dollar auf 245 US-Dollar um 60 Prozent. Erst 2007 überstieg es mit 740 US-Dollar den Ausgangswert. Seitdem geht es aufwärts, inzwischen beträgt es laut World Factbook der CIA 2400 US-Dollar. Dies ist der Weltrangplatz 184, nach Tschad und der Westsahara, vor Kambodscha und Kamerun.

Das Bruttoinlandsprodukt (absolut) von Kirgistan beträgt 14,3 Billionen US-Dollar (Schätzung 2013). Damit liegt Kirgistan auf dem Weltranglistenplatz 145 vor Niger und Haiti und nach Malawi und dem Kosovo.

Obwohl Kirgistan ein integraler Bestandteil eines der größten Wirtschaftssysteme der Welt war – der Sowjetunion – zeigen diese Zahlen eine sehr schwache wirtschaftliche Position, wobei der Norden des Landes reicher als der Süden ist. Ein Drittel der Einwohner Kirgistans lebt unter der Armutsgrenze. Die politischen und ethnischen Unruhen 2010 schwächten die Wirtschaft des ohnehin schon armen Landes zusätzlich.

Das Wirtschaftswachstum lag 2011 bei 6 Prozent, 2012 bei –0,9 Prozent (Germany Trade & Invest, Wirtschaftsdaten kompakt 2013). Für 2013 und 2014 wurden 7 Prozent prognostiziert.

Der monatliche Durchschnittslohn brutto lag 2012 bei 11090 kirgisischen Som, dies entspricht etwa 160 Euro. Die Inflationsrate liegt bei 7,2 Prozent, die Arbeitslosenquote bei 7,6 Prozent (Prognose 2014/2015).

Das Bruttoinlandsprodukt kam 2013 zu etwa 21 Prozent aus der Landwirtschaft, zu 34 Prozent aus der Industrie und zu knapp 45 Prozent aus dem Dienstleistungssektor.

Alle diese Daten müssen jedoch mit einer gewissen Vorsicht betrachtet werden. So erreicht nach den Aussagen von Wirtschaftsminister Temir Sarijew die Schattenwirtschaft einen Umfang von rund 39 Prozent des BIP. Andere Schätzungen sprechen sogar von bis zu 60 Prozent.

Hinterhof in Osch

Nach dem Zerfall der Sowjetunion stand Kirgistan vor einem wirtschaftlichen Desaster: Die Landwirtschaft war von ihren bisherigen Märkten abgeschnitten, die Industrie brach fast völlig zusammen. Auch der an sowjetischen Bedürfnissen orientierte Tourismus musste sich neu ausrichten. Die ehemalige Planwirtschaft wurde mit internationaler Unterstützung zur Marktwirtschaft transformiert. Mit Ausnahme einiger strategisch wichtiger Sektoren, etwa der Strom- und Wasserversorgung, ist die Wirtschaft heute in privater Hand.

Profitieren kann Kirgistan von den hohen Geldüberweisungen der bis zu 800 000 kirgisischen Gastarbeiter, die vor allem in Russland und Kasachstan leben. In den vergangenen Jahren sind die Geldüberweisungen kontinuierlich gestiegen, von einer Milliarde US-Dollar im Jahr 2009 auf zwei Milliarden US-Dollar im Jahr 2012. Im Jahr 2011 erreichten diese Transferzahlungen laut Weltbank mit 1,7 Milliarden US-Dollar ein Ausmaß, das 29 Prozent des Bruttoinlandsprodukts entsprach. Weltweit lag dieser Anteil nur in Tadschikistan (47 Prozent) und Liberia (31 Prozent) höher.

Anfang Januar 2013 hat die Regierung eine neue Entwicklungsstrategie verabschiedet. Diese sieht die Umsetzung zahlreicher Projekte in den Bereichen Landwirtschaft, Energiewirtschaft, Transport- und Kommunikationsinfrastruktur, Logistik, Industrieparks sowie im Bergbau im Zeitraum von 2013 bis 2017 vor. Da Kirgistan selbst kaum über notwendige Investitionsmittel verfügt, ist man auf ausländische Hilfe angewiesen. Auf einer Konferenz im Juli 2013 haben internationale Geberorganisationen erklärt, bis 2017 rund 2 Milliarden US-Dollar für die Umsetzung der Projekte bereitzustellen.

Dienstleistung, Tourismus, Handel

44,8 Prozent des Bruttoinlandsprodukts wurden 2013 im Dienstleistungssektor erwirtschaftet. Kirgistan ist bislang als einziges Land in Mittelasien Mitglied in der Welthandelsorganisation (WTO), daher konnte es sich als regionales Handelszentrum etablieren. Überwiegend chinesische Waren werden in Kirgistan umgeschlagen und in die Nachbarländer sowie nach Russland exportiert.

Die wichtigsten Importpartner sind China mit 55 Prozent, Russland mit 17 Prozent und Kasachstan mit 8 Prozent (2012). Hauptimportgüter sind Konsumgüter, Öl und Gas, Maschinen und Chemikalien.

Die wichtigsten Exportpartner sind Kasachstan mit 26 Prozent, Usbekistan mit 26 Prozent, Russland mit 15 Prozent, China mit 7 Prozent, die Vereinigten Arabischen Emirate mit 6 Prozent und Afghanistan mit 5 Prozent (2012). Exportiert werden hauptsächlich Gold, Strom, Baumwolle, Wolle, Bekleidung, Fleisch, Tabak sowie Quecksilber.

Kirgistan hat ein starkes Defizit in der Handelsbilanz. Während die Exporte 2012 1,7 Milliarden US-Dollar betrugen, überstiegen die Importe mit 5,4 Milliarden US-Dollar diesen Wert um 3,7 Milliarden US-Dollar. Dieses Defizit wird nur zum Teil durch die Geldtransfers aus dem Ausland ausgeglichen und nimmt momentan aufgrund steigender Importe bei relativem Stagnieren der Exporte zu.

Die Tourismusbranche ist wegen der reizvollen Landschaft ein weiterer Bereich, der ausbaufähig ist. Insbesondere der Tourismus rund um den Issyk-Kul-See hat in den letzten Jahren zum Wirtschaftswachstum beigetragen. Die Zahl

Sommerfrische am Issyk Kul

der Touristen aus dem sogenannten ›nahen Ausland‹, wie die anderen ehemaligen Sowjetrepubliken genannt werden, stieg von 59 000 im Jahr 2000 auf 300 000 im Jahr 2011. Der größte Teil dieser Erholungssuchenden waren Badeurlauber aus Kasachstan und Russland. Dagegen stagnieren die Zahlen internationaler Touristen schon seit Jahren und betragen nur wenige tausend, so dass die Bergwelt des Tien Schan immer noch als absoluter touristischer Geheimtipp gelten kann. Nach der Unabhängigkeit etablierte sich hier die Idee des Community Based Tourism, im Januar 2003 wurde ein entsprechender Dachverband gegründet. Der ›Community Based Tourism‹ kann verglichen werden mit den gängigen Begriffen wie sanfter, sozialer oder Ökotourismus. Der World Wildlife Fund definiert Community Based Tourism als »… eine Tourismusform, in der lokale Gemeinschaften eine umfangreiche Kontrolle und Beteiligung über ihre eigene Entwicklung und Management haben. Der größte Teil des Gewinns bleibt dabei in der Gemeinschaft selber.« Es geht darum touristische Modelle zu entwickeln, die die Verantwortung gegenüber fremden Kulturen und der Umwelt ins Zentrum stellen.

Landwirtschaft

Die Landwirtschaft steuerte laut CIA World Factbook 2013 knapp 21 Prozent zum Bruttoinlandsprodukt bei, andere Quellen sprechen auch von rund 30 Prozent. Aber fast die Hälfte der Arbeitskräfte arbeiten in der Landwirtschaft. Die Grundlage für die Agrarwirtschaft stellt vor allem die Viehzucht dar (Schafe, Rinder, Pferde). Dafür werden momentan 85 Prozent der gesamten landwirtschaftlichen Flächen verwendet. Der Ackerbau wird weniger intensiv betrieben, nur sieben Prozent der Flächen sind dafür geeignet. Angebaut werden vor allem Weizen, Kartoffeln, Baumwolle, Wassermelonen und Tabak. Bisher reicht nur die

Reisernte bei Uzgen

Getreideernte für den Eigenbedarf des Landes. Nach der Unabhängigkeit wurden im Rahmen der Bodenreform drei Viertel des Weide- und Ackerlandes an private Bauern vergeben, ein Viertel an Gemeindeverwaltungen. Im Zusammenhang mit dem Unruhen 2010 kam es zu gewaltsamen Landbesetzungen.

Der Agrarsektor ist immer noch wenig mechanisiert, und eine verarbeitende Industrie zur Fertigung von wettbewerbsfähigen Produkten für den Export fehlt weitgehend. Den Bauern mangelt es an Kapital.

Im Mai 2011 verabschiedete die kirgisische Regierung ein Programm, das bis 2015 die Freisetzung von rund 1,5 Milliarden Kirgisischen Som (rund 22,4 Mio. Euro) für den Bau von Bewässerungssystemen vorsieht. Dadurch sollen 17 000 Hektar neue landwirtschaftliche Nutzfläche geschaffen werden. Bereits 2007 war ein derartiges Programm verabschiedet worden, das aufgrund fehlender Mittel jedoch nur zu 41 Prozent umgesetzt worden war.

Industrie

Wertschöpfung findet in Kirgistan nur in beschränktem Umfang statt; nur 34,4 Prozent des Bruttoinlandsprodukts werden industriell erzeugt. Das Land verfügt zudem nur in Maßen über eigene Produktionsstätten. In der verarbeitenden Industrie sind vor allem die Hersteller von Baustoffen (Zement, Glas, Ziegelsteine) und die Textil-, Schuh- und Bekleidungsindustrie von Bedeutung. Ferner gibt es industrielle Produktion von kleinen Maschinen, elektrischen Motoren, Kühlschränken, Möbeln sowie im Bereich Nahrungsmittelverarbeitung und der Förderung von Gold und seltenen Edelmetallen. Viele ehemals wichtige Großbetriebe stehen heute still, es fehlt an Material und Abnehmern.

Bodenschätze und Wasserkraft

Kirgistan ist verglichen mit anderen Staaten in Mittelasien rohstoffärmer, aber die Bodenschätze des Landes sind wichtig für die Wirtschaft. Hier gibt es Gold, Kohle, Quecksilber, Zink, Wolfram, Antimon, Uran, Erdöl sowie Erdgas. Die Antimonvorkommen sind berühmt für das hohe Qualitätsniveau des Rohstoffes.

Die größte Bedeutung hat jedoch das Gold. Kirgistan beherbergt mit der Mine Kumtor südlich des Issyk-Kul-Sees eines der größten Goldvorkommen der Welt, das jedoch von der kanadischen Firma Centerra ausgebeutet wird. Fast die Hälfte (45 Prozent) des in der Industrieproduktion erzeugten Bruttoinlandsprodukts Kirgistans stammt von dort. Kritiker meinen, die kirgisische Regierung habe zu Beginn der 1990er Jahre vorschnell eine Generalvereinbarung mit den

Geldgebern aus Kanada unterschrieben, das wichtigste Goldvorkommen des Landes sei aus der Hand gegeben worden. Dennoch sorgt der Handel mit dem begehrten Rohstoff immerhin für 40 Prozent der Export-Einnahmen des Staates und ist für durchschnittlich 10 Prozent des BIP verantwortlich. Zudem gibt die Mine zahlreichen Menschen in einer strukturschwachen Region Arbeit, die zudem im Landesvergleich gut bezahlt wird. Heute sehen viele Kirgisen die Präsenz westlicher Investoren allerdings mit Skepsis.

Der jahrelang schwelende Streit um die Lizenz konnte zwar Anfang 2009 zunächst beigelegt werden. Dabei erhielt Centerra im Gegenzug für einen deutlich erhöhten kirgisischen Aktienanteil von 33 Prozent ein akzeptables Steuerregime und vermeintliche Planungssicherheit für die nächsten Jahre. Seit dem Sturz der Regierung Bakijew 2010 ist das Unternehmen jedoch wieder mehr ins Zentrum der Aufmerksamkeit gerückt. Kritiker werfen Centerra vor, den Lizenzvertrag mit korrupten Politikern zu seinen Gunsten verhandelt zu haben. Vor dem Hintergrund von Anwohnerprotesten, Umweltbedenken und Forderungen nach einer Verstaatlichung der Mine einigten sich die kirgisische Regierung und Centerra auf ein Joint-Venture-Modell mit einer 50 Prozent-Beteiligung beider Seiten zur gemeinsamen Ausbeutung der Goldmine. Doch das kirgisische Parlament hat diesen Plan im Oktober 2013 abgelehnt und forderte ein neues Abkommen mit mindestens 67 Prozent kirgisischer Beteiligung. Bis heute konnte keine abschließende Regelung erreicht werden (→ S. 222).

Die Lagerstätte Bozymtschak im Westen des Landes wird seit 2009 zur Förderung vorbereitet, der Betrieb soll 2014 beginnen. Sie ist nach Kumtor die zweitgrößte im Land. Das kasachische Goldunternehmen Kasachmys hält die Exklusivrechte zur Exploration und Ausbeutung des Vorkommens. Diese Rechte sind bis 2027 begrenzt. Kasachmys hat bislang insgesamt 130 Millionen US-Dollar in das kirgisische Goldvorkommen Bozymtschak investiert.

Wasserkraftwerk am Naryn bei Rasam Saj

Drittgrößter ausländischer Investor in der mittelasiatischen Republik ist das Unternehmen ›Reemtsma Kirgistan‹, das in Bischkek und in Osch Zigaretten produziert. Das Investitionsvolumen umfasst rund 120 Millionen US-Dollar.

Ferner gewinnt die Nutzung von Wasserkraft an Bedeutung. An den Ufern der kirgisischen Flüsse, die über viele hundert Kilometer durch Berge und Schluchten strömen, stehen schon heute zahlreiche Wasserkraftwerke. 2010 exportierte Kirgistan etwa 0,7 Milliarden Kilowattstunden Energie, Tendenz steigend.

Veraltete Anlagen, Investitionsstau und Einnahmeausfälle durch Diebstahl prägen den Energiesektor. Die technischen und kommerziellen Verluste liegen im Durchschnitt bei 35 Prozent der erzeugten Energiemenge. Für notwendige Investitionen müssen ausländische Geldgeber gefunden werden. Bislang wurden die niedrigen Verbraucherpreise von etwa 1,5 US-Cent pro KWh (3,3 US-Cent für Unternehmen) subventioniert. Der Preisanstieg für Gas und Strom war einer der Gründe für den Sturz der Regierung Bakijew. Die Interimsregierung nahm nach April 2010 die Erhöhungen weitgehend zurück. Sie kündigte an, dass die Stromtarife vorläufig stabil bleiben und künftige Tarifanhebungen nur langsam und sozial abgefedert vorgenommen werden. Mit Russland vereinbarte Kirgistan den gemeinsamen Bau von bereits zu Sowjetzeiten geplanten Wasserkraftwerken. Dabei handelt es sich um eine Kaskade aus vier Kraftwerken am Oberlauf des Flusses Naryn. Die Fertigstellung der ersten Staudammes ist für 2016, der gesamten Kaskade für 2019 geplant. Projektpartner sind der staatliche Kraftwerksbetreiber OAO Elektritscheskie Stanzii (ES) und die russische Firma Rusgidro.

Gazprom ist auch auf dem kirgisischen Markt aktiv

Das zweite Großprojekt ist der Bau des Wasserkraftwerks Kambar Ata 1 am Naryn in der Nähe von Toktogul. Projektpartner sind ES, das russische Unternehmen Inter RAO sowie die kanadische Firma SNC-Lavalin. Beide Projekte sind auch in der Entwicklungsstrategie der Regierung verankert.

Neben dem Bau neuer Wasserkraftwerke ist auch die Erneuerung und Erweiterung bestehender Anlagen geplant. Bis 2017 soll das Wasserkraftwerk At Baschy modernisiert werden. Die Schweiz unterstützt das Projekt mit einem Darlehen. Für die Sanierung des Staudammes Toktogul stellt die Asiatische Entwicklungsbank im zweiten Abschnitt insgesamt 105 Millionen US-Dollar bereit. Laut Presseinformationen will die Europäische Bank für Wiederaufbau und Entwicklung weitere 75 Millionen beisteuern. Modernisiert werden soll auch das Kohlekraftwerk ›TEZ‹ Bischkek. Hierfür stellt die Export-Import Bank von China einen Kredit zur Verfügung.

Das marode Gasnetz soll ebenfalls saniert werden. Das kirgisische Parlament hat im November 2013 dem Verkauf des staatlichen Gasversorgers Kyrgyzgaz für den symbolischen Preis von einem US-Dollar an den russischen Gazprom-Konzern zugestimmt. Dafür übernehmen die Russen die Altschulden von Kyrgyzgaz und verpflichten sich, 620 Millionen US-Dollar in die Modernisierung der Gasinfrastruktur, den Bau neuer Leitungen und die Erkundung von Gasvorkommen zu stecken.

Währung

Der kirgisische Som wurde 1993 als Ablösung des Rubels eingeführt. Kirgistan war die erste ehemalige Sowjetrepublik, die den Rubel abschaffte.

Ein Som (russ., kirg. сом) ist in 100 Tyjyn (kirg. тыйын) unterteilt. In den ersten Jahren nach der Währungsreform war der Som von einem sehr starken Kursverfall betroffen, die neuen Währungen der anderen ehemaligen Mitgliedsstaaten der Sowjetunion wurden ebenfalls nicht verschont. Erst nach und nach gelang es der kirgisischen Regierung, die wirtschaftliche Entwicklung des Landes voranzutreiben und die Währung einigermaßen zu stabilisieren. Doch der Kursverfall ist immer noch erheblich. So betrug 2008 der Wechselkurs zum US-Dollar 36 Som, Ende 2014 waren es 54 Som. Dies ist einem Wertverlust von mehr als 45 Prozent in 6 Jahren gleichzusetzen. Der Kurs zum Euro betrug Anfang 2015 etwa 72 Som.

Die Auslandsverschuldung liegt derzeit bei rund 70 Prozent des Bruttoinlandsprodukts. Eine Entschuldungsinitiative von Weltbank und IWF scheiterte 2006 an der Ablehnung von Präsident Bakijew, der um die Eigenständigkeit des Landes fürchtete. Die Frage, wie die Schulden perspektivisch abbezahlt werden können, wird das Land weiter beschäftigen.

Trotz Bemühungen der Regierung bleibt in Kirgistan Korruption ein weiteres Problem. Das Land belegte 2013 im Korruptionswahrnehmungsindex von Transparency International nur Platz 150 von 177 Staaten weltweit. Im regionalen Vergleich relativ gut schneidet das Land dagegen bei dem Ranking zur wirtschaftlichen Freiheit der marktliberalen US-Denkfabrik ›Heritage Foundation‹ ab, wo es 2013 den Platz 89 von 177 Ländern belegte.

Lehmbau in Kirgistan

von Prof. Stephan Pfefferkorn

Wer Kirgistan bereist, dem wird allerorten – vor allem in den ländlichen Regionen – die Verwendung von Lehm als Baumaterial auffallen. Lehm wird hier nicht nur als Wandbaustoff und für Putze eingesetzt, sondern auch immobile Einrichtungsgegenstände wie der traditionelle Backofen, Sitzbänke etc. – ja selbst Grabmale – werden aus diesem Material gefertigt. Für diese breite Verwendung des Lehmes als Baustoff gibt es mehrere Gründe: Lehm ist hier in ziemlich allen besiedelten Flussauen und Hochebenen in mächtigen Ablagerungsschichten in Form von überwiegend feinkörnigem Aue- oder Lößlehm anzutreffen, so dass dieser Baustoff in der Regel mit geringem Transportaufwand auf die Baustelle gebracht und dort leicht und ohne großen technischen Aufwand verarbeitet werden kann. Dieser Lehm kann zudem – im Gegensatz zur Herstellung von gebrannten Mauerziegeln oder Zement – mit geringem Energieaufwand zu Baulehm aufbereitet werden, wodurch er sehr preiswert ist. In Kirgistan herrscht darüber hinaus im Allgemeinen ein recht trockenes Kontinentalklima. Dadurch ist bei entsprechender Pflege eine ausreichende Dauerhaftigkeit der Bauwerke aus dem nicht wasserbeständigen Baustoff Lehm garantiert. Darüber hinaus werden die guten Wärmespeicherung, die ausreichende Wärmedämmung und die Fähigkeit des Lehmes, die Luftfeuchtigkeit und damit das Raumklima zu regulieren, geschätzt. Alle diese Aspekte der Wirtschaftlichkeit und der recht unkomplizierten Verarbeitung tragen zur Verbreitung dieses Baustoffes vor allem auf dem Lande bei, wo vorwiegend kleine Gebäude mit einem großem Anteil an Eigenleistung durch den Bauherrn errichtet werden. Größere, mehrgeschossige Bauwerke werden dabei auch in Kirgistan mit industriell gefertigten Baustoffen realisiert.

Die Kunst des Lehmbaus wurde eventuell von turkstämmigen Völkern in das Gebiet gebracht. Ausgrabungen wie z.B. in Burana und Krasnaja Retschka geben Zeugnis von ehemaligen großen Stadtanlagen bzw. Festungsmauern. Während diese aber wohl ausschließlich als Mauerwerk mit getrockneten Lehmsteinen und Lehmmörtel errichtet worden sind, kommen heute weitere Lehmbautechniken zum Einsatz, die durchaus aktuell noch durch kreative Kombinationen mit anderen Baustoffen und Technologien eine Weiterentwicklung erfahren. Die Lehmbautradition ist seit der sesshaften Besiedelung durch Turkvölker niemals abgebrochen, so dass das Wissen um diese Bauweisen und die Eigenschaften des Baustoffes und seiner Verarbeitung durchgängig im Bewusstsein der Bevölkerung erhalten blieb.

Mauerwerk aus getrockneten Lehmquadern ist auch heute noch im gesamten Siedlungsraum Kirgistans üblich. Dazu wird Lehm – oft mit Strohhäcksel vermischt – in Formen gestampft, so dass mauerziegelgroße Quader entstehen, die der Sonne und der trockenen Luft ausgesetzt werden. Nach ausreichender Trocknung können diese mit einem plastisch angemachten Lehmmörtel vermauert werden.

Eine vereinfachte Variante ist die **Guvalja-Technik**: Getrocknete handgeformte, brotförmige Lehmbatzen werden in Lehmmörtel verlegt oder frische Lehmbatzen ohne zusätzlichen Mörtel aufeinander geschichtet. Besonders häufig kann diese Technik im Südwesten Kirgistans, im Ferganatal, beobachtet werden, wo ein großer usbekischer Bevölkerungsanteil siedelt.

Lehmbau in Kirgistan 125

Eine weitere Möglichkeit, massive Lehmmauern herzustellen, ist die Bauweise mit **Stampflehm**. Man kann sich diese dem Betonbau ähnlich vorstellen: Es werden Schalungen aufgestellt, die anschließend lagenweise mit einem erdfeuchten Lehm verfüllt werden. Die Festigkeit erreicht die Wand durch Stampfverdichtung. Die Schalung kann in der Regel sofort wieder entfernt und damit der nächste Wandabschnitt zur Fertigung vorbereitet werden. Oft wird auch eine Mischung von Guvalja-Technik und Stampflehmbauweise praktiziert, indem frische Lehmbatzen alleine oder im Wechsel mit vorgetrockneten Lehmbroten in die Schalung eingeworfen werden.

Zum Teil wird die Tragwirkung der Lehmwände durch **Holzfachwerk** unterstützt. Als Bauholz dient in der Regel eine schnellwüchsige Pappelart. Baumreihen dieser Pappeln mit schlankem Stamm und glatter Rinde findet man in jedem Dorf Kirgistans. Während des Wuchses werden regelmäßig die Triebe vom unteren Teil des Stammes entfernt, damit möglichst astfreies Holz entsteht. Schon nach 20 bis 40 Jahren sind die Stämme erntereif. Nach dem Entrinden und Trocknen werden sie als Baurundholz oder Schnittholz verwendet. Bei dieser traditionellen Fachwerkbauweise wird zunächst das Holzfachwerk auf das vorbereitete Stein- oder Betonfundament aufgerichtet und das Dach gedeckt. Damit ist das Haus bereits vor Regenwasser geschützt. Die Zwischenräume zwischen den Ständern, Riegeln und Streben werden nun mit Lehm in den oben beschriebenen Arten zugesetzt.

Interessant ist die Kombination der traditionellen Lehmbautechniken mit dem Prinzip der **Stahlbetonskelettkonstruktion**. Dazu werden zunächst über ein Geschoss die flächenfüllenden Lehmwände errichtet. Die Bereiche der Stahlbetonstützen werden dabei freigelassen. In diese Zwischenräume werden anschließend die Bewehrungsstähle platziert, die offenen Seiten verschalt und mit Beton verfüllt. In gleichem Zuge können die Balken betoniert werden, die die Lehmwände an ihren Oberseiten abschließen und im Verbund mit den Stützen eine Rahmenkonstruktion bilden. Nach der Verlegung der Decke entsteht in gleicher Weise das nächste Geschoss.

In der traditionellen Bauweise erfolgt eine Glättung der Oberflächen der Lehmwände mit einem zweilagigen Lehmputz, wobei die obere Lage möglichst viel Sand enthält, um dem Schlagregen höheren Widerstand zu leisten. Jedoch wird hierfür leider viel zu oft Zementputz verwendet, der zunächst eine höhere Witterungsbeständigkeit besitzt. Jedoch ist sein Haftverbund mit dem Lehmuntergrund nicht von langer Dauer.

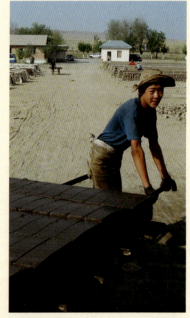

Lehmziegelherstellung

Umarmt von Bergen und schnellfließenden Flüssen
erbaute der Mensch eine Stadt wie ein Lied.
Und ich werde mein Bischkek lieben müssen
Solange mein Auge das Leben sieht.

Aus einem Schlager von Temir Nazarow, frei übersetzt

BISCHKEK UND DER NORDWESTEN

Blick über die Stadt zum Ala-Artscha-Gebirge

Bischkek

Wo heute Kirgistans Hauptstadt Bischkek (Бишкек) eindrucksvoll am Fuß der Kirgisischen Kette ausgebreitet liegt, befand sich zu Zeiten der Großen Seidenstraße und der Herrschaft der Dynastie der Karachaniden schon ein Handelsknotenpunkt namens Dshul. Lange nach dem Niedergang dieser bedeutenden Handelsstraße gründete im Jahr 1825 der Khan von Kokand, Modali, hier die Festung ›Pischpek‹ und dehnte damit sein Khanat bis in den Norden des heutigen Kirgistan aus. Die Festung wurde nicht unabsichtlich am Knotenpunkt der Zugstraßen der Nomaden zwischen Nördlichem Tien Schan, Issyk Kul und dem Siebenstromland angelegt. Das Kokander Khanat forderte von den vorbeiziehenden Karawanen einen Zoll. Im Oktober 1862 nahmen zaristische Truppen die Festung ein und zerstörten sie. Daraufhin wurde eine Kosaken-Garnison gegründet. Von diesem Zeitpunkt an wurde hier der größte Basar im Tschuj-Tal abgehalten. Im Jahr 1868 wurde der Ort Pischpek gegründet. Er wurde ab 1878 Zentrum eines Verwaltungsgebietes und erhielt deshalb den Status einer Stadt. Die Stadt wurde planvoll und schachbrettartig angelegt, mit parallel zu den Straßen verlaufenden offenen Wasserkanälen (*aryk*) und Baumreihen. Diese Anordnung sollte eine gute Luftzirkulation gewährleisten. Zur Namensgebung der Stadt gibt es einige Versionen. Eine Deutung ist, dass der Name vom kirgisischen Recken Bischkek Batyr abstammt, der im 18. Jahrhundert im Tschuj-Tal lebte. Eine zweite Deutung ist die Bezeichnung eines Haushaltsgerätes der Nomaden, mit dem

▲ *Am Alatoo-Platz in Bischkek*

das Nationalgetränk Kumyz, vergorene leicht alkoholische Stutenmilch, hergestellt wurde und wird. Dieser Holzstab wird als Pischpek bezeichnet.

Ab Oktober 1924 wurde Pischpek das administrative Zentrum des Karakirgisischen Autonomen Oblastes und ab Mai 1925 des Kirgisischen Autonomen Oblastes. Kurz darauf erfolgte 1926 die Umbenennung der Stadt Ehren des hier geborenen Michajl Frunze, eines sowjetischen Generals, der im Bürgerkrieg gegen die Weißgardisten kämpfte.

Eine große Rolle beim Wachstum von Pischpek/Frunze als Zentrum des neuen Sowjetkirgistan spielte die Genossenschaft ›Interhelpo‹, ein Zusammenschluss von freiwilligen Übersiedlern vornehmlich aus der Tschechoslowakei, die der Entwicklung der Stadt und der Industrialisierung einen spürbaren Schub gaben (→ S. 130).

Ab 1936 war Frunze die Hauptstadt der Kirgisischen Sowjetrepublik. Mit dem folgenden Wachstum der Stadt wurde es 1938 notwendig, sie in drei Stadtbezirke zu unterteilen: ›Proletariat‹ (heute: Lenin-Bezirk), ›1. Mai‹ und ›Swerdlow‹. Im Jahr 1974 kam der ›Oktober‹-Stadtbezirk hinzu.

Einen Wachstumsschub erfuhr Frunze, wie auch das benachbarte Alma-Ata (heute Almaty, Kasachstan) in den Jahren des Großen Vaterländischen Krieges von 1941 bis 1945. Hierher, weit weg von der Front wurden zahlreiche Betriebe des europäischen Teils der Sowjetunion umgesiedelt. Sie blieben auch nach dem Ende des Krieges und trugen dazu bei, dass Frunze von einem Provinznest zur richtigen Metropole wurde.

Am 1. Februar 1991 wurde die Stadt auf Anweisung des Obersten Sowjets der Kirgisischen Sowjetrepublik in Bischkek zurückbenannt.

Bischkek ist die einzige Hauptstadt der ehemaligen mittelasiatischen Sowjetre-

Die russisch-orthodoxe Kirche am Prospekt Dshibek Dsholu

publiken, die nach dem Zusammenbruch der Sowjetunion und der Entstehung unabhängiger Staaten politische Umstürze gesehen hat. Die sogenannte Tulpenrevolution vom 23. März 2005 fegte den Präsidenten Askar Akajew, der die kirgisische Republik seit der Erlangung der Unabhängigkeit regiert hatte, mitsamt seines Clans hinweg. Am 7. April 2010 kam es zu einem zweiten Umsturz, in dessen Folge Akajews korrupter Nachfolger Kurmanbek Bakijew entmachtet wurde. Zahlreiche Opfer waren zu beklagen – ihrer wird heute am Rande des Alatoo-Platzes gedacht.

Heute leben in der größten Stadt Kirgistans offiziell 910 000 Einwohner, in Wirklichkeit sind es bestimmt weit über eine Million, denn die Landflucht ist beträchtlich, und Bischkek bietet mit seinen vielen Märkten vielen der nicht legal Zugezogenen wenigstens Gelegenheitsarbeiten.

Interhelpo – eine Stadt wird gebaut

So gut wie niemand in Europa weiß, dass Bischkek und Sowjetkirgistan mit Hilfe einer großen Gruppe europäischer, vor allem tschechoslowakischer Kommunisten aufgebaut wurde. In der slowakischen Stadt Žilina gegründet, wurde die Gruppe ›Interhelpo‹ zum Sinnbild für vornehmlich junge Enthusiasten, die in der sowjetischen Gesellschaftsordnung eine Chance für weltweite Veränderungen sahen und sich mit wehenden Fahnen auf den Weg nach Osten machten, um am kommunistischen Aufbau teilzunehmen. Sonderzüge aus Žilina und Brno brachten die hilfsbereiten Übersiedler – insgesamt 1078 Personen – nach Pischpek. Der tschechische Schriftsteller Julius Fučík (1903–1943), 1930 für einige Monate Augenzeuge dieser Bewegung, schrieb darüber in seinem Buch ›V zemi, kde zítra již znamená včera‹ (Eine Welt, in der das Morgen schon Geschichte ist). Auch der sowjetische Schriftsteller Andrej Platonow gesellte sich zu dieser Bewegung. Der spätere Generalsekretär der KPČ Alexander Dubček verbrachte hier seine Kindheit. Die sich in den frühen 1930ern vollziehenden Umbrüche im Zuge der sowjetischen Industrialisierung beeinflussten diese Künstler und Politiker nachhaltig.

Der Wirtschaftskomplex Interhelpo existierte zwischen 1924 und 1943. Im April 1924 kamen, auf der Grundlage eines Abkommens zwischen der sowjetischen Regierung und der Genossenschaft, neben 13 Waggons mit Freiwilligen auch 14 Waggons mit Maschinen und Anlagen nach Pischpek: ein vollständiges Sägewerk, Tischlerei- und Schlossereimaschinen, Drehbänke und Stellmacherwerkzeug, Schneider- und Schuhmacherausrüstung und Anlagen für eine Lederfabrik.

Man wies den Angekommenen 230 Hektar zu, und sie begannen sofort mit dem Bau einer Ziegelei. Noch unter freiem Himmel und ohne Strom nahmen sie die ersten Maschinen in Betrieb – die Energie wurde durch Transmissionsriemen von der Lokomotive Ihres Zuges geliefert. 1925 ging das selbst errichtete Elektrizitätswerk in Betrieb. In diesem Jahr raffte eine Typhus-Epidemie und andere Krankheiten alle 40 Kleinkinder der Genossenschafter dahin, ein Brand zerstörte außerdem viele der eben erst geschaffenen Gebäude. Man machte weiter. Ein Lederwerk und eine Mühle mit Bäckerei wurden 1926 in Betrieb genommen, und 1927 nahm die Textilfabrik Clement Gottwald die Produktion auf. 1928 begannen eine Eisenschmelzerei und eine Möbelfabrik zu produzieren. Die Verlängerung der Eisenbahnstrecke, Krankenhäuser und zahlreiche Regierungsgebäude im neuen Verwaltungszentrum Frunze – alles das geht auf das Konto von Interhelpo. Auch der Zuckerrübenanbau und die Errichtung der Zuckerfabrik in Kant wären ohne die Helfer aus der Tschechoslowakei undenkbar gewesen.

1925 wurde Interhelpo als beste Genossenschaft der Sowjetunion ausgezeichnet, und 1934 stammten 20 Prozent aller in Sowjetkirgistan hergestellten Industrieerzeugnisse aus der Produktion von Interhelpo-Betrieben, andere Quellen gehen gar von 43 Prozent aus. Nach all diesen Erfolgen mutet es absurd an, dass die Genossenschaft 1943 liquidiert wurde. Tragisch, aber typisch für diese Zeit des Ausradierens alles Kreativen ist auch das Schicksal der Mitglieder: Viele wurden als Feinde der Sowjetunion angeklagt und hingerichtet.

Bild- und Videodokumente findet man auf den Internetseiten des Tschechischen Fernsehens: www.ceskatelevize.cz (Stichwortsuche: Interhelpo).

Bischkeks Flair

Was Bischkeks Flair ausmacht, ist die Komposition von natürlichen Gegebenheiten und eine für mittelasiatische Hauptstädte leider nicht mehr typische Mischung gewachsener Architektur. Was in Taschkent durch das verheerende Erdbeben von 1966 und die nachfolgende Modernisierung zerstört wurde, was in Almaty dem Ansturm von Immobilienfirmen weichen musste – in Bischkek ist es noch da. Das überschaubare Zentrum mit seinem sowjetischen Bombast in Weiß ist eingebettet in grüne Alleen, großzügige Parks mit Spielplätzen und Sommercafés und ein Meer von kleinen Häusern verschiedener Epochen, Baustile und Komfortklassen. Von der kleinen Holzhütte des 19. Jahrhunderts mit Schnitzwerk und verwildertem Garten bis zum neureichen, säulenverzierten Marmorpalast hinter meterhohem Blechzaun oder wuchtiger Mauer ist alles dabei.

Im Süden und Osten fallen die typischen Mikrorajons auf, die Schlafstädte, die jede sowjetische Großstadt hat. Die Industriebetriebe hat man westlich (Mehlkombinat, Cognac-Brennerei und Möbelwerk) und östlich (Heizkraftwerk, Getränkehersteller, Elektroindustrie) angesiedelt.

Sehenswürdigkeiten

Durch die schachbrettartige Stadtplanung im Zentrum ist Bischkek recht übersichtlich. Das Regierungs- und Geschäftszentrum wird von Norden nach Süden durch mehrere große Straßen und Alleen durchzogen, die wichtigsten sind die Sowjetskaja-Straße, der Manas-Prospekt (ehemals Prospekt Mira) und der Prospekt Molodaja Gwardija. Auch von Westen nach Osten verlaufen zwei boulevardartige Straßen: Der Prospekt Dshibek Dsholu (›Seidenstraße‹) und der Tschuj-Prospekt, an letzterem reihen sich die wichtigsten öffentlichen Gebäude, an seiner Nordseite liegen zahlreiche Parks und Grünanlagen. In den letzten Jahren wurden viele Straßen umbenannt, sind aber der Bevölkerung meist noch unter ihren alten Namen bekannt (→ S. 144).

Es gibt bisher nur wenige Hochhäuser im Zentrum der Stadt, und so wird die Silhouette Bischkeks von Ferne durch die Schlote des Kraftwerks und einige Plattenbausiedlungen im Süden bestimmt. Von fast überall sieht man die mächtigen, schneebedeckten Berge des Kirgisischen Alatoo aufragen.

■ Siegesplatz

Das für Kirgistan wichtigste Denkmal, das **Mahnmal des Großen Vaterländischen Krieges**, befindet sich auf dem Siegesplatz (pl. Pobedy). Die riesige Stahlkonstruktion in Form einer Jurtenkuppel erinnert an die Gefallenen des Zweiten Weltkrieges, in seinem Zentrum brennt die ewige Flamme. Dass nur drei Stangen (kirg: *uuk*) anstelle der in Jurten üblichen 60 und mehr Stangen die Kuppel

Das Mahnmal des Großen Vaterländischen Krieges

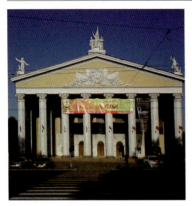

Die Bischkeker Oper

halten, verdeutlicht den großen Verlust der Kirgisischen Sowjetrepublik an Menschen während des Krieges. Traditionsgemäß wird nämlich beim Tod eines Familienmitgliedes eine Stange aus der Jurtenkuppel entfernt. Am 23. Februar (Tag der Vaterlandsverteidiger), am 09. Mai (Tag des Sieges) und am 31. August (Unabhängigkeitstag) werden hier Kränze niedergelegt. Es ist ein ungeschriebenes Gesetz, dass Hochzeitspaare die Gefallenen mit einem Blumenstrauß ehren. Ein Zentrum städtischen Lebens ganz anderer Art ist das südlich des Siegesplatz gelegene **Kaufhaus ZUM** (ЦУМ). ›ZUM‹ ist die Abkürzung für ›Zentrales Universalmagazin‹ – das zentrale staatliche Kaufhaus, das es in jeder größeren sowjetischen Stadt gab. Hier gibt es auf mehreren Etagen das übliche Kaufhausangebot. Interessant für Touristen ist vor allem die oberste Etage, in der Souvenirs und kirgisisches Kunsthandwerk angeboten werden (→ S. 150).

■ Rund um die Oper

Die 1930 gegründete Nationaloper ist in einem der schönsten Gebäude der Stadt beheimatet. Das durch russische Architekten 1955 erbaute **Opern- und Balletttheater** ist mit seinem Säulenportikus und den überlebensgroßen Figuren auf dem Dach ein Beispiel für den klassizistischen Baustil der Stalin-Ära. Es werden Opern und Ballette westlicher Komponisten sowie russische und sowjetische Werke gezeigt (→ S. 150).

Gegenüber der Oper befindet sich in einem marmorverkleideten Gebäudekomplex der Sowjet-Moderne das nach Gapar Ajtijew benannte **Kunstmuseum**. Die Gründung geht auf das Jahr 1935 zurück, als die berühmte Tretjakow-Galerie einige Dutzend Gemälde russischer Maler stiftete (→ S. 136).

Das große graue Bauwerk südlich des Museums beherbergt die **Nationalbibliothek**. Das **Russische Dramentheater** in Bischkek wurde 1955 gegründet und zählte zu den renommierten Bühnen der Sowjetunion. Das Gebäude ist ein durchaus repräsentatives Beispiel der klassischen Moderne. In den 1990er Jahren wanderten allerdings zahlreiche Schauspieler nach Russland aus, es fehlte an Geld, und das Theater geriet in eine Krise. Eine engagierte Truppe versucht, die Idee und das Gebäude wiederzubeleben – mit viel Enthusiasmus und wenig Mitteln gelingt es ihnen immer wieder, Theaterabende und Veranstaltungen durchzuführen. Ein regelmäßiger Spielbetrieb findet in dem Haus, das inzwischen den Namen Tschingis Aitmatows trägt, derzeit allerdings nicht statt (→ S. 150).

Vorbei am Russischen Dramentheater kommt man in den **Eichenpark**, eine beliebte schattige Oase mit skurrilen Denkmälern und Statuen sowie einer außergewöhnlichen Brunnenanlage, die ihre Herkunft aus den 1970er Jahren nicht verbergen kann.

Zwischen Eichenpark und Tschuj-Prospekt liegt eine Denkmalanlage mit der **Statue von Kurmandshan Datka** (1811–1907), einer legendären Kämpferin gegen die russische Besatzung. Aus einer wohlhabenden Familie im Alaj-Gebirge stammend, floh sie zunächst vor der arrangierten Ehe mit einem ungeliebten Mann und heiratete später einen lokalen Fürsten aus dem Kokander Khanat. Nach dessen Tod führte sie dessen Widerstand gegen die Russen weiter, musste sich aber schließlich geschlagen geben. Sie wird bis heute als ›Zarin des Alaj‹ verehrt, ihr Porträt ist auf dem 50-Som-Schein zu sehen.

Schräg gegenüber kann man in einer **Kunstgalerie unter freiem Himmel** das Schaffen kirgisischer Gegenwartskünstler, vor allem Gemälde, bewundern und selbstverständlich auch kaufen.

■ Der Tschuj-Prospekt

Lohnenswert ist ein Spaziergang entlang des Tschuj-Prospektes von Ost nach West, denn man bekommt in zwei bis drei Stunden einen guten Eindruck von der Hauptstadt. Viele wichtige Sehenswürdigkeiten und Regierungsgebäude sind hier wie auf einer Perlenkette aufgereiht, zudem gibt es Cafés und Supermärkte. Beginnen kann man die Stadtexkursion am grauen 1960er-Jahre-Kubus des **Hauptpostamts**, das sich hervorragend für einen Briefmarkenkauf eignet. Der Hinweis scheint überflüssig, jedoch merkt man auf einer Reise bald, dass es einen echten Briefmarken-Engpass im Land gibt. Will man Ansichtskarten verschicken, so ist es fast aussichtslos, in der Provinz welche zu finden. Deshalb ist das Bischkeker Hauptpostamt die erste Wahl (→ S. 141).

Geht man vom Postamt 500 Meter nach Westen, kommt man bereits an den wichtigsten Ort der Stadt, den riesigen **Alatoo-Platz**. Hier werden alle bedeutenden Feiertage offiziell begangen sowie Paraden abgehalten. Den südlichen Teil des Platzes umstehen Gebäude mit glänzenden Kuppeln und repräsentativen Fassaden, die zum Teil Regierungseinrichtungen beherbergen. Vor dem Säulendurchgang des Landwirtschaftsministeriums steht eine **Bronzestatue des Dichter Tschingis Aitmatow** (1928–2008) in lässiger Flaneurpose.

Am nördlichen Rand des Platzes ist das **Nationalmuseum** zu finden, das durchaus einen Besuch lohnt und neben ausführlichen Exponaten zur Sowjetzeit auch viel Kunsthandwerk und Alltagsgegenstände zeigt (→ S. 136). Das Museum wurde bereits 1927 gegründet, das heutige Gebäude stammt aus dem Jahre 1984. Bis 2005 stand das obligatorische Lenin-Denkmal noch auf dem Alatoo-Platz direkt vor dem Nationalmuseum. Dann wurde es auf die Nordseite des Museums verbannt, um es vor den Augen der Touristen zu verbergen. Auf dem Platz steht jetzt ein großes Manas-Denkmal. Die überaus attraktive **kirgisische Flagge** mit Jurtendachkranz als Symbol flattert daneben in den Himmel. Zu ihren Füßen steht eine **Ehrenwache** aus jeweils zwei Soldaten, der Wachwechsel findet stündlich statt.

Etwa 100 Meter weiter kommt man zum **Weißen Haus**, dem Präsidentenpalast. Das Bauwerk, das Elemente des sowjeti-

Das Weiße Haus ist Sitz des kirgisischen Präsidenten

schen Klassizismus mit mittelasiatischen Ornamenten vereinigt, wurde 1985 als Zentrale der kommunistischen Partei Sowjetkirgistans errichtet. Das Gebäude machte bei den Tulpenrevolutionen 2006 und 2010 international Schlagzeilen, als es von wütenden Demonstranten gestürmt wurde (→ S. 77).

Östlich des Weißen Hauses findet man das 2012 errichtete **Denkmal für die Opfer der Revolution von 2010,** erkennbar an einer schwarz-weißen Mauer, die von Demonstranten in zwei Hälften geteilt wird.

Hinter dem Weißen Haus erstreckt sich der **Panfilow-Park**, eine beliebte weitläufige Anlage mit allerlei Fahrgeschäften und Imbissbuden. Der Park ist nach Iwan Panfilow benannt, einem sowjetischen Major, der im Zweiten Weltkrieg eine Kompanie aus überwiegend kirgisischen und kasachischen Soldaten befehligte.

Wenn man den Tschuj-Prospekt vom Weißen Haus weiter in Richtung Westen geht, steht gleich an der nächsten Kreuzung rechts ein besonders schönes Gebäude im Stil der sowjetischen Klassik: das **ehemalige Haus der Gewerkschaften** (dom sojusow) mit einem farbenfrohen Portikus.

Ein Stück weiter lohnt ein kurzer Abstecher nach rechts in die uliza Togolok Moldo. Vor dem Sportpalast erhebt sich linker Hand das gigantische Denkmal eines Recken, der ein Pferd schultert. Der starke Herr ist **Koshomkul**, ein legendärer Ringer und Sportler aus dem Suusamyr-Tal, der 1955 starb und angeblich Riesenkräfte hatte (→ S. 165). Das nächste interessante Gebäude auf dem Tschuj-Prospekt ist die **Staatliche Philharmonie**, die man, vorbei am Kino Rossija, nach weiteren 20 Minuten gemächlichen Schlenderns erreicht (→ S. 150). Auf dem Vorplatz der 1980 erbauten Philharmonie (Tschuj-Prospekt 253) sieht man auf einer hohen Stele **Manas zu Pferde**. Er scheint geradezu über den Platz zu fliegen und zeigt sehr schön die Verehrung, die Reiter in Kirgistan genießen. Manas ist eine der wichtigsten historischen Persönlichkeiten des Landes. Er gilt als Gründer der Nation und vereinigte die kirgisischen Stämme. Zu seinen Füßen stehen seine Frau Kanykej und sein Berater Bakaj. Weiterhin sind Büsten von wichtigen Manastschy (kirg: Erzähler des Epos über Manas) zu sehen.

Schräg gegenüber der Philharmonie steht das **Bischkeker Rathaus**. An der nordwestlichen Ecke des Platzes steht ein Gebäude mit einem Türmchen, es wird von der Internationalen Universität genutzt. Von hier führt eine blumengeschmückte Fußgängerzone hinab zu Gebäuden der Staatlichen Kirgisischen Universität.

■ Der Osch-Basar

Von der Philharmonie kommt man in 20 bis 30 Minuten Fußweg zum landesweit bekannten Osch-Basar am westlichen Ende des Tschuj-Prospekts. Hier

Das Denkmal für die Opfer der Revolution von 2010

lohnt ein längerer Aufenthalt. Schon alleine der ›grüne Basar‹ (so nennt man den Bereich, in dem Lebensmittel verkauft werden) offeriert raue Mengen nicht nur von Waren, sondern auch von Fotomotiven. Unbedingt einen Besuch abstatten sollte man den Ständen der Obstverkäufer, den Trockenfrüchte-Händlern und den Koreanern mit ihren typischen Salat-Theken. Besonders attraktiv sind die Auslagen der Gewürzverkäufer, die allein mit zehn verschiedenen Sorten Paprika die potentiellen Käufer umgarnen. Die gekauften Pülverchen, seien es Nelken, Koriander oder andere Gewürze, werden in ein Stück Tageszeitung mit kyrillischer Schrift eingefaltet und stellen somit ein nicht alltägliches Mitbringsel dar.

Auch die Bereiche mit Haushaltswaren laden zum Schlendern ein, und so mancher wird sich fragen, wie er all die interessanten Dinge, die es hier für wenig Geld gibt, im Flugzeug nach Hause transportieren soll.

Manas reitet über den Platz vor der Philharmonie

und vor allem auch Kleider, Stoffe und Schuhe. Das Ganze ist eine Stadt für sich auf einer Fläche von über einem Quadratkilometer (Karte → S. 139).

■ **Weitere Basare**

Der **Alamedin-Basar** liegt nordöstlich des Stadtzentrums am Dshibek-Dsholu-Prospekt. Er ist nicht ganz so groß und spektakulär wie der Osch-Basar, aber auch hier kann man gut Lebensmittel und alle anderen Waren des täglichen Bedarfs einkaufen.

Ein weiterer großer Markt liegt im 7. Mikrorajon südlich des Stadtzentrums: Der **Orto-Saj-Basar** erstreckt sich inmitten eines Plattenbau-Wohngebietes zwischen der Schukejew-Pudowkin-Straße und der Dshunusalijewa-Straße (früher Ordzhonikidze-Straße).

Einige Kilometer nördlich der Stadt befindet sich das riesige Gelände des **Dordoi-Basars**, auf dem mit allem gehandelt wird, was Mittel- und Ostasiens Warenlager hergeben: Auto-Ersatzteile, Haushaltsgeräte, Elektronik, Möbel, Baustoffe

■ **Weitere Denkmäler**

Es gibt noch einige bestaunenswerte Überbleibsel aus UdSSR-Zeiten, wie etwa einen sowjetischen Düsenjäger des Typs **MIG 21** der Roten Armee. Er steht stolz auf der uliza Kiewskaja, direkt vor dem Gebäude der Nationalgarde.

Ein weiteres **Lenin-Denkmal** findet man im Bereich der Technischen Universität auf dem Prospekt Mira (Manas-Prospekt).

Als sich im Jahr 1999 islamistische Freischärler aus Afghanistan ihren Weg über das Turkestan-Gebirge bahnen wollten, um in den usbekischen Teil des Fergana-Beckens vorzudringen, wurden sie von kirgisischen Armeeeinheiten aufgehalten. Das **Denkmal für die Verteidiger von Batken** ist den 17 gefallenen Soldaten gewidmet. Es steht auf der Kiewskaja-Straße, Ecke Logwinenko-Straße, direkt am Verteidigungsministerium.

Das Nationalmuseum

Museen

Wer nicht nur kurz auf der Durchreise in Bischkek ist, findet in den Museen der Stadt viel Interessantes. An erster Stelle sind natürlich das Nationalmuseum und das Kunstmuseum zu nennen, während die kleineren Museen eher etwas für besonders geschichtsinteressierte Besucher sind. Die Eintrittspreise schwanken zwischen 50 und 100 Som.

■ Nationalmuseum

Dieses auch Historisches Museum genannte Gebäude war früher das Lenin-Museum. Und auch heute noch fühlt man sich gleich in der ersten Etage in eine andere Zeit versetzt: Hier werden ein Abriss der Sowjet-Ära und die Lebensgeschichte Lenins präsentiert.

Die 2. Etage ist stark archäologisch und ethnographisch ausgerichtet und besonders sehenswert. Neben Ausgrabungsgegenständen aus allen Landesteilen sind viele wichtige Alltagsutensilien der kirgisischen Nomaden zu finden. Weiterhin findet man einige schöne, typisch kirgisische Handwerkserzeugnisse wie verschiedene Arten von Filzteppichen (Schyrdak, Ala Kijz). Durch eine aufgestellte Jurtenhälfte mit Inventar erhält man eine Vorstellung von der Lebensweise der Nomaden. Sehenswert sind auch einige Schwarzweiß-Fotografien aus der Zeit vor der Oktoberrevolution. Deckengemälde, die über beide Etagen erhalten sind, erzählen die Geschichte der Sowjetunion.

Allerdings soll damit begonnen werden, die 1. Etage umzugestalten und die Sowjet-Ära nicht mehr darzustellen – eine Entwicklung, die man nicht begrüßen kann, denn fast 70 Jahre Sowjetmacht kann man nicht so einfach unter den Tisch kehren. Zudem ist geplant, eine in Krasnaja Retschka gefndene Buddha-Statue und andere aktuelle archäologische Fundstücke auszustellen.

Im Eingangsbereich gibt es zwei Souvenirläden, die neben Volkskunst auch Bücher und Postkarten (leider keine Briefmarken, die bekommt man auf der Hauptpost) verkaufen (Alatoo-Platz, Di–So 10–18 Uhr, Mittagspause 13–14 Uhr).

■ Museum der Bildenden Künste

Gegenüber der Oper befindet sich in einem marmorverkleideten Gebäudekomplex der Sowjet-Moderne das nach Gapar Ajtiew benannte Museum. Die Gründung geht auf das Jahr 1935 zurück, als die berühmte Tretjakow-Galerie einige Dutzend Gemälde russischer Maler stiftete. Das heutige Gebäude ist von 1974. Ein

Teil dient als Fläche für Wechselausstellungen von Fotoarbeiten und Malerei. Im anderen sind Gemälde russischer und kirgisischer Maler zu sehen.
Eine wichtige Aufgabe des Museums ist auch die Sammlung und Bewahrung des kirgisischen Kulturgutes. So verfügt das Haus über eine Sammlung von traditionellem Schmuck, Filzteppichen und Kleidung. Insgesamt finden sich in den Magazinen 18 000 Exponate, davon 4000 Gemälde und 3000 Skulpturen (uliza Sowjetskaja 196, Di–Fr 9–17 Uhr).

■ **Michajl-Frunze-Museum**
Einer der bekanntesten Heerführer im sowjetischen Bürgerkrieg der 1920er Jahre war der 1885 in Pischpek geborene Michajl Frunze. Er starb 1925 in Moskau. Im Jahr darauf wurde die Hauptstadt der Kirgisischen Sowjetrepublik in Frunze umbenannt, sein Geburtshaus zu einem Museum umgebaut und ist seit 1967 durch ein umhüllendes Gebäude vor dem Verfall geschützt. Ein Teil der Exposition beschäftigt sich mit der Biographie von Frunze, ein weiterer ist der Stadtgeschichte Bischkeks gewidmet. Eine kleine Ausstellung mit Fotografien zur Stadtgeschichte in der Sowjetzeit rundet die Ausstellung ab (uliza Frunze 346 (Ecke Razzakowa), Di–So 9–17 Uhr).

■ **Iwan-Panfilow-Museum**
Iwan Wassilewitsch Panfilow wurde 1893 in Petrowsk (Saratower Gouvernement) geboren und starb im November 1941 bei Moskau. Als Generalmajor kommandierte er die 8. Gardeschützendivision und war am 16. November 1941 in schwere Kämpfe mit deutschen Panzerverbänden verwickelt, die seiner Division um ein Mehrfaches überlegen waren. Trotzdem gelang es einigen Soldaten und Offizieren der 4. Kompanie dieser Division, 50 deutsche Panzer zu vernichten. Einen Großteil dieser Kompanie stellten Soldaten aus Alma-Ata und aus Frunze. 28 der Soldaten wurden in diesen Kämpfen getötet, unter ihnen auch Panfilow selbst. Sie gingen in die Geschichte als ›Panfilowzy‹ ein und wurden postum mit einer der höchsten Auszeichnungen der UdSSR ausgezeichnet, dem ›Held der Sowjetunion‹. Das Museum befasst sich mit dem Leben von Panfilow und den kirgisischen Mitkämpfern, die bis zum heutigen Tage eine wichtige Stellung in der Geschichte Kirgistans einnehmen.
Nach einem Kämpfer, Nikolaj Jakowlewitsch Ananew, wurde sogar das Dorf Ananjewo am Nordufer des Issyk Kuls umbenannt (uliza Toktogula; in der Nähe des Hotels ›Semetey‹).

■ **Sadykow-Kunstmuseum**
Hier werden vor allem Arbeiten des Bildhauers Tynybek Sadykow ausgestellt, der das Manas-Denkmal vor der Philharmonie (→ S. 134) und das Denkmal für die Opfer des Zweiten Weltkrieges auf dem Sieges-Platz (→ S. 131) geschaffen hat (uliza Togolok Moldo, Mo–Fr 9–16 Uhr, Mittagspause 12–13 Uhr).

■ **Tokombajew-Museum**
Dieses Museum ist dem Schriftsteller Aaly Tokombajew gewidmet. Er wurde 1904 in Tschong Kajyndy (bei Kemin) geboren und starb 1988. Während des Kirgisen-Aufstandes 1916 floh er mit seiner Familie nach China. Auf der Rückkehr 1917 nach Kirgistan starb die gesamte Familie. Obwohl Vollwaise, gelang es ihm trotzdem, die Mittelasiatische Staatliche Universität in Taschkent abschließen. Er leistete einen großen Beitrag bei der Überführung des Kirgisischen in eine kyrillische Schriftsprache. Daneben war er selbst als Lyriker und Prosaschriftsteller tätig, der seine Werke grundsätzlich auf

Kirgisisch verfasste. Tokombajew übersetzte viele russischsprachige und ausländische Werke ins Kirgisische (uliza Tschujkowa 109, Mo–Fr 10–17 Uhr).

■ **Toktogul-Museum**
Toktogul Satylganow wurde 1864 im Kokander Khanat geboren und starb 1933 in Sasyk Dshijde (Toktogul-Rajon). Das Haus ist dem in Kirgistan verehrten und berühmten Schriftsteller und Akyn (kirg: Volkssänger) gewidmet. Sein Verdienst besteht darin, das Manas-Epos weiterverbreitet und das Spiel auf dem Nationalinstrument Komuz populärer gemacht zu haben. Nach ihm wurden der größte Stausee des Landes, die Stadt Toktogul in dessen Nähe und der Rajon benannt (uliza Toktogula 109, Mo–Fr 10–17 Uhr, Mittagspause 12.30–13.30 Uhr).

■ **Zoologisches Museum**
Dieses Museum besteht aus drei Abteilungen: Ein Raum beherbergt die entomologische Sammlung, ein zweiter großer Saal stellt die Vogel- und Säugetierfauna vor, ein dritter kleinerer Raum zeigt Präparate von Reptilien und Fischen. Die Vogel- und Säugetierpräparate sind leider in einem schlechten Zustand. Allerdings lohnt sich ein Besuch, denn viele der ausgestellten Arten wie Schneeleopard, Ibisschnabel oder Marco-Polo-Schaf wird man aufgrund ihrer Seltenheit in freier Natur nicht zu sehen bekommen (Tschuj-Prospekt 265, auf dem Gelände der Akademie der Wissenschaften, Di–Fr 10–17 Uhr).

■ **Geologisches Museum**
Das Museum befindet sich im Geologischen Institut der Akademie der Wissenschaften. Tel. +996/312/622846; Prospekt Dzershinskogo 2, keine regulären Öffnungszeiten. Besuch nur nach Voranmeldung.

Parks
Es heißt, dass Bischkek eine der grünsten Städte der GUS-Staaten ist und dass auf jeden Einwohner ein Baum kommt. Diesen Status als ›grüne Hauptstadt‹ verliert Bischkek jedoch nach und nach. Auf der Toktogul-Straße wurde im Frühjahr 2014 wegen des Baus einiger mehrgeschossiger Penthäuser und Einkaufszentren eine wunderschöne alte Baumallee gefällt. In den nächsten Monaten sollen über 1000 Bäume im Zentrum weiteren Bauprojekten zum Opfer fallen. Die Baufirmen gehen leider sehr rigoros vor und machen zahlreiche Anpflanzungen russischer und sowjetischer Landschaftsarchitekten zunichte.
Besonders während der Sommerhitze ist man den Gründervätern der Stadt dankbar, die damals, in der zweiten Hälfte des 19. Jahrhunderts die junge Stadt planvoll bepflanzen ließen. Das Blattwerk der alten Bäume hält den Staub der Vorstädte fern, dämpft den Lärm des jährlich anwachsenden Verkehrs und spendet reichlich Schatten. Parks wie der Panfilow-Park, der Park der Freundschaft (Park Drushby) und der Vergnügungspark ›Flamingo-Welt‹ auf dem Messegelände lassen den Gast schnell vergessen, dass man sich im Herzen Zentralasiens befindet, in einer der trockensten Gegenden der Erde.

Religiöse Stätten
Bischkek, hinsichtlich der Bevölkerungszusammensetzung sicher die bunteste Stadt Kirgistans, hat Gotteshäuser für alle Religionen. Neben der zentralen Moschee gibt es zahlreiche kleinere Moscheen in der ganzen Stadt. Die russisch-orthodoxen Gläubigen besuchen die Bischkeker Hauptkirche und die Kirche des heiligen Großfürsten Wladimir. Es gibt ein katholisches Bethaus, eine evangelische Kirche und eine Synagoge.

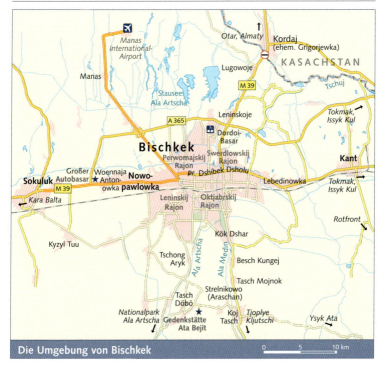

Die Umgebung von Bischkek

Ausflüge in die nähere Umgebung
■ Gedenkstätte Ata Bejit
Von historischer Bedeutung ist eine Stelle am Fuße der Berge südlich von Bischkek. Hier befindet sich zwischen den Dörfern Tasch Döbö und Araschan der Nationale Gedenkkomplex für die Opfer Stalinistischer Repression ›Ata Bejit‹ (russ./kirg. Ата Бейит). *42°43'22.57"N, 74°35'36.96"E*

Am 5. November 1938 wurde hier ein großer Teil führender Köpfe der jungen Kirgisischen Sowjetrepublik (Politiker, Parteifunktionäre, Künstler, Kulturschaffende) ohne Verurteilung heimlich erschossen. Unter ihnen war auch der Vater des berühmten sowjetisch-kirgisischen Schriftstellers Tschingis Aitmatow. Durch die Berichte einer Augenzeugin konnte im Jahr 1991 die Stelle der Erschießungen gefunden werden. Die 137 Leichen wurden exhumiert und in einem Massengrab beigesetzt, das seit 1999 den Status eines Nationalen Denkmals besitzt. Ein kleines Museum wurde am Massengrab angelegt, das die Stalinistischen Säuberungen dokumentiert. Eine Skulptur und Granitplatten zieren das Grab. Im Jahre 2008 wurde auch Tschingis Aitmatow hier beerdigt: Sein letzter Wunsch war es, in der Nähe seines Vaters zu liegen, den er als Kind verloren hatte.

■ Tschong Aryk
Unter in Bischkek wohnenden Ausländern und Gästen recht unbekannt ist eine hervorragende Picknick-Möglichkeit in einem Auwald an der südlichen Stadtgrenze von Bischkek in Richtung

des Ala-Artscha-Nationalparkes (→ S. 155). Die Anfahrt erfolgt über die uliza Bacha (uliza Sadyrbajewa) nach Süden, und man durchquert das Dorf Tschong Aryk (russ./kirg. Чонг Арык) gänzlich. Fast genau 1000 Meter nach dem Ende des Dorfes kommt auf der linken Seite der Auwald des Ala Artscha recht nahe an die Straße heran. Hier gibt es eine schlecht sichtbare Abfahrt zu einem tiefer liegenden Parkplatz. Man bezahlt eine Parkgebühr und etwas Eintritt. Dafür hat kann man sich einen schattiges Plätzchen an den Wiesen oder Schotterbänken am Fluss suchen. Essen, Getränke, Grill und Holz sollte man selbst mitbringen, es gibt keine Infrastruktur. Für Kinder ist das Gelände ein grenzenloser Abenteuerspielplatz. *42°46'7.76"N, 74°34'52.08"E*

■ **Koj Tasch und Strelnikowo**
Die verträumten Dörfer Koj Tasch und Strelnikowo (bis 1995: Kolchoz Strelnikowa, колхоз Стрельникова) im Ala-Medin-Tal (→ S. 157) liegen nur zwölf Kilometer südlich der Stadtgrenze von Bischkek (ab Kreisverkehr Almatinskaja-Straße sind es 15 Kilometer). Obwohl Strelnikowo vor einigen Jahren in Araschan (kirg. Арашан) umbenannt wurde, hat sich der neue Name nicht durchgesetzt. *42°43'38.16"N, 74°39'2.19"E*
Beide Gemeinden liegen bereits auf etwa 1200 Meter über dem Meeresspiegel und haben wie andere Dörfer im südlichen Großraum der Hauptstadt – Woronzowka oder Gornaja Majewka – in den Sommermonaten ein angenehmes Klima. Hier sind in Abhängigkeit von der Wetterlage immer zwischen vier bis zehn Grad weniger als in der Innenstadt von Bischkek zu verzeichnen. Dies macht sich vor allem in den Sommernächten bemerkbar, wenn man in Bischkek bei Nachttemperaturen von 25 bis 30 Grad nicht schlafen kann. Außerdem gibt es hier im Winter keinen Smog. Wer vorhat, länger in Kirgistan zu leben, für den wäre der Kauf einer Datsche oder eines Häuschens mit Garten eine gute Möglichkeit, um hier die Wochenenden zu verbringen oder gar in sauberer Dorfluft seinen ständigen Wohnsitz zu haben.
Zwischen Strelnikowo und Koj Tasch, direkt an der Brücke über den Ala Medin, gibt es ein nettes Fischrestaurant, wo man gegen ein Entgelt in Becken selbst Forellen angeln kann. Biegt man aus Koj Tasch kommend, hinter dieser Brücke scharf nach rechts ab, so gelangt man in das ruhige **Seitental des Tschunkurtschak**, das im oberen Teil zum Wandern einlädt und einen der besten Panoramablicke auf Bischkek bietet.

Sokuluk-Tal

Das Sokuluk-Tal (russ./kirg. Сокулук) lockt mit einem schönen Wanderweg zu dem etwa 100 Meter hohen Tauben-Wasserfall. Um dorthin zu gelangen, fährt man von Bischkek für 15 Kilometer gen Westen und zweigt dann in der Kleinstadt Sokuluk ab. Sokuluk ist nicht nur Sitz der Verwaltung des gleichnamigen Rajons, sondern mit 12 000 Einwohnern auch die größte Stadt des Rajons. In Sokuluk biegt man gen Süden ab und fährt entlang des Flusses Sokuluk flussaufwärts. Das letzte Stück bis zum Dorf **Tasch Bulak** (frühere Bezeichnung ›Belagorka‹) ist Piste. Hinter diesem Dorf befindet sich der Ausgangspunkt für eine etwa zweistündige Wanderung zum Wasserfall mit Blick auf den Viertausender Pik Tschernyj Kreml (›Schwarzer Kreml‹). *42°36'21.59"N, 74°13'52.63"E*
Auch eine dreitägige **Trekking-Tour in die Suusamyr-Hochebene** (→ S. 165) über den 3775 Meter hohen Sokuluk-Pass kann man ab hier unternehmen.

Bischkek-Informationen

Allgemeine Informationen
Vorwahl: +996/312
Zeitzone: MEZ +5 (Winterzeit), MEZ + 4 (Sommerzeit)
Touristen-Information: Staatliches Komitee für Tourismus und Sport, Togolok-Moldo-Straße 17, 720003 Bischkek, Tel. 220657, Fax 212845. Weitere allgemeine touristische Infos gibt jeder Reiseveranstalter in Bischkek (→ S. 327).

Banken und Wechselstuben
Wechselkurs: Anfang 2015 bekam man für einen Euro etwa 72 Som, für einen US-Dollar etwa 54 Som.
Kreditkarten sind in Kirgistan noch nicht weit verbreitet, aber es gibt im Stadtzentrum zahlreiche **Geldautomaten** (vor allem Demir Bank und Unicredit), an denen man mit der Kreditkarte (in der Regel wird VISA überall problemlos akzeptiert) und zum Teil auch mit der EC-Karte Geld abheben kann. Geldautomaten gibt es auch in den Betastores und im Kaufhaus ZUM (→ S. 150).
Achtung: V-Pay-Karten werden nirgends in Kirgistan akzeptiert!
Für Aufenthalte außerhalb Bischkeks sollte man ausreichend **Bargeld** dabeihaben, es gibt im ganzen Land genügend **Wechselstuben**. Bei touristischen Dienstleistern kann man oft auch mit Euro oder US-Dollar bezahlen.
Man sollte darauf achten, genügend kleine Som-Scheine zu haben (20, 50, 100, 200), da auf größere Scheine manchmal nicht herausgegeben werden kann, z. B. an Kiosken, im Bus etc.
Weitere Informationen ab → S. 315.
Western Union hat u.a. folgende Filialen in Bischkek: AIYL-Bank, Tschuj-Prospekt 46 oder uliza Puschkina 50.

Post
Hauptpostamt, 720001 Bischkek, Tschuj-Prospekt 227, Tel. 613607. Hier ist es möglich, im ›Land der nicht auffindbaren Briefmarken‹ einige Briefe und Postkarten mit den selbigen zu bekleben. Es werden russisch- und kirgisischsprachige Zeitungen, Postkarten und eben auch Briefmarken verkauft. Wenn man Ferngespräche führen möchte, muss man die Tür links vom Haupteingang nehmen.
Postamt Nr. 1, 720001 Bischkek, uliza Kiewskaja 114, Tel. 622514.
Postamt Nr. 3, 720003 Bischkek, uliza Adymonmynowa 207, Tel. 662818.
Postamt Hauptbahnhof, 720004 Bischkek, Prospekt Dzershinskogo 1a, Tel. 300343.
Postamt Nr. 5, 720005 Bischkek, uliza Sowjetskaja 5 b, Tel. 544146.

Internet-Cafés/WLAN
In den letzten Jahren sind in Bischkek viele Internet-Cafés (russ. Интернет) aus dem Boden geschossen, vor allem auf der Sowjetskaja-Straße und dem Tschuj-Prospekt wird man schnell fündig. Kosten: 40 bis 60 Som pro Stunde. Megacom und Beeline bieten mobiles Internet mit USB-Sticks an.
ABC, uliza Moskowskaja 162, Tel. 318751.
AGAT, 5. Mikrorajon, Haus 66, Tel. 418777. Einer der wenigen Internet-Clubs in den Außenbezirken.
B Zone, Tschuj-Prospekt 170, Tel. 640777.
Elki Palki, uliza Dshunusalijewa 1, Tel. 457934, 510182.
Galaktika, Tschuj-Prospekt 257, 24 Stunden geöffnet.
Intel Internet, uliza Kiewskaja 92, Tel. 660556.
NEO Planet, uliza Sujunbajewa 14 Tel. 681947.
Pautina, Tschuj-Prospekt 115a.
Skynet, uliza Turusbekowa 49, Tel. 211963.
Schmel, Internet-Cafe mit einigen Filialen: Tschuj-Prospekt 48, Tschuj-Prospekt 186, Tschuj-Prospekt 257, uliza Prawdy 57, uliza Kiewskaja 39, uliza Achunbajewa 92, uliza Achunbajewa 130.
Es gibt weiterhin einige Restaurants und Cafes, die kostenloses Internet anbieten. Dazu gehören ›Fat Boys‹, ›Navigator‹ und ›Coffeeman‹.

Meldestelle

Will man sein kirgisisches Visum verlängern ist dies in der **Konsularabteilung des Außenministerium** (МИД , консульский отдел, Tel. 663250, Tel. 663270) möglich, welche sich in der uliza Tokolog Moldo 10 a befindet. Seitdem für touristische Reisen für bis zu zwei Monaten Dauer die Visapflicht aufgehoben wurde, ist diese Dienststelle nur noch für diejenigen wichtig, die sich länger in Kirgistan aufhalten wollen. Eine Registrierung des Visums wird u. U. in Abhängigkeit der Visumart gefordert. Am besten mit Dolmetscher hingehen, fast niemand spricht dort Englisch.

An- und Abreise
Mit der Bahn

Um es vorauszuschicken: Es ist immer noch ein echtes Abenteuer auf der als ›Turksib‹ bezeichneten Strecke zwischen Moskau, Bischkek und Almaty unterwegs zu sein. Fast 80 Stunden nimmt die Fahrt von der Hauptstadt des Russischen Reiches bis in den Tien Schan in Anspruch. Man quert dabei die Taigawälder Mittelrusslands, Mütterchen Wolga, die großen Steppen des Orenburg-Oblastes und Nordkasachstans. Bei Aralsk berührt man fast den Aral-See und folgt dann dem Lauf des geschichtsträchtigen Syr Darja, bevor man in die Wüsten um Tschimkent kommt. Den kasachisch-kirgisischen Grenzbahnhof Kaindy durchläuft man zwei Stunden vor Ankunft in Bischkek. ›Platzkart‹ (russ. плацкарт = Liegewagen) kostete 2014 etwa 190 Euro, Kupe (russ. Купе = Schlafwagen) etwa 260 Euro. Für drei Tage Zugabenteuer, einen durchgehend heißen Samowar und 4000 Kilometer fast geschenkt und eigentlich unbezahlbar (→ S. 310).

Achtung: Es ist ein **Transitvisum für Russland** notwendig, das man am besten über eine spezialisierte Agentur besorgt (→ S. 306). **Kasachstan** hat im Juli 2014 für deutsche Staatsbürger (nicht jedoch für Österreicher und Schweizer!) die Visapflicht für touristische Reisen bis zu 15 Tage Dauer ausgesetzt, vorerst befristet für ein Jahr (bis 15. Juli 2015). Dies gilt auch für Transitreisen. Näheres sollte man bei der kasachischen Botschaft im Heimatland erfragen.

Mit dem Flugzeug

Internationaler Flughafen ›Manas‹, Tel. 603109, www.airport.kg.

Der internationale Flughafen befindet sich etwa 40 Kilometer nördlich des Stadtzentrums. Man muss durch mehrere Dörfer fahren, um ihn auf einer sehr gut ausgebauten, vierspurigen Chaussee zu erreichen. Bei der **Ankunft** sollte man seinen Gepäckabschnitt aufheben, bis man den Flughafen verlassen hat, es wird häufig kontrolliert, ob man auch tatsächlich sein eigenes Gepäck vom Band genommen hat, und ein Verlust des Zettels kann durchaus ein mittleres Chaos auslösen.

Ein **Taxi ins Zentrum** kostet 600–900 Som, wobei bei Ankünften in der Nacht mit einem Zuschlag zu rechnen ist. Die Fahrzeit beträgt 30 Minuten (ohne Stau), in die südlichen Stadtteile bis zu 45.

Beim **Abflug** kann es vor allem in den Sommermonaten auf dem doch recht überschaubaren Flughafen eng werden, man sollte in jedem Fall überpünktlich erscheinen, um die langwierige Check-in-Prozedur

Das ehemalige Haus der Gewerkschaften

mit mehreren Sicherheitsschleusen rechtzeitig absolvieren zu können. Es gibt keine Läden und keine Restaurants, lediglich ein provisorisches Café vor den Gates und einen Kiosk, in dem man Tabakwaren, Wodka und ein paar Souvenirs erstehen kann. **Binnenflüge** nach Batken, Dshalal Abad, Naryn, Isfana und Osch werden durch zwei kirgisische Fluggesellschaften ausgeführt. Es soll nicht verschwiegen werden, dass keine kirgisische Airline auf EU-Flughäfen landen darf – aus Sicherheitsgründen.

In den **GUS-Staaten** werden die Städte Taschkent, Nawoi, Duschanbe, Chud-shand, Almaty, Astana, Nowosibirsk, Surgut, Krasnojarsk, Moskau, Perm, St. Petersburg, Krasnodar, Jekaterinburg angeflogen.

Bei internationalen Flügen hinkt der Flughafen ziemlich hinterher, denn gerade mal Istanbul, Dubai, Urumqi, Schanghai und Hongkong stehen auf dem Plan für Direktflüge.

Günstige Flüge von zahlreichen deutschen Flughäfen sowie von Wien und Zürich bieten vor allem Pegasus, Turkish Airlines (beide mit Umsteigen in Istanbul, was die empfehlenswertere Variante ist) und Aeroflot (mit Umsteigen in Moskau) (→ S. 308). Die **Preise für ein Rückflugticket** beginnen bei rechtzeitiger Buchung bei 350 Euro.

Unterwegs in Bischkek

In der Stadt gibt es einige **Trolleybus-Linien**, **Bus-Linien** und **Marschrutka-Linien**. In Bischkek sind diese Marschrutkas meistens Mercedes Sprinter oder deren Vorgängermodelle. Alle drei Verkehrsmittel sind OHNE Fahrplan, aber auf festen Linien unterwegs. Bei den Marschrutka-Linien ist es so, dass im Abstand von wenigen Monaten neue Linien hinzukommen und andere verschwinden. Während die Trolleybusse und die Busse an festgelegten Haltestellen stehenbleiben, kann man die Marschrutka auf Wunsch mit einer Handbewegung herbeiwinken: man streckt die flache Hand seitlich nach unten. Richtung und Nummer stehen auf Schildern hinter der Windschutzscheibe. Einheimische Fahrgäste und auch die Fahrer sind oft sehr hilfsbereit, und wenn man als Tourist nicht genau weiß, wo man hin muss: Einfach fragen. Bezahlt wird beim Einsteigen vorne beim Fahrer (in der Stadt 10 Som für eine beliebige Strecke), im Trolleybus(8 Som) gehen Ticketverkäufer durch. Es gibt inzwischen sogar eine Smartphone-App, mit der man sich die günstigsten **Verbindungen** raussuchen lassen kann: www.bus.kg

Wichtige innerstädtische Linien

Nummer 19: entlang des Tschuj-Prospektes zum Osch-Bazar.

Nummer 110: vom Osch-Basar entlang der Moskowskaja-Straße zur Sowjetskaja-Straße, dann nach Süden.

Nummer 113 und 114: vom westlichen Busbahnhof entlang der Dshibek-Dsholu-Straße zum Alamedin-Basar.

Nummer 126: Sowjetskaja, dann weiter den Mira-Prospekt nach Süden bis zum Hotel ›Pinara‹.

Trolleybus 4: vom Osch-Basar über die Moskwa-Straße und die Sowjetskaja-Straße nach Norden bis zur Dshibek-Dsholu-Straße.

Taxis

Mittlerweile existieren in Bischkek diverse **Taxiunternehmen**, bei denen telefonisch geordert werden kann. Hier die wichtigsten Firmen mit Telefonnummer: Ewrotaxi (150), Express-Taxi (156), Mobitaxi (166) und Super Taxi (152).

Im **Stadtzentrum** (Kurzstrecke) kostet die Fahrt mit einem **Ruftaxi** zwischen 6 und 22 Uhr ca. 100 Som. ›Freischaffende‹ Taxis kosten 150 bis 200 Som – je nachdem, wie man sich einigt. Nachts gelten etwa 20 bis 50 Prozent höhere Tarife. Preise sind bei **Fahrten mit Privattaxis** unbedingt vor Fahrtbeginn auszuhandeln. Besonders nach Einbruch der Dunkelheit ist es zu empfehlen, nur Ruftaxis zu nutzen.

Überlandbusse

Für Reisen im Land kann man Busse benutzen oder aber die schnelleren Sammeltaxis und Marschrutkas, die häufig zwischen allen

Straßennamen

Nach 1991 wurden viele sowjetische Straßennamen durch kirgisische ersetzt. Dies betrifft auch die Bezeichnungen uliza (Straße) und Prospekt (Boulevard), die auf Kirgisisch kötschösü bzw. propektesi heißen. Die meisten Bewohner von Bischkek kümmern sich darum allerdings überhaupt nicht, auch verwenden viele Stadtpläne und Adressangaben einfach die alten Straßennamen weiter. Auch Taxifahrer haben mitunter Probleme, wenn man ihnen eine Adresse mit neuem Straßennamen sagt. Im Text werden deswegen die geläufigen, sowjetischen Straßennamen verwendet, also Sowjetskaja anstelle Baatyr Bajtik. Hier die Änderungen der wichtigsten Straßennamen nach 1991:

alt	neu
uliza Aeroportskaja	Ashybek Baatyr kötschösü
uliza Alma Atinskaja	Kurmandshan Datka kötschösü, Schabdan Baatyr kötschösü
uliza Bakinskaja	Elebesow kötschösü
prospekt Belinskogo	Manas prospektesi
uliza Donezkaja	Suerkuloa kötschösü
uliza Drushby	Karasajew kötschösü
uliza Dushanbinskaja	Toktonalijew kötschösü
prospekt Dzershinskogo	Erkindik prospektesi
uliza Engelsa	Tschokmorow kötschösü
uliza Iwanizina	Dshumabek kötschösü
uliza Kamskaja	Samantschin kötschösü
uliza Karla Marxa	Junusalijew kötschösü
uliza Karpinka	Sujunbajew kötschösü
uliza Kosmitscheskaja	Borombaj Sultan kötschösü
uliza Kremljowskaja	Abaj kötschösü
uliza Krupskaja	Tabyshalijew kötschösü
uliza Leningradskaja	Kasymaly Bajalinow kötschösü
uliza Linejnaja	Tugolbaj Ata kötschösü
prospekt Mira	Manas prospektesi
prospekt Molodaja Gwardija	Mahatma Gandi prospektesi
uliza Nekrasowa	Uzengazy Asanlijew kötschösü
uliza Ordshonikidze	Dshunusalijew kötschösü
uliza Prawdy	Sultan Ibraimow kötschösü
uliza Shigulewskaja	Suwanberdijew kötschösü
uliza Sowjetskaja	Abdrachmanow kötschösü (nördlich der uliza Lwa Tolstogo)
uliza Sowjetskaja	Bajtik Baatyr kötschösü (südlich uliza Lwa Tolstogo)
uliza Stroitelnaja	Majtew kötschösü
uliza Swerdlowa	Temirkul Umetalijew kötschösü
uliza Tschapajewa	Bakajew kötschösü
uliza Woroschilowa	Kolbajew kötschösü

größeren Orten im Land pendeln. Die Preise sind niedrig: beispielsweise Bischkek–Osch (660 km): 20–25 Euro, Bischkek–Karakol (390 km): 4–6 Euro. (→ S. 332)

Östlicher Busbahnhof

Von hier (Jushnij Awtowokzal, южный автовокзал) bedienen Busse die **Orte östlich von Bischkek**: (Kant 20 km), Tokmak (50 km), Kemin (95 km) und ins Tschong-Kemin-Tal. Im Sommer kommen Verbindungen zum Issyk Kul hinzu: Balyktschy (170 km), Tscholpon Ata (250 km), Bosteri (260 km) und Karakol (390 km). Es verkehren Busse mit festem Fahrplan (meist ein- oder zweimal pro Tag). Die Bustickets sind am Schalter des Busbahnhofs zu kaufen. Weiterhin verkehren Marschrutkas ohne festen Fahrplan, die jeweils abfahren, wenn sich genug Fahrgäste gefunden haben.

Westlicher Busbahnhof

Will man in die anderen Landesteile, so ist man am Westlichen Busbahnhof (Zapadnyj Awtowokzal, западный автовокзал) richtig. Kleinbusse und Sammeltaxis befördern Fahrgäste in den westlichen Tschuj-Oblast (Kara Balta, Belowodskoje), nach Talas, in den Dshalal-Abad-Oblast (Toktogul, Dshalal Abad ; Tasch Kumyr), in den Naryn-Oblast (Naryn, Kotschkor, At Baschy) und in den Issyk-Kul-Oblast (Balyk-tschy, Karakol, Tscholpon Ata). Fast alle Ziele kann man auch mittels Sammeltaxi erreichen. Die Kleinbusse (meist Mercedes Sprinter) fahren vom nördlichen Teil des Busbahnhofs in alle Teile des Landes ab, sind aber langsamer und unbequemer als Sammeltaxis. Fahrpläne gibt es nicht, der Fahrer wartet, bis im Gefährt (fast) alle Plätze besetzt sind. Der Bahnhof ist 24 Stunden geöffnet und hat ein Wechselbüro, eine Gepäckaufbewahrung und ein Informationsbüro neben dem Schalter Nr. 7.

Busabfahrt am Osch-Basar

Sie befindet sich 400 m westlich des Basars, an der Kreuzung Julius-Fučík-Straße/Tschuj-Prospekt. Von hier fahren Marschrutkas in den westlichen Teil des Tschuj-Oblastes (Belowodskoje, Sokoluk, Kaindy). Von Kaindy kommt man nach Merke (Kasachstan).

Unterkünfte

Die hier angegebenen Preise gelten bei Direktbuchung. Über Reiseveranstalter bzw. Buchungsportale im Internet sind die Zimmer oft günstiger zu buchen.

Obere Preisklasse

Park Hotel, uliza Orozbekowa 87, Tel. 665518, www.parkhotel.kg. Kleine, aber top ausgestattete Zimmer mit kostenlosem WiFi. Lage in einer ruhigen Seitenstraße nahe dem Stadtzentrum; EZ ab 147 US-Dollar, DZ ab 167 US-Dollar.

Ak Keme, Prospekt Mira 93, Tel. 540143, 540152, Fax 542365, info@akkemehotel.com, www.akkemehotel.com. Voll ausgestattetes Hotel nach westlichem Standard; 140 US-Dollar für ein EZ, 190 für ein DZ, mit Frühstück.

Hyatt Regency, uliza Sowjetskaja 191, Tel. 661234, Fax 665744, bishkek.regency@hyatt.com, www.bishkek.regency.hyatt.com. Bischkeks einziges Fünfsternehotel bietet höchsten Komfort; 270 US-Dollar für ein DZ mit Frühstück.

Hotel Holiday, uliza Sowjetskaja 204, Tel. 976161, reservations@holiday.kg, www.holiday.kg. In zentraler Lage mit sauberen Zimmern und freundlichen Mitarbeitern, Zimmer und Gebäude sind etwas eng geraten und mit 140 US-Dollar für ein EZ und 180 US-Dollar für ein DZ doch etwas überteuert.

Silk Road Lodge, uliza Abdumomunowa 229, Tel. 324889, Fax 324895, reception @silkroad.com.kg, www.silkroadlodge.kg. Gut ausgestattetes Hotel in ruhiger Lage, das Zentrum ist zu Fuß leicht erreichbar; EZ ab 130 US-Dollar, DZ ab 150 US-Dollar.

Mittlere Preisklasse

Shumkar Asia Guesthouse, uliza Osipenko 34, Tel. 57324. Fälschlicherweise als Gasthaus bezeichnet, stellt ›Shumkar Asia‹ ein

gutes Mittelklassehotel mit 13 Zimmern dar. Saubere rustikale Zimmer. Der Speisesaal befindet sich im Keller und kann nur zum Frühstück benutzt werden. Vorteile des Hauses sind die sehr ruhige Lage in einem Villenviertel und die Sitzmöglichkeiten im schattigen Garten. DZ ab 50 US-Dollar.
Soluxe, uliza Kalyka Akijewa 117. Die 10 Zimmer dieses familiären Hotels sind schön und sauber, kostenloses WiFi verfügbar. Das Zentrum ist 10 Minuten per Auto entfernt. EZ ab 55 US-Dollar.
Kyrgyz Altyn, Prospekt Belinskogo 30, Tel. 311801. Ein mittelgroßes Hotel mit 40 Zimmern und zentrumsnaher Lage. Zimmer mit Sanitärtrakt auf dem Zimmer und einfachere Variante mit Gemeinschaftsbad und -toilette. EZ 2400 Som, DZ ab 1700 Som, DZ (gehobener Standard) 3100 Som (ohne Frühstück).
Hotel Alpinist, uliza Panfilowa 113, Tel. 595647, 699621, Fax 595647, alpinist@elcat.kg, www.alpinisthotel.centralasia.kg. Sauberes, leicht abgewohntes Mittelklassehotel mit hilfsbereitem Personal. Kleiner Speiseraum im Eingangsbereich, wo das Frühstück in Form eines Buffets gereicht wird. 10 Minuten per Auto und 30 Minuten zu Fuß bis zum Zentrum. EZ ab 60 US-Dollar, DZ 80 US-Dollar.
Asia Mountains, Linejnaja uliza 1a, Tel. 690234, hotel@asiamountains.net, www.asiamountains-hotels.com. Ein kleines Hotel mit zweckmäßig eingerichteten Zimmern. Es ist trotz seiner Lage neben der Eisenbahn ein netter Rückzugsort. Die gleichen Betreiber haben kürzlich ein zweites Hotel im Stadtzentrum eröffnet. EZ ab 70 US-Dollar.
Asia Mountains 2, uliza Gorkogo 156, Tel. 540206, Fax 545513, hotel2@asiamountains.net. Das Hotel verfügt über drei Stockwerke und sieht von außen eher wie ein Privathaus aus und ist nicht so gemütlich wie das erste Hotel. Leider gibt es keinen weiträumigen Garten, sondern nur einen schmalen Gang zwischen Hauswand und dem Hotel. EZ ab 70 US-Dollar.

Issyk Kul, Prospekt Belinskogo 301, Tel. 550746. Ein in Sowjetzeiten erbautes Großhotel mit 194 Zimmern, das in den letzten fünf Jahren zweimal renoviert wurde. Es verfügt über eine Sauna, Billard, Restaurant, Bar und einen Konferenzsaal. EZ 2650 Som, DZ 1700 Som, DZ (gehobener Standard) 3100 Som.

Untere Preisklasse

Gasthaus Alla, uliza Suchomlinowa 6, Tel. 561256. Großes Privathaus mit sehr angenehmer Atmosphäre, reichhaltigen selbst gemachtem Frühstück. Die Sitzgruppe im Garten, viele Bäume und ein Klavier im Speiseraum sorgen für ein persönliches Ambiente. Das Haus wurde zu einem einfachem Hotel umgebaut und besitzt ein Drei-Mann-Zimmer und acht Doppelzimmer. Von den neun Zimmern sind sieben mit eigenem Bad und Toilette ausgestattet. Die Chefin spricht Englisch. DZ 45 Euro (mit Frühstück).
Crocus, uliza Komsomolskaja 5, Tel. 367164. Familiär geführtes, recht ansprechendes Gasthaus mit schönem Garten. Allerdings relativ weit vom Zentrum entfernt und im Gebiet des Heizkraftwerkes gelegen. EZ 40 US-Dollar, DZ 50 US-Dollar, inkl. Frühstück.
Interhouse, Topografitscheskaja uliza 9; Tel. 595070, interhouse.kg@gmail.com, www.interhouse.kg. Stilvolle, kleine Pension in ruhiger und doch zentrumsnaher Lage, sauber und sehr freundliche Betreiber, WiFi und Frühstück inkludiert, Zimmer ab 15 US-Dollar, Suite ab 30 US-Dollar.
Radison Guesthouse, uliza Abdumomunowa 259, Tel. 935025, 323181, radison@radisonhouse.com, www.radisonhouse.com. Kein Gasthaus, sondern ein familiär geführtes kleines Hotel, das absolut zentral und doch ruhig und grün liegt. Eigener Garten, WiFi und Frühstück inkludiert. EZ ab 40 US-Dollar, DZ 50 US-Dollar.
Semetey, uliza Toktogula 125, Tel. 613909, semetey.hotel@mail.ru. Ein Hotel, das aus der Sowjetzeit stammt und leicht überteuert ist, allerdings über eine sehr gute Lage verfügt. EZ 1800 Som, DZ 2800 Som.

Backpacker-Unterkünfte

Hostel Aijmkan, 10. Mikrorajon, Haus 34/1, Wohnung 54. maratova-13@mail.ru (Mail auf Deutsch oder Englisch), Tel. +996/773/644195 oder +996/555/460610. Die Betreiber sprechen gutes Deutsch. Die Unterkunft liegt verkehrstechnisch sehr gut, denn die Bushaltestelle auf der Sowjetskaja ist nur 2 Gehminuten entfernt und mit der Marschrutka fährt man in 15 Minuten direkt bis ins Zentrum. Wer eine echte sowjetische Unterkunft im Plattenbau sucht, wird hier fündig. In der Zwei-Raum-Wohnung stehen zwei Zwei-Bett-Zimmer und eine Küche zur Selbstverpflegung zur Verfügung. Aijmkan kann Abholung vom Flughafen oder Bahnhof zur Unterkunft organisieren. 10 Euro pro Person, Frühstück kann dazu gebucht werden.

Nomad Hostel, uliza Usenbajewa 44, Tel. 482138, nomadshome@gmail.com. Einfache, aber praktisch ausgestattete Backpacker-Unterkunft gleich hinter dem östlichen Busbahnhof. Hat Schlafsäle für 6, 8 und 12 Personen, Doppelzimmer in Jurten und Möglichkeiten zum selbst campen, Gemeinschaftsküche und Internet. DZ ab 12 US-Dollar pro Person (ohne Frühstück).

Sakura Guesthouse, uliza Mitschurina 38, Tel. 380209, http://sakuraguesthouse.web.fc2.com. Gepflegte Herberge mit freundlichen, japanisch-stämmigen Betreibern. Gemeinschaftsküche und kostenloses WiFi, Bett im Schlafsaal ab 8 US-Dollar.

Sabyrbek's Bed & Breakfast, uliza Razzakowa 21, Tel. 300710, sabyrbek@mail.ru, www.sabyrbek.com. Rustikale und einfache Unterkunft im Haus von Sabyrbek's Familie, Gemeinschaftsbad und Dusche. Etwas heruntergekommene Schlafsäle im Untergeschoss, Zimmer oben ab 12 US-Dollar pro Person.

USSR Hostel, Tschuj-Prospekt 127, Wohnung 132, Tel. 357540, ussr_hostel@mail.ru. Eine zum Hostel umgerüstete Wohnung mit sauberen Mehrbettzimmern, Gemeinschaftsküche, WiFi und Waschmaschine. Sehr freundliche Atmosphäre und ausgezeichnete Lage mitten im Zentrum. Bett ab 15 US-Dollar.

Die Teestube ›Dshalal Abad‹

Gastronomie

Teestuben (Tschajchanas)

Dshalal Abad, Kreuzung uliza Kiewskaja/Togolok Moldo, Tel. 610083. Eine der drei besten Lokalitäten in der Hauptstadt, da ein wunderbarer Einklang zwischen Architektur und Essen besteht. In der in traditioneller Bauweise Südkirgistans errichteten Tschajchana sitzen die Gäste auf Tapschanen. Dies sind große bettartige Gestelle, in deren Mitte ein niedriger, nur 40 cm hoher Tisch steht. Man sitzt im Schneidersitz auf Kissen, und es werden ausschließlich kirgisische und mittelasiatische Gerichte serviert. Das Lokal ist immer gut besucht, eine Vorbestellung angebracht. Es handelt sich um eine der wenigen muslimischen Teestuben, deshalb gibt es keine alkoholischen Getränke. Es gehört jedoch zum normalen Ton, die Bedienung zu bitten, aus dem benachbarten Laden Bier oder Wein zu holen.

Faiza, Dshibek-Dsholu-Prospekt, Tel. 664737 (1. Haus), und Ecke Tynystanowa/Mederowa (2. Haus). Authentische, kirgisische Gerichte in hoher Qualität. Es herrscht vor allem zu Mittag reger Betrieb und man muss auf einen Platz warten, der normalerweise sehr schnell frei wird. Extrem schnelle Bedienung (meist unter 10 min) und sehr gutes Essen der mittleren Preisklasse. Da es sich um ein muslimisches Restaurant handelt, werden keine alkoholischen Getränke angeboten.

Tschajchana auf dem Osch-Markt. Sehr versteckt findet man in den verwinkelten Gassen des Osch-Marktes einige kleinere Tschajchanas. Darunter befindet sich eine, in deren Raum ein riesiger Messing-Samowar aufgestellt ist. Er umfasst um die 50 Liter und wurde um 1900 hergestellt. Das Essen ist mit 60 Som recht günstig. Bei Gerichten mit Fleisch sollte man vorsichtig sein, da die hygienischen Bedingungen nicht optimal sind.

Russische Küche
Jolki Palki, uliza Swerdlowa (Umetalijewa). Wer echten russischen Borschtsch, Pelmeni oder Olady essen möchte, ist hier genau richtig.

Internationale Küche
Adriatico, Tschuj-Prospekt 219, Tel. 217632. Hervorragendes italienisches Restaurant mit importierten Köstlichkeiten, Hauptspeisen ab 200 Som. Von Botschaftsmitarbeitern und anderen ausländischen Organisationen stark frequentierte Lokalität, deren Besitzer ein Italiener ist und sein Restaurant im Griff hat: Sehr gute Küche, eine der besten Bedienungen der Stadt und nettes Ambiente. Sehr empfehlenswert.

Navigator, uliza Moskowskaja (Ecke Razzakowa), Tel. 665151. Hervorragende Speisen im schicken Ambiente, aber langsamer Service und Preise der Oberklasse. Ein Hauptgericht ab 600 Som, eine Tasse Kaffee ab 200 Som. Gut besucht von Botschaftsmitarbeitern und gutbetuchten Gästen. Im Sommer kann man im sehr gepflegten Vorgarten mit englischem Rasen sitzen. Es gibt eine Wassersprühanlage im Garten, die ein angenehmeres Mikroklima schafft.

Lotos, uliza Shukejewa-Pudowkina 7. Das im siebten Mikrorajon gelegene Restaurant der mittleren Preisklasse bietet nationale und internationale Speisen. In der warmen Jahreszeit kann man im schattigen Hof sitzen.

Nautilus, uliza Razzakowa 55, Tel. 662886. Internationale Speisekarte mit Fischgerichten.

Steinbräu, uliza Gerzena 5, Tel. 432144. Das Haus verfügt über eine eigene Bierherstellung. Frischgezapftes Bier für 50 Som und bayerische Kost. In einer hauseigenen Fleischerei werden deutsche und bayerische Wurst- und Fleischerzeugnisse hergestellt. Die Firma betreibt einen eigenen Laden auf der Ecke Prawda/Moskowskaja.

Four Seasons, uliza Tynystanowa 116a, Tel. 621548. Längere Wartezeiten, aber exzellente Küche. Gleich neben dem russischen Dramentheater.

Time Out, uliza Togolok Moldo 7a, Tel. 661139. Die ebenfalls unter Ausländern sehr populäre Gaststätte hat gehobene Preise und eine dementsprechend niveauvolle Küche.

Arzu, uliza Togolok Moldo 7, Tel. 696697. Ebenfalls gehobenes Preisniveau, gute Küche, sehr reichhaltige Speisekarte, schöne Sitzplätze im Hof, beliebt auch bei Reisegruppen, Reservierung ratsam.

Watari, uliza Frunze 557, Tel. 694801. Ausgezeichnete japanische Küche ab 150 Som für ein Hauptgericht.

Drushba, uliza Schopokowa 126, Tel. 620453. Kirgisische und internationale Küche.

L'Azzurro, uliza Ibragimowa 105 (Ecke Frunze-Straße), Tel. 432000. Beste Gerichte aus dem Nahen Osten dank des libanesischen Küchenchefs. Stilvolle, entspannte Atmosphäre und flotte Bedienung. Hauptgerichte ab 200 Som.

Vanilla Sky, Moskowskaja (Ecke uliza Isanowa), Tel. 376268. Internationale Küche mit hervorragenden Salaten, einer Vielzahl an Getränken und kostenlosem WiFi.

Dolce Vita, uliza Achumbajewa 16a, Tel. 543984. Pizzeria mit ca. 15 verschiedenen Pizzasorten. Pizzen ab 300 Som, Lieferservice möglich.

Ratatouille, uliza Ibragimowa 70, Tel. +996/772/431992. Feinste französische Küche im Herzen Bischkeks mit gemütlicher Atmosphäre. Ideal für Geschäftsessen und um im Freien eine Flasche guten, französischen Wein zu entkorken.

Cafés und Bars

Fatboys, Tschuj-Prospekt 104, Tel. 287350. Diese Mischung aus Pub und Café hat ein Engländer entworfen, der das Cafe aufgrund seiner vielfältigen Beziehungen zu einem der bekanntesten in Kirgistan machte. Obwohl er nicht mehr in Bischkek ist und das Niveau dadurch spürbar nachgelassen hat, kommen nach wie vor viele Amerikaner und Briten hierher. Sehr zentral gelegen. Hauptgerichte ab 200 Som.
Opera Café, Sowjetskaja 191, Tel. 661234, 6.30–24 Uhr. Befindet sich im Hotel ›Hyatt‹. Sehr gutes Kaffeeangebot und hausgebackener Kuchen.
Live Bar, Kulatowa 8/1. Internationale Speisekarte und am Abend gut besuchte Karaokebar. Obere Preisklasse.
Metro, Tschuj-Prospekt 168a, Tel. 217664. Große Bar und internationale Küche. Hier kommen die in Bischkek lebenden Ausländer nach Feierabend her auf ein Bier (60 Som). Obere Preisklasse.

Sierra Café, Prospekt Belinskogo 57/1, Tel. 311248; Ein idealer Ort für eine Tasse guten Kaffee und einen kleinen Imbiss. Schnelles WiFi.
Coffeman, uliza Togolok Moldo 40/1, Tel. 626125; Bietet verschiedene Sorten Kaffee (ab 150 Som) an. Einer der besten Plätze der Stadt, um Torten oder Kuchen zu genießen. Kostenloses WiFi.

Nachtclubs

Erfreulicherweise hat sich den letzten Jahren neben den klassischen Diskos auch eine etwas anspruchsvollere Nachtclubszene mit Live-Musik etabliert. Die Eintrittspreise liegen für Frauen bei 400 bis 700 Som, für Männer 500 bis 1100 Som.

12 Bar, uliza Razzakowa 32, Tel. 660012. Glitzer-Bar mit Dachterrasse, Treffpunkt der wohlhabenden Jugend in Bischkek.
Apple, Mira-Prospekt 28, Tel. 312919, ab 22 Uhr. Eine Disko mit großer Tanzfläche, oft mit Techno-Musik.
Heaven, uliza Frunze 429b, Tel. 39923. Hier kommt Hip Hop auf den Plattenteller.
Promzona, uliza Tscholponatinskaja 16, Tel. 900244, www.promzona.kg. Ein Rock-Club mit Live-Musik.
Zeppelin, Tschuj-Prospekt 43, Tel. 365849. Am Rande der östlichen Industriezone gelegen, kann dieser Club mit guter Live-Musik aufwarten. Sehr beliebt bei den etwas ›alternativeren‹ Jugendlichen, denn hier wird Rock gespielt.

Kinos

Ala Too, Ecke Tschuj-Prospekt/Prospekt Dzershinskogo, Tel. 661957.
dom kino (›Haus des Kinos‹), uliza Logwinenko 13, Tel. 300752. Alternatives Kino, in dem unregelmäßig Kinofestivals veranstaltet werden, die ausländische und kirgisische Produktionen zeigen.
Rossija, Ecke Tschuj-Prospekt/Togolok Moldo, 9–24 Uhr. Mit drei Sälen das größte Kino der Stadt. Im Eingangsbereich gibt es ein Schnellrestaurant, im Keller eine Bowlingbar. Die Eintrittsgelder sind abhängig

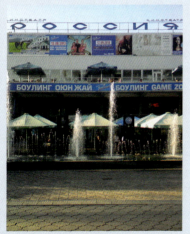

Das Kino Rossija

Das Russische Dramentheater

von der Größe des Saals und von der Vorführzeit. Vormittagsfilme kosten 80–100 Som, Abendvorstellungen 250–300 Som.
Manas, Prospekt Mira, in der Nähe der uliza Achumbajewa, Tel. 545826, www.manascinema.kg.

Theater, Konzert
Staatliches Opern- und Ballett-Theater, Sowjetskaja 167, Tel. 661548, www.operaballet.lg.kg (nur russisch). Mit großer Regelmäßigkeit werden die weltberühmten Werke von Mozart, Beethoven und Tschaikowski, alles in russischer und seltener in kirgisischer Sprache, gezeigt. .
Philharmonie, Tschuj-Prospekt 253, Tel. 212262. Westliche und kirgisische Orchestermusik, ab und zu auch Folkloreaufführungen. Die Ticketkasse befindet sich an der Westseite.
Russisches Dramentheater, uliza Tynystanowa 122, Tel. 662032. Das Theater, das offiziell den Namen ›Tschingis-Aitmatow-Dramentheater‹ trägt, ist das einzige russische Theater des Landes und wurde bereits 1935 gegründet. Die Namensgebung ist nicht zufällig, denn der größte Künstler des Landes schrieb in Kirgisisch und Russisch. Es gehörte zu Sowjetzeiten zu den besten Theatern Mittelasiens. Derzeit findet kein regelmäßiger Spielbetrieb statt.
Bischkeker Dramentheater, uliza Ogonbajewa 242, Tel. 665681. Das 1993 gegründete Theater geht auf den ›Verdienten Schauspieler der Kirgisischen Republik‹ A. Umuralijew zurück. Im einzigen städtischen Theater werden vor allem die weniger bekannten ausländischen sowie kirgisische Stücke in Szene gesetzt.
Staatliches Puppentheater, uliza Sowjetskaja 230a, Tel. 273579, www.tk18.narod.ru. Das Theater ist nach Musa Dshangazijew benannt. Seine Anfänge gehen auf das Jahr 1938 zurück, und es führt die gute alte sowjetische Puppentheatertradition, die vor allem in Leningrad/St. Petersburg ihre Wurzeln hat, fort. Die Stücke werden in russischer und kirgisischer Sprache gezeigt.

Einkaufen
Einkaufszentren
ZUM, Tschuj-Prospekt 155. Dechiffriert man die russische Abkürzung ›ЦУМ‹ (Центральный универсальный магазин) so kommt man auf ›Zentrales universales Geschäft‹. In dem Kaufhaus werden Importwaren aller Art, vor allem Handys und Telefonzubehör (Parterre), Edelkleidung,

Unterhaltungselektronik, Uhren und Schmuck angeboten, des weiteren Haushaltswaren und Haushaltstechnik sowie Bücher. Mehrere Souvenirshops im Obergeschoss bieten Filzartikel, Filzteppiche, Bücher und Antiquitäten feil. Das ZUM ist *der* Einkaufsstempel des Landes und immer entsprechend voll.

Asia West, uliza Sowjetskaja 152, Tel. 383478. Klassisches kirgisisches Einkaufszentrum.

Beta-Stores, Tschuj-Prospekt/uliza Isanowa. Kaufhaus mit Geldautomaten, an denen man mit Kreditkarte US-Dollar abheben kann. Am zweiten Stock befindet sich ein Shop, in dem es Outdoorbekleidung zu kaufen gibt.

Caravan, Kiewskaja uliza 128, Tel. 909400. Kleineres Einkaufszentrum mit einzelnen Läden (Haushaltsgeräte, Mode, Schmuck, Kindersachen, Spielzeug).

Dordoj Plaza, uliza Prawda 115 (Ecke Kiewskaja). Nicht zu verwechseln mit dem Dordoj-Basar am nördlichen Stadtrand (→ S. 135).

Detskij Mir, Tschuj-Prospekt 147, Tel. 621313. Früheres sowjetisches, seit 2010 neu renoviertes Einkaufszentrum mit vielen Läden für Kinderkleidung und Spielzeug. Es gibt auch einen Laden speziell für Fasching und Ausgestaltung von Kindergeburtstagen.

Red Center, Tschuj-Prospekt 156, gegenüber vom ZUM. Nur halb so groß wie dieses, aber mit ähnlichem Angebot.

Vefa Center, an der Kreuzung von uliza Sowjetskaja und uliza Gorkogo, Shoppingzentrum im westlichen Stil mit Markenprodukten aus China. In der oberen Etage befinden sich Cafés und ein Kino.

Bücher

Buchladen Rarität, uliza Puschkina 78, Tel. 667221. Der beste Buchladen der Stadt liegt rechts neben dem Nationalmuseum im Untergeschoss versteckt und hat ein gutes Sortiment an russischsprachigen Büchern, das Manas-Epos in englischer Ausgabe sowie Landkarten und Reiseführer. Weitere Filialen dieses Buchladens befinden sich an folgenden Stellen: Tschuj-Prospekt 271, Tel. 656233; im Vefa Center, uliza Gorkogo 27/1; im Laden Detskij Mir, Tschuj-Prospekt 147/4, Tel. 682272; im Einkaufszentrum Tasch Rabat, uliza Gogolja 1, Tel. 903829.

Odyssee, prospekt Mira 40, Tel. 613673. Neben einem Angebot aus schöngeistiger Literatur, Ratgebern, Kinderbüchern und diversen populärwissenschaftlichen Titeln auch Postkarten und Bildbände.

Souvenirs

Koldo Shop, Tschuj-Prospekt 136, Tel. 577062, Mo–Fr 10–19 Uhr, Sa/So 10–15 Uhr. Zu empfehlendes Geschäft, das traditionelles Handwerk und Filzerzeugnisse verkauft. Der Erlös kommt behinderten und sozial benachteiligten Menschen zu Gute. Das Sozialprojekt wird von ›Help Age International‹ unterstützt.

Academy of Gifts, uliza Togolok Moldo 40, Tel. 626121, Mo–Fr 10–19 Uhr.

Asahi, uliza Tunguskaja 7, Tel. 459320, 282530. Kunsthandwerk aus Textilien und Filz.

Asia, Tschuj-Prospekt 134, Tel. 660734, täglich 9–19 Uhr. Gute Auswahl an Filzteppichen und Filzhandwerk, klassischer kirgisischer und moderner Schmuck zu entsprechenden Preisen.

Im Kaufhaus ZUM

Imperia of Souvenirs, Tschuj-Prospekt 127, Tel. 939393, Mo–Fr 9–18 Uhr. Gute Auswahl von Sitzkissen und Wandschmuck aus Filz, diverser Silberschmuck und Kopfbedeckungen mit traditionellen Mustern.
Kyrgyz Style, uliza Bokonbajewa 33, Tel. 621267. Teppiche, Sitzkissen, Pantoffeln, Souvenirs, Mützen – alles aus Filz.
Tumar, Tschuj-Prospekt 136–2, Tel. 646225, 212653, www.tumar.com. Traditionelle Filzteppiche, Kunsthandwerk und Schmuck auch in innovativen Designs.

Sportausrüstung
Alpik, Tel. 561384, Prospekt Mira 80. Outdoorausrüstung und Bekleidung.
Mountain Projekt, Toktogul-Straße 263, Tel. 317644. Skiausrüstung, Trekkingausrüstung, Schlafsäcke, Mountainbikes, Zelte.
Red Center, gegenüber dem ZUM-Kaufhaus auf der uliza Schopokowa. Im Obergeschoss gibt es eine kleine Abteilung für Outdoor-Bekleidung.
Vefa Centre, an der Kreuzung von Sowjetskaja und Gorkogo. Es gibt einen kleinen Kiosk der russischen Firma ›Expedition‹ mit allerlei nützlichen kleineren Ausrüstungsgegenständen. Weiterhin ein kleines Geschäft, in dem Outdoorschuhe und -bekleidung verkauft werden.

Lebensmittel
Supermärkte der Kette ›Narodnyj‹ (russ. Народный) und › 7 dnej‹ (russ. 7 дней) gibt es an fast jeder Ecke. Weitere Supermärkte gibt es im ›Beta-Stores‹ und im ›Vefa Center‹.
Obst und Gemüse kann man auf den großen **Märkten** (Osch-, Alamedin- und Orto-Saj-Basar) und entlang der Moskowskaja-Straße kaufen (→ S. 134). Weiterhin gibt es in den einzelnen Stadtvierteln und Mikrorajons auch kleinere Basare.

Medizinische Hilfe
Es gibt an fast jeder Straßenecke eine **Apotheke** (russ. Аптека), in der man auch Medikamente bekommt, die im Heimatland verschreibungspflichtig sind, z.B. Antibiotika. Zu empfohlenen **Krankenhäusern** → S. 316.

Gewürzverkäufer auf dem Osch-Basar

Der Tschuj-Oblast

Ganz im Norden des Landes liegt der Tschuj-Oblast (russ. Чуйская область, kirg. Чуй облусу), und an kaum einer Stelle der Region bekommt man eine bessere Vorstellung von der Wuchtigkeit des Tien-Schan-Hochgebirges. Diese erfährt man sehr direkt beim Landeanflug auf den Bischkeker Flughafen: Nachdem man eine Zeit lang die plane Ebene des Tschuj mit den zerfächerten Feldern und kleinen Stauseen überflogen hat, taucht unvermittelt die Wand der Kirgisischen Kette (Kyrgyz Alatoo) auf, ein Gebirgsriegel, der zu einem der geheimnisvollsten Gebirgssysteme unserer Erde gehört: dem Tien Schan. Der Übergang von der Ebene bei Bischkek, die auf 700 Metern über dem Meer liegt, zu den knapp 5000 Meter hohen Bergen hat Mutter Natur auf nur 60 Kilometern vollbracht. Der Eindruck wird noch verstärkt, wenn man vom Flughafen die knapp 40 Kilometer ins Bischkeker Zentrum durch die Tschuj-Ebene zurücklegt.

Allein in den letzten 20 Jahren wurden in diesem Gebirge, das seine Geheimnisse nur widerwillig preisgibt, um die 500 neue Insektenarten und 30 neue Pflanzenarten entdeckt. Man braucht nur 30 Kilometer aus der pulsierenden Hauptstadt in ein beliebiges Gebirgstal fahren und hat die Chance, auf Wölfe, Bartgeier und Sibirische Steinböcke zu treffen. Der Kyrgyz Alatoo ist das erschlossenste Gebirge Kirgistans, und trotzdem trifft man hier auf tausendmal weniger Touristen als in den Alpen. Allerdings können die Gebirge des Tschuj-Oblastes in puncto Abgeschiedenheit, Wildheit und Authentizität der Nomadenkultur es nicht mit den weitab von jeder größeren Ansiedlung gelegenen Gebirgsketten im Süden und Osten des Landes aufnehmen.

Jeder Stein in der Tschuj-Ebene hat schon viel Geschichte erlebt, viele Völker kommen und gehen gesehen. Angefangen mit den Saken mit ihren unglaublichen Goldschätzen über die Karachaniden mit ihrer ansehnlichen Terracotta-Architektur, die Horden Dschingis Khans bis hin zu den Truppen des Zarenreiches, den Reiterarmeen der Rotarmisten im Bürgerkrieg und den langen Güterzügen der 1940er Jahre, die sowjetische Soldaten im Großen Vaterländischen Krieg an die Ostfront schafften.

Kommt man in die Hochebene von Suusamyr, so kann man das erste Mal Bekanntschaft mit der uralten Nomadenkultur machen, denn in diesem Hochtal stellen in jedem Frühjahr die kirgisischen Nomaden ihre Jurten auf.

Kurz: Dieser Oblast ist eine interessante Mischung aus viel Kultur und Geschichte sowie der Natur des Nördlichen Tien Shan.

> **⚠ Was man nicht verpassen sollte**
> **Nationalpark Ala Artscha**: Trekking zwischen 4000ern (→ S. 155).
> **Burana**: Minarett mit der Ausgrabungsstätte Balasagun (→ S. 160).
> **Suusamyr-Hochebene**: Nomadenkultur und Kymyz-Verkostung (→ S. 165).

Fakten und Zahlen

Die administrative Einheit wurde mit dem Ukas des Obersten Sowjets der UdSSR vom 21. November 1939 als Frunze-Oblast aus der Taufe gehoben. Im Jahr 1990 erhielt er seinen heutigen Namen. Insgesamt besiedeln 815 000 Menschen den Oblast, das sind 40 Einwohner pro Quadratkilometer. Wie überall im Land ist auch hier die Besiedlung sehr ungleichmäßig: Etwa 90 Prozent der Einwohner besiedeln die flachen Ebenen bis auf etwa 1300 Meter Höhe. Die Suusa-

Der Tschuj-Oblast

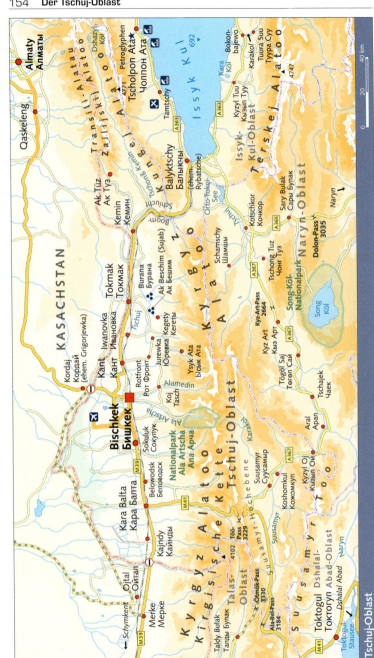

myr-Hochebene und die Lagen oberhalb von 1300 Meter der Kirgisischen Kette (kirg. Кыргыз Алатоо) sind praktisch menschenleer und weisen eine Bevölkerungsdichte von unter drei Einwohner pro Quadratkilometer auf.

So vielgestaltet die Landschaften im Tschuj-Oblast sind, so ist es auch die ethnische Zusammensetzung. Im Jahr 1989 sah das ethnische Gefüge ähnlich wie in Bischkek aus, denn nur 29 Prozent waren Kirgisen und 47 Prozent Slawen. Da viele von ihnen nach der Unabhängigkeit der neuen Republik den Rücken kehrten, haben sich die Bevölkerungsanteile umgekehrt. Nach der Volkszählung im Jahr 2010 leben heute 59 Prozent Kirgisen und 22 Prozent Slawen im Gebiet. Hinzu kommen sechs Prozent Dunganen, jeweils zwei Prozent Usbeken und Uiguren, 1,5 Prozent Kasachen, 1,3 Prozent Mescheten, 1,3 Prozent Aserbaidschaner, 0,8 Prozent Tataren, Kurden, 0,6 Prozent Koreaner, 0,3 Prozent Tadschiken. Selbst die zahlenmäßig gering vertretenen Kaukasus-Völker wie die Lezginen (0,28 Prozent) und Darginer (0,28 Prozent) gesellen sich zum multiethnischen Kaleidoskop.

Ungeachtet des starken Wegzuges in den vergangenen 20 Jahren fühlen sich immer noch 5900 Russlanddeutsche ihrer Heimat verpflichtet. Sie siedeln vor allem in Rotfront und den Dörfern zwischen Bischkek und Belowodskoje und machen 0,74 Prozent aus. Noch im Jahr 1989 wohnten von ihnen 72 000 im Tschuj-Tal und hatten einen Anteil von neun Prozent an der Bevölkerung.

■ **Landschaften**
Die Verwaltungsregion kann in vier Großlandschaften eingeteilt werden. Das nördliche Drittel wird durch die **Tschuj-Ebene** eingenommen, die nach Kasachstan hin in die Steppen und Halbwüsten des Siebenstromlandes und der Mojkum übergeht. Dabei liegt der tiefste Punkt Nordkirgistans in der Nähe von Kamyschanowka bei 530 Meter. Durch die Mitte des Oblastes verläuft die **Kirgisische Kette** über fast 400 Kilometer Länge vom Issyk Kul bis zur Stadt Taraz in Kasachstan. Der höchste Gipfel ist der Pik Zapadnyj Ala Medin (4895 m). Das südliche Drittel der Region wird durch die **Hochebene von Suusamyr** eingenommen, die zwischen 2000 und 2700 Metern Höhe liegt. Der östlichste Zipfel wird vom **Zailijskij Alatoo** (russ. Заилийский Алатоо) und dem Tschong-Kemin-Tal beherrscht. Der Zailijskij Alatoo ist mit 250 Kilometern eine der längsten Gebirgsketten des Tien Schan und liegt zu großen Teilen in Kasachstan, wo er als Transili-Alatoo bezeichnet wird.

Nationalpark Ala Artscha

Der Nationalpark Ala Artscha (russ. национальный парк Ала Арча) ist ein sehr beliebtes Naherholungsgebiet der Einwohner von Bischkek und nur etwa 40 Kilometer südlich der Hauptstadt gelegen. Er umfasst das gleichnamige Flusstal und die angrenzenden Berge mit Höhen zwischen 1600 und 4895 Metern und erstreckt sich auf einer Fläche von etwa 228 Quadratkilometern. Sehenswert ist das kleine **Museum**, das nur einen Raum beherbergt, allerdings die beste ornithologische Sammlung des Landes aufweist. Neben der Vogelwelt werden auch einige Säugetiere und Pflanzen des Schutzgebietes vorgestellt.

Man fährt bis zum ersten Schlagbaum, dort befindet sich der **Eingangsbereich** des Parks, wo man eine Gebühr bezahlen muss. Dahinter liegt das Verwaltungszentrum mit dem Museum.
◎ 42°39'20.82"N, 74°29'42.47"E
Nach weiteren 13 Kilometern kommt man an den zweiten Schlagbaum, das

Das Ala-Artscha-Tal

sogenannte **Alplager** (russ. альплагерь). Dort befinden sich ein Hotel und gleich daneben eine einfachere Berghütte, die beide von Privatleuten betrieben werden. Die Unterkünfte sind selbst in der Saison schwach gebucht und außerdem wechseln häufig die Handynummern der Besitzer, so dass es am besten ist direkt vor Ort zu buchen. In unmittelbarer Nähe ist auch die Meteorologische Station angesiedelt, bei der man eine Wettervorhersage für die nächsten Tage einholen kann. ◉ *42°33'44.31"N, 74°28'59.05"E*

■ **Flora und Fauna**

›Ala Artscha‹ heißt übersetzt ›bunter Wacholder‹. Nicht ganz unbedacht wurde der Name gewählt, denn es kommen immerhin drei Wacholderarten hier vor. Im Jahr 2010 verteidigte die Botanikerin des Parks ihre Dissertation zum Thema ›Flora des Nationalpark Ala Artschaes‹ und konnte 900 Pflanzenarten nachweisen. Zu den interessantesten zählt die endemische Zenaida-Wildtulpe (*Tulipa zenaidae*) und eine wilde Pfingstrose (*Paeonia hybrida*).

Da im Unterschied zu anderen Schutzgebieten hier tatsächlich nicht gejagt wird, besteht bei entsprechender fachlicher Begleitung eine hohe Wahrscheinlichkeit, einige seltenere Säugetier- und Vogelarten zu Gesicht zu bekommen. In erster Linie kann man auf die scheuen Sibirischen Steinböcke (*Capra sibirica*) und Mönchsgeier (*Aegypius monachus*) hoffen.

■ **Wanderungen**

Im Park gibt es einige interessante Wanderrouten. Die beliebteste Tour geht zum **Ak-Saj-Wasserfall**. Die Tour biegt direkt hinter dem zweiten Schlagbaum links ab (man beachte das Hinweisschild ›Ak Saj‹ – Ак Сай) und dauert ungefähr zwei Stunden in eine Richtung. Man kann diesen Weg auch weiter bis zum **Ak-Saj-Gletscher** gehen, dabei handelt es um eine lange, mittelschwere Tagestour mit 10 bis 14 Stunden Dauer.

Eine weitere Tagestour führt den **Ala-Artscha-Fluss** entlang in Richtung **Ala-Artscha-Pass**. Hier kann man den gleichen Weg zurückgehen und kann so zwischen einer ein- bis achtstündigen Tour wählen.

Interessant, aber recht traurig ist der Aufstieg zum **Alpinisten-Friedhof** (russ. кладбище альпинистов). In einem kleinen Hain aus Sibirischer Lärche (*Larix sibirica*) liegen Gedenksteine und Gräber verunglückter sowjetischer, russischer, kirgisischer und ausländischer Bergsteiger, die im Tien Schan ums Leben gekommen sind. Der Weg zum Friedhof beginnt einige hundert Meter vor dem zweiten Schlagbaum. Man geht über eine Brücke (also ans linke Ufer) und folgt dann dem Pfad (30-minütiger Aufstieg). Man kann auch **mehrtätige Touren** im Gebiet unternehmen, zum Beispiel ins benachbarte Ysyk-Ata-Tal. Da es jedoch keine markierten Wege gibt, sollte man sich mit einem ortskundigen Bergführer auf den Weg machen. Auf einer solchen Wanderung kann man auch einige der über 50 Gipfel im Nationalpark erblicken, wie zum Beispiel den Pik Semjonow-Tjan-Schanskij (4876 m), den Pik Korona (4860 m) und den Pik Swobodnaja Korea (4740 m). Diese sind die höchsten Gipfel im Kyrgyz Alatoo, der sich vom Issyk Kul bis weit nach Kasachstan hineinzieht und über 400 Kilometer lang ist. Der Park ist mit öffentlichen Verkehrsmitteln nicht zu erreichen. Man kann bei den örtlichen Reiseveranstaltern ein Fahrzeug und/oder eine Tour buchen (→ S. 327). Auch die Anfahrt per Taxi ist machbar.

Kirgisischer Junge

> **ℹ Nationalpark Ala Artscha**
>
> Die **Verwaltung des Nationalparks** sitzt einige hundert Meter hinter dem ersten Schlagbaum. In der unteren Etage ist das Museum untergebracht.
> Öffnungszeiten: Mo-So, 24 Stunden.
> Eintrittsgelder: 70 Som pro Person, 120 Som pro PKW; Nationalpark-Museum: 60 Som.

Ala-Medin-Tal

Der Fluss Ala Müdün, wie er auf Kirgisisch heißt (russ. Ала Медин, kirg. Ала Мүдүн), ist einer von zwei Flüssen, die durch Bischkek fließen. Sein oberes Tal lädt zu Erholung und Wandertouren ein. Man fährt von Bischkek aus die Almatinskaja-Straße hinauf bis zum Kreisverkehr (russ: кольцо). Weiter geht es über die Dörfer Besch Kungej und Tasch Mojnok. In **Koj Tasch** folgt man nicht der nach links abbiegenden Hauptstraße, sondern fährt weiter geradeaus. Nach 35 Kilometern kommt man an ein Eisentor, das manchmal verschlossen ist. Gleich nebenan ist jedoch ein Wachmann, der einen für ein Entgelt (30 Som) passieren lässt. Hier oben befindet sich das Sanatorium ›Tjoplye Kljutschi‹ (russ. тёплые ключи). Schon zu Sowjetzeiten wurden die natürlichen Thermalquellen angezapft und touristisch erschlossen. Das Sanatorium wird vom Ministerium für Energie betrieben, und man sollte sich auf einen vernachlässigten Zustand einstellen. Neben einer Schwimmhalle, die mit dem Thermalwasser beheizt wird, gibt es auch einen Anbau mit einem Hotel im Sowjetstil, einer Mensa und dem eigentlichen Sanatorium, wo man Schlammpackungen, Massagen und andere medizinische Behandlungen erhalten kann.

Fährt man den Weg 500 Meter weiter, so kommt man an eine kleine Bungalow-Ansammlung. Hier kann man ein Zimmer (mit Selbstverpflegung) anmieten, je nach Ausstattung 700 bis 1100 Som pro Person und Tag. Bei den Bungalows gibt es einen kleinen Parkplatz; von hier aus kann man eine schöne Tagestour im Tal unternehmen. Dieses Tal ist nicht ganz so stark frequentiert wie das benachbarte Ala-Artscha-Tal. ⊚ *442°36'22.09"N, 74°39'46.28"E*

Ysyk Ata

Das Tal von Ysyk Ata (russ. Иссык Ата, kirg. Ысык Ата), etwa 75 Kilometer südöstlich von Bischkek gelegen, beherbergt einige Thermalquellen, die von schöner alpiner Landschaft umgeben sind. Die Quellen wurden zu Sowjetzeiten als Sanatorium ausgebaut und dienen bis zum heutigen Tage sowohl als Heilstätte als auch als Naherholungsgebiet. Einige der großen Reiseveranstalter in Bischkek bieten mehrtägige Aufenthalte an (→ S. 327). Mit einem breiten Spektrum an Bädern und Massagen werden hier Erkrankungen des Bewegungsapparats, Hautprobleme und gynäkologische Beschwerden behandelt.

Man kann jedoch auch den Ort nutzen und eintägige Wandertouren in die verscheiden Seitentäler unternehmen. Der russische Mittelasien-Forscher Semjonow-Tjan-Schanskij beschrieb im 19. Jahrhundert als erster Wissenschaftler die heißen Quellen und ein in Stein gehauenes Buddha-Bildnis mit tibetischer Inschrift. Er überlieferte, dass der Buddha von den Einheimischen verehrt und mit Hammelfett eingerieben wird. Der Buddha, der auf das 10. Jahrhundert datiert wird, befindet sich heute im Hof des Sanatoriums.

Das Sanatorium bietet 200 Personen Platz, alternativ gibt es Gästehäuser. Für ca. 1500–2200 Som bekommt man ein Hotelzimmer, wobei in den Kosten Frühstück oder Vollpension mit Benutzung der Quellen enthalten ist. Für ca. 600 Som erhält man eine einfache Unterkunft. Erreichbar ist der Ort mit Marschrutkas vom Östlichen Busbahnhof Bischkeks. ◉ *42°35'58.60"N, 74°54'26.10"E*

Rotfront

Niemand würde in dem Dorf mit dem merkwürdigen Namen (russ. Рот Фронт) am Fuße des Tien Schan vermuten, auf Deutsche zu treffen. Aber es gibt sie, und ihre Geschichte ist eine völlig andere als die der vielen Russlanddeutschen in Kasachstan, Sibirien und im Russischen Fernen Osten, die vor allem während des Zweiten Weltkrieges zwangsumgesiedelt wurden. Das Dorf wurde als ›Bergtal‹ von deutschen Mennoniten gegründet, die zum Ende des 19. Jahrhunderts aus dem Gebiet der mittleren Wolga zuerst im Talas-Tal siedelten.

Bei den Mennoniten handelt es sich um eine aus Norddeutschland stammende protestantische Freikirche, die zu den sogenannten Wiedertäufern gehören. Angehörige dieser Religionsgemeinschaft waren im 18. Jahrhundert nach Russland ausgewandert, wo sie unter anderem von der Wehrpflicht befreit waren. Als der russische Zar in den 80er Jahren des 19. Jahrhunderts die Wehrpflicht für die Mennoniten einführte, wanderten viele von ihnen nach Nordamerika aus, einige aber auch nach Mittelasien. In das Tschuj-Tal kamen die ersten deutschen Siedler 1927 aus den Talas-Dörfern Köppental, Nikolajpol, Gnadental und Gnadenfeld. Sie gründeten hier das deutsche Dorf Bergtal, das im Jahr 1931 in Rotfront umbenannt wurde.

Der Deutsche Stephan Münchhoff war von 2002 bis 2006 Deutschlehrer in Rotfront und baute in der Dorfschule ein kleines Museum auf, das recht sehenswert ist. Es berichtet über die Geschichte der Deutschen in Kirgistan und speziell in Rotfront. Falls die Schule geschlossen ist (z. B. während der Ferien oder am Wochenende), kann man sich an den Hausmeister oder die Nachbarn wenden, die dann einen Verantwortlichen anrufen,

Rotfront, ehemals Bergtal

Landschaft bei Kemin

und im Normalfall taucht nach einigen Minuten ein Lehrer mit dem Schlüssel auf und zeigt stolz das Museum.

Wegen der Perspektivlosigkeit nach dem Zerfall der Sowjetunion ist der größte Teil der Russlanddeutschen nach Deutschland ausgewandert. Ihre Höfe haben sie an Kirgisen verkauft, und so wurde in den letzten 25 Jahren aus dem deutschen ein kirgisisches Dorf. Von den ursprünglich etwa 900 deutschen Einwohnern (1989) leben nur noch 150 Russlanddeutsche hier (2012). Trotzdem gilt Rotfront heute als der Ort in Kirgistan, in dem am kompaktesten die deutsche Minderheit lebt. Nach wie vor finanziert das Amt für Auslandsschulwesen einen deutschen Deutschlehrer, um so weiterhin die deutsche Sprache und Kultur in der Gemeinde zu erhalten. Aber auch die kirgisischen Schüler profitieren von diesem Angebot. Wen das Dorf und die Geschichte der Deutschen näher interessiert, dem sei der Dokumentarfilm ›Milch und Honig aus Rotfront‹ (1995) von Hans-Erich Viet und das Buch ›Auf den Spuren der Ahnen, 1882–1992. Die Vorgeschichte und 110 Jahre der Deutschen im Talas-Tal in Mittelasien‹ (2000) von Robert Friesen ans Herz gelegt.

Anfahrtsweg: Man fährt die Ausfallstraße von Bischkek zum Issyk Kul. In Kant biegt man rechts in Richtung Jurewka ab. In Jurewka biegt man der Hauptstraße folgend nach links ab und erreicht nach fünf Kilometern Rotfront.

◎ *42°43'6.31"N, 75°6'23.95"E*

Tokmak

Fährt man von Bischkek direkt zum Issyk Kul, so kommt man nach 50 Kilometern in die Stadt Tokmak, die zwischen 1825 und 1830 ursprünglich als Militärstützpunkt des Kokander Khanats gegründet wurde. Tokmak (Токмак) ist die russische Bezeichnung, der kirgisische Name Tokmok (Токмок) wird weniger häufig benutzt. Von Bischkek nach Tokmak führen zwei Straßen: eine neuere Umgehungsstraße, die nördlich entlang der Grenze zu Kasachstan verläuft, und die ältere Landstraße, die über Kant und Iwanowka führt und das Zentrum von Tokmak durchquert.

Die Dienstleistungs- und Industriestadt ist mit 53 000 Einwohnern die zweitgrößte Stadt im Tschuj-Becken. Die Kirgisen machen hier nur einen Anteil von 47 Prozent aus, die slawischen Minderheiten (Russen, Ukrainer) immer noch 20,5 Prozent (Daten von 2009). Damit zählt die Stadt zu den wenigen Orten in Kirgistan, in denen noch mehr als 15 Prozent Slawen ansässig sind. Dies hängt mit der Geschichte zusammen, denn das Tschuj-Becken gehörte zu den bevorzugten Siedlungsgebieten der der durch den Zaren Ende des 19. und Anfang des 20. Jahrhunderts angesiedelten Russen.

Die Stadt stellt einen guten Ausgangspunkt für umliegende Sehenswürdigkeiten und Naturschönheiten dar. Über Tokmak gelangt man in das Dorf **Kegety** und in das gleichnamige Tal. Eine Anreisemöglichkeit besteht per Marschrutka direkt vom Bischkeker Östlichen Busbahnhof. Das recht abgeschiedene Tal bietet sich für mehrtätige Wandertouren in das benachbarte Ysyk-Ata-Tal (2-3 Tage, → S. 157) und in das Ala-Medin-Tal (3-4 Tage, → S. 157) an.

Auch das östlicher gelegene **Tal von Schamschy** ist ideal für Trekking-Touren. Die beste Möglichkeit, um zum Dorf Schamschy zu kommen, ist eine Fahrt mit der Marschrutka Bischkek–Tokmak und dann vom Tokmaker Busbahnhof weiter mit der Marschrutka Tokmak–Schamschy. Das eigentliche Schamschy-Tal fängt etwa acht Kilometer südlich des Dorfes an, und man muss ungefähr zwei Stunden durch öde Felder und andere landwirtschaftliche Flächen laufen, ehe man das erste Grün der Flussaue zu sehen bekommt. ◉ *42°37'26.40"N, 75°23'58.02"E*

Touristen sind in beiden Tälern Fehlanzeige. Selbst in der Hochsaison (Juli/August) trifft man hier nur sehr selten vereinzelte Wanderer. Für unser europäisches Verständnis sind diese Täler als unerschlossen zu bezeichnen, und man kann hier schon einen Vorgeschmack auf die noch abgelegeneren Regionen des Landes erhalten.

Ak Beschim

Folgt man der Straße von Bischkek über 45 Kilometer nach Osten, so liegt etwa 5 Kilometer südlich der Straße Ak Beschim (kirg., russ. Ак Бешим). Man vermutet, dass sich dort vor einigen Jahrhunderten die berühmte Stadt Sujab befand, die diversen Völkern des Siebenstromlandes als Hauptstadt gedient hatte. Es wird angenommen, dass Sujab durch seine besondere Lage als Knotenpunkt an der Seidenstraße bis zur ersten Zerstörung durch Chinesen im 8. Jahrhundert und der endgültigen Vernichtung durch die Mongolen im 13. Jahrhundert große Bedeutung für ganz Mittel- und Zentralasien hatte. Es diente als Handelsplatz, an dem auch regelmäßig Messen abgehalten wurden. Zu Sowjetzeiten wurden hier einige archäologische Expeditionen organisiert. Zu den interessantesten Artefakten gehören zwei buddhistische Tempel mit Buddha-Statuen, Malereien und Reliefs sowie die Reste einer nestorianischen Kirche. Sie zählt zu den ältesten christlichen Zeitzeugen in Mittelasien. Die Anfahrt erfolgt über Tokmak. ◉ *42°48'13.58"N, 75°12'14.82"E*

Burana und Balasagun

Nur 15 Kilometer südlich von Tokmak ist einer der historisch wichtigsten Orte des Landes zu finden. Im 10. Jahrhundert gründete hier die turkstämmigen Karachaniden ihre nördliche Hauptstadt Balasagun. Als berühmtester Sohn der ehemaligen Stadt gilt Jusup Balasaguni. Er wurde 1021 in Balasagun geboren. Als Poet und Gelehrter verfasste er das erste turksprachige Buch, das sogenannte Kutadgu Bilig, das vollständig erhalten blieb. Balasaguni starb 1075 in Kaschgar,

Minarett von Burana, unter dem Hügel liegen die Reste von Balasagun

wo ein großes Mausoleum über seinem Grab errichtet wurde.

Während mehrerer sowjetischer archäologischer Expeditionen wurden von Balasagun Wohnanlagen, Mausoleen, mittelalterliche Badeanlagen und Stadtmauerreste ausgegraben. Die Ausgrabungsergebnisse sind in einem kleinen **Museum** (Eintritt: 80 Som) zu bewundern. Nebenan werden in einer kleinen Jurte Andenken verkauft. Das wenig spektakuläre **Ausgrabungsfeld** selbst ist einige Meter westlich des Museums zu sehen: einige wabenartig freigelegte Mauerreste auf einer Anhöhe. Allerdings wurde zu Sowjetzeiten nicht alles ausgegraben, und heute fehlen die Mittel für weitere Grabungen. Östlich des Museums liegen die Ruinen einiger **Mausoleen** sowie kreisförmige Mauern, die wahrscheinlich zu einem **Palast** gehörten. Das wichtigste architektonische Denkmal des gesamten Landes ist das berühmte **Minarett von Burana**, das sich sehr pittoresk und von weithin sichtbar über die Ebene erhebt. Es ist außen mit gebrannten Ziegeln bedeckt, die in mehreren Reihen als geometrische Bänder angeordnet sind, und hatte ursprünglich eine Höhe von über 45 Metern. Nach einem Erdbeben brach der obere Teil ab und es blieben etwa 22 Meter erhalten. Man kann im Inneren über eine enge, dunkle Wendeltreppe (eine Taschenlampe ist sehr hilfreich) bis zur Plattform auf dem Minarett klettern und hat einen netten Panoramablick auf die Kirgisische Kette und das Tschuj-Tal. Außerdem kann man von hier oben an Geländespuren ganz gut erkennen, in welchem Bereich sich die antike Stadt befunden hat.

Auf dem Gelände zwischen dem Minarett und der Ausgrabung stehen einige Dutzend sehr eindrucksvolle Steinfiguren, sogenannte **Balbals**. Sie stammen aus der Kirgisischen Kette und sind etwa 1500 Jahre alt. Wahrscheinlich wurden mit ihnen verstorbene Herrscherpersönlichkeiten geehrt. Die sehr individuell und liebevoll gestalteten Stelen zeigen Kopf und Torso mit einem Gürtel um den Bauch, manche tragen Schwerter, andere halten einen Kelch. Diese Art Figuren gibt es auch in Sibirien, Südrussland und der Mongolei (dort heißen sie Menschensteine) sowie in der Ukraine.

Balbal mit Kelch

Es war nicht unumstritten, die kirgisischen Balbals von ihren ursprünglichen Standorten im Gebirge zu entfernen, aber letztlich gaben wohl Sicherheitsbedenken den Ausschlag: Man kann sie auf dem Gelände der Ausgrabung einfach besser schützen.

Die **Anreise zum Museumskomplex** von Burana ist mit öffentlichen Verkehrsmitteln nicht möglich. Am besten organisiert man sich von Tokmak oder Bischkek ein Fahrzeug.

Die Direktorin des Museums, Anita Shamenowa, (Tel. +996/313/877297) hat ein privates Gasthaus in der Nähe des Museums und kann Übernachtung oder Übernachtung mit Halbpension organisieren. ⊙ *42°44'47.26"N, 75°15'2.59"E*

Kemin und Tschong-Kemin-Tal

Die Stadt Kemin (Кемин, früher: Bystrowka, Быстровка) ist Verwaltungssitz des Kemin-Rajons, in dem 44 000 Menschen leben. Die Kleinstadt **Orlowka** liegt etwas abseits südlich der Hauptstraße Bischkek–Issyk Kul, etwa fünf Kilometer westlich von Kemin. Hier leben 4800 Einwohner, es gibt eine Bahnstation (Strecke Bischkek–Rybatschy), auf der aber nur unregelmäßig Züge verkehren. Fährt man von hier zwei Kilometer nach Süden, so kommt man an eine Skistation. Hier gibt es einen Anfängerhang und eine Piste mit Schlepplift. ⊙ *42°43'7.07"N, 75°34'51.73"E*

■ Ak Tuz

Ak Tuz (kirg: Ак Туз, russ: Ак Тюз) liegt im Tal des Kitschi Kemin, einem rechten Nebenfluss des Tschuj. Man gelangt in das Dorf über die Tschuj-Brücke hinter dem Kreisverkehr aus Kemin kommend (42°46'3.90"N, 75°46'43.70"E), vorbei an den Dörfern Boroldoj und Kitschi Kemin. Das Dorf Ak Tuz entstand 1938 im Zusammenhang mit der Erschließung einer Polymetall-Lagerstätte und der Errichtung einer Aufbereitungsanlage für die abgebauten Erze. Wie viele Siedlungen Mittelasiens, die aufgrund von Bodenschätzen aufgebaut wurden und dann nach dem Zusammenbruch der UdSSR schließen mussten, verringerte sich die Einwohnerzahl rapide. Wohnten 1959 noch 3700 Menschen hier, so sind es jetzt nur noch 580. Aufgrund der geringen Besiedlung und der geschlossenen Mine ist das Tal sehr ruhig und kann als Geheimtipp in Bezug

Jaks im Tschong-Kemin-Tal

auf Wanderungen durch unberührte Gebirgslandschaften im Tschuj-Oblast gelten. ⊙ *42°52'30.10"N, 76°7'27.86"E*

■ **Tschong-Kemin-Tal**
Auch dieses Tal erreicht man über den Abzweig hinter Kemin und die Brücke über den Fluss. Hinter der Brücke rechts abbiegend, folgt man dem Fluss zuerst ein Stück nach Süden und biegt kurz, bevor die Straße den Tschong Kemin wieder quert, nach links ab. ⊙ *42°41'37.18"N, 75°52'30.78"E*
Der Tschong Kemin (russ. Чонг Кемин, kirg. Чoң Кемин) hat eine Länge von 88 Kilometern und ein Einzugsgebiet von 1890 Quadratkilometern. Das Tal ist die Heimat des ersten Präsidenten, Askar Akajew, der 1944 im Dorf Woronzowka (heute: Kyzyl Bajrak) geboren wurde. Im Jahr 1839 wurde im Tal Schabdan Dshantajew geboren, ein Oberhaupt des Stammes der Sary Bagysch. Er diente als Militär dem Khan von Kokand, der zu jener Zeit große Teile des heutigen Kirgistans beherrschte. Im Range eines hohen Offiziers nahm er an der berühmten Schlacht von Uzun Agatsch teil, in der die russischen Truppen das Kokander Khanat aufrieben und dieses dadurch seinen Einfluss und seine Besitzungen in Kirgistan verlor. In den 1860er Jahren wechselte er mit seinem Stamm zum russischen Imperium über, um sein Volk vor weiteren Verlusten zu schützen. Er entwickelte sich zu einer der wichtigsten politischen Persönlichkeiten jener Zeit in Mittelasien. Für seine Verdienste im Dienste der russisch-kirgisischen Beziehungen erhielt er den Rang eines Oberstleutnants der Kosaken. Er weilte 1883 als einer der wenigen Auserwählten Turkestans bei der Krönungsfeier von Zar Alexander III. in St. Petersburg. Im Jahr 1912 starb er in seinem Heimattal. Eines der Dörfer im Tal trägt seinen Namen.

Der Dshazyl Köl

Die linke Seite des Tales wird durch den Südhang des **Zailijskij Alatoo** (auch: Transili Alatoo) und die rechte durch den Nordhang des **Kungej Alatoo** gebildet. In diesem für nordkirgisische Verhältnisse abgeschiedenen Tal hat man optimale Möglichkeiten für Aktivurlaub. Neben einer fantastischen Berglandschaft, die sich für ein- bis mehrtätige Wandertouren anbietet, gibt es gute Angelgründe und Reitmöglichkeiten. Im unteren Tal wird Landwirtschaft betrieben, hier liegen auch einige Dörfer: **Schabdan**, **Kalmak Aschuu**, **Karool Döbö**, **Kaindy** und **Tegirmenti**. Das obere Tal ist komplett unbesiedelt. Nur der Viehzüchter Bachyt und seine Frau Ajnura leben hier in den Sommermonaten mit zahlreichen Pferden, Jaks und Schafen. Die beiden beherbergen gerne Gäste in ihren Jurten, man kann Kymys kaufen und auch übernachten.
Am Talende liegt der malerische, tiefblaue See **Dshazyl Köl**, ein Moränensee auf 3130 Metern Höhe, der durch eine gewaltige natürliche Mauer aus riesigen Felsen aufgestaut wird. Am Fuße

Auf dem Weg zum Ak-Suu-Gletscher

der Mauer entspringt der Tschong Kemin. In Abhängigkeit vom Startpunkt im Tal kann man eine zwei- bis fünftägige Wandertour dorthin unternehmen.

◉ *42°54'36.25"N, 42°54'36.25"N*
Eine klassische mehrtägige Wanderroute, der sogenannte Trans-Alatau-Trail, startete zu Sowjetzeiten, als es noch keine Grenze zwischen Kasachstan und Kirgistan gab, in der Nähe von Almaty, führte über den Ozjornyj-Pass (3609 m) ins Tschong-Kemin-Tal und weiter über den Ak-Suu-Gletscher und den Pass Tschong Ak Suu (4062 m) und das Ak-Suu-Tal bis zum Ufer des Issyk Kul bei Grigorjewka. Kasachische und kirgisische Staatsbürger können diesen Weg (wenn auch nicht legal) immer noch nutzen, für Ausländer ist diese Möglichkeit derzeit leider vollkommen versperrt (→ S. 185). Man kann diese schöne und anspruchsvolle **Wanderung über den Ak-Suu-Gletscher und weiter zum Issyk Kul** aber auch im unteren Tschong-Kemin-Tal beginnen. Es ist ratsam, sich mit einem ortskundigen Bergführer auf den Weg zu machen.

Da die Strecke durchs Tschong-Kemin-Tal die Fahrzeiten zwischen Almaty und den Badeorten am Issyk Kul erheblich verkürzen könnte, wird immer mal wieder über den Bau einer Straßenverbindung über den Ozjornyj-Pass nachgedacht, aber zum Glück gilt der Tschong Kemin im Frühjahr als extrem unberechenbar, so dass jeder Brückenbau schon bald einer natürlichen Abrissbirne zum Opfer fallen würde.

Im Jahr 1997 wurde am Oberlauf des Flusses der ›Tschong-Kemin-Nationalpark‹ mit einer Fläche von 1237 Quadratkilometern gegründet. Leider spürt man nicht viel von der Existenz eines Schutzgebietes: Das Vieh weidet überall, es gibt kein Museum oder Info-Zentrum, das über die Ziele und Arbeit des Nationalparks aufklärt.

 Tschong-Kemin-Tal

Die Marschrutkas nach Kaindy (Кайнды) fahren vom Östlichen Busbahnhof in Bischkek zwei Mal täglich (140 km, 2,5 Stunden Fahrzeit). Unterwegs kann man in den Orten Schabdan und Kalmak Aschuu aussteigen. Eine weitere Möglichkeit ist es, die häufiger verkehrenden Marschrutkas Bischkek–Kemin zu nutzen. Man kann dann auf dem Busbahnhof Kemin in eine Marschrutka oder ein Sammeltaxi ins Tschong-Kemin-Tal umsteigen und die restlichen 50 Kilometer (Schabdan) bzw. 55 Kilometer (Kaindy und Tegirmenti, Karool Döbö) fahren.

Privates Gasthaus in Karool Döbö, uliza Bapakowa 9, Tel. +996/312/540069, +996/312/443331, +996/772/832065, Ansprechpartner ist Herr Sarijew.

Gasthaus Artscha, in Schabdan, Tel. +996/559/007103, +996/779/270250, nurdinablekeyev@gmail.com. Die im Jahr 2013 eröffnete Unterkunft bietet zehn sehr komfortable Zweibettzimmer. 1500 Som pro Person (mit Frühstück).

Gasthaus Ashu, Tel +996/3135/28108, ashu@ktnet.kg. 1800 Som mit Frühstück.

Suusamyr-Ebene

Um dieses wunderschöne, abgelegene und fast gar nicht besiedelte Hochtal (russ. Суусамырская долина) zu erreichen, fährt man von Bischkek westlich nach **Kara Balta**, wo die leidlich gut ausgebaute M41 nach Süden abzweigt. Diese atemberaubende Straße verbindet die Tschuj-Ebene mit Dshalal Abad und Osch. Über den **Töö-Pass** (3229 m) kommt man in eine Postkartenlandschaft, in der man kurz unterhalb des Passes den Abzweig in das Dorf **Suusamyr** (Суусамыр) passiert. 42°16'42.40"N, 73°50'17.36"E

Man wechselt von Asphalt auf eine holprige Staubpiste, die einen nach 18 Kilometern nach Suusamyr bringt. Nach weiteren 15 Kilometern taucht kurz vor der Schlucht des Kökömeren ein ganz gewöhnliches Dorf auf: **Koshomkul**. Niemand würde vermuten, dass dieses Dorf jüngere kirgisische Geschichte geschrieben hat. Hier wurde im Jahr 1888 der im kirgisischen Volk tief verehrte **Koshomkul uluu Kaba** geboren, ein Recke (kirg. Baatyr), der sagenhafte 2,36 Meter maß. Nachdem er mehrere nationale Ringkämpfe für sich entschieden hatte und niemand im Tien Schan und in Usbekistan ihn besiegen konnte, ereilte ihn ein Ruf aus den benachbarten kasachischen Steppen. Der noch unbesiegte Tscholok Balbanow forderte ihn heraus. Auch diesen Kampf gewann Koshomkul. Sein Mut und seine Ehrlichkeit waren legendär: In den 1920er Jahren weigerte er sich als Vorsitzender der Kolchose seines Heimatdorfes, den Kolchose-Vorsitzenden des Nachbardorfes mit einer Falschaussage zu belasten. Die dafür erhaltene Gefängnisstrafe von einem Jahr saß er ab, was seinen Ruhm noch vermehrte. Fast sein gesamtes Leben verbrachte er im heimatlichen Ajl, wo er 1955 starb. Sein Grab befindet sich am südöstlichen Dorfrand, direkt an der Straße nach Kotschkor. ⊙ *42°7'16.70"N, 74°5'16.53"E* Als im Jahr 1992 ein Erdbeben die Region erschütterte, wurde die Grabanlage stark beschädigt. Dies wurde als Zeichen gedeutet: Koshomkul opferte sich ein weiteres Mal, um Schaden vom Heimatdorf fernzuhalten. Und wirklich, bis auf ein paar Risse in den Häusern kamen die Einwohner mit einem Schrecken davon. In der Dorfmitte steht ein kleines **Museum**, das aber nicht als solches erkennbar ist. Hier werden Fotografien und persönliche Gegenständen des Baatyr gezeigt. So hängt auch sein Mantel im Ausstellungsraum, und die nette Museumsbetreuerin erlaubt einem, ihn anzuziehen,

Das Grab des Koshomkul

um eine Vorstellung von der Größe Koshomkuls zu bekommen. Das Museum ist mit privaten Mitteln aufgebaut worden. Es gibt keine festen Eintrittspreise, aber zwei bis drei Euro (150–200 Som) sind sicher nicht zu viel, um den Enthusiasmus der Museumsbetreuer etwas zu unterstützen.

Noch heute wird Koshomkul als Verkörperung kirgisischer Tugenden wie Ehrlichkeit, Unbeugsamkeit und Heimatliebe gesehen. Der Sportpalast in Bischkek auf der uliza Togolok Moldo trägt seinen Namen. Vor dem Gebäude ist er überlebensgroß mit einem Pferd auf dem Rücken verewigt (→ S. 146).

Direkt bei Koshomkul vereinigen sich die Flüsse Zapadnyj Karakol und Suusamyr zum Kökömeren. Diese Stelle gilt als einer der besten **Angelgründe** Nord-Kirgistans. Die Touristen-Information in Kyzyl Oj kann dorthin einen Angelausflug organisieren.

Kyzyl Oj

Folgt man der Rüttelpiste von Koshomkul aus weiter nach Süden, so verlässt man die Suusamyr-Ebene und begibt sich in die faszinierende Schlucht des

Kökömeren (kirg. Көкөмерен). Nach 20 Kilometern erreicht man das Dorf Kyzyl Oj (kirg. Кызыл Ой, russ. Кизил Ой). Landschaftlich kann das Kökömeren-Tal zu den Höhepunkten einer Kirgistan-Reise gerechnet werden, denn die Kombination aus dunkelblauem, schnell fließendem Wasser, gelb-rötlichen Bergen und dem intensiven Grün der Auwälder sucht ihresgleichen. ⊘ *41°57'6.93"N, 74°9'47.49"E*

■ Umgebung von Kyzyl Oj

Im Gebiet gibt es zwei kleinere Gebirgsketten: Nördlich des Ajls liegt das **Oj-Kajyng-Gebirge** und südlich das **Suusamyr-Gebirge**. Will man die Berge nur für einen Tag unsicher machen, so bietet sich das **Flusstal des Borondu** (russ. Burundu) mit einem Wasserfall an. Man sollte sich auf etwa vier Stunden Wanderzeit ab der Mündung des Borondu in den Kökömeren einstellen. Eine Tageswanderung ist dagegen die erweiterte Tour über den **Borondu-Pass**. Dazu folgt man dem Borondu etwa fünf Kilometer bis zum linken Nebenfluss namens Tschukur, läuft diesen bis zum Borondu-Pass (3771 m) hinauf und geht dann das Tal des Borondu auf der anderen Seite wieder zurück. Da hier im Sommer oft wenig Regen fällt, kann das Flussbett zeitweise ausgetrocknet sein.

Hat man zwei oder mehr Tage Zeit, so bieten sich Touren in das südlich gelegene **Sary-Kamysch-Gebirge** an. Dort gibt es eine Anzahl von versteckten Bergseen, die auf Höhen zwischen 3400 bis 3600 Metern liegen. Dazu folgt man dem Flusstal des Kowjusu (russ. Ковюсу) bzw. Köwö Suu (kirg. Көвө Суу), der einen Kilometer südlich von Kyzyl Oj in den Kökömeren mündet.

Auch die Besteigung eines namenlosen 4024 Meter hohen Gipfels liegt im Bereich der Möglichkeiten. Die meisten der aufgeführten Touren lassen sich auch per Pferd zurücklegen. In jedem Falle sollte man einen Bergführer engagieren.

> **ℹ Kyzyl Oj**
>
> Der CBT-Koordinator Artybek Kulubajew, Tel. +996/773/417847 vermittelt eines der insgesamt **zwölf privaten Gasthäuser** im Ort. In den meisten Gasthäusern ist es möglich, einen Bergführer für Tagestouren und Pferde für Reitausflüge zu organisieren. Für mehrtägige Trekking-Touren haben die CBT-Gasthäuser allerdings keine ausreichende Ausrüstung. Längere Touren sollten über Reiseveranstalter in Bischkek oder in Mitteleuropa organisiert werden (→ S. 327).

Restaurantjurten in der Suusamyr-Ebene

Der Talas-Oblast

Die verschlafene Talas-Region (russ. Таласская область, kirg. Талас облусы) liegt im nordwestlichsten Zipfel Kirgistans – durch einen hohen Pass vom Rest des Landes abgeschnitten. Das Gebiet kann als als touristischer Geheimtipp gelten. Hier gibt es weder Hotelanlagen wie am Issyk Kul noch touristische Jurtensiedlungen wie am Song Köl. Stattdessen werden in der Provinzhauptstadt jeden Abend die Kühe und Pferde am Regierungssitz vorbeigetrieben. Auch die Natur ist hier aufgrund der geringen Besiedlung intakter als in anderen Regionen.

Neben der reizvollen Natur ist das Talas-Gebiet für die Kirgisen der wichtigste Platz auf Erden, denn hier wurde der sagenhafte Manas, der Urvater aller Kirgisen, der Legende nach zu Grabe getragen. Für Literaturliebhaber ist die Provinz ein echter Pilgerort: hier erblickte der weltberühmte Schriftstellers Tschingis Aitmatow das Licht der Welt. Und noch etwas kann man hier finden: die sagenumwobenen Manas-tschy, jene Erzähler, die das Manas-Epos mehrere Stunden frei rezitieren können. Ihr Handwerk schien zum Ende des Sowjetreiches fast ausgestorben zu sein, doch in den rauen Gebirgstälern der Talas-Provinz konnten sie ihre Tradition behüten.

In historischer Hinsicht ist das Talas-Tal von weltgeschichtlicher Bedeutung, denn hier wurde im 8. Jahrhundert das weitere Schicksal von ganz Mittelasien besiegelt. Im Jahr 751 standen sich die chinesische Streitmacht und das Heer der muslimischen Abbasiden gegenüber. China wollte die Ländereien des heutigen Kasachstans und Usbekistans besetzen. Die Abbasiden trugen den Sieg davon und brachten somit die Lehren Allahs in das Gebiet zwischen Altaj, Tien Schan und Kaspischen Meer. Viele Historiker betrachten das Jahr 751 als Beginn der Islamisierung Mittelasiens.

> **! Was man nicht verpassen sollte**
> **Manas Ordo**: Wallfahrtsort und Stätte der nationalen Identität (→ S. 172).
> **Scheker**: Geburtsort von Tschingis Aitmatow (→ S. 174).
> **Nationalpark Besch Tasch**: Unterwegs auf einsamen Pfaden (→ S. 174).

Fakten und Zahlen

Auf einer Fläche von 11 400 Quadratkilometern leben nur 230 000 Menschen, was einer Bevölkerungsdichte von 20 Einwohnern pro Quadratkilometer entspricht. Bedenkt man, dass 95 Prozent aller Bewohner im Tal des Talas-Flusses siedeln, das eine Fläche von ungefähr 2000 Quadratkilometern einnimmt, so ergibt sich für die Gebirgsregion des Oblastes eine Bevölkerungsdichte um die 0,6 Einwohner pro Quadratkilometer.

Der Oblast wurde 1944 gegründet, im Jahr 1956 wurde er wieder aufgelöst und dem Frunze-Oblast (heutiger Tschuj-Oblast) zugeschlagen. Seit 1997 ist die Talas-Region wieder als eigenständiger Oblast existent und in vier Rajone unterteilt: Talas-Rajon, Kara-Buura-Rajon, Manas-Rajon und Bakaj-Ata-Rajon.

Wohnten 1989 nur 190 000 Menschen im Oblast, so wuchs ihre Zahl auf im Jahr 2009 auf 230 000 an. Dabei erhöhte sich der kirgisische Bevölkerungsanteil von 77 Prozent auf 92 Prozent. Wie in allen Landesteilen kam es nach 1991 zu einem starken Wegzug der slawischen Minderheiten. So verringerte sich der Anteil der Ukrainer und Russen von 10 Prozent (1989) auf 2 Prozent (2009).

Drei große Landschaftsformen prägen die Region: Der Norden wird durch das

Der Talas-Oblast 169

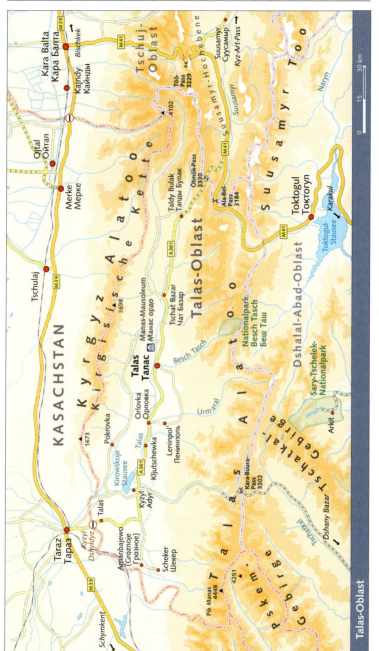

Bischkek und der Nordwesten

Talas-Oblast

Gebirge der **Kirgisischen Kette** und der Süden durch die Gebirgskette des **Talas-Alatoo** eingenommen. Der dritte große Landschaftsraum ist die weite **Ebene des Talas-Flusses**, in der sich Auwälder, weitläufige Ackerflächen und Wiesen mit beschaulichen Dörfern und langen Pappelalleen abwechseln. Der Fluss ist die bestimmende Lebensader, entspringt in der Kirgisischen Kette als Zusammenfluss des Karakol (russ. Каракол) und des Ütsch Koschoj (kirg: Уч Кошой) und fließt 660 Kilometer Richtung Nordwesten, bis er in der Mojynkum-Wüste in Kasachstan in einem Binnendelta versiegt.

Reiter im Talas-Oblast

Die Stadt Talas

Das Verwaltungszentrum des Oblastes ist die Stadt Talas mit 33 000 Einwohnern. Die Stadt gleicht eigentlich eher einem großen Dorf, denn bis auf ein paar mehrstöckige Verwaltungsgebäude sind selbst im Zentrum viele weiß getünchte Bauernhäuser zu sehen, die Fensterrahmen sind im klassischen Sowjetblau gehalten. Großmütter sitzen vor dem Haus und beobachten, wie Kinder spielen, und farbenfrohe Filzteppiche hängen zum Lüften über dem Zaun.

Die Gründung des Ortes, der auf einer Höhe von 1260 Metern liegt, geht auf das Jahr 1867 zurück. Damals gründeten russische Siedler das Dorf Dmitrijewka. In der Stadt leben im Vergleich zu den anderen dörflichen Gebieten Kirgistans mit über sechs Prozent Anteil an der Bevölkerung bis heute noch sehr viele Russen. Aber auch Deutsche, Kurden und Kasachen ergänzen das multinationale Straßenbild.

Als eines der wenigen historischen Gebäude ist die kleine **russisch-orthodoxe Kirche** ein echtes Kleinod, das sich in der Lenin-Straße (hinter dem Sitz der Oblast-Verwaltung) befindet. Sie ist aus Ziegeln erbaut und recht farbenfroh angestrichen.

In der Nähe findet man auch das **Denkmal für die Gefallenen des Großen Vaterländischen Krieges**, symbolisiert durch einen großen roten Stern mit Hammer und Sichel. Ein kalter Schauer läuft einem über den Rücken, wenn man die Namen der gefallenen Soldaten liest, die vor Stalingrad oder bei Brest fielen.

Hat man ein wenig Zeit, so lohnt es sich, durch die Gassen des Zentrums zu streunen. Hier warten noch ein, zwei historische russische Blockhäuser darauf, dass ihnen ein zweites Leben eingehaucht wird. Für eine Überraschung gut ist auch eine Visite auf dem **Zentralen Basar**. Da in der kirgisischen Provinz die Zeit seit 1991 in mancher Beziehung stehen geblieben scheint, kann man durchaus noch eines der legendären Sowjetautos der Marke ›Wolga‹ oder ›Shiguli‹ zwischen Eselskarren und geschäftig hantierenden Händlern entdecken.

In den letzten 20 Jahren wurden einige Straßennamen geändert. Wie auch in Bischkek und anderen Städten, haben die meisten Einwohner die neuen kirgisischen Namen nicht angenommen, und wenn man nach dem Weg fragt, ist es oft besser, die sowjetischen Bezeichnungen zu benutzen.

Karte S. 169

Talas
Vorwahl: +996/3422
ATF Bank, uliza Dzershinskogo 59, Mo–Fr 9–16 Uhr.
Hauptpostamt, uliza Dzershinskogo 28, Tel. 296036.
Internet-Café, uliza Frunze, 9–20 Uhr. Ein kleiner Raum in der zweiten Etage über dem Telecom-Office.

Anfahrt über Kasachstan: Abfahrt vom Westlichen Busbahnhof Bischkek nach Merke (110 km) und dort umsteigen bis Taraz (140 km). Von Taraz aus fahren vom Busbahnhof ständig Sammeltaxis und Marschrutkas nach Talas (70 km). Diese Variante ist zwar von der Strecke her etwas länger als die innerkirgisische Strecke, aber man muss keine Pässe überwinden und deshalb ist die Fahrt ungefährlicher und meistens schneller. Vor allem im Winterhalbjahr, wenn der Töö-Pass gesperrt ist oder widrige Straßenbedingungen herrschen, ist es die beste Wahl. Seit Juli 2014 gilt, dass deutsche Staatsbürger für Aufenthalte bis zu 15 Tagen für Kasachstan kein Visum mehr benötigen, nähere Informationen → S. 306

Anfahrt über den Töö-Pass: Es gibt direkte Verbindungen per Sammeltaxi (1000 Som) und Marschrutka (600 Som) ab dem Westlichen Busbahnhof nach Talas (300 km). Allerdings sollte man sich vorher genau das Fahrzeug ansehen, mit dem man fährt. Ältere Modelle sollte man meiden. Bitte beachten Sie, dass die Fahrt über drei hohe Pässe geht, die alle oberhalb von 3000 Metern liegen. Vor allem im Winter sollte man nicht mit Marschrutkas fahren. Die optimale Variante wäre ein Allrad-Fahrzeug.

Abfahrt von Talas: Vom Busbahnhof Talas kommt man nach Taraz in Kasachstan und alle großen Dörfer des Talas-Oblastes wie Ming Bulak, Pokrowka, Tschat Bazar und Boo Terek. Will man nach Scheker, so fährt man mit dem Sammeltaxi nach Amanbajew. Von dort aus weiter per Taxi die letzten fünf Kilometer bis Scheker. Der Busbahnhof befindet sich gegenüber dem Zentralen Basar in der Otorbajewa-Straße.

Grenzübergänge nach Kasachstan: Es existieren drei Grenzübergänge in das Nachbarland. Einer liegt westlich bei Amanbajew, der zweite südöstlich von Taraz (bei Pokrowka) und der dritte südlich von Taraz. Die beiden ersten sind Kasachen, Kirgisen und einigen GUS-Bürgern vorbehalten. Nur der Übergang bei Taraz mit dem Namen ›Kyzyl Dshyldyz‹ (Кызыл Джылдыз) ist ein **internationaler Grenzübergang** und für Bürger aller Staaten passierbar.

Gasthaus Erlan, uliza Frunze 5. Privat, einfaches und sauberes Gästehaus mit 5 Zimmern, einem kleinen Speiseraum und Gemeinschaftstoilette. Die Banja kann bei Bedarf angefeuert werden. 500 Som pro Person.

Gasthaus Turdubek, uliza Jushnaja 76, Tel. 52919. Das einfache und saubere Privathaus liegt am Stadtrand von Talas und ist recht schwer zu finden. Am besten man nimmt sich vom Zentrum aus ein Taxi. 500 Som.

Gasthaus Alaktschyn, uliza Lenina 149, Zwei einfache, gepflegte Zimmer mit zwei bis vier Schlafplätzen sind in einem Privathaus untergebracht. 500 Som.

In der uliza Dzershinskogo im Stadtzentrum liegen mehrere einfache Gaststätten (Altyn, Kazyk, Aidar, Albina, Insan) mit kirgisischer Küche, im Sommer gibt es überall und immer auch Schaschlyk (Шашлык). Hauptgerichte ab 100 Som.

Komtom, uliza Frunze. Das Restaurant, in dem man russische und kirgisische Speisen serviert bekommt, befindet sich direkt gegenüber der Verwaltung des Talas-Oblastes. Hauptgerichte ab 150 Som.

Auf dem Zentralen Basar (uliza Otonbajewa) kann man frische Lepjoschkas (ein spezielles Fladenbrot), alle wichtigen Nahrungsmittel sowie diverse Kleidung und Haushaltsgegenstände finden. Er stellt die letzte gute Einkaufsmöglichkeit dar, wenn man zum Reiten oder Wandern in die Berge möchte.

russische Straßennamen	kirgisische Straßennamen
uliza 1. Maja	Turdalijew kö.
uliza Dzershinskogo	Sarygulow kö.
uliza Frunze	Berdike Baatyr kö.
uliza Gorkogo	A. Aldaschurkurow kö.
uliza Kyrgyzskaja	Sarnogojew kö.
uliza Lenina	Tschyngyz Ajtmatow kö.
uliza Jushnaja	Kajmow kö.
uliza Sowjetskaja	Ogonbajew kö.

Manas Ordo

Nur zehn Kilometer östlich von Talas befindet sich der Gedenkkomplex Manas Ordo. Seine Gründung geht auf das Jahr 1976 zurück, als ein literarisch-ethnographisches Museum zum Thema ›Manas‹ ins Leben gerufen wurde. Im Jahr 1995 rief die kirgisische Regierung das ›Manas-Jahr‹ aus, feierte das tausendjährige Bestehen des Manas-Epos und hob die heutige Anlage aus der Taufe, die als Nationale Kulturstätte gilt. Der Komplex beherbergt das Manas-Grab, ein Manas-Museum und ein groß angelegtes Manas-Denkmal.

42°31'37.00"N, 72°22'44.53"E

Spricht man über ›Manas‹, so muss man wissen, dass zwei unterschiedliche Dinge mit diesem Namen gemeint sind. Zum einen trug der kirgisische Nationalheld diesen Namen, zum anderen ist es auch die Bezeichnung für das Epos über diesen Volkshelden. Sowohl das Epos als auch die Gestalt des Manas machen einen wichtigen Teil der kirgisischen Identität aus. Manas, so die Legende soll mit seinen Gefährten im 9. Jahrhundert gegen uigurische Eindringlinge gekämpft und dabei die verschiedenen kirgisischen Stämme hinter sich versammelt haben. Er gilt deshalb als eine Art Gründer der kirgisischen Nation. Das Epos, das die Geschichte der kriegerischen Reiter besingt, umfasst mehrere hunderttausend Verse und wurde über Jahrhunderte nur mündlich weitergegeben. Die Erzähler des Epos sind die sagenumwobenen ›Manastschy‹ (kirg. Манасчы), die auch heute noch großes Ansehen genießen. Ende des 19. Jahrhunderts wurde der Text erstmals schriftlich aufgezeichnet. Im Jahr 2013 wurde das Epos zusammen mit zwei weiteren kirgisischen epischen Erzählungen in die UNESCO-Liste des immateriellen Kulturerbes der Menschheit aufgenommen. Vom Parkplatz des Manas Ordo kommt man durch ein Metalltor, dessen Umrisse an zwei Jurten erinnern, auf einen Weg, der zum Museum und zum Gumbez, dem Grabmal, führt. Rechter Hand liegt eine symmetrisch gestaltete **Parkanlage**, in deren Mitte sich eine **Stele** befindet, auf der Manas auf ein Schwert gestützt – und nicht wie sonst auf einem Pferd reitend – dargestellt wird. Um die Stele

Manas-Statue im Gedenkkomplex Manas Ordo

stehen Steinfiguren, die seine Mitstreiter symbolisieren.

Im Erdgeschoss des **Museums** zeigen einige Photographien berühmte Manastschy, wie zum Beispiel Togolok Moldo, Sagymbaj Orozbakow oder Kaba Atabekow. Daneben sind historische Fotos des Manas-Mausoleums vor und nach der Restaurierung sowie archäologische Fundstücke ausgestellt. Ergänzt werden diese im Obergeschoss durch Dioramen, in denen Szenen aus dem Epos nachgestellt werden.

Die **Grabanlage** aus schlichten Schmuckziegeln liegt etwa 200 Meter südlich des Museums und soll aus dem 14. Jahrhundert stammen.

Scheker

In dem direkt an der kasachischen Grenze gelegenen Dorf Scheker (kirg., russ. Шекер) wurde der bekannte Schriftsteller Tschingis Aitmatow 1928 geboren. Der Besuch im Dorf ist sicher ein Höhepunkt für alle Literaturliebhaber und Geschichtsinteressierten, denn hier kann man auf den Spuren von Aitmatows Kindheit wandeln und vielleicht seine Romanfiguren etwas besser verstehen.

Zu Ehren seines 50. Geburtstages wurde 1978 ein **Museum** im Dorfzentrum eingerichtet. Der Raum zeigt vor allem Zeitungsausschnitte, Manuskripte und Schwarzweiß-Fotografien aus allen Lebensabschnitten. Immer noch leben einige Verwandte Aitmatows im Dorf, und mit etwas Glück führen sie persönlich durch das Museum. Macht man sich auf die Suche, so kann man sogar sein Geburtshaus finden.

Schaut man in Richtung Süden, so erhebt sich ein hoher Berg aus der Talas-Gebirgskette heraus. Der **Pik Manas** (4448 m) ist der höchste der Region. Öffnungszeiten des Museums: Mo–Fr 10–17 Uhr. Meistens ist es geschlossen, und man muss bei den Nachbarn nachfragen, wo der Schlüssel ist. Dann ist auch eine Besichtigung außerhalb der offiziellen Zeiten möglich. *42°32'50.96"N, 71°9'43.89"E*

Nationalpark Besch Tasch

Nur zwölf Kilometer vor den Toren von Talas versteckt sich das Tal des Besch Tasch (russ., kirg. Беш Таш) mit dem gleichnamigen Nationalpark, dessen Namen man mit ›fünf Steine‹ übersetzt. Da die ganze Region touristisch völlig unerschlossen ist, trifft man auch hier in der Hochsaison selten Touristen. Das gesamte Tal ist mit 42 Kilometern eines der längsten im Talas-Alatoo und lädt zu ein- oder mehrtägigen Wanderungen ein. Die Anfahrt erfolgt über das Dorf Kozutschak. Da es keine Wegweiser gibt, sollt man sich in Talas einen ortskundigen Führer nehmen, den jedes der Gasthäuser organisieren kann. Bischkeker Reisebüros können mehrtägige Reit- und Wandertouren organisieren. *42°25'36.18"N, 72°16'50.14"E*

Hinter dem letzten Dorf beginnt auf 1100 Metern der Nationalpark. Nach sechs Kilometern verengt sich das Tal zu einer Schlucht, in der heiße Quellen austreten. Ein Piste, die fünf Kilometer vor dem See endet, kann mit Sondergenehmigung der Parkverwaltung befahren werden. Im oberen Teil des Tals stehen fünf steinerne Stelen, welche Pate für den Namen der ›Besch Tasch‹ (Fünf Steine) standen. Über die Herkunft ist wenig bekannt, da keine Ausgrabungen stattfanden. Es wird vermutet, dass es sich um einen rituellen Platz handelt. Am Talende liegt der Besch-Tasch-See (2994 m), der in jedem Fall einen Aufstieg wert ist. Läuft man einige Kilometer weiter, gelangt man an den It-Agar-Pass (3546 m). *42°12'27.85"N, 72°29'25.66"E*

Fünf Kilometer vor dem Besch-Tasch-See biegt ein **Pfad zum Terek-Pass** (3377 m) ab, auf dem man auch wandern kann.
⊙ *42°12'56.31"N, 72°25'20.53"E*

Weitere Sehenswürdigkeiten in Talas

■ Leninpol

Das Dorf Leninpol (russ: Ленинполь), das 1995 in Bakaj Ata (russ., kirg. Бакай Ата) umbenannt wurde, hat deutsche Wurzeln und entstand aus der Zusammenlegung der Dörfer Gnadenfeld, Gnadental, Köppental und Nikolajpol. Diese vier Dörfer waren durch deutsche Mennoniten gegründet worden, die in den 1870er Jahren von der mittleren Wolga hierher übersiedelten, um dem Wehrdienst in der zaristischen Armee zu entgehen. Von hieraus siedelte dann in den 1920er Jahren ein Teil der Mennoniten in das Tschuj-Tal über und gründete Bergtal, das heute den Namen Rotfront trägt (→ S. 158). ⊙ *42°29'6.98"N, 71°56'3.73"E*

■ Urmaral

Das im Südwesten des Oblastes gelegene Tal des Urmaral-Flusses ist in jedem Fall eine Reise wert und eine schöne Tagestour von Talas aus. Man fährt von Talas 20 Kilometer gen Westen bis zum Dorf Leninpol (Bakaj Ata) und biegt dann nach Süden ins Gebirge ab. In dem schwach frequentierten Tal kann man so einige interessante Entdeckungen machen. Mit großer Wahrscheinlichkeit trifft man hier in höheren Lagen auf Mönchsgeier, und im Frühling kann man hier die Greig-Tulpe (*Tulipa greigii*) finden. Sehenswert sind auch die im Tal verstreuten Petroglyphen, die auf die Sakenzeit datiert werden. Wenn man sie finden möchte, ist man auf ortskundige Begleitung angewiesen.

■ Ak Döbö und At Lag

In der nordwestlichen Ecke der Region, südlich von Taraz, befindet sich das Ajl Tasch Döbö. Sowjetische Archäologen entdeckten in dessen Nähe eine Wüstung, die auf das 6. bis 7. Jahrhundert datiert wird und als ›Ak Döbö‹ bekannt wurde. Die benachbarte historische Siedlung ›At Lag‹ wurde nicht ausgegraben, ihre Entstehung ist ebenfalls auf das frühe Mittelalter (7.–10 Jahrhundert) datiert. Für Touristen ist kaum etwas zu sehen, wegen der Lage im Grenzgebiet kann man auch nicht einfach hinfahren. Auf dem Weg zur kasachischen Grenze passiert man den **Kirowskoje-Stausee** nördlich der Kleinstadt Kyzyl Adyr (Kirowka) mit einem riesigen Leninkopf am östlichen Rand seiner Staumauer.

Walken eines Filzteppichs mit Eselshilfe

Tschingis Aitmatow

Der wohl bekannteste Kirgise ist sicherlich der Schriftsteller Tschingis Aitmatow, dessen Romane und Erzählungen in viele Sprachen übersetzt wurden. Tschingis Torekulowitsch Aitmatow (russ: Чингиз Торекулович Айтматов) oder Tschyngyz Törökul Ajtmatow (kirg: Чыңгыз Төрөкул Айтматов) wurde am 10. Dezember 1928 im Dorf Scheker (Kirow-Rajon, Talas-Oblast) geboren.

Seine Mutter war Tatarin und arbeitete in der Politabteilung der Armee und ab 1938 im Kulturbereich. Sein Vater, Törökul Aitmatow, wurde 1903 im Dorf Nr. 5 (Semiretschenskaja Oblast) geboren. Er schaffte es bereits mit 30 Jahren, als Zweiter Sekretär des Kirgisischen Oblast-Komitees in der erweiterten Führungsriege der Kirgisischen Sowjetrepublik zu stehen. Von 1935 bis 1937 studierte er am Moskauer ›Institut des Roten Berufes‹, einer Bildungseinrichtung für die zukünftige politische Elite der UdSSR. Auch seine Frau mit den Kindern folgte ihm nach Moskau. 1937 änderte sich die Situation der Familie schlagartig, als Törökul aus der Partei ausgeschlossen wurde. Es empfahl seiner Frau, schon sein Schicksal ahnend, Moskau zu verlassen und mit den drei Kindern zurück in die Talaser Heimat zu fahren, um ›die Kinder zu retten‹. Persönlich begleitete er seine Familie zum Kazaner Bahnhof in Moskau, wo der Zug nach Frunze abfuhr. Am 15. November 1937 wurde er aufgefordert, sich im Zentralkomitee in Moskau zu melden. Kurz darauf wurde Törökul Aitmatow verhaftet, nach Frunze überführt und als angeblich nicht linientreuer Konterrevolutionär und Unterstützer des Panturkismus inhaftiert. Zusammen mit anderen Kommunisten wurde er ohne Gerichtsverhandlung in einer Nacht- und Nebel-Aktion in der Nähe des Dorfes Tasch Döbö im November 1938 standrechtlich erschossen. Diese Hinrichtung sollte als die größte stalinistische Säuberungsaktion auf kirgisischem Gebiet in die Geschichte eingehen. Dieser Verlust des Vaters beeinflusste Tschingis Aitmatow sein ganzes Leben.

Seine Kindheit verbrachte Tschingis im heimatlichen Dorf Scheker. Wie jeder kirgisische Dorfjunge half er im Elternhaus in der Wirtschaft, hütete das Vieh und war im Sommer auf dem Almlager. Nach dem Abschluss der 8. Klasse begann er eine Ausbildung an der Veterinärmedizinischen Berufsschule in Dshambul. 1948 wurde er in die Veterinärmedizinische Fakultät der Landwirtschaftlichen Hochschule in Frunze immatrikuliert, die er 1953 abschloss. In dieser Zeit veröffentlichte er in Zeitschriften erste Erzählungen. Nach seinem Hochschulabschluss war er verpflichtet, drei Jahre als Veterinär zu arbeiten, und kam so wieder hautnah mit den Alltagsproblemen der Dorfbevölkerung und der Nomaden im Gebirge in Kontakt. In seiner Freizeit verfasste er weitere Texte und studierte schließlich von 1956 bis 1958 in Moskau am bekannten Maxim-Gorki-Institut für Literatur.

1957 wurde sein erstes größeres Werk, die Novelle ›Von Angesicht zu Angesicht‹, in der Zeitschrift ›Ala Too‹ veröffentlicht. Kurz darauf erschien in der gleichen Zeitschrift die Novelle ›Dshamilja‹. Zufällig las in Paris der französische Schriftsteller Louis Aragon diese Zeitschrift und entschloss sich, ›Dshamilja‹ ins Französische zu übersetzen. So erschien ›Dshamilja‹ 1957 erstmalig nicht als russisches, sondern als französisches Buch. Nicht zu Unrecht bezeichnete Aragon dieses Werk als ›die schönste Liebesgeschichte der Welt‹. Diese Erzählung verhalf Aitmatow zu nationaler und internationaler Bekanntheit.

Es folgte die Erzählung ›Der erste Lehrer‹ (1962), in dem Aitmatow den Kampf gegen das Analphabetentum in einem kirgisischen Dorf beschrieb. Dieses Buch wurde 1966 durch MOSFILM verfilmt. Im Roman ›Der weißer Dampfer‹ erzählt er von der Kindheit eines kleinen Waisenjungen. Er wohnt in einem Naturschutzgebiet am Issyk Kul, in dem einige Verwandte von ihm arbeiten. Der einzige Mensch, der sich für ihn interessiert, ist sein Großvater, der viel Zeit mit ihm verbringt und ihm die Geschichte von der ›Mutter Maral‹ erzählt. Leider gibt es aufgrund der Wilderei fast keine Maralhirsche mehr. Der Titel des Buches bezieht sich auf die Schiffe, die zu Sowjetzeiten auf dem Issyk-Kul-See verkehrten. Gekonnt verwebt Aitmatow die Sagengestalt der ›Maralmutter‹ als wichtigen Teil des kirgisischen Kulturgutes mit der Kritik an der Ausbeutung der Natur. Das Buch ist eine Leseempfehlung, wenn man vorhat, zum Issyk Kul zu reisen.

Ein weiterer Meilenstein ist der Roman ›Die Richtstatt‹ (1986). Er wurde in der deutschen Übersetzung 1987 vom Verlag Volk und Welt herausgebracht. Das Werk ist gesellschaftskritisch und spiegelt Ideen der Perestrojka wider.

Nach 1988 schlug Aitmatow eine politische Karriere ein. Es entstanden zwar mit ›Das Kassandramal‹ (1994) und der ›Der Schneeleopard‹ (2006) einige Werke, jedoch waren diese nicht mehr so intensiv wie seine früheren. Ab 1989 war er Berater von Michail Gorbatschow und arbeitete von 1990 bis 1994 als Botschafter der Sowjetunion (ab 1991 der Russischen Föderation) in Luxemburg. Von 1994 bis 2006 war er Botschafter Kirgistans in den Benelux-Staaten und unternahm viele Vortragsreisen, vor allem in Deutschland, der Schweiz und Österreich.

Man kann es wohl als bittere Ironie des Schicksals bezeichnen, dass der kirgisische Staat das Jahr 2008 als ›Aitmatow-Jahr‹ ausgerufen hatte, um am 12. Dezember den 80. Geburtstag des Schriftstellers zu feiern. Aitmatow hat es nicht mehr erlebt, denn er starb am 10. Juni 2008 in einem Nürnberger Krankenhaus an den Folgen einer schweren Lungenentzündung. Am 14. Juni wurde er in der Nähe von Bischkek, in der Nationalen Gedenkstätte ›Ata Bejit‹, zu Grabe getragen (→ S. 139). Sein letzter Wunsch, an der Seite seines Vaters Törökul begraben zu werden, erfüllte sich.

Es war ein glücklicher Umstand, dass Aitmatow seine Werke im Original entweder auf Kirgisisch oder auf Russisch schrieb und dann selbst in die jeweils andere Sprache übersetzte. So konnten zu Sowjetzeiten neben den russischsprachigen Lesern auch die Kirgisen, die in den entlegenen Gebirgsgegenden wohnten und Russisch nur schlecht beherrschten, seine Werke lesen.

Aitmatow erhielt zu Sowjetzeiten und auch nach 1991 viele hohe Auszeichnungen. Er wurde mit dem Titel ›Held der Sozialistischen Arbeit‹ (1978), mit dem Leninorden (1963) und drei Mal mit den Staatspreis der UdSSR ausgezeichnet. Umstritten ist seine Unterschrift unter einen offenen Brief an die Redaktion der ›Prawda‹, in dem die Anfeindungen gegen Sacharow unterstützt wurden. In einem ›Prawda‹-Artikel war Andrej Sacharow, der Erbauer der Wasserstoffbombe, Friedensnobelpreisträger und Friedenskämpfer, beschuldigt worden, die Ehre der sowjetischen Wissenschaft zu beschmutzen.

Im Jahr 2011 wurde der Aitmatow-Preis ausgelobt, der von der Aitmatow-Akademie in London vergeben wird. Ebenfalls 2011 wurde auf dem Alatoo-Platz in Bischkek ein Aitmatow-Denkmal enthüllt.

»... traten wir an das Ufer des Issyk Kul heraus, genau an dem Ort, wo sich vom hiesigen Ufer diese wahrhaft märchenhafte Sicht nach Südwesten auf die gesamten 170 Werst Länge und 55 Werst Breite des Seebassins auftut und die durchgehende schneeweiße Reihe der Tien-Schan-Herrscher sich scheinbar direkt aus der indigoblauen Unermesslichkeit der Seeoberfläche erhebt.«

Pjotr Semjonow-Tjan-Schanskij

ISSYK KUL
DIE PERLE DES TIEN SCHAN

Badestrand bei Tamga am Südufer des Issyk Kul

Das Kirgisische Meer

Der den gesamten Osten des Landes einnehmende Verwaltungsbezirk Issyk Kul wird nicht nur namentlich vom großen Gebirgssee Issyk Kul dominiert. Von der Karte Mittelasiens blickt er wie ein Auge aus den mächtigen Gebirgsketten des Tien Schan auf den Betrachter. Der ›heiße See‹, so die deutsche Entsprechung des kirgisischen Ysyk Köl, russisch Issyk Kul, kann mit Fug und Recht als ›Marke‹ Kirgistans bezeichnet werden. Wo man auch ist in den postsowjetischen Ländern, wenn die Rede auf Kirgistan kommt, so fällt fast allen spontan dieser See ein, und viele fügen träumerisch hinzu: ›die Perle des Tien Schan ...‹.

Es liegt nicht nur an seiner Größe, dass der See so bekannt ist. Immerhin würde der Bodensee flächenmäßig elfmal in den 6236 Quadratkilometer großen Issyk Kul passen, volumenmäßig sogar sechsunddreißigmal! Der Issyk Kul ist mit einer maximalen Tiefe von 692 Metern und einer mittleren Tiefe von immerhin 270 Metern einer der tiefsten Seen der Erde. Entscheidend für den Ruhm des Gewässers dürfte jedoch seine sprichwörtliche Schönheit sein. Auf 1609 Metern Höhe gelegen, wird er umrahmt von den auch im Sommer schneebedeckten Vier- und Fünftausendern der Gebirgsketten des Kungej Alatoo (›der Sonne zugewandtes buntes Gebirge‹) im Norden und des Terskej Alatoo (›dem Schatten zugewandtes buntes Gebirge‹) im Süden. Dieser Kontrast ist es vor allem, der den See so anziehend macht. Dazu kommen die schier endlosen Reihen turmhoher, schlanker Pappeln, die die Straßen in den Dörfern und auch zwischen ihnen säumen, und die Obsthaine, darunter vor allem die Aprikosen, deren Laub im Herbst feuerrot mit dem Himmelsblau und den verschneiten Gipfeln kontrastiert. Ein angenehmes Mikroklima mit warmen Sommern und vergleichsweise milden Wintern sowie rund 2700 Sonnenstunden im Jahr kommt dazu. Die ganze Gegend strahlt eine südländische Heiterkeit und Gelassenheit aus.

Und so verwundert es nicht, wenn der Issyk Kul nach wie vor eines der beliebtesten Urlaubsparadiese der Moskauer, Petersburger und Nowosibirsker Großstädter ist. Auch aus dem Nachbarland Kasachstan kommen zahlreiche Urlauber

▲ *Hotelbadesteg am Nordufer des Issyk Kul*

an den See, und viele der durch Rohstoffe schwerreich gewordenen Nachbarn haben sich hier Häuser und ganze Ferienresorts gekauft oder bauen lassen. Vor allem das Nordufer des Sees zählt traditionell zu den liebsten Erholungsgebieten der Kasachstaner. Von den 445 000 Einwohnern des Oblasts Issyk Kul dürfte zumindest jeder zweite Bewohner der Uferdörfer direkt oder indirekt im Tourismus beschäftigt sein. Wesentlich ruhiger ist es am Südufer, das über weite Strecken nahezu unberührt ist.

Man sagt, dass nur der Baikalsee noch klareres, saubereres Wasser hat. Und wirklich, wenn man hier schwimmen geht, kann man ohne Probleme den Grund erkennen, auch wenn das Wasser schon zehn Meter tief ist. Nur an den Mündungen der schäumenden Bergflüsse ist das Wasser eingetrübt und meist auch deutlich kühler. Im Sommer hat der See durchaus angenehme Badetemperaturen von um die 20 Grad. Das Wasser des Issyk Kul ist schwach salzhaltig. Das kommt daher, dass der See keinen Abfluss hat und der Wasserspiegel ausschließlich durch Verdunstung geregelt wird – so reichert sich das Wasser über die Jahrtausende und Jahrmillionen immer stärker mit Mineralien an.

> **❗ Was man nicht verpassen sollte**
> **Karakol**: dunganische Moschee, russisch-orthodoxe Kirche, Viehmarkt und Prshewalskij-Museum (→ S. 202).
> **Eines der folgenden Täler**: Karakol (→ S. 217), Dsheti Oguz (→ S. 218), Dshuuka (→ S. 220), Barskoon (→ S. 221).
> **Skazka**: bunte Lehmberge und Baden am wilden Strand (→ S. 225).
> **Einen Gletscher anfassen**: am leichtesten geht das am Oberlauf des Barskoon (→ S. 221), am gigantischsten ist eine Wanderung auf dem Inyltschek-Gletscher bis zum Basecamp zwischen Pik Pobeda und Khan Tengri (→ S. 207).

Die Arabel-Syrten oberhalb des Barskoon-Passes

Geschichte und Geschichten

Für die Kirgisen ist der See heilig. Dieser Status drückt auch seine wirtschaftliche Bedeutung für das Überleben in den rauen Hochgebirgen Zentralasiens aus, und, dadurch bedingt, seinen bedeutenden Platz in der kirgisischen Geschichte. Die Geschichte des Sees selbst, sein Alter und seine Entstehung, sind bis heute nicht einhellig geklärt. Es gibt die verschiedensten Hypothesen, wie er entstanden sein könnte. Wahrscheinlich hat es vor ungefähr zwei Millionen Jahren hier einen mächtigen Gebirgsbruch gegeben. Die entstandene Spalte füllte sich mit Wasser. Der See ist an seiner tiefsten Stelle 702 Meter tief. Das durch die Wassermassen verursachte Mikroklima in der Senke schuf günstige Lebensbedingungen. Und so überrascht es nicht, dass eine menschliche Besiedlung der Ufer des Issyk Kul seit mindestens 100 000 Jahren archäologisch nachgewiesen ist. Kunde vom Issyk Kul gab es schon vor über 2000 Jahren. Chinesische Quellen aus dem 2. Jahrhundert vor unserer Zeit berichten über den See als ›Zhe Chaj‹, auch das bedeutet ›warmes Meer‹.

Badebucht am Südufer

Auf dem sogenannten Katalanischen Weltatlas von 1375, der die damals bekannte Welt vom Atlantik bis nach China zeigte, ist im Herzen der mittelasiatischen Berge eine Markierung ›isikol‹ verzeichnet, nördlich davon ein Gebäude mit Kreuz, das wie folgt beschriftet ist: »An diesem Ort ist ein Kloster der armenischen Brüder, wo der Leib des heiligen Apostels und Evangelisten Matthäus aufbewahrt wird«. Die Suche nach diesem Ort verlief bisher erfolglos, wenn man davon absieht, dass man bei **Ak Bulun** am Ostufer des Sees Grundmauern fand, von denen man annimmt, dass sie eventuell zu einem Kloster gehört haben könnten.

Die Suche nach historischen Orten am Issyk Kul gestaltet sich schwierig, weil der Wasserspiegel des Sees jetzt höher liegt als vor 1000 Jahren. Im Uferbereich, vom Wasser bedeckt, wurden zahlreiche Siedlungsreste gefunden, deren bedeutendste die von Sary-Bulun sind, ebenfalls am Ostufer des Sees, im Südosten der Tjup-Bucht. Wie sich herausstellte, handelt es sich hier höchstwahrscheinlich um die Grundmauern von **Tschigu** (Chigu), der legendären, im 2. Jahrhundert vor unserer Zeit vom chinesischen Kundschafter und Forschungsreisenden Zhang Qian beschriebenen **Hauptstadt der Usunen** (Wusun). Die beiden Bischkeker Archäologen und Historiker Wladimir Mokrynin und Wladimir Ploskich untersuchten diesen Ort ab 1985 drei Jahre gründlich und unterzogen alle gefundenen Artefakte einer genauen Analyse. Alles deutet darauf hin, dass es sich hier wirklich um Tschigu handelt, Hauptstadt des nomadisierenden, kriegerischen Stammesverbandes, der zum Ende der Bronzezeit, in der Mitte des ersten Jahrtausends vor unserer Zeit, die Saken aus der Region verdrängte. Die Usunen selbst wichen vor den Hunnen (Tschiongnu, Xiongnu) nach Westen aus. Allerdings deuten die Fundstücke darauf hin, dass diese Stadt weit länger besiedelt war – vom 8. Jahrhundert vor unserer Zeit, also zur Blütezeit der Saken, bis ins späte Mittelalter des 15. Jahrhunderts. In den frühen historischen Quellen taucht nur eine Stadt in den bergig-steppigen Weiten zwischen den sesshaften Kulturen des Fergana-Tals und den chinesischen Oasen auf. Es ist sehr plausibel, dass sie ausgerechnet hier gelegen hat, am fruchtbaren Ostende des riesigen Sees, geschützt vor den rauen Steppenwinden. Und sie dürfte eine entscheidende Rolle bei der Entstehung und Entwicklung der Seidenstraße gespielt haben.

Tamerlan (Timur Lenk, Timur der Lahme) soll dreimal versucht haben, die Stämme zu unterwerfen, die hier siedelten, und sicher hatte er es auch auf diesen Handelsknotenpunkt abgesehen. Er war dreimal – 1376, 1389, 1392 – erfolglos. Bei Tamerlans Nahen verschwanden die Nomaden mit Kind und Kegel, Hab und Herden unauffindbar in den Bergen, und sobald er unverrichteter Dinge abzog, kamen sie wieder hervor. Mit Tamerlans Feldzügen ist die Legende von den Steinhaufen am San-Tasch-Pass verknüpft (→ S. 190).

Eine systematische wissenschaftliche Erforschung des Sees erfolgte erst viel später. Der russische Forschungsreisende **Pjotr Semjonow** (der später den Ehrentitel Tjan-Schanskij erhielt) widmete dem Issyk Kul im 19. Jahrhundert seine Aufmerksamkeit. Semjonow reiste von Wernoje (dem späteren Alma-Ata, heute Almaty) aus zweimal hierher, 1856 und 1857, nachdem er sich in Berlin mit den berühmten Geografen Carl Ritter und Alexander von Humboldt getroffen hatte. Die beiden hatten ihn erst auf den Tien Schan und den geheimnisvollen See aufmerksam gemacht, an dem sie ebenfalls großes Interesse hatten. Während seiner ersten Forschungsreise fand er heraus, dass der See keinen Abfluss hat, und korrigierte somit seine beiden deutschen Kollegen, die angenommen hatten, dass der Tschuj dem Issyk Kul entspringt. Bei der zweiten Reise umrundete er den See halb, fand an seinem Ostende die oben beschriebenen Ruinen, möglicherweise eines Klosters, und überquerte den Terskej Alatoo bis zum Oberlauf des Naryn.

Aber erst das 20. Jahrhundert brachte die Erschließung des Gebiets um den legendären See und, mit der besseren Erreichbarkeit verbunden, auch seine Erforschung, wirtschaftliche und sogar **militärische Nutzung**. Es ist kein Märchen, dass das sowjetische Verteidigungsministerium in Zusammenarbeit mit Forschungsinstituten zwischen den 1950er und 1970er Jahren U-Boot-gestützte Unterwasserraketen vom Typ ›Schkwal‹ hier testete. Diese Torpedos wurden in der Bucht Irdyk bei Pokrowka in der Nähe von Prshewalsk (heute Karakol) einer gründlichen Unterwasser-Erprobung unterzogen. Es gab insgesamt etwa 300 Tests im See, bevor man diese Waffensysteme in Serie zu produzieren begann und im Nördlichen Eismeer auf Atom-U-Booten installierte. Auch danach wurden die in Alma-Ata im Kirow-Werk und bei Gidromasch produzierten Torpedos weiter im See getestet.

Ob die sowjetischen Badetouristen davon wussten? Es ist anzunehmen, denn in den Anfangsjahren des Tourismus am Kirgisischen Meer durften nur Nomenklatura-Kader hier ihren Urlaub verbringen. So etwas wie Massentourismus entwickelte sich erst ab den 1980er Jahren. Heute ist der See die Lieblingssommerfrische der Mittelschicht aus dem russischen Sibirien und dem benachbarten Kasachstan. Von den Einheimischen können sich nur wenige einen Urlaub hier leisten, auch wenn die Preise, gemessen an unserem mitteleuropäischen Empfinden, niedrig sind.

Friedhof am Südufer

Das Biosphärenreservat Issyk Kul

Mit einer Fläche von über 6000 Quadratkilometern und einer Tiefe von 692 Metern ist er noch vor dem Titicaca-See der größte Hochgebirgssee der Welt und friert auch im Winter nicht zu. Das liegt am Salzgehalt seines Wassers (5,9 Promille) und am gewaltigen Wasservolumen von knapp 1800 Kubikkilometern. Die offene Wasserfläche zieht im Herbst und Winter hunderttausende Zugvögel an. Dies und die große landschaftliche Vielfalt trugen dazu bei, den See und seine Umgebung seit 2003 als UNESCO-Biosphärenreservat auszuweisen. Die Idee dazu kam vom Greifswalder Ökologen Prof. Michael Succow. Die Umsetzung fand durch einen seiner Schüler, Thorsten Harder, statt. Michael Succow ist seit 2014 im Rahmen der Succow-Stiftung nach langer Pause wieder am Issyk Kul mit einem Projekt aktiv.

Solche Reservate haben den Anspruch einer ökologisch nachhaltigen Regionalentwicklung. Das heißt, die ökologische Einzigartigkeit dieses Lebensraumes soll weitgehend geschützt werden, ohne jedoch die Nutzung durch die Lokalbevölkerung für Viehzucht, Acker- und Obstbau sowie Tourismus auszuschließen. Naturverträgliche Bewirtschaftung soll dabei Vorrang genießen.

Geschützt ist de facto die gesamte Fläche des Verwaltungsbezirkes Issyk Kul (43100 qkm). Das schließt sowohl die alpinen und mittleren Gebirgszonen als auch die Wüsten und Halbwüsten in den tieferen Lagen direkt um den See, die Uferbereiche sowie die Wasserfläche selbst mit ein. Diese außerordentliche Vielfalt der Landschaftstypen auf relativ engem Raum bietet auch einer großen Anzahl von Tier- und Pflanzenarten optimale Lebensbedingungen. Viele Arten sind endemisch, kommen also nur dort vor. Nur auf drei Prozent der Fläche sind menschliche Eingriffe untersagt. In diesen Kernzonen werden endemische Arten streng geschützt. Für den gesamten Tien Schan sind übrigens etwa 4000 Pflanzenarten beschrieben, von denen rund 1400 endemisch sind. Dass sich gerade hier so viele schützenswerte Pflanzen und Tiere erhalten haben, hat auch damit zu tun, dass die Gegend um den Issyk Kul zu Sowjetzeiten teilweise militärisches Sperrgebiet, andererseits aber auch schon beliebtes Erholungsgebiet war und deswegen besonderen Schutz genoss. Es durfte kaum Industrie angesiedelt werden. Trotzdem gibt es jede Menge Herausforderungen für den Schutz des Gebietes, ist doch in Ländern wie Kirgistan Raubbau an der Natur immer eine Folge von Armut großer Schichten der Bevölkerung. Zudem wird die gesamte Region durch die Goldmine Kumtor bedroht (→ S. 222).

Der See wurde bereits 1978 als Nummer 109 in das Netzwerk ›Living Lakes‹ aufgenommen, das entsprechend der Konvention von Ramsar (Iran, 1971) inzwischen über 2000 besonders wertvolle Feuchtgebiete der Erde listet und unter Schutz stellt. Er war damit eines der 13 Feuchtgebiete der Sowjetunion, die damals schon diesen Schutzstatus erhielten.

Herbst am Issyk Kul

Anreise zum Issyk Kul

Früher kamen am Nordufer des Issyk Kul zwischen Tschong Sary Oj und Balbaj jährlich tausende Wanderer von Gebirge herabgestiegen. Als Kirgistan und sein nördlicher Nachbar Kasachstan noch Sowjetrepubliken waren, gab es hier keine Staatsgrenze, und ein ganzes Dutzend beliebter Trails verbanden das sowjetische Kasachstan mit dem Kirgisischen Meer. Die meistbegangenen waren zwei Strecken von Almaty über den Transili Alatoo durch das Tal des Tschong Kemin (→ S. 162) und über den Kungej Alatoo nach Tschong Sary Oj und Grigorjewka, außerdem zwei Strecken von Saty und den Kolsaj-Seen über den Kungej Alatoo nach Balbaj oder Kurmetty. Noch weitere 15 Jahre nach Erlangung der Eigenstaatlichkeit beider Länder konnten die Bergfreunde ungehindert zwischen beiden Ländern hin- und herwandern, sie brauchten lediglich für jedes Land ein Visum. Heute ist die ›grüne Grenze‹ nicht mehr durchlässig, besonders von kasachischer Seite wird sie streng bewacht, ein Übertritt ist bei Strafe verboten. Wer zum Issyk Kul will, muss die Straße benutzen. Der Tourismus in beiden Ländern hat dadurch ein wirkliches Highlight verloren, und viele Wanderfreunde erinnern sich mit Wehmut an die Euphorie, von der man ergriffen wurde, wenn man sich auf einen der Pässe des Kungej Alatoo hochgekämpft hatte und bei schönem Wetter 2000 Meter unter sich den riesigen, blauen Wasserspiegel des Issyk Kul leuchten sah. Möglicherweise können sich die beiden Nachbarländer darauf einigen, die beiden Hauptrouten wenigstens im Sommer wieder möglich zu machen, indem man an der Grenze saisonale Kontrollposten einrichtet.

■ Anreise von Westen durch das Boom-Tal

Das Westufer des Sees ist niederschlagsarm, hier fallen nur 110 Milimeter Regen oder Schnee pro Jahr. Die Berge sind hier niedrig. Von Südwesten kommt der Tschuj aus dem Gebirge, tut so, als ob er in den See münden will, macht dann plötzliche eine scharfe Westwendung und verschwindet donnernd in der engen Boomschlucht. Ein kleines Bächlein nur zweigt vom Tschuj ostwärts ab, bildet eine sumpfige Niederung am Westende des Sees und mündet dann in ihn, direkt neben dem Ort Balyktschy. Der Tschuj aber, von dem man lange annahm, dass er in den Issyk Kul mündet, fließt munter gen Westen, nimmt flussabwärts den

So geht es auch: Anreise zu Fuß über das Tschong-Kemin-Tal und den Ak-Suu-Pass

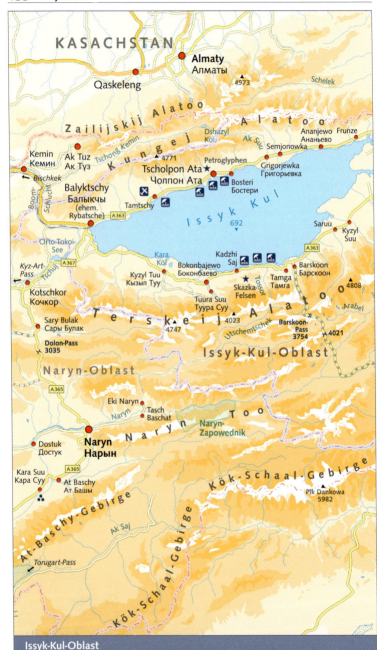

Issyk Kul 187

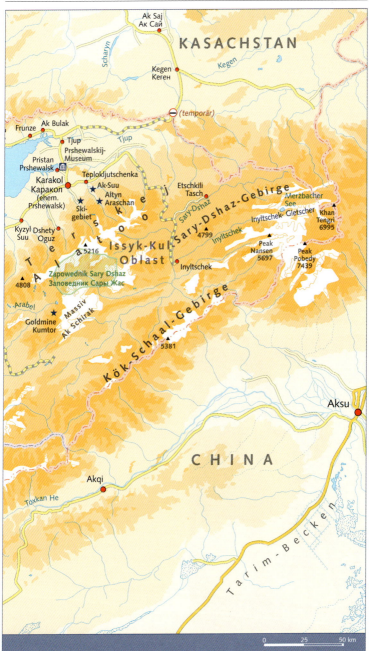

Issyk Kul – die Perle des Tien Schan

wasserreichen Tschong Kemin auf, bildet eine fruchtbare Ebene, die dank seiner Wasser dicht besiedelt und landwirtschaftlich intensiv genutzt ist, und verabschiedet sich dann nach Kasachstan. In entgegengesetzter Richtung fließt aus Bischkek, vom Grenzübergang Kordaj und durch die Tschuj-Ebene auch ein Strom, allen Gesetzen der Physik zum Trotz bergauf: die Touristen. Eng wie ein Schnürsenkel ist das schroffe Tal, durch das schon die Seidenstraßenkarawanen zogen und durch das sich nun, auf der neuen, von chinesischen Arbeitern gebauten Trasse, die Strand- und Sonnenhungrigen nach oben zum Issyk Kul bewegen. Schnürsenkel heißt auf kirgisisch ›boom‹. Das Boom-Tal zeigt schon an, dass es in den Urlaub geht. Je näher man dem See kommt, desto größer wird die Dichte der Straßencafés und Verkaufsstände. Und dann ist man plötzlich in Balyktschy.

▲ *Fischverkauf in Balyktschy*

■ Balyktschy

Eine größere Ansiedlung gibt es hier erst seit reichlich hundert Jahren. Doch bereits vor langer Zeit war dieser strategisch günstig gelegene Ort besiedelt und bekannt als ein Umschlagplatz auf der Großen Seidenstraße. Nach deren Niedergang gab es hier, auf halbem Weg zwischen Pischpek und Karakol, nur zwei Lehmhütten für durchreisende Gäste und ein paar Jurten – so jedenfalls fand der ausgediente russische Soldat Michail Batschin 1871 den Flecken vor. Er baute ein Vorwerk und schlug sich mit Fischerei und dem Verkauf des Fangs durchs Leben. Schritt für Schritt wurde ein richtiger Wirtschaftszweig daraus. Der Ort wuchs, zum Fischfang kam noch Flößerei dazu, und 1907 wohnten schon 100 Familien am Westzipfel des Sees. Man hatte die Siedlung nach ihrem Gründer Batschino genannt, aber 1909 erfolgte die Umbenennung in Rybatsche. Man befand sich damals im Kreis (ujezd) Prshewalsk, Bezirk (oblast) Semiretsche, unter der Verwaltungshoheit des russischen Generalgouvernements Turkestan.

Erst 1954 erhielt Rybatsche das Stadtrecht. Damals, zu sowjetischer Zeit, entwickelte sich der Ort stürmisch als großer Industrie- und Transportknotenpunkt. Hier wurden Wolle und andere landwirtschaftliche Güter verarbeitet, es gab einen bedeutenden Güterumschlag zwischen Hafen, Bahnhof und Straße. Mit dem Ende der Sowjetunion verlor der Ort mit der Schließung praktisch aller Betriebe fast all diese Funktionen. Aber noch heute sind Manifestationen der Sowjetzeit wie Fabrikgebäude und Lenin-Denkmäler die Hauptsehenswürdigkeit der Stadt.

Sowohl der heutige kirgisische Name des Ortes, ›Balyktschy‹ (Балыкчы) als auch die alte Bezeichnung ›Rybatsche‹ bedeuten einfach ›Fischer‹. Schließlich verdankt die Stadt mit ihren heute 43 000 Einwohnern ihre Gründung dem Fisch. Aber inzwischen ist kaum noch Fisch im See, und das liegt nicht nur daran, dass in den Jahren der allergrößten wirtschaftlichen Not die See-Anrainer alles leergefischt hätten. Eines der berühmten sowjetischen Verbesserungsexperimente fand hier statt: Bereits in den 1930er Jahren setzte man zur ›Ertragsverbesserung‹ Forellen aus dem armenischen Sewan-See in den Issyk Kul ein, in den 1950ern folgten dann Zander, Karpfen, Karauschen und andere fremde Arten.

Das war das Ende für die ursprüngliche Fischpopulation des Sees, vor allem für den beliebten ›Tschebatschok‹: Die kleinen Alteingesessenen wurden von den großen Neuen gefressen. Die Zander wurden dann in den Krisenjahren nach 1990 fast vollständig aus dem See geholt. Den Rest erledigten und erledigen Fischwilderer mit viel zu feinmaschigen chinesischen Netzen. Das, was heute am Straßenrand verkauft wird, sind klägliche Reste, und Kenner wollen wissen, dass die meisten der Fische gar nicht aus dem Issyk Kul stammen.

Balyktschy

Vorwahl: +996/3944

Täglich fahren zahlreiche Minibusse vom Busbahnhof Bischkek-West (Zapadnyj Awtowokzal), für 150 Som für die etwa 170 Kilometer ist man dabei.
In den Sommermonaten kann man auch mit dem Zug aus Bischkek anreisen. Achtung: Das Tempo ist sehr gemäßigt, man braucht mehr als sechs Stunden, und der Bahnhof liegt außerhalb der Stadt.
Nach und von Tscholpon Ata (100 Som) und von dort weiter nach Karakol verkehren ebenfalls Minibusse in relativ dichter Folge, die Busverbindungen am Südufer sind nicht so häufig.

Hotel Alija, ul. Ozjornaja 205, Tel. +996/709/990899; Lux 4500 Som, DZ 3000 Som, EZ 1500 Som.
Hotel Meder, ul. Gagarina 50, Tel. 31035, +996/555/717525; 300 Som.
Kyrgyz Altyn, Tel. ul. Salima Orozbajewa/Ecke ul. Issyk Kulskaja, Tel. 71101. Sehr einfach.
Turbaza (Herberge) **Ulan**, am Ortsrand von Toru Ajgyr ca. 8 Kilometer von Balyktschy in Richtung Tscholpon Ata, Strandlage.

Café Yrysky, ul. Manasa 22, Tel. 32428.
Café Sary Oi, ul. Komsomolskaja.
Café Tscholpon, ul. Toktosunowa 56.

■ **Anreise von Kasachstan über Kegen und Karkara**

Früher gab es 250 Kilometer östlich von Almaty, südlich von Kegen, einen regulären Grenzübergang von Kasachstan in das kirgisische Issyk-Kul-Gebiet. Viele Besucher des kirgisischen Meeres wussten die Abwechslung zu schätzen: Anreise auf einem Weg, Abreise auf einem anderen. Seit Jahren jedoch schließt Kasachstan diesen Übergang im Herbst und öffnet ihn – auf Drängen der Reisebüros – nur von Juni bis Ende September. Hundertprozentig verlassen kann man sich darauf leider nicht. Schade, denn diese Anreise zum Issyk Kul ist die schönere.
Die Straße A 362 ist schlecht, aber sie steigt hinter Karkara malerisch zum **San-Tasch-Pass** (2158 m) an, um dann sanft abzufallen und sich durch malerische Wälder und saftige Wiesen, vorbei an Imker-Wohnwagen und Bienenkörben zum Issyk Kul hinabzuschlängeln. Über die Hälfte des Weges wird man linker Hand vom Fluss Tjup begleitet.

Die Region ist für ihre besonders schmackhaften Aprikosen bekannt

Am gleichnamigen Dorf südlich von Ak Bulak erreicht man dann die Ringstraße um den See und den nordöstlichsten Zipfel des Gewässers. Hier mündet auch der quicklebendige Begleiter in den See. Es gibt auch noch eine andere **Variante für mutige Fahrer**, sie ist landschaftlich noch reizvoller. Man kann ungefähr auf der Hälfte des Weges zwischen Kegen und der Ringstraße, kurz nachdem man auf den Tjup getroffen ist, ihn querend von der ›Hauptstraße‹ nach links (Süden) auf die A 364 abbiegen (*42°44′10.83″N, 78°56′10.61″E*) und gelangt nach abenteuerlichen Aufwärts- und Abwärtsbewegungen über die Berge mit wunderbaren Ausblicken auf die **Straße von Inyltschek nach Karakol**, die ab hier die Nummer A 363 hat (*42°39′15.30″N, 78°52′34.88″E*). Langsam durch die Dörfer fahrend, kann man sich auf das gemessene Leben am See einstimmen. Die Ringstraße erreicht man dann in Karakol.

Egal welche Variante man wählt: Unterwegs sollte man sich unbedingt den auffälligen großen **Steinhaufen** anschauen, der sich links der Straße hinter dem **San-Tasch-Pass** kurz hinter der kasachisch-kirgisischen Grenze befindet. Das ist kein Kurgan, wie viele vermuten, obwohl auch er etwas mit dem Tod zu tun hat. Die Legende lautet, dass Tamerlan hier um das Jahr 1398 auf seinem Feldzug gegen die heidnischen Nomadenvölker in der Ebene nördlich des Tien Schan durchgekommen sei. Er hieß seine Krieger, an diesem steinreichen Ort je einen Stein auf einen großen Haufen abzulegen. Auf dem Rückweg sollten die überlebenden Krieger je einen Stein vom Haufen nehmen und daneben ablegen. Dieser neue Haufen erwies sich als viel kleiner als jener der liegengebliebenen Gedenksteine für all jene, die den Feldzug nicht überlebt hatten. San bedeutet ›zählen‹, tasch – ›Stein‹. *42°44′49.03″N, 78°59′45.33″E*

■ **Anreise mit dem Flugzeug nach Tamtschy.**
Es geht auch schneller, wenngleich man so vieles verpasst. Seit 2012 fliegen wieder Flugzeuge zum See, zum internationalen Flughafen ›Issyk Kul‹ in Tamtschy am Nordufer. Tamtschy liegt in der Mitte zwischen Balyktschy und dem Hauptbadeort Tscholpon Ata. Früher wurden auf dem Flughafen bei Tscholpon Ata nur kleinere Maschinen abgefertigt. In Tamtschy gibt es nun eine ausreichend lange Start- und Landebahn auch für größere Maschinen. 2014 wurde Tamtschy (Kürzel TAM) in der Sommersaison mehrmals wöchentlich von Chartermaschinen der Gesellschaft Atlas 1 aus Almaty angeflogen (→ S. 310); seit 2014 können Flugzeuge aller Größenklassen in Tamtschy landen.

Das Nordufer am Fuße des Kungej Alatoo

Am dichtesten besiedelt ist der Verwaltungsbezirk Issyk Kul am nördlichen Seeufer. Dorf an Dorf reiht sich hier an der Straße entlang. Die zahlreichen Erholungsheime, Urlaubersiedlungen und Hotels aller Preisklassen füllen die ehemaligen Leerstellen zwischen den Dörfern Tamtschy und Ananjewo inzwischen fast aus. Am Fuße des Kungej Alatoo sind die meisten Dörfer im Sommer Touristenzentren. Viele Einwohner vermieten Zimmer oder Bungalows. Die Preise sind niedrig, der Komfort ist entsprechend bescheiden. Trubel herrscht in den Ferienmonaten Juni, Juli und August, aber schon im September zieht Ruhe ein. Dabei ist dieser Monat der schönste am See: Das Wasser ist durchsichtiger denn je, Licht und Laubfärbung großartig. Wer einen geruhsamen Wander- oder Fotourlaub machen will, sollte jetzt kommen. Auch Baden kann man noch, die Wassertemperaturen liegen zwischen 18 und 16 Grad. Von Oktober bis April ist es sehr ruhig, die meisten Urlauberheime und Standresorts haben geschlossen, nur einige Hotels und Sanatorien nehmen Gäste auf. Immer fündig wird man im Hauptort des Nordufers, in Tscholpon Ata, und seinen ›Satelliten‹ Bozteri und Sary-Oj.

Die Berge des Kungej Alatoo

Die 280 Kilometer lange Kette des Kungej Alatoo gehört noch zum Nördlichen Tien Schan, ihre höchste Erhebung ist mit 4771 Metern der Tschok-Tal nördlich des Dorfes Tamtschy. Der etwa 30 Kilometer breite Rücken des Kungej Alatoo wird im Norden von den Tälern der wasserreichen Flüsse Tschong Kemin und Tschilik (Schelek) begrenzt, letzterer fließt schon durch Kasachstan, er mündet in den Ili. Die Grenze zwischen beiden Ländern verläuft genau an der Tschong-Kemin-Tschilik-Wasserscheide. Das Tal des Tschong Kemin liegt in Kirgistan. Die Nordseite dieses langen Tals steigt zum Transili Alatoo auf, bis zum Kamm gehört das Territorium noch zu Kirgistan. Jenseits der Kammlinie fällt der Transili Alatoo zu den unendlichen Weiten der kasachischen Steppen ab.

Der Kungej Alatoo beginnt im Westen an der Boom-Schlucht und steigt gleich heftig bis über 4000 Meter an. Die Täler des Djure und des Ak Suu (Semjonowskoje Uschtschelje) begrenzen seinen höchsten Teil mit den Bergen Boztery (4323 m) und Tschok Tal (4771 m) im Westen und Keminskij (4643 m), Pik Tschajkowskij (4687 m) und Aj Tjor (4343 m) im Osten. Zwischen ihnen liegen 40 Kilometer einer imposanten Kette von auch sommers schneebedeckten Viertausendern, viele von ihnen sind vom See aus gut zu erkennen. Nach Osten senkt sich die Kette über fast 100 Kilometer langsam zu den Syrten (Hochweiden) ab, immer noch erhaben um die 4000 Meter, bis Kjurmentju. An der Nordseite des Massivs, vom Seeufer aus nicht sichtbar, liegen einige bedeutende Gletscher. Die mächtigste Gletscher-Konzentration findet man am Tschilik-Kemin-Knoten an der kirgisisch-kasachischen Grenze, wo

Obstmarkt am Straßenrand

der Trans-Ili-Alatau und der Kungej Alatoo zusammentreffen. Die größten Gletscher sind der Zhangyryk und der südliche Zhangyryk sowie der At-Dshajloo, jeder von ihnen hat an die acht Quadratkilometer Fläche. Noch gibt es 427 Gletscher im Kungej Alatoo mit einer Gesamtfläche von etwa 400 Quadratkilometern, Tendenz leider abnehmend. Der Tien Schan ist besonders stark vom weltweiten Gletscherrückgang betroffen.

Tamtschy

Als Ausgangspunkt für eine Rundreise um den See kann man Tamtschy wählen. Von hier kann man in östlicher Richtung, immer auf der Ringstraße A 363 um das Kirgisische Meer fahren. Die Straße ist akzeptabel, wenn auch nicht wirklich gut. Eselskarren, alte, sehr alte und neue Autos teilen sich die Fahrbahn mit Pferden, Kühen, Radfahrern und landwirtschaftlicher Technik. Im Hochsommer versperren turmhoch mit Heu beladene Karren, Traktoren mit Hänger und Laster die Sicht. Am Straßenrand spielen Kinder, hocken und sitzen Dörfler aller Altersgruppen. Diese Straße ist belebt. Tamtschy (Тамчы), 22 Kilometer von Balyktschy entfernt, 4000 Einwohner, hat die beste Strandlage von allen Siedlungen am Issyk Kul, die Hauptstraße verläuft 250 Meter vom See entfernt. Trotzdem ist es noch ein relativ ruhiger und liebenswürdiger Urlaubsort, der sandige Strand ist von Bäumen gesäumt, und es herrscht längst nicht so viel Trubel wie in den weiter östlich gelegenen Bettenburgen. Die **Strände des Ortes Tschok-Tal** ein paar Kilometer weiter sind ein Geheimtipp für Taucher – hier sind unweit der Uferlinie die Reste einer alten Stadt aus dem 12. bis 15. Jahrhundert unter Wasser zu sehen.

Tamtschy
Vorwahl: +996/3943

Falls man nicht mit einem der noch seltenen Flugzeuge angereist ist (der Flughafen ist nur drei Kilometer entfernt), fährt man mit dem Bus oder Minibus vom Busbahnhof Bischkek-West für 250 Som (230 km). Auch nach Karakol (140 km) gehen sowohl Busse als auch Minibusse.

CBT, Koordinator Baktygul Asanlijewa, ul. Manasa 47, Tel. 21272, +996/773/355611, oder Kanat Sulajmanow, ul. Manas 49A, Tel. +996/773/780655. Die Organisation CBT (Community based tourism) bietet auch in Tamtschy die Vermittlung von Übernachtungen in privaten Gästehäusern an.
VIP Gorodok Solnyshko, Tel. +996/775/973795, +996/543/100562, +996/559/100562. Neues Hotel auf einer Halbinsel in der Nähe des Flughafens im Ort Tschok Tal; ab 4000 Som pro Appartement für 4–5 Personen.
Club Hotel Royal Beach, Tel. 53676, royalbeach@mail.ru. Ebenfalls in Tschok-Tal auf besagter Halbinsel, niveauvoll; EZ/DZ ab 1393/1591 Som.
Belcanto, neues Ressort mit großem Freizeitangebot, direkt am Strand; DZ ab 34 US-Dollar.
Gasthaus Bilim, ul. Manasa 49, Tel. 51167, +996/553/224246; ÜN 550 Som.
Gasthaus Baktygul, ul. Manasa 55, Tel. 51272, +996/773/355611; ÜN 550 Som.
Gasthaus Kanat, ul. Bajtikowa 10, Tel. 51254, +996/773/780655; ÜN 450 Som.
Versuchen Sie nicht, in das raubritterburgähnliche Anwesen unweit vom Strand vorzudringen, das ›Alte Schloss‹ (Staryj Zamok) sieht zwar aus wie ein Hotel und war auch mal eines, ist aber nicht für Normalsterbliche gedacht – hier ist die zwielichtige Geschäftswelt aus dem reichen Nachbarland ›zu Hause‹.

Tschong Sary Oj und Sary Oj

Diese beiden Nachbarorte mit den Namen ›Großes Gelbes Tal‹ und ›Gelbes Tal‹, ca. 15 Kilometer westlich vom Hauptort Tscholpon Ata, sind mit ihren schönen Sandstränden, den Obstgärten und dem Mischwald aus Kiefern, Birken und Pappeln ideal für einen Familienurlaub und Kurgäste. Es gibt jede Menge einfacher Unterkünfte, spätestens hier stößt man auf Aushänge ›комната‹ (Zimmer). Mit ›Karven‹ und ›Raduga‹ befinden sich hier aber auch die bekanntesten anspruchsvollen Hotelanlagen des Gebietes. Am Stand gibt es zahlreiche Cafés und die längste Seebrücke des Issyk Kul.

Tschong Sary Oj und Sary Oj
Vorwahl: +996/3943

Mit dem Bus oder Minibus vom Busbahnhof Bischkek-West oder Balyktschy.

Hotel und Erholungsheim Raduga, Tel. 58031, mob. +996/701/580031, Bischkek +996/312/394039, rcraduga@mail.ru, www.site.raduga.kg; DZ ab 120 US-Dollar. In einem schönen Park zwischen Hauptstraße und Strand gelegen.

Hotel Karven Four Seasons, Tel. 47382, 57779, +996/555/535390, karven@inbox.ru, karvenhotel@mail.ru, www.karven.kg; EZ/DZ ab 50/80 US-Dollar. Gehobenes Hotel für Erholung, Wellness und Business, mit Haupthaus und Bungalows, eigener Strand.

Erholungsheim Altyn-Kum, Tel. 42924, www.kirgizia-info.ru/pansionat-altyn-kum; ab 14 US-Dollar. Einfache Häuser und Bungalows in einem Park in Tschong Sary Oj.

Jamaika, Tel. 57529, +996/312/510497, +996/555/808810, hotel_jamaica@mail.ru. Einfaches Hotel in Sary Oj, bestehend aus drei zweigeschossigen Bauten mit Zwei- bis Vierbettzimmern.

Dol Inn Ka, Tel. 54463, +996/772/810387, +996/555/910005, www.dolinkahotel.com, dolinkahotel@mail.ru; DZ mit VP ab 95 US-Dollar. Noch ein Stück weiter in Richtung Tscholpon Ata im Ort Kara Oj gelegen, modernes, naturnahes und sympathisches Strandhotel.

Blick von Tscholpon Ata zum Südufer des Sees

Tscholpon Ata

Auf einem schmalen Streifen zwischen See und den hier sehr nah an ihn heranreichenden, beeindruckend geformten Vorbergen des Tien Schan befindet sich die Touristenhochburg der Region. Erst 1922 wurde der Ort als landwirtschaftliche Kooperative gegründet, und 1938 wurde hier eines der ersten Sanatorien am Issyk Kul eingerichtet – eine Lungenheilanstalt für tuberkulosekranke Kinder. Die schönen Birken-, Pappel- und Nussbaum-Alleen wurden damals angelegt und machen heute den Reiz des Ortes aus, zusammen mit drei Märkten und dem immer geöffneten Hotel Aquamarin im Zentrum.

›Vater des Morgensterns‹ – das bedeutet Tscholpon Ata (Чолпон-Ата). Wie der Name zustande kam, wird mit verschiedenen traurigen Legenden erklärt (→ S. 196). Ob sie nun stimmen oder nicht, dass man hier früher die Sterne zum Greifen nah hatte, ist unzweifelhaft. Auch heute wäre das noch so, wenn man nachts die Lichter der Hotels ausschalten würde. In der Vor- und Nachsaison jedenfalls sieht man bei klarem Wetter einen unglaublichen Sternenhimmel am Issyk Kul, und im Sommer auch, bloß eben nicht in Tscholpon Ata. Das 10 000-Seelen-Städtchen verdreifacht in der Feriensaison seine Einwohnerzahl und ist wegen seines schönen weißsandigen Strandes in den Buchten links und rechts der Halbinsel das Urlauberzentrum am See schlechthin, und auch nachts gehen hier die Lichter nicht aus. Wer sich in Ruhe erholen will, sollte einen anderen Platz aussuchen. Freilich ist die Infrastruktur hier akzeptabel: Hotels und Pensionen aller Preisklassen, Restaurants, Vergnügungsmöglichkeiten, Geschäfte, ein Markt und Geldwechselstellen – alles ist hier konzentriert, das meiste in der Hauptstraße des Ortes, der uliza Sowjetskaja.

■ Petroglyphenfeld

Auch eine richtige Sehenswürdigkeit hat Tscholpon Ata zu bieten: Ein riesiges Feld mit über **5000 Felsgravuren** aus dem zweiten Jahrtausend vor unserer Zeit, zwischen den Tälern Tschong Koj Suu und Tscholpon Ata bzw. den Dörfern KaraOj und Chutor. ◉ *42°39'27.52"N, 77°3'24.31"E*

Man erreicht das frei zugängliche Feld über die Straße, die am westlichen Ortsrand zur Moschee (мечеть) hinauf führt. 700 Meter nach der Moschee hält man sich links und geht weitere etwa 700 Meter nach Westen, die Petroglyphen liegen rechter Hand. Dieser historische Schatz wird vom **Heimatkundemuseum** behütet und bewirtschaftet. Das Museum selbst, 1979 gegründet, zeigt Ausstellungen zu den historischen Sehenswürdigkeiten der Umgebung, zur Nomadenkultur, zum Manas-Epos und zu herausragenden Kultur- und Kunstschaffenden des Verwaltungsbezirkes Issyk Kul.

▲ *Petroglyphen bei Tscholpon Ata*

■ Kulturzentrum Ruch Ordo

Am östlichen Ortsrand von Tscholpon Ata wurde 2002 direkt am See-Ufer das 4,5 Hektar große Kulturzentrum Ruch Ordo eingeweiht, das seit 2007 auch normalsterbliche Gäste empfängt und 2008, nach dem Tod des Schriftstellers Tschingis Aitmatow, dessen Namen verliehen bekam. Was hat es mit diesem Zentrum auf sich, fragt sich jeder, der den schön gelegenen Park besucht und die Kollektion von Denkmälern berühmter Menschen und legendärer Figuren betrachtet, die scheinbar wahllos an den zum Wasser führenden Wegen aufgereiht sind. Die Idee stammt von Taschkul Kereksizow, der einen Ort der Einigung der Weltreligionen schaffen wollte. Fünf Pavillons symbolisieren Judentum, katholisches und orthodoxes Christentum, Islam und Buddhismus, und der Aufenthalt in ihnen soll die Botschaft vermitteln: Es gibt nur einen einzigen Gott für die Menschen dieser Erde, er trägt nur verschiedene Namen. Die Denkmäler zeigen Wissenschaftler, Dichter und Denker, Religionsstifter sowie Politiker, die dem Autor besonders wichtige Inkarnationen dieses Gedankens zu sein schienen. So finden wir hier Tschingis Aitmatow (Abb. → S. 199) und Boris Jelzin (!), den russischen Barden Bulat Okudshawa und den autokratischen kasachischen Staatspräsidenten Nursultan Nazarbajew, Buddha, den Wolf als Totem der Turkvölker sowie zahlreiche andere Figuren.

Tscholpon Ata
Vorwahl: +996/3943

Mit dem Bus oder Minibus vom Busbahnhof Bischkek-West oder Balyktschy. Von und nach Karakol verkehren auch Busse und Minibusse.

Castle Hotel, Tel. +996/700/668833; ab 23 US-Dollar. Gemütliches kleines Hotel unweit vom Strand, nördlich von der Hauptstraße im Quartal hinter dem Kulturhaus.
Hotel Tri Korony, Tel. 43384; EZ/DZ ab 36/68 US-Dollar. Gemütlich, toller Blick auf See und Berge, auf der dem Ort vorgelagerten Halbinsel.
Hotel Kapriz (Caprice), Ortsteil Baktuu Dolonotu (ehemals Chutor), fünf Kilometer östlich von Tscholpon Ata, Tel. +996/312/905170, www.kapriz.kg; DZ ab 65 US-Dollar. Eine weiträumige Townhouse-Siedlung als Hotel, auch für anspruchsvolle Besucher.
Gasthaus Angelina, uliza Kurortnaja 21, Tel. 42904, +996/773/221175, +996/555/491301. ÜN 800 Som.

Gasthaus Ljubow, uliza Prawda 2, Tel. 42102, +996/555/006772; ÜN 600 Som.
Gasthaus Memphis, uliza Sowjetskaja 31, Tel. 62417, +996/554/861814, +996/772/372401; ÜN 1200 Som.
Pension Petrowskaja Pristan, uliza Sowjetskaja 87, Tel. 43794, +996/555/006771.
Gasthaus Pegasus, uliza Sowjetskaja 81, Tel. 42450, +996/772/459901; ÜN 350 Som.

Café Green Pub, uliza Sowjetskaja.
Café Skazki Wostoka, uliza Sowjetskaja, Tel. +996/770/381940, +996/552/376070.
Café Dwor, uliza Sowjetskaja.
Café Faworit, uliza Sowjetskaja 15a, Tel. 43911.
Café Versal, uliza Sowjetskaja.

Heimatkundemuseum (Issyk-Kul-Museum), ul. Sowjetskaja 69.
Kulturzentrum Ruch Ordo, Tel. 72070, 72073, +996/777/922730, ruhordo@mail.ru. Der Eintritt kostet 300 Som.

Die Legende von der schönen Tscholpon und ihrem traurigen Vater

Am Fuße der Berge, dort, wo heute der Ort Tscholpon Ata liegt, befand sich einst ein großer Ail. Die Tochter des Ältesten hieß Tscholpon, ›Morgenstern‹. Und sie war schön wie der Morgenstern. Ihre wie Sterne strahlenden blauen Augen brachten alle um den Verstand. Zwei Dshigiten (junge Burschen), Ulan und Santasch, hatten es auf Tscholpon abgesehen und warben um sie, aber das Mädchen konnte sich nicht entscheiden. Ein Kampf entbrannte, erst als Schlägerei, dann mit Waffengewalt. Tscholpon wollte dem Einhalt gebieten, aber es war zu spät. Die Hitzköpfe waren nicht mehr zu bremsen. Schlimmer noch, in den Streit mischten sich die Verwandten der beiden ein, es kam zu einem unglaublichen Getümmel, Blut floss. Zunehmend verzweifelt und bitterlich weinend sah das Mädchen zu, wie sich um ihretwillen geliebte Menschen verletzten und sich anschickten, sich gegenseitig umzubringen. Und sie beschloss, dass ihr Herz allen und niemandem gehören sollte, damit wieder Frieden herrschte. Wild entschlossen riss sie sich ihr Herz aus der Brust und warf es weit von sich. An dieser Stelle starb sie, beweint vom ganzen Dorf, vom ganzen Stamm, aber am meisten von ihrem alten Vater, ihrem Ata, der sie über alles geliebt hatte.

Es flossen so viele Tränen, dass hier ein riesiger See entstand, der Issyk Kul. Und die beiden Rivalen, Ulan und Santasch, verwandelten sich in Winde – einer bläst von Westen und einer von Osten, sie wetteifern immer noch, und manchmal schlagen sie Wellen hoch wie auf einem Meer. In den Bergen aber kommt der Vater Tscholpons nicht zur Ruhe. Ata weint immer noch, und seine Tränen kommen als Fluss hinab zum See, unentwegt.

Das Meer der Kirgisen, der Issyk Kul

Bosteri

Nur fünf Kilometer östlich von Tscholpon Ata liegt der Urlaubsort Bosteri (Бостери) mit seinen zahlreichen Hotels, Sanatorien, Pensionen und Erholungsheimen sowie gepflegten Stränden. Es gibt viele Läden und einen großen Wochenendmarkt, auf dem vor allem Früchte und Honig angeboten werden. Das einzige Riesenrad am Issyk Kul lockt im Sommer viele Gäste an, im Winter gleicht es einem Denkmal für die Einseitigkeit des Tourismus. Ein kleiner Dokumentarfilm von Levin Hübner, ›Bosteri unterm Rad‹, zeigte auf der Berlinale 2014 das normale Gesicht von Bosteri nach der Saison.

Vorwahl: +996/3943

Mit dem Bus oder Minibus vom Busbahnhof Bischkek-West oder Balyktschy. Busse und Minibusse gehen auch nach Karakol, aber seltener.

Delphin de lux, Tel. +996/703/149206, +996/772/571350, +996/555/918877, www.dolphindeluxe.kg; DZ ab 30 US-Dollar, Bungalows für 5 Personen ab 100 US-Dollar. Östlich vom Erholungsheim Zolotyje Peski am Strand, direkt neben dem Riesenrad, Haupthaus und Bungalows, sehr gepflegt.
Talisman Village, Tel. 46528, +996/707/906268, info@talisman.kg; DZ ab 90 US-Dollar. Neue familienfreundliche luxuriöse Bungalow- und Appartement-Anlage mit herrlichem Blick.
Sanatorium Kyrgyzskoje Vzmorje, großer sowjetischer Bau, einfach und freundlich, Park, gutes Essen. ÜN mit VP und Anwendungen ab 33 US-Dollar.
Voyage, mehrere im Park verstreute Häuser neben dem Sanatorium; DZ ab 11 US-Dollar, mit VP ab 22 US-Dollar.
Karven Issyk Kul, Tel./Fax 37382, +996/(555)534090 oder Zentrale in Bischkek +996/312512095, karven_isk@bk.ru, kikhotel@karven.kg, www.karven.kg; EZ/DZ ab 55/88 US-Dollar. Familienresort der gehobenen Klasse im Dorf Bulan-Sogottu vier Kilometer östlich von Bosteri, zwischen Hauptstraße und Strand.
Sanatorium Aurora, Bulan Sjogiottu östlich von Bosteri, Tel. +996/312/313187, -88, aurora@ktnet.kg; EZ/DZ ab 1760/3200 Som. Das Flaggschiff der sowjetischen Sanatorien am See sieht auch aus wie ein großes Schiff. Von der Ringstraße aus ist es nicht zu übersehen. Es ist seit 1979 in Betrieb, aber inzwischen gründlich überholt. Eine Mischnutzung als Sanatorium und Konferenzzentrum garantiert eine gute Auslastung.
Erholungsheime wie Asyl Tasch, Ajan-Ressort, Zolotyje Peski, Marmelad und Tulpar sind preiswert, aber während der Saison meistens ausgebucht.

Grigorjewka

Das große Dorf Grigorjewka (Григорьевка) ist nach Tscholpon Ata die größte Urlauberoase im Sommer. Es liegt nicht direkt am Ufer, sondern etwa fünf Kilometer von Anlegestelle und Strand entfernt. Der touristische Höhepunkt des Ortes ist eine andere Art von Sommerfrische. Von Grigorjewka aus kann man weit ins malerische Tal des wilden Tschong Ak-Suu hineinfahren. Der wasserreiche Fluss kommt aus einem beeindruckenden Halbrund von Gletschern an der Nordseite des Kungej Alatoo rund um den schönen Gipfel des Saj Tjor (4330 m).
Auf den ersten Kilometern oberhalb von Grigorjewka ist das Tal eine Schlucht; hier hat sich seit Jahrzehnten eine **Touristenmeile** etabliert, an der Bergerlebnisse verkauft werden: Reiten auf Pferden und Eseln (einige davon wie Zebras an-

Nomadenmädchen im oberen Grigorjewka-Tal

gemalt!), Fotografieren mit Steinadlern, Posieren vor dem schäumenden Fluss und natürlich Essen. Überall wird gegrillt, gesotten und gebraten und alles an Ort und Stelle verzehrt. Es gibt Unmassen von Verkaufsständen, empfehlenswert ist der Honig. ⓞ *42°46'41.60"N, 77°28'18.25"E* Weiter oben im Tal, aber immer noch unterhalb der Baumgrenze trifft man im Sommer viele Pilzsammler mit ihren Familien. Sie wohnen hier bis zum Ende der Pilzzeit in großen Zelten, besonders in der Nähe des kleinen Sees, der in der Mitte des Tales in der Nähe eines gewaltigen Bergrutsches im Wald liegt. Die Jurten der Sommernomaden trifft man auch weiter oben, bis über die Baumgrenze hinaus. Oft wird man zu Tee, Kymys und Borsok eingeladen – ein kleiner Obolus für die Bewirtung ist dennoch angebracht.

■ Wanderung zum Tschong Kemin

Wer gern wandert, kann mit dem Zelt von Grigorjewka bis direkt an die Gletscher wandern – eine sehr reizvolle Zweitagestour (in eine Richtung), die bei Bedarf und guter Form fortgesetzt werden kann: Zuerst geht es über den 4062 Meter hohen **Pass Ak-Suu** (ⓞ *42°49'56.69"N, 77°7'15.29"E*) und den gleichnamigen Gletscher (ⓞ *42°50'25.49"N, 77°6'16.12"E*) zum surreal anmutenden, satt türkisfarbenen Gletschersee **Dshazyl Köl**, wo der mächtige Fluss **Tschong Kemin** seinen Anfang nimmt (ⓞ *42°54'34.21"N, 77°6'41.99"E*). Wandert man in seinem von imposanten Flussterrassen geprägten, wilden Tal abwärts, hat man nach vier bis sechs Tagen voller großartiger Ausblicke und Treffen mit einigen wenigen Hirten und Herden das Dorf **Schabdan**, in der Nähe der Straße vom Issyk Kul nach Bischkek erreicht, wo der Tschong Kemin in den Tschuj mündet (ⓞ *42°43'52.38"N, 76°4'37.83"E*). Unterwegs kann man am Oberlauf des Flusses bei Bachyt und Ajnura Station machen, die gegen einen kleines Entgelt gern Gäste in einer ihrer Jurten aufnehmen (ⓞ *42°54'10.11"N, 76°58'44.74"E*). Natürlich ist diese Wanderung auch in umgekehrter Richtung möglich, beeindruckend sind beide Varianten (→ S. 162). Der Weg bietet keine besonderen Schwierigkeiten, man benötigt aber in jedem Fall Trittsicherheit, Ausdauer und alpine Erfahrung. Am besten unternimmt man die Tour mit einem ortskundigen Führer.

Semjonowka

Etwas weiter östlich von Grigorjewka, oberhalb des Dorfes Semjonowka (Семёновка), befindet sich das zweitlängste Gebirgstal an der Nordseite des Sees, welches der reißende Bergfluss Ak Suu mit seinem klaren Gletscherwasser über Jahrmillionen ins Gestein gefräst hat. Auch dieses, von schlanken Tien-

Schan-Fichten bewaldete Tal wird in den Ferien zur Sommerfrische mit Jurten und Gastronomie, Reitangeboten und anderen Vergnügungen.

Sowohl das Dorf als auch das 30 Kilometer lange Tal (Semjonowskoje uschtschelje) wurden nach dem russischen Forscher Pjotr Semjonow (Tjan-Schanskij) benannt. Hier hatte er begeistert in seinem Tagebuch die überwältigende Aussicht beschrieben.

Es gibt ein **nettes Gästehaus** mit Sauna und guter Hausmannskost im Ort, bei Lilija und Slawa, ul. Issyk Kul 42, Tel. +996/3943/63262. Slawa ist ein guter Bergführer.

■ Ananjewo

In der Nähe von Ananjewo etablierten die Gründer des ›NABU Kirgistan‹ Walentina Toropowa und Thorsten Harder im Jahre 2002 das weltweit größte Freigehege für Schneeleoparden mit 7000 Quadratkilometern. Anlass war die Konfiszierung zweier junger Leoparden, die im risikovollen Einsatz von Thorsten und der Antiwilderer-Einheit von Schmugglern beschlagnahmt wurden. Sie wurden auf Bagira und Alsu getauft. Parallel dazu eröffnete Thorsten auf dem gleichen Gelände eine Auswilderungsstation für verletzte Vögel. Trotz erfolgreicher Arbeit des ›NABU Kirgistan‹ wurde Ananjewo 2011 durch den ›NABU Deutschland‹ an die neu gegründete ›Filiale des NABU Deutschland in Kirgisien‹ übergeben. Das angedachte Auswilderungs-Konzept konnte bislang nicht umgesetzt werden, denn auch die 2009 im Gehege geborenen Schneeleoparden konnten nicht ausgewildert werden, da die Elterntiere bereits zu stark menschengeprägt waren. Um die Tiere nicht zu verstören, ist das Reha-Zentrum für die Öffentlichkeit nicht zugänglich. Näheres zum ›NABU Kirgistan‹ auf → S. 304.

Tschingis Aitmatow im Kulturzentrum Ruch Ordo bei Tscholpon Ata

Der östliche Issyk Kul

Am Ostzipfel des Sees bilden die Flüsse Tjup und Dshergalan eine weite, großteils versumpft-verschilfte Ebene mit Gehölzen von Sanddorn und Wildrosen. Auf einer Halbinsel unweit der Mündung des Tjup zwischen den Orten Tjup und Ak-Bulun fand Pjotr Semjonow bei seiner zweiten Issyk-Kul-Reise im Jahr 1857 Ruinen, die man heute als Überreste des Klosters interpretiert, das auf der Katalanischen Weltkarte von 1375 mit armenischen Mönchen und dem Apostel Matthäus in Verbindung gebracht wird. Bewiesen ist bisher allerdings nichts. Verwundern würde es allerdings nicht, denn schon damals muss das Ostende des Sees das fruchtbarste Gebiet der Gegend gewesen sein. Bewässert werden muss hier nicht, das übernehmen die zahllosen kleinen Flüsse, die parallel zu Tjup und Dshergalan dem See zustreben. Auf dem fruchtbaren Boden gedeihen reiche Getreideernten, Kartoffeln, Gemüse und das legendäre Obst vom Issyk Kul: Äpfel, Birnen, Aprikosen, Pflaumen, Kirschen, Erd- und Himbeeren und die aromatischsten schwarzen Johannisbeeren dieses Planeten. Hier werden Unmengen von Heu gemacht, die man ab Juli auf hochbeladenen Anhängen, gezogen von Traktoren, Pferden oder Eseln, über die Straßen schwanken sieht. Die Winter sind lang, und zwei Heuernten müssen zu den Bestimmungsorten gebracht werden. Die beeindruckenden Heutransporte kann man bis zum September bestaunen. Auf den Weideflächen werden trotz Heumahd im Sommer zahlreiche Herden von Schafen, Pferden und Rindern satt.

Kurgane und Katakomben

Am nördlichen Rand des kleinen Ortes Frunze (Фрунзе) ziehen sich Reihen von sakischen Fürstengräbern zu den Bergen hoch, Kurgane. Auch das wehrhafte indogermanische Reitervolk der Saken (die östlichen Skythen) wusste offenbar diese fruchtbare Gegen mit ihrem milden Klima zu schätzen, und mit Sicherheit haben sie in den Tälern über dem Issyk

Am Ostufer des Sees

Kul Gold für ihre berühmten Kunstwerke gefördert.

In der Ebene am Ostufer des Issyk Kul wird man Zeuge des langsamen Verlandungsprozesses des Sees. Hier gibt es zahlreiche hügelige Landzungen. Noch vor 150 bis 100 Jahren stand das Wasser höher, die Hügel waren Inseln. Dort vermutet man die Überreste des bereits erwähnten armenisch-nestorianischen Klosters aus dem 4. und 5. Jahrhundert, welches die Reliquien des heiligen Matthäus aufbewahrt hatte. Diese waren wohl nach seinem Märtyrertod in Syrien und wegen der Christenverfolgung nach Mittelasien gebracht wurde, wo damals größere Glaubenstoleranz herrschte als im Nahen Osten.

Die Vermutung wird durch das Vorhandensein unterirdischer, großteils verschütteter Katakomben gestützt, die bei ihrer Entdeckung noch von Wasser bedeckt waren. Die Legende vom silbernen Kästchen mit den Reliquien wird sich möglicherweise beweisen lassen, wenn man das nunmehr freiliegende Gelände systematisch erforscht.

Denkmal für Nikolaj Prshewalskij im Park des Museums

■ Swetlyj Mys (Ak Bulung)

Auch die Geschichte des Weilers Swetlyj Mys (Светлый Мыс, ›Helles Kap‹) ist eng mit Rätseln und deren Deutung verbunden. Das Dorf, das schon bessere Zeiten gesehen hat, liegt am Ende einer kaputten Straße, die am Kilometer 177 der Straße Balyktschy–Karakol (in Bjelowodsk oder Ak-Bulung, ⊙ *42°46'49.48"N, 78°13'5.95"E*), am äußersten nordöstlichen Zipfel des Issyk Kul, nach Süden abzweigt. In diesem Ort hat es von 1888 bis 1916 ein russisch-orthodoxes Kloster gegeben, das der Heiligen Dreifaltigkeit geweiht war. Während des Aufstandes, der 1916 ganz Russisch-Turkestan erfasste, wurden fast alle der hier ansässigen 26 Mönche barbarisch umgebracht. Nur drei konnten sich vor dem Pogrom retten und flohen auf abenteuerlichen Wegen. Zwei, Serafim und Feognost, gingen über das Gebirge bis nach Wernoje, heute Almaty. Dort gründeten sie ein neues Kloster. Der Dritte, Iraklij, versteckte sich in Ananjewo. Er hatte die wichtigste Ikone des Klosters bei sich, die Gottesmutter Maria. Sie, die für ihre Wundertätigkeit bekannt war, hatte den Brand des Klosters so gut wie unversehrt überlebt. Augenzeugen wollen damals gesehen haben, wie aus den Einschusslöchern in der Ikone Blut tropfte, und sie soll ein unirdisches Licht ausgestrahlt haben. Heute ist sie in der orthodoxen Kirche von Karakol zu sehen (→ S. 204). Die Gläubigen sind davon überzeugt, dass sie Wunden heilt und vor Kugeln beschützt.

Die sterblichen Überreste der erschlagenen Brüder fand man in den 1950er Jahren zufällig, als man den Grundstein für ein Wohnheim legen wollte, das die

Studenten der landwirtschaftlichen Fachschule beherbergen sollte, die es zu sowjetischen Zeiten am Ort gab. Seitdem wird hier gepilgert und gebetet, aber auch ausgegraben und geforscht. Man ist sich inzwischen sicher, dass in den letzten 2000 Jahren insgesamt neun Klöster auf dieser und der benachbarten fruchtbaren Halbinsel gestanden haben. Heute ist ein Teil der Klostergebäude restauriert und wird als Kinderheim ›Meerim bulagy‹ (Wundersame Quelle) genutzt.

Prshewalskij-Museum

12 Kilometer nördlich von Karakol liegt westlich von der Straße, in unmittelbarer Nähe des Sees im Ort Pristan-Prshewalsk (Пристань-Пржевальск), das Museum für den berühmten russischen Forschungsreisenden Nikolaj Prshewalskij in einem angenehmen, gepflegten Park (Музей им. Пржевальского). Das ansprechende Gebäude im Stil eines griechischen Tempels wird durch ein Denkmal ergänzt, das die Stattlichkeit des Generalmajors Prshewalskij unterstreicht, der unweit von hier im Jahr 1888 mit nur 49 Jahren starb, nachdem er bei der Jagd unbedacht Wasser aus dem Fluss Kara-Balta getrunken und sich dabei mit Bauchtyphus infiziert hatte. Auf seine Bitte hin wurde er hier beerdigt, sein schlichtes Grab liegt gleich hinter dem bombastischen Denkmal. ◎ *42°34'19.69"N, 78°19'18.65"E*

Karakol war der Endpunkt seiner vierten großen asiatischen Expedition; die fünfte Expedition sollte von hier starten. Prshewalskij hatte bei seinen vorhergehenden Expeditionen Großes geleistet. Im Museum erfährt man anhand von detaillierten Karten viele Begebenheiten von den vier Expeditionen zur Erforschung des russischen Fernen Ostens, Zentral- und Westchinas, der Mongolei, Tibets und Zentralasiens. Prshewalskij hat im Laufe von 16 Jahren etwa 30 000 Kilometer in unzugänglichen und nicht ungefährlichen Gegenden zurückgelegt und seine Expeditionen akribisch dokumentiert. Seine gründlichen Beobachtungen von Magnetismus und Wetter, seine zoologischen, botanischen und mineralogischen Aufzeichnungen und Sammlungen sowie völkerkundlichen Studien brachten ihm Weltruhm und die Goldmedaille der russischen Geographischen Gesellschaft ein. Die benachbarte Stadt Karakol trug ihm zu Ehren von 1889 bis 1922 und von 1939 bis 1992 den Namen Prshewalsk, bevor sie wieder ihre ursprüngliche Bezeichnung Karakol erhielt.

Karakol

Mit 70 000 Einwohnern ist die Oblasthauptstadt Karakol (Каракол) die viertgrößte Stadt Kirgistans. Hinsichtlich der Beliebtheit bei Rucksacktouristen dürfte sie an erster Stelle stehen. Das liegt zum einen an der günstigen Lage des Ortes zwischen Issyk Kul und den spektakulärsten Gebieten des Tien Schan, zum anderen aber auch daran, dass sich infolge dieser Lage und der stabilen Nachfrage eine erstaunlich gute touristische Infrastruktur hier entwickelt hat. Es gibt passable Hotels, gute B&B-Pensionen sowie Trekking-Agenturen, die Autos, Pferde, Träger und Guides vermitteln sowie Ausrüstung verleihen. Nur zwölf Kilometer südlich der Stadt liegt Kirgistans schönstes Skigebiet.

Der strategisch günstig am Fluss Karakol gelegene Ort wurde von Baron von Kaulbars als Platz für die Errichtung einer Garnisonsstadt ausgesucht. Der russische Außenposten befand sich somit direkt an der Handelsstraße aus der Tschuj-Ebene nach Kaschgar. Baron von Kaulbars war einer von zahlreichen Deutschen, auf deren strukturiertes Herangehen man in der zaristischen Armee und Verwal-

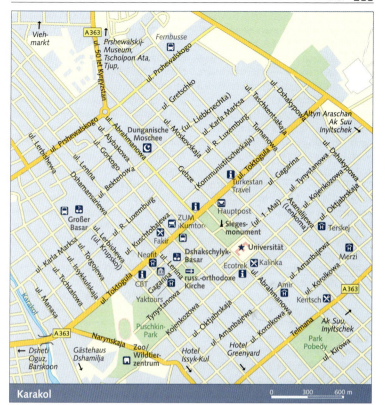

tung baute. Auch die Planung und Kontrolle der Bauarbeiten oblag ihm. An der streng rechtwinkligen Ausrichtung der Straßen erkennt man noch heute gut die militärische Funktion des Ortes. Karakol wurde 1869 gegründet und wurde schnell zu einer der schmuckesten Städte des vorrevolutionären Kirgistans. Man hatte alle Hausbauer zur Anlegung von Gärten und Alleen verpflichtet und so ertrank das Städtchen förmlich in Grün. Die Lehmbauten, aus denen Karakol in den Anfangsjahren seiner Geschichte bestand, wurden nach dem verheerenden Erdbeben von 1887 durch Holzhäuser ersetzt. Noch heute kann man überall in der Stadt prächtige Blockhäuser mit reicher Schnitzerei an Fenstern, Veranden und Giebeln sehen. Der Gründerzeitcharme lebt, hier und da wähnt man sich in einer russischen Stadt.

■ **Sehenswürdigkeiten**

Es gibt drei Sehenswürdigkeiten in der Stadt, ohne deren Besuch man faktisch nicht in Karakol gewesen ist.

Da ist zum einen die bemerkenswerte **dunganische Moschee** in der ul. Bektenowa, deren Gebetshaus in Form einer buddhistischen Pagode gebaut und 1910 fertiggestellt wurde. Das farbenfrohe Bauwerk ist ausschließlich aus dem Holz der Tien-Schan-Fichten gefügt, angeblich ohne einen einzigen Nagel. Das ebenfalls hölzerne Minarett steht daneben, es erinnert ein wenig an einen Feuerwehrwachturm. Die Moschee kann von außen besichtigt werden. Besucherinnen werden gebeten, ein Kopftuch zu tragen und sich in einen der bereithängenden bunten Übermäntel zu hüllen.

Ein anderes sehenswertes Gebäude ist die russisch-orthodoxe **Kirche der Heiligen Dreifaltigkeit**, am Ende des 19. Jahrhunderts ebenfalls aus Holz erbaut. In der Umgebung der Kathedrale fallen zahlreiche prächtige **russische Holzhäuser** mit reichem Schnitzwerk auf, einige von ihnen sind zweigeschossig.

Und schließlich ist da noch der legendäre **Viehmarkt** (skotskij rynok), der jeden zweiten Sonntag vom Morgengrauen an Einheimische wie Touristen in seinen Bann zieht. Man muss wirklich zeitig hierher kommen, denn um 10 Uhr ist schon fast alles vorbei. So wie die Männer heute hier ihre Fettsteiß-Schafe anpreisen, ihre Pferde, Klepper und Rösser, ihre Rinder und Ziegen sowie jede Menge Zubehör wie Zaumzeug und Ackergerät, so hat das schon vor 100 und 200 und 500 Jahren stattgefunden: das Prüfen und Abschätzen, Feilschen, Fachsimpeln, Schwatzen, der Kauf und das Wegzerren oder Verladen der Tiere. Dieser archaische Markt ist nichts für schwache Nerven, Tierschützer haben hier nichts verloren. Aber es ist das Leben der Kirgisen in Reinkultur – eines immer noch von Viehzucht lebenden, im Sommer auf die Bergweiden ziehenden Volkes.

Außerdem gibt es im Ort noch ein **Heimatkundemuseum** und einen kleinen **Tierpark**.

Der **große Basar**, der sich nordwestlich der Durchgangsstraße über mehrere Blocks erstreckt (uliza Torgowa), lohnt ebenfalls einen Besuch, denn hier wird mit allem gehandelt, was die Umgebung und das nahe China hergeben. Aufgrund seiner Ausdehnung sollte man aber zwei Stunden Zeit mitbringen.

Der kleinere **Dshakschylyk-Basar** liegt im Stadtzentrum gleich südlich der Hauptstraße. Hier werden vor allem Lebensmittel und Kleinigkeiten des täglichen Bedarfs angeboten. Von hier fahren auch Sammeltaxis und Busse in die Umgebung.

Karakol, das von 1889 bis 1922 und von 1939 bis 1992 **Prshewalsk** hieß, lebte von den Zentralasien-Expeditionen, die von hier starteten, von seiner Funktion als Verwaltungszentrum und von Handel und Pferdezucht. Seit 1907 gab es hier einen bekannten Zuchtbetrieb, der vorwiegend für das Militär arbeitete. Aber auch zahlreiche kleine Betriebe siedelten sich an. 1887 wurde im Ort die erste meteorologische Station Kirgistans gegründet, es gab schon damals eine öffentliche Bibliothek.

In der zweiten Hälfte des 20. Jahrhunderts fiel der Ort in eine Art Dornröschenschlaf. Das hatte zweifellos mit den Tests der U-Boot-Abwehrraketen zu tun, die in der Nähe bei Pokrowka stattfanden – man wollte hier kein Publikum.

▲ *Die russisch-orthodoxe Kirche in Karakol*

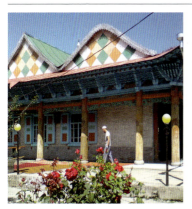
Die dunganische Moschee

Die heutige Wiederbelebung hat die Stadt auch der freien Wirtschaftszone zu verdanken, die hier eingerichtet wurde und in der sich Betriebe der Getreide-, Fleisch und Milchverarbeitung, der Getränke- und Baustoffindustrie und des Maschinenbaus niedergelassen haben. Karakol ist Sitz der Staatlichen Issyk-Kul-Universität und einiger Fachschulen und Institute.

Einheimische Urlauber, aber auch Touristen aus Kasachstan und Russland kommen winters gern zum Skifahren hierher, westliche Touristen eher für Trekking-Touren.

Karakol

Vorwahl: +996/3922

Tourist Information Centre, uliza Abdrachmanowa 130, Tel. 23425, 53775; täglich außer So.

Folgende Organisationen sind außerdem behilflich, einen Trekkingurlaub oder eine Rundreise mit Übernachtungen in privaten Gästehäusern zu organisieren:

Ecotrek, ul. Abdrachmanowa 116, Ecke ul. Kojenkozowa 48, Tel/Fax 51115, +996/709/511155, www.ecotrek.kg, info@ecotrek.kg; tgl. 8–17 Uhr. Zusammenschluss von Personen, die auf die Organisation und Begleitung von Trekking-Touren spezialisiert sind: Guides, Träger, Köche, Pferdeführer, Fahrer und sogar Hubschrauber. Es gibt eigentlich nichts, was sie nicht können. Ein guter Guide kostet pro Tag ca. 30 US-Dollar.

CBT (Community Based Tourism), ul. Abdrachmanowa 123, Wohnung 20, Tel. 55000, +996/555/150795, www.cbtkyrgyzstan.kg, cbtkarakol@rambler.ru. Koordinator in Karakol ist Azamat Asanow. Netzwerk privater Gästehäuser (Pensionen), es werden auch Touren organisiert und begleitet.

Turkestan Travel ul. Toktogula 273, Tel. +996/543/911452, www.turkestan.biz, www.karakol.kg. Einer der erfahrensten Veranstalter in Kirgistan. Eigenes Gästehaus und Jurtencamp in Karakol, geländegängige Großfahrzeuge für die Anfahrt in den Zentralen Tien Schan.

Karakol im Internet: www.karakol.name (Stadtinformationen).

Informationen zum Skigebiet: → S. 217.

Fernbusbahnhof: Am nördlichen Stadtrand. Die Busfahrt vom **Busbahnhof Bischkek-West** dauert fünf bis sieben Stunden und kostet 260 Som, mit dem Minibus 350 Som. Die Direktverbindung geht über die etwas längere Route entlang des Nordufers. Will man am Südufer entlang fahren, muss man in Balyktschy umsteigen. Die südliche Route wird von allem von Minibussen gefahren. Abfahrt von Bischkek vom zeitigen Morgen bis zum frühen Nachmittag. Die Busse von Karakol nach Bischkek gehen abends zwischen 20 und 23 Uhr. Minibusse und Taxis fahren außer vom Fernbusbahnhof auch vom **Markt Dshakschylyk** (in der Nähe der russischen Kirche).

Vorortbusse nach Pristan-Prshewalsk und Dshety Oguz fahren vom Dshakschylyk-Basar.

Hotel Amir, uliza Amanbajewa 78, Tel. 51315, +996/556/100952, www.hotelamir.kg. Sehr gutes und freundliches Mit-

telklassehotel, zweckmäßig eingerichtet, Projekt der Schweizer Entwicklungshilfeorganisation Helvetas.
Gästehaus Alakol, ul. Stachanowa 140, Tel. +996/551916924, +996/557207777, +996/3922 71252, alakol2009@gmail.com. Nähe Skigebiet, hostelähnlich, zweckmäßig, preiswert. Vier Häuser für ca. 50 Gäste; DZF ab 25 US-Dollar.
Green Yard Hotel, uliza Nowostrojka 14, Tel. 29801; www.greenyard.kg; EZ/DZ 45/60 US-Dollar. Passables Hotel mit 16 Zimmern.
Hotel Issyk Kul, uliza Futschika 38a, Tel. 40370, 40476, +996/772/222222; DZ 1600 Som, EZ 700–1000 Som.
Gästehaus Merzi, uliza Korolkowa 86.
Gästehaus Neofit, uliza Dshamansarijewa 166, Tel. 55850, 55802, www.neofit.kg. Sauber und zweckmäßig, Sauna und Restaurant, viele Zimmer mit Dusche und WC. Hier ist auch der Sitz des gleichnamigen Anbieters für Trekking-Touren.
Gästehaus Elita, uliza Kutmanalijewa 56, Tel. 50150, +996/770/682578, +996/551/031030; EZ 1200 Som, DZ 2000 Som mit Frühstück.
Gulnara's Gästehaus, uliza Ubukejewa 67, Tel. +996/559/700101; 500 Som mit Frühstück.
Gasthaus Dshamilja, uliza Schopokowa 34b, Tel. 41718, +996/554/980980, +996/555/208282; 750 Som.
Gästehaus Terskej, uliza Asanalijewa 44, Tel. 57726, +996/772/801411, +996/554/448055; 600 Som.

In Karakol gibt es zahlreiche einfachere Gasstätten, die kirgisische und russische Gerichte servieren, allerdings sind sie nicht immer sehr gemütlich. Snacks bekommt man auch auf den beiden Märkten; auf dem großen Basar nördlich des Zentrums gibt es viele koreanische Imbiss-Stände, die mittags vor allem Suppen anbieten.
Café Kentsch, uliza Telmana. In der Nähe des Siegesparks, gehobener Standard, englische Speisekarte.
Café Fakir, uliza Gorkogo, Tel. 51088. Geräumiges Restaurant im Stadtzentrum, kirgisische und koreanische Gerichte.
Café Kalinka, uliza Abdrachmanowa/Kojenkozowa, Tel. 58888. Russische Küche.
Café Karawan, uliza Toktogula, Tel. 50737.
Café Dinara, uliza Lenina 160, Tel. 54667.
Café Zarina, uliza Toktogula, Tel. 59939.
Café Ujut, Dshakschylyk Basar, Tel. 53296.
Café Arzu, uliza Kuschtobajewa 17, Tel. 23999.

Ein kirgisisches Mädchen hält einen Steinadler auf dem Arm in Bokonbajewo

Der Zentrale Tien Schan

Die wohl spektakulärsten Landschaften in ganz Kirgistan findet man im äußersten östlichen Zipfel des Landes, im Zentralen Tien Schan. Die Bergketten des ›Himmelsgebirges‹, so die Übersetzung aus dem Chinesischen, türmen sich hier zu ihren höchsten Gipfeln auf. Einige der weltweit längsten Gletscher außerhalb der Polarregionen sind hier zu finden: der Südliche Inyltschek (kirgisisch: Engiltschek) mit 59 Kilometern Länge und der 38 Kilometer lange Nördliche Inyltschek, der Kajyndy-Gletscher (25 km), der Semjonow- und der Muschketow-Gletscher (je 20 km), ferner die zahlreichen eisigen ›Zuflüsse‹ des Südlichen Inyltschek, darunter einige recht lange wie Swjozdotschka oder Komsomolets. Es mag erstaunlich erscheinen, dass in unmittelbarer Nähe dieser gefrorenen Wassermassen, am Südrand des Grenzkamms der Kokschaal-Too-Kette, der trockenste Ort der Erde zu finden ist: die Wüste Taklamakan (Xinjiang, China).

Die beiden nördlichsten Siebentausender der Erde, der Pik Pobeda (kirg. Dshengisch Tschokusu) und der Pik Khan Tengri ziehen jährlich etwa 2000 Bergsteiger, aber auch hartgesottene Trekking-Touristen an. In den Base Camps zwischen den Gipfeln auf dem südlichen Inyltschek-Gletscher geht es zwischen Juli und September hoch her. Alle Zelte sind belegt, fast täglich bringt ein Hubschrauber neue Gipfelstürmer und fliegt mehr oder weniger erfolgreiche Bezwinger aus, und ausdauernde Wanderer kommen nach drei bis fünf Tagen mühevoller Auf-und-Ab-Bewegung auf dem zerklüfteten Gletscher endlich hier oben an, um den weißen Riesen wenigstens von hier zu huldigen. Der erste europäische Wissenschaftler, der bis ins Herz des Tien Schan vordrang, war der Russe Pjotr Semjonow, der daraufhin den ehrenden Beinamen ›Tjan-Schanskij‹ erhielt. Semjonow beschrieb 1856 den Zentralen Tien Schan als vergletschert und machte den Pik Khan Tengri als den höchsten Berg des Tien Schan aus.

30 Jahre später entsandte die Russische Akademie der Wissenschaften eine Expedition unter Leitung von Iwan Ignatew in das Bergmassiv. Ignatew und seine Begleiter waren die ersten Forscher, die in das Inyltschek-Tal vordrangen und bis zum Ende der Zunge eines gewaltigen Gletschers gelangten. Offenbar hatten sie keine klare Sicht, denn sie schätzten die Länge des Eisstroms auf nur zwölf Kilometer. Die nächste russische Expedition war eine vom turkestanischen Militär in Auftrag gegebene topografische Erkundung im Jahr 1912. Auch diese Forscher gelangten nur bis ans Ende des Gletschers, bestimmten jedoch die Höhe des Khan Tengri mit 22940 Fuß (6992 m) bereits sehr genau.

Inyltschek-Gletscher

Einem deutschen Entdeckungsreisenden gelang es 1902/03, zwischen den beiden russischen Expeditionen, bis zu den Firnbecken des nördlichen und südlichen Inyltschek-Gletschers vorzudringen: Gottfried Merzbacher. Der unternehmungslustige Franke war auf der Suche nach einem Zugang zum Khan Tengri. Merzbacher darf als der Erste gelten, der die größten Gletscher des Tien Schan in den tiefen, engen Schluchten zwischen den Fünf- und Sechstausendern erlaufen hat. Der längste Gletscher ist der Südliche Inyltschek (kirg. Engiltschek), der heute immer noch stolze 59 Kilometer misst. Er hat in den letzten Jahrzehnten nicht nur Länge, sondern auch Masse verloren und auf den ersten 35 Kilometern vom

Am Gletschertor des Inyltschek

Gletschertor aufwärts ähnelt er auch eher einer Schutthalde als dem, was man sich gemeinhin unter einem Gletscher vorstellt. Erst oberhalb des Zusammenflusses von Nördlichem und Südlichem Inyltschek-Gletscher ändert sich das Bild. Wenn man die Geduld und Kraft hatte, sich bis hierher vorzukämpfen, sieht man die typischen Gletscherstrukturen auch ohne Bedeckung durch halbmeterhohe Schuttschichten.

Wer den Inyltschek-Gletscher aufsuchen will, kann das mit einem der Hubschrauber tun, die von den unteren Base Camps Majda Doo (Majda Adyr) im Inyltschek-Tal oder Karkara an der Grenze zu Kasachstan fliegen, aber das ist ein relativ teures Vergnügen und muss zudem rechtzeitig angemeldet werden. Die größere Freude am Gletschererlebnis empfindet man, wenn man sich auf den eigenen Beinen auf den Weg zu den Eisriesen macht.

■ Wanderung zum Inyltschek-Gletscher

Der schönste Anmarschweg beginnt zweifellos am Grenzposten Etschkili Tasch am mächtigen Gebirgsfluss Sary Dshaz an der kasachisch-kirgisischen Grenze. Sary Dshaz bedeutet ›gelber Neuer‹. Kaum einer weiß, dass die gelben Wasser dieses Gebirgsflusses nach Irrungen und Wirrungen durch die engen Schluchten des Zentralen Tien Schan in den Tarim münden und im gleichnamigen Becken in China noch die Felder bewässern, bevor sie in der Wüste Taklamakan, der trockensten Gegend unseres Planeten, versickern.

Von der **Brücke über den Sary Dshaz** bei Etschkili Tasch (◉ *42°20'57.51"N, 79°22'23.54"E*) läuft man gemütlich das breite, flache **Tal des Flusses Tjup** hinauf und erklimmt von hier die Bergkette Sary Dshaz. Wenn man endlich auf dem **Pass Tjuz** steht (◉ *42°14'9.93"N,* *79°35'1.99"E*) und von ehrlich erklommenen 4001 Metern auf das **Tal der Südlichen Inyltschek** mit dem gewaltigen Gletscher hinabblickt, werden einem nicht nur vor Erschöpfung die Knie weich. Es ist einer der erhabensten Ausblicke, die man sich als Wanderer ohne Seilschaft und Eispickel gönnen kann. Gegenüber erhebt sich der majestätische **Pik Nansen** (5697 m), von ihm nach Osten eine schier endlose Reihe atemberaubender Gipfel, die weit hinten im Halbrund der Sechs- und Siebentausender enden. Dort will man hin, es geht ein unwiderstehlicher Zauber von diesem Ausblick aus. Der **Abstieg** auf knapp 3000 Meter zum **Ende der Gletscherzunge** kann einem schon einen kleinen Muskelkater bescheren. Den aber vergisst man spätestens am nächsten Tag, wenn man dem Gletscher zu Leibe rückt – aber bitte nur in Begleitung eines erfahrenen Bergführers. Der Gletscher arbeitet, fließt und verändert seine Struktur jedes Jahr, und so muss man von Jahr zu Jahr, ja von Monat zu Monat neu bestimmen, welchen Weg man wählt, um sich, teils auf dem Gletscher, teils auf oder neben der südlichen Seitenmoräne talaufwärts zu kämpfen. Man hat dabei fast stündlich Moränen und Gletscherflüsse von Seitengletschern zu überqueren, weiter oben dann auch einmündende Seitengletscher selbst, so dass die Wanderung nie langweilig wird. Für die 59 Kilometer Gletscherwanderung vom **Gletschertor** bis zum **Basecamp** auf dem Südlichen Inyltschek sollte man als Normalsterblicher vier Tage einplanen.

Gesetzt den Fall, man will den Gletscher bis zum Ursprung bezwingen, kann man ungefähr auf halber Strecke zwischen dem Ende der Gletscherzunge und den Basislagern der Bergsteiger am Fuße der Siebentausender sein Zelt letztmalig auf dieser Tour auf einem Stück Grasland

Der Peak Nansen

aufstellen. Die **Merzbacher-Wiese** gegenüber dem Zusammenfluss von Nördlichem und Südlichem Inyltschek ist ein etwa 200 mal 100 Meter großer grüner Flecken auf 3420 Metern Höhe hinter der südlichen Seitenmoräne. Garantiert findet man hier Zelte von Bergsteigern, die gerade auf dem Weg zum oder vom Basislager sind. Und man findet auch die **Gottfried-Merzbacher-Station**, deren wechselnde Bewohner unter ziemlichem Komfortverzicht seit 2009 mit glaziologischen, hydrologischen, meteorologischen und seismischen Forschungen beschäftigt sind. Die Einrichtung ist ein Gemeinschaftsprojekt des Deutschen GeoForschungsZentrums Potsdam und des Zentralasiatischen Instituts für Angewandte Geowissenschaften (ZAIAG) in Bischkek. Die Wissenschaftler wohnen und forschen in sechs Containern, die von Hubschraubern hierher gebracht wurden. Ein weiterer wurde auf der anderen Talseite für eine Nebenstation montiert. Von hier soll vor allem der Merzbacher-See beobachtet werden.
◎ *42°9'17.88"N, 79°50'31.98"E*
▲ ■ **Der geheimnisvolle**

Karte S. 186/187

Merzbacher-See

Als Gottfried Merzbacher 1903 zum Fuß des Khan Tengri vordringen wollte, war er sich sicher, über den Nördlichen Inyltschek-Gletscher einen Zugang zu finden. Aber hier traf er, nachdem er sich mit seiner Expedition etwa 20 Kilometer über den Südlichen Inyltschek heraufgequält hatte und gerade auf den hier einmündenden Nördlichen Inyltschek ›abgebogen‹ war, auf einen See voller schwimmender Eisberge, der ihm in der vollen Breite des steilwandigen Tales den Weg zum Fuß des Gipfels versperrte. Der See wurde später, nach seinem Tod, ihm zu Ehren Merzbacher-See genannt, die Anregung dazu kam vom Erstbesteiger des Khan Tengri, Michail Pogrebetski.
◎ *42°13'29.33"N, 79°52'47.12"E*

Hätte der der Forscher nur zwei bis drei Wochen länger gewartet, wäre der Weg möglicherweise frei gewesen. So aber stieg er noch 14 Kilometer über den Südlichen Inyltschek auf und gelangte auf anderem Weg zum Ziel. Merzbacher konnte damals noch nicht wissen, dass die aufgestauten Wassermassen des

Die Merzbacher Wiese, im Hintergrund der Nördliche Inyltschek

Zeltlager unterhalb der Gletscherzunge des Inyltschek-Gletschers

Sees jedes Jahr Ende Juli, Anfang August wie auf ein geheimes Zeichen hin plötzlich taleinwärts verschwinden. Es ist, als ob jemand einen Stöpsel ziehen würde – das Wasser fließt nach unten ab und bricht sich unter dem Gletscher Bahn Richtung Westen, Schlamm und Steine mit sich reißend (2000 Kubikmeter pro Sekunde!), tritt am Gletschertor aus, verwandelt den Fluss Inyltschek für wenige Tage in einen tollwütigen Strom – und der Spuk ist vorbei. Zum Glück gibt es keine Dörfer im Uferbereich, es kommt beim plötzlichen und erwarteten Ausbruch des Sees niemand zu Schaden. Die Eisberge liegen noch eine Weile auf dem Grund des Sees herum, bevor jener sich langsam wieder füllt, um im August des Folgejahres wieder zu verschwinden. Wie das Phänomen zu erklären ist, glaubt man inzwischen herausgefunden zu haben. Die verschieden großen Eisberge des in den See hineinkalbenden Nördlichen Inyltschek-Gletschers verschließen den Abfluss des Sees. Bei einem bestimmten Wasserstand wird der Auftrieb jedoch so groß, dass die Eisberge sich heben und den Abfluss freilegen – das Wasser fließt ab wie aus einer überdimensionalen Badewanne (www.scinexx.de/dossier-detail-470-8.html).

Erst 1932 kamen die Forscher W. Gusew und I. Ryschow darauf, mit einem Boot über den Merzbacher-See überzusetzen. Auf der anderen Seite mussten sie erkennen, dass der jenseits des Sees gelegene Nördliche Inyltschek, den sie Reznitschenko-Gletscher nannten, nicht mehr in den Hauptgletscher des Südlichen Inyltschek einmündet, sondern mit ihm nur durch ein Stück ›totes Eis‹ verbunden ist, das den Grund des Merzbacher-Sees und auch des nördlich von ihm gelegenen Oberen Sees (Werchneje Ozero) bildet. Ein Abrutsch des Nördlichen Inyltschek oder Reznitschenko-Gletschers im Jahr 1996 hat diesen Oberen See allerdings so verkleinert, dass er kaum noch zu sehen ist.

Ein forscher Franke im Tien Schan – Gottfried Merzbacher

Der deutsche Geograf, Asienforscher und Alpinist Gottfried Merzbacher (1843–1926) war in seinem ersten Leben, der Familientradition folgend, fränkischer Kürschner und Pelzwarenhändler. Seine Berufung lag jedoch woanders, und so nutzte er jede Geschäftsreise, um in die Natur zu kommen, Berge zu besteigen und seine durch intensives Literaturstudium erworbenen Kenntnisse fremder Länder zu vertiefen. 1888 verkaufte er, 45 Jahre alt, sein gutgehendes Geschäft in München und machte sich auf den Weg in die Hochgebirge der Welt. Dabei betrachtete er den Alpinismus durchaus nicht als reines Abenteuer, sondern als gesetzmäßige Erscheinung eines menschlichen Zeitalters mit »von der Natur hinwegführenden Daseinsbedingungen der Städtebewohner«, die »einen Ausgleich zwischen überfeinerter Kultur und Hinneigung zur Natur herbeiführt«. Nachdem er ab 1891 den Kaukasus bereist, Berge wie den Kazbek und den Elbrus bestiegen und acht Erstbesteigungen vollbracht hatte, widmete er sich 1902 und 1903 dem Zentralen Tien Schan, nicht, ohne vorher gründlich die Berichte der großen russischen Forschungsreisenden und Gletscherforscher studiert und sich in einem aufwendigen Selbststudium Kenntnisse in Geologie, Geografie und Glaziologie sowie Photographie angeeignet zu haben.

Merzbacher wollte zum Fuß des Khan Tengri, der damals als höchster Tien-Schan-Gipfel galt. Sein Unterfangen, sich dem Berg auf dem nördlichen Inyltschek-Gletscher zu nähern, wurde von den Wassermassen des Sees vereitelt, der den Gletscher auf der gesamten Breite zwischen den steil aufragenden Wänden bedeckte. Doch der Franke gab nicht auf. Merzbacher und zwei Begleiter stiegen zwei Tage lang den Südlichen Inyltschek hinauf, bis sich ihnen endlich freie Sicht auf den Khan Tengri bot. Der unermüdliche Forscher wurde für seine Mühen belohnt: Bei klarer Sicht konnte er den Berg seiner Träume fotografieren. Wir verdanken Merzbacher die ersten Fotografien vom Inyltschek-Gletscher und den ihn säumenden Bergriesen. Mit Hilfe von geodätischen Messungen schätzte er die Höhe des Khan Tengri auf 7200 Meter. Er war sich dessen bewusst, dass das nur ein Provisorium sein konnte, nach aktuellen Messungen hat der Khan Tengri eine Höhe von 6995 Metern. Das schmälert nicht Merzbachers Verdienst; seine während der Expedition erstellte Karte des zentralen Tien Schan gilt als die erste dieses Gebietes und gibt trotz all ihrer Irrtümer erstaunlich detailgetreu die wichtigsten Merkmale dieses Gebirgsknotens wieder.

Nach dieser Expedition wurde Merzbacher große Anerkennung zuteil. Zu Recht galt er damals als der beste deutsche Kenner Zentralasiens. Seine Berichte wurden veröffentlicht und die Geographischen Gesellschaften von Deutschland, Österreich, Großbritannien und Russland baten um seine Auftritte vor ihren Mitgliedern. Von der Russischen Geographischen Gesellschaft bekam er die Semjonow-Tjan-Schanskij-Goldmedaille verliehen.

Merzbachers begeisterter und dabei doch zutiefst wissenschaftlicher Bericht ›Der Tien Schan oder das Himmelsgebirge. Skizze von einer in den Jahren 1902 und 1903 ausgeführten Forschungsreise in den zentralen Tien Schan‹ geht zu Herzen. Man findet eine Kopie in der Österreichischen Nationalbibliothek in der ›Zeitschrift des Deutschen und Österreichischen Alpenvereins 1906‹ (als PDF auch online verfügbar). Merzbachers Beschreibung des Berges, dem er sich mit all seinem Sinnen und Handeln zu nähern versuchte, ist bis heute unübertroffen: »Wenn überhaupt jeder viel missbrauchte Vergleich mit einem König und Herrscher auf einen Berggipfel angewendet werden darf, so ist er hier am Platze: Ohne jeglichen Rivalen strebt die eindrucksvolle Berggestalt, über tausenden von eisgepanzerten Gipfeln thronend, empor. [...] Reisende, welche bei ihrer Annäherung an das Gebirge von Norden her die letzten Vorketten überschritten und das Glück hatten, bei klarer Witterung – ein seltenes Vorkommen, denn brauende Nebel umwogen gewöhnlich den Herrscher – das wundervoll kühn gebaute Berggebilde im schimmernden Glanze der zentralasiatischen Sonne, einsam, rivalenlos, als Ausdruck einer ins Kühnste gesteigerten Schöpferkraft, über die Legionen mannigfaltiger, stolzer Gestalten der Gefährten hinweg, in den tiefblauen Himmelsdom hineinwachsen zu sehen, wissen für die Schönheit und Gewalt des Bildes kaum entsprechende Worte zu finden ... Wer aber jemals dieses unvergleichliche Denkmal von Schönheit und überwältigender Formengewalt am Firmamente sich profilieren sah, der wird auch begreifen, warum ihm die in seinem Bannkreise lebenden Völker den Namen ›Khan Tengri‹ (Herr des Himmels, mongolisch) verliehen haben.«

Auf dem Weg ins Basislager des Khan Tengri

Herrscher des Himmels – Khan Tengri

Bergsteiger nennen ihn einfach nur ›Khan‹ – Herrscher. Lange Zeit galt der Pik Khan Tengri als höchster Berg des Massivs des Zentralen Tien Schan. Wie schon von Merzbacher beschrieben: Wenn man von Norden auf das Gebirge blickt, ragt seine ebenmäßige Pyramide weithin sichtbar aus den umliegenden Bergen heraus, und im Licht der untergehenden Sonne leuchtet die glatte Westwand weithin in einem kräftigen Dunkelrosa. Dieses Phänomen hat dem Gipfel bei den Kirgisen und Kasachen den Beinamen Kan Too oder Kan-Tau – der blutige Berg – eingebracht. Khan Tengri bedeutet ›Herr der Geister‹ oder ›Herrscher des Himmels‹. Der oberste männliche Gott im Pantheon der mittel- und zentralasiatischen Nomaden, Tengri, hat hier seinen Sitz. Sein weibliches Gegenstück dagegen, Umaj, die Göttin der Fruchtbarkeit und der Unterwelt, residiert weit von hier, im sibirischen Altajgebirge auf dem Berg mit dem weiblichen Namen Bjelucha – ›die Weiße‹. Auch sie ist eine Grenzgängerin – Russland und Kasachstan teilen sich ihren Doppelgipfel.

Der Khan Tengri im Dreiländereck Kirgistan–Kasachstan–China ist eigentlich kein echter Siebentausender. Er misst nur 6995 Meter. Besonders in Kasachstan wird seine Höhe gern mit 7010 Metern angegeben, damit man auch einen Siebentausender hat – man misst nicht den Fels, sondern die Gesamthöhe mitsamt der Eiskappe. Und er ist auch im Reigen der fünf Siebentausender vertreten, für deren Besteigung man als sowjetischer Bergsteiger den Titel ›Schneeleopard‹ (›Sneshnyi Bars‹) verliehen bekam.

1931 wurde der mystische Gipfel zum ersten Mal vom ukrainischen Bergsteiger Michajl Pogrebetskij und seinen Gefährten Boris Tjurin und Franz Sauberer bezwungen. Sie erreichten die Spitze

▲ *Der Khan Tengri*

über den Südlichen Inyltschek-Gletscher und die ›Schulter‹ des Pik Tschapajew. Der Herrscher des Himmels kann als der malerischste Berg im Zentralen Tien Schan gelten, mit seiner majestätischen Erscheinung stellt er andere markante Berge wie den Pik Nansen oder den Bronenosez (›Panzerkreuzer‹) in den Schatten. Und selbst der viel höhere Pik Pobeda wurde neben ihm lange nicht bemerkt. Zwar hatten sich die Almatiner Bergsteiger Kolokolnikow, Kibardin und Tjutjunikow bei der Zweitbesteigung des Khan Tengri im Jahr 1936 gewundert, welcher hohe Nachbar das wohl sei, der da in der Nähe aus einem Nebelmeer herausgucke, aber der majestätische Khan hatte keine Zweifel aufkommen lassen, wer hier der wirkliche Herrscher des Himmels sei. ⓞ 42°12'39.19"N, 80°10'27.43"E

Im Khan-Tengri-Basislager

Gipfel des Sieges – Pik Pobeda

Sven Hedin hatte den Pik Pobeda 1895 schon von der chinesischen Seite aus entdeckt und auf 7320 Meter geschätzt. Aber erst im Jahr 1946 fand man heraus, dass der breite, ausladende, bisher kaum beachtete Berg auf der anderen Seite des Südlichen Inyltschek-Gletschers um 444 Meter höher ist als der Khan Tengri. Gipfel kann man ihn eigentlich kaum nennen, denn mit seiner gedrungenen, breitschultrigen Gestalt ist er eher unauffällig. Doch er misst tatsächlich 7439 Meter und ist damit auch der höchste Berg Kirgistans! Der neu entdeckte Riese bekam den Namen Pik Pobeda, Gipfel des Sieges (kirg. Dshengisch Tschokusu). Eben erst hatte die Rote Armee den Zweiten Weltkrieg beendet und siegreich für die Sowjetunion entschieden. Das mächtige, viele Kilometer lange Massiv, in dem der schöne Gletscher Swjozdotschka seinen Anfang nimmt, hatte somit einen würdigen Namen erhalten. Über den Swjozdotschka-Gletscher, der in den südlichen Inyltschek-Gletscher mündet, erfolgt auch meistens der Aufstieg auf den Pobeda. Der Gipfel war bereits 1938 von einer Gruppe von Bergsteigern (L. Gutman, J. Sidorenko und J. Iwanow) erklommen worden, die die Erstbesteigung mit einer Namensgebung krönten und als Höhe 6930 Metern berechneten. Sie nannten den Riesen ›Pik Zwanzig Jahre Komsomol‹ und ahnten dabei nicht, wen sie hier unter sich hatten und dass sie damit Rekordhalter waren. Die offizielle Erstbesteigung erfolgte 1956 durch eine elf Mann starke Gruppe unter Witalij Abalakov. ⓞ 42°2'3.50"N, 80°7'52.06"E

Zurück zum Issyk Kul

Die meisten Wanderer und Bergsteiger lassen sich mit dem Hubschrauber von den Basislagern zurückfliegen. Wer aus sportlichen oder Naturgenuss-Gründen zu Fuß zurückgeht, wird den ›einfachsten‹ Weg nehmen: bis zum Gletschertor, und ab hier am linken Ufer des tosenden Inyltschek-Flusses entlang bis zum Grenzposten **Majda Adyr**. Von hier fliegen auch Hubschrauber, aber es gibt auch wieder eine befahrbare Straße, die den erschöpften, glücklichen Reisenden durch wilde Schluchten zurück nach Karakol bringt. ⊙ *42°5'16.34"N, 79°14'37.03"E.* Man kommt etwa 13 Kilometer unterhalb von Majda-Adyr unweigerlich durch einen Ort, der wie Gletscher und Fluss **Inyltschek** heißt und aussieht wie die Kulisse eines Endzeit-Films. Hier wurde in den 1970er Jahren mit dem Abbau von Zinn und Mangan begonnen, aber offenbar haben die horrenden Kosten dieses Unterfangens das Vorhaben kurz nach dessen Beginn vereitelt, und dann kam mit dem Ende der Sowjetunion die allgemeine Pleite. Eine alte Serpentinenstraße führt noch hoch zur stillgelegten Mine auf fast 4000 Metern Höhe. Früher gab es sogar einen Flughafen hier, heute weckt nicht einmal mehr die Brücke über den Inyltschek Vertrauen (⊙ *42°2'16.32"N, 79°5'15.22"E*). Wenn man sie überquert hat, verlässt man das Haupttal und fährt im Tal des nicht minder wasserreichen **Sary Dshaz** etwa 30 Kilometer flussaufwärts, um dann auch dieses Tal zu verlassen, und nach Westen über den **Pass Tschong Aschuu** (⊙ *42°23'22.37"N, 79°3'43.99"E*) nach Karakol und zum Issyk Kul zurückzukehren.

Die auf manchen Karten eingezeichnete Piste von Inyltschek nach Süden und weiter Richtung Westen und über den Barskoon-Pass zum Issyk Kul ist nicht befahrbar bzw. zwischen Inyltschek und Utschkoschkon nicht mehr existent.

Das Südufer am Fuße des Terskej Alatoo

Die südliche Begrenzung des Issyk-Kul-Bassins und die nordwestliche Begrenzung des Zentralen Tien Schan bildet der 375 Kilometer lange Gebirgsrücken des Terskej Alatoo. Hinter einer abwechslungsreichen Vorgebirgslandschaft und einer Kette von hohen Gipfeln, deren höchster mit 5281 Metern der Pik Karakol ist und die vom Seeufer teilweise gut sichtbar sind, liegen weite Hochebenen mit breiten Tälern in 3500 bis 4000 Metern Höhe, die sogenannten **Syrten** mit traditioneller Weidenutzung. Im Sommer trifft man hier auf blumen-

▲ *Landschaft am Südufer*

reiche Hochgebirgsmatten. Im äußersten Süden dieser Syrten bildet der Gebirgszug Kök Schaal die Grenze des Verwaltungsgebietes Issyk Kul und gleichzeitig die Staatsgrenze zu China.

1100 Gletscher mit einer Gesamtfläche von etwa 1000 Quadratkilometern gibt es im Terskej Alatoo. Die größten Gletscher findet man am Nordhang des Gebirges an den Oberläufen der Flüsse Turgen Ak Suu, Ak Suu, Araschan, Karakol, Dshety Oguz und Konurolen.

Karakol-Tal und Skigebiet Karakol

Im Terskej Alatoo

Das Karakol-Tal ist bei Kirgisen, Kasachen und Russen für sein Skigebiet bekannt, das sieben Kilometer oberhalb der Stadt Karakol liegt. Es darf als beliebtestes und vorzeigbarstes Gebiet dieser Art in Zentralasien gelten, nicht zuletzt wegen des milden, sonnenreichen Klimas, dank dessen man Skifahren und Sonnenbaden mühelos vereinbaren kann. Aber auch die Pisten und der Service stimmen, und auch aus der Sicht des Umweltschutzes ist hier nicht viel verkehrt gemacht worden. Bei der Anlage der Pisten wurde der schöne Tien-Schan-Fichtenwald kaum beeinträchtigt. Die **Länge der Abfahrten** variiert von 800 Metern bis 4,5 Kilometern, über einen Höhenunterschied von 740 Metern (höchster Punkt: 3040 m), bei Neigungen von 7 bis 53 Prozent. Die **Ski-Saison** geht von November bis April, aber auch im Sommer hat das Hotel mit seinen 48 Zimmern geöffnet. Das **Hotel Caprice (Kapriz)-Karakol** liegt auf 2300 Meter Höhe, bietet einen unaufdringlichen 24-Stunden-Service und hat neben überdachtem Parkplatz, Bar und Restaurant auch Spielplätze, ein Schwimmbassin mit Sauna, Billard, Bowling, Geschäfte und ein Kino zu bieten. ÜN/F im DZ ab 120 US-Dollar (am WE 150, an Feiertagen 180), Stand März 2014.

Die **Ausleihgebühren für Skier** reichen von 350 bis 600 Som, für Snowboards 500 bis 700 Som, für die gesamte Ausrüstung von 700 bis 1150 Som (www.karakol-ski.kg).

Das malerische Tal hat aber noch viel mehr zu bieten. Es wird vom **Pik Karakol** (5216 m) gekrönt, wo zwei Flüsse ihren Anfang nehmen: der Karakol, der das gleichnamige Tal durchfließt, und der Dshety Oguz, der mit seinen wilden Wassermassen das Nachbartal zu einer bizarren Sehenswürdigkeit ›gestaltet‹ hat.

■ Wanderung vom Karakol-Tal zu den Quellen von Ak Suu

Das Karakol-Tal ist ein guter Startplatz für Wanderungen aller Längen und Schwierigkeitsgrade, die auch von Karakol aus buchbar sind. Folgende **Tour von vier Tagen** sei als Einstieg für gut trainierte Wanderer empfohlen:

Fahrt bis zum Platz kurz vor dem **Zusammenfluss von Ujuk Tor und Köl Tor**, die ab hier den Karakol bilden (◉ *42°19'3.93"N, 78°28'11.22"E*). Über die Brücke und dann kurzer Aufstieg nach Osten durch das **Tal des Kurgak Tor,** hier gibt es eine kleine Schutzhütte, wo man übernachten kann. ◉ *42°19'31.88"N, 78°29'56.59"E*

Aufstieg zum je nach Wetter türkisfarbenen oder violetten **See Alaköl** (3500 m), dann zum **Pass Alaköl** (3860 m, ⊙ *42°19'41.27"N, 78°32'54.26"E*). Der Ausblick auf die Fünftausender Pik Karakol, Dshigit und Oguz-Baschi ist atemberaubend. Abstieg durch das **Keldike-Tal** mit Übernachtung unterhalb vom Pass. ⊙ *42°20'8.44"N, 78°35'0.36"E*
Am nächsten Tag Abstieg ins östliche **Nachbartal Altyn Araschan** zum gleichnamigen Kurort. Übernachtung hier. ⊙ *42°22'21.11"N, 78°36'41.92"E.*
Durch das pittoreske Tal Araschan läuft man flussabwärts zu den Resten eines Sanatoriums an den **heißen Quellen von Ak Suu**, an der Einmündung des gleichnamigen Flusses. Hier kann man sich abholen lassen und über das Dorf **Teplokljutschenka** auf der Straße nach Karakol zurückkehren.

■ **Altyn Araschan**
Wenn man von Teplokljutschenka kommt, ist Altyn Araschan eine 20 bis 30 Meter enge, felsige Klamm, die sich nach fünf Kilometern plötzlich zu einem wundervollen breiten Tal mit fast ebenem Talboden erweitert. Von Teplokljutschenka kann man das Tal in zwei Tagen erlaufen – am ersten Tag 17 Kilometer bis zum Flecken Altyn Araschan, am zweiten weitere 16 Kilometer bis zu einer Wiese mit einem Niederschlagsmesser am Zusammenfluss der beiden rechten Zuflüsse des Araschan mit Namen Taschtektor. Altyn Araschan heißt ›goldene heiße Quelle‹ oder ›goldenes Bad‹ – im Tal gibt es zahlreiche heiße Quellen. Am **ehemaligen Kurort Ak Suu** sind sie 50 Grad heiß und schwach radonhaltig. Die Betonbecken befinden sich in Holzbaracken, Einheimische baden hier gern, die Preise sind moderat. ⊙ *42°27'8.75"N, 78°33'11.46"E*

Dshety Oguz

Das Tal Dshety Oguz (kirgisisch: Dshety Ögüz) liegt oberhalb des gleichnamigen Ortes, 28 Kilometer westlich von Karakol. Es ist gewiss nach Tscholpon Ata der Ort am Issyk Kul, der zumindest bei Besuchern aus den ehemaligen Sowjetrepubliken sofort Assoziationen weckt. Das 37 Kilometer lange Tal gehört zu den Touristenmagneten des Gebietes Issyk Kul. Dazu hat vor allem das inzwischen etwas heruntergekommene **Sanatorium Dshety Oguz** beigetragen, in dem seit 1932 Kurgäste ihre diversen Leiden behandeln lassen. Schon im Altertum war bekannt, dass die verschiedenen radon-, schwefelwasserstoff-, natrium- und kalziumchloridhaltigen Quellen ein breites Spektrum von Krankheiten lindern oder gar heilen können. Seit 1910 gab es einen Vorläufer des heutigen Sanatoriums. ⊙ *42°21'36.39"N, 78°13'15.79"E*
Dshety Ögüz bedeutet ›sieben Stiere‹, und so müssen vor einigen hundert Jahren die roten Felsen an der westlichen Talseite ausgesehen haben. Heute sind es eher zehn oder elf Stiere. Wind- und Wassererosion haben dem porösen Gestein so zugesetzt, dass es bizarre For-

▲ *Im Tal von Altyn Araschan*

men angenommen hat – und wirklich erinnert die größte Formation an eine kleine Herde überdimensionaler Stiere, die mit gesenkten Köpfen, zum Angriff bereit, das Tal bewachen. Ein anderer markanter Felsen ist das **gebrochene Herz**, ein großer, mit schlanken Fichten bewachsener roter Felsen, der in der Mitte gespalten ist und wirklich an ein zweigeteiltes Herz erinnert. Es verwundert nicht, dass der Platz ein Pilgerort für Verliebte ist. Die Legende besagt, dass dieser Felsen das gebrochene Herz einer jungen Kirgisin symbolisiert, die hier vor Kummer starb, weil die beiden um sie rivalisierenden jungen Männer sich gegenseitig umgebracht hatten.

Das ›gebrochene Herz‹ im Tal des Dshety Oguz

Die roten Felsen bilden einen wunderbaren Kontrast zum üppigen Grün des Tals. Die Bewohner beschäftigen sich mit Imkerei und der Herstellung diverser Beerengetränke, von denen ein kräftiger Berberitzenlikör das außergewöhnlichste ist. Der **Fluss Dshety Oguz** nimmt seinen Anfang im Massiv des Pik Karakol. Eine ganze Wand von mächtigen Vier- und Fünftausendern mit großen Hanggletschern schließt des breite Tal nach Süden ab. Der Doppelgipfel des **Oguz Baschi** (›Stierkopf‹) mit 5168/5170 Metern ist der wohl markanteste Gipfel am Südufer des Issyk Kul. Er überragt weit seine Nachbarn und ist vom See aus gut zu sehen.

Tschong Kyzyl Suu

Vom Dorf Kyzyl Suu (ehemals Pokrowka, nicht zu verwechseln mit Kyzyl Tuu) gut 30 Kilometer westlich von Karakol zweigt eines der reizvollsten Täler der Region ab, es heißt ›Großes Rotes Wasser‹ – Tschong Kyzyl Suu. Der gleichnamige Fluss hat gemeinsam mit seiner kleineren Schwester Kitschi Kyzyl Suu (›Kleines Rotes Wasser‹) über Jahrmillionen die **Halbinsel Kara Bulun** aufgeschwemmt. Die stark verbuschte Halbinsel und die angrenzenden Wasserflächen sind die vogelreichsten Gebiete am Issyk Kul, hier überwintern riesige Schwärme von Wasservögeln. Auf der Halbinsel gibt es, wie auch am Oberlauf des Flusses unweit der Einmündung des Dshyly suu (›Heißes Wasser‹, *42°13'18.32"N, 78°10'4.85"E*), heiße, schwefelhaltige Quellen. Die Temperatur ist mit 43 °Celsius gerade noch badetauglich.

Das Tal des Tschong Kyzyl Suu ist, wie es der Name schon vermuten lässt, im Unterlauf von roten Gesteinen dominiert, die hier und da als Felsen aus den üppigen Wiesen aufragen. Durch die Auswaschung dieser lehmigen Gesteine bekommt der Fluss seine rote Farbe. Im Mittellauf ist das Tal bewaldet, Pilz- und Beerensammler kommen gern hierher. Die Körbe kann man mit Walderdbeeren, Sanddorn, Berberitzen und Hagebutten füllen. Am südöstlichen Ende des Tals fällt ein markanter Berg auf: der **Pik Neil Armstrong** (4909 m). Die Ufer des rechten Zuflusses des Tschong Kyzyl Suu, **Artscha Tor**, sind mit fast mannshohem Gras und Gebüsch

Im unteren Tal des Dshuuku

bewachsen. Zum Wandern ist dieses Gelände ziemlich anstrengend, jedoch ideal für Reiter. Wenn man dem Lauf des Artscha-Tor flussaufwärts folgt, gelangt man ins Nachbartal Dshety Oguz. Wunderbare Ausblicke vom Talgrund bis über die 4500 Meter hohen Kämme belohnen für die Mühe, und die Chance, größere Tiere wie Himalaja-Königshühner, Adler, Geier, Rehe oder Steinböcke zu sehen, ist ziemlich hoch. Durch die mannigfaltigen Landschaftsformen und das milde Klima ist die Artenvielfalt hier sehr groß. Wenn man über einen der Pässe (50 Jahre Kirgistan – 4600 m, Uljanowtsew – 4490 m, Nadeshda – 4450 m und Zagadka – 4400 m) im oberen Teil des Tales steigt, gelangt man zum **Kolpakowskij-Gletscher**, der mit 13 Kilometern Länge einer der größten im Terskej Alatoo ist. Der einfachere **Pass Aschu Tor** (3900 m) führt zu den Syrten.

Der Weg über die bewaldeten Hänge auf der linken Seite des Flusses führt über einen 2200 Meter hohen Pass in das weiter westlich gelegene **Tal des Kitschik Kyzyl Suu**, das bei Touristen wegen seiner schönen Wasserfälle Scharkyratma und Schatyly sehr beliebt ist.

Dshuuku

Ein weiteres malerisches Gebirgstal erreicht man vom Ort Saruu auf der Ringstraße über Darchan. Auch hier hat in den unteren Lagen ein wasserreicher Bergfluss, der Dshuuku, rote Sandsteinfelsen bizarr ausgewaschen. Unweit der Straße, neben den Kartoffelfeldern der Bauern, fällt das schlichte **Mausoleum** (*gumbez*) Baltschaka aus ungebrannten Lehmziegeln auf. *42°12'48.14"N, 77°58'1.40"E*

Der mittlere Teil des 55 Kilometer langen Tales wird von großen Gesteinsbrocken und zwischen ihnen wachsenden Wacholdern und anderen Büschen in eine Art **riesigen Steingarten** verwandelt. Überall kann man im Sommer auf Hirtenfamilien mit ihren Jurten treffen. Ideal zum Wandern und Reiten sind der mittlere und obere Teil des Tales. Eine anstrengende Tour führt vorbei am markanten **Berg It Tisch** über den **Zufluss Dshuukutschak** und den **Dshuuku-Pass**. *41°56'34.16"N, 77°50'13.20"E*

Von hier erreicht man die farbigen **Seen Kotschur Tasch** und **Tschokoly Köl** und kann weiter hinauf zum **Bedel-Pass** steigen und plötzlich überrascht hinaustre-

ten in eine andere Welt: Hier erstreckt sich die 4000 Meter hoch gelegene Bergtundra der **Arabel-Syrten**, benannt nach dem Flüsschen Arabel, das sich über das Hochplateau schlängelt, inmitten großer und kleiner Seen, Schneeflecken und eines Teppichs winziger, zarter hochalpiner Blümchen. ◎ *41°52'35.62"N, 77°52'48.17"E*
Eine andere lohnende Tour führt am großen Stein **Tschong Tasch** vorbei über den **Donguröme-Pass** (◎ *41°57'44.30"N, 77°43'24.67"E*) hinab ins **Barskoon-Tal** (◎ *41°56'9.78"N, 77°39'19.93"E*).

Barskoon

Der Ort Barskoon liegt 90 Kilometer westlich von Karakol. Heute ist Barskoon eines von vielen Küstendörfern, aber bis zum Mittelalter hatte der Ort offenbar eine bedeutendere Rolle. Schon im 8. Jahrhundert vor unserer Zeit hat es hier eine Siedlung namens Barskhan gegeben – der arabische Philosoph Biruni erwähnte diesen Ort und bemerkte, dass die Einwohner die damals noch nicht weit verbreitete Kunst der Herstellung von Eisenlegierungen beherrschten. An der Einfahrt in das vom Barskoon-Fluss gebildete Tal findet man hinter einer **Steinbock-Skulptur** die **Ruinen einer mächtigen kirgisischen Festung** aus dem 9. bis 14. Jahrhundert. Kaum einer kennt sie.

Am Barskoon-Pass

Erster Checkpoint der Kumtor-Mine

Das 30 Kilometer lange, bewaldete **Tal des Barskoon** ist heute vor allem für seine senkrecht die Wände herabstürzenden **Wasserfälle** bekannt, von denen einer 100 Meter hoch ist. Man findet sie leicht an der Westseite im mittleren Talbereich, da an ihrem Fuß sommers Schaschlyk-Buden und Kymyz-Stände auf die Ausflügler warten, die täglich von Karakol oder Tamga herüberkommen. Wer wissen will, wie man mit Flipflops oder Stöckelschuhen einen steilen Hang erklimmt, sollte sich hier auf die Lauer legen. Das Getrubel wird von einem ehrwürdigen Juri Gagarin bewacht, dessen Büste mit einem goldfarbenen Helm hier auf einem Sockel steht. Der berühmte Kosmonaut hatte sich einst im Militärsanatorium in benachbarten Tamga (→ S. 223) erholt. ◎ *42°0'37.34"N, 77°36'47.35"E*
Am Ende des Tales führen mehr als 20 Serpentinen hoch zum **Barskoon-Pass** (3754 m) und von hier hinaus zu den weiten, kahlen Hochebenen der Syrten des zentralen Tien Schan.
Die Piste durch das Tal ist gut ausgebaut und wird ständig befestigt und in Ordnung gehalten, denn dies ist die Zufahrt zur umstrittenen **Goldmine Kumtor**. Regelmäßig donnern große Laster und Tankwagen im Konvoi über die Passstraße, die ab Beginn des Anstiegs nur mit Erlaubnis des Minenbetreibers zu befahren ist.

Das Gold der Berge: Kumtor

Am Oberlauf des Barskoon, weit oben auf den Syrten, wurde 1978 ein Goldvorkommen entdeckt. Es wurde nach dem Fluss Kumtor benannt, der hier aus dem Petrow-Gletscher entspringt und der Hauptzufluss des weiter südlich gelegenen Naryn ist. Die Förderung wurde zu sowjetischen Zeiten wegen zu hoher Kosten nicht in Angriff genommen. Seit 1993 hat die kanadische Firma Cameco (heute Centerra Gold) die Lizenz, und 1997 nahm Kumtor, die siebtgrößte Goldmine der Welt, den Betrieb auf. 2700 Arbeiter und Ingenieure sind hier beschäftigt, 95 Prozent von ihnen sind kirgisische Staatsbürger. Sie arbeiten unter schwierigen Bedingungen in 14-Tages-Schichten in der dünnen, eisigen Höhenluft auf 4000 Metern Höhe. ⊙ *41°51'45.19"N, 78°11'40.45"E*

Der Ertrag der Mine, an dem der kirgisische Staat beteiligt ist, machte in den letzten Jahren 11 bis 13 Prozent des BIP des Landes aus und bis zu 45 Prozent der Exporterlöse. In Kirgistan wird die Nationalisierung der Mine gefordert, und seit 2013 wird mit Centerra über einen neuen Lizenzvertrag verhandelt, der dem kirgisischen Staat mehr Einfluss zugestehen soll – bislang erfolglos. Centerra drohte im Juni 2014, die Mine stillzulegen, woraufhin die kirgisischen Behörden für 2014 den Betrieb in der bisherigen Form genehmigten. Im Jahr 2013 gerieten gewalttätige Proteste von Anwohnern sogar in Westeuropa in die Schlagzeilen. Den Kirgisen bereiten vor allem die Umweltprobleme Sorgen, die auch bei Abschluss eines neuen Vertrages bestehen bleiben, und zwar auch über das Förderende, das für 2023 prognostiziert wurde, hinaus.

Nach offiziellen Angaben wurden hier 2011 mit Hilfe von 3650 Tonnen Zyanid 264 Tonnen Gold aus dem Gestein gelöst. Die giftige Brühe ist in Rückhaltebecken gespeichert, die 60 Millionen Kubikliter fassen. Das goldhaltige Gestein liegt in der Permafrost-Zone, großteils unter einem Gletscher, der für die Förderung de facto weggesprengt werden muss. Auch das darf als höchst bedenklich gelten, ist doch das Eismassiv um den riesigen, über 70 Quadratkilometer großen Petrow-Gletscher das bedeutendste Trinkwasser-Reservoir für das gesamte Naryn-Tal. Und nicht nur das. Die Abbau-Arbeiten verschmutzen das Wasser der Gletscherflüsse, auch wenn sie ohne Unfall ablaufen. Unfälle machen die Umweltschäden dramatisch.

Ende Mai 1998 stürze ein Zweitonnen-Container mit hochgiftigen Zyanid bei einem Unfall mit einem der Kumtor-Laster von einer Brücke in den Fluss Barskoon, der in den Issyk Kul mündet. Die touristische Saison in diesem Jahr war verloren, drastische finanzielle Einbußen der See-Anrainer waren die Folge. Offiziell starben vier Menschen an den Folgen der Zyanid-Vergiftung, über 2000 trugen ernste Gesundheitsschäden davon. Eine Bürgerinitiative von Frauen aus Barskoon und den umliegenden Dörfern, gegründet von Erkingül Imankodshojewa, erkämpfte vor Gericht in einem aufsehenerregenden Streit gegen Kumtor Schadensersatzzahlungen an die Familien der Opfer. Im sehenswerten Film ›Flowers of freedom‹ (›Erkingül‹) von Mirjam Leuze wird diese Geschichte thematisiert. Er wurde 2014 auf der Berlinale gezeigt und erfuhr großen Zuspruch. Hauptakteur ist die mutige Schar junger und alter Frauen aus Barskoon, die es schafften, das Thema nicht nur vor Gericht, sondern bis ins kirgisische Parlament zu tragen (www.flowers-of-freedom.com).

Tamga

Der nach Tscholpon Ata am Nordufer bekannteste Erholungsort am Kirgisischen Meer ist Tamga, genau gegenüber am Südufer, dort, wo der See seine größte Ausbuchtung hat und am breitesten ist. Das Städtchen liegt 10 bis 15 Gehminuten oberhalb vom See, eine Straße zweigt direkt an der Bucht in Richtung Berge ab, ein Fußweg etwas weiter westwärts in Flussnähe. Letzterer führt geradewegs in einen malerischen alten Park. In sowjetischer Zeit gab es hier ein **Militärsanatorium**, in dem die Kosmonauten nach ihren anstrengenden Aufenthalten im All wieder zu Kräften kommen durften. Auch Juri Gagarin war hier; seine Büste findet sich im benachbarten Barskoon-Tal unterhalb der Wasserfälle (→ S. 221). Das Sanatorium gibt es immer noch, es ist in Betrieb, und im Unterschied zu früher darf jetzt hier jeder Urlaub machen, der es sich leisten kann.

Das Sanatorium nennt einen wenige Kilometer entfernten **Badestrand** am See sein Eigen, zu dem im Sommer ein Minibuspendelverkehr eingerichtet wird (◎ *42°9'33.25"N, 77°31'0.80"E*). Der breite Sandstrand ist öffentlich zugänglich, es gibt einfache Sanitäranlagen und einen Imbiss, der kleine Gerichte sowie Getränke verkauft. Das Wasser ist dort klarer und wärmer als in der kleinen Bucht direkt unterhalb von Tamga, in welcher der Gebirgsfluss seine manchmal trübe und immer kalte Fracht ablädt.

Der Ort selbst ist eigentlich nichts Besonderes – die üblichen Häuschen mit den geschnitzten Fensterläden, zwei klei-

Tamga Tasch, die Zeichensteine im Tamga-Tal

ne Supermärkte, viel Grün, im seichten Wassergraben entlang der Hauptstraße gurgelt munter ein abgezweigter Teil des Bergflüsschens aus dem **Tamga-Tal**. Dieses Tal birgt die namensgebende Hauptsehenswürdigkeit des Ortes: **Tamga Tasch**, die Zeichensteine. Es sind drei große und sehr große Findlinge aus den Bergen mit eingeritzten buddhistischen Mantras. ›Om mani padme hum‹ bedeutet die geheimnisvolle Sanskrit-Schrift auf dem markantesten der Steine, und im Sommer pilgern fast täglich größere Gruppen hierher, um ein bisschen Sinnsuche zu betreiben und/oder zu meditieren. Man folgt dem Weg, der an der Transformatorenstation oberhalb des Ortes seinen Anfang nimmt. Zu den Steinen muss man etwa fünf Kilometer laufen, dies sollte man im Zweifel mit ortskundiger Begleitung tun, denn der Fluss muss mehrmals gequert werden und Brücken sind kaum vorhanden. ◎ *42°6'48.81"N, 77°31'16.41"E*

Tamga

Vorwahl: +996/3946

Tamga wird, wie alle Orte der Südküste, nicht direkt von Bischkeker Bussen angefahren, man muss in Balyktschy umsteigen. Minibus-Verbindungen hingegen gibt es. Auch nach Karakol kommt man gut weiter, per Bus, Minibus oder Sammeltaxi. Die Haltestelle befindet sich an der Ringstraße, am Scheitelpunkt der Bucht von Tamga.

Gästehaus Tamga, uliza Ozjornaja 3, Tel. 25333, +996/770/606678, tamga house@gmail.com; ÜN/F 22 US-Dollar, mit VP 34 US-Dollar, jeweils pro Person. Das Bergsteiger-Ehepaar Ljuba und Sascha Danitschkin hat sich hier einen Lebenstraum erfüllt – im Sommer am Issyk Kul zu wohnen und mit netten Menschen zusammen zu sein. Und so ist das Gästehaus für knapp 40 Gäste (2- bis 4-Bettzimmer) auch eingerichtet: Gemütlich, zweckmäßig, mit großem Garten voller Obstbäume und Blumen. Gemeinschafts-Duschen und WC, Sauna. Großer, aber vollkommen ungefährlicher Wachhund. Man hat einen guten Blick auf die Berge, vor allem vom sogenannten Oberdeck (paluba), dem Dach des Speisesaales, wo man Wäsche trocknen und im Liegestuhl faulenzen kann. Der Seeblick zur anderen Seite wurde leider fast vollständig verbaut – die Lage ist beliebt, Tamga ein langsam aufstrebender Urlaubsort. Neben Übernachtung und guter Verpflegung werden auch Transfers und Touren aller Art organisiert.

Gasthaus Askar & Tamara, uliza Issyk Kulskaja 4.
Gasthaus Flora, uliza Issyk Kulskaja 19a.
Gasthaus W gostjach u Ptschelowoda, uliza Kalinina 37, Tel. +996/779/103265, +996/555357998.

■ **Wanderung vom Tamga-Tal ins Barskoon-Tal**

In Tamga beginnt auch eine sehr lohnende Mehrtageswanderung ins Gebirge, die das malerische **Tamga-Tal** hinauf bis an die Baumgrenze führt, dann ins **Tal des Tschegedek** (◎ *42°2'57.69"N, 77°30'21.54"E*). Über die Plateaus **Altyn Kungej** und **Tij Karyn** geht es westwärts, immer mit Blick auf den Issyk Kul und die gegenüberliegende Kette des Kungej Alatoo. ◎ *42°2'1.01"N, 77°25'4.77"E*

Im Tal des **Flusses Tosor** nimmt man die alte Straße hinauf zum 3893 Meter hohen **Tosor-Pass** ins unglaublich weite und einsame **Hochtal Utschemtschek**, das parallel zum See von Ost nach West verläuft. Diese aus sowjetischen Zeiten stammende Passstraße ist auf vielen Karten noch eingezeichnet, aber sie ist auch mit geländegängigen Fahrzeugen definitiv nicht mehr befahrbar. ◎ *41°59'50.92", 77°21'19.68"E*

Die Aussicht vom Pass in dieses Tal und auf die dahinterliegenden hohen, aber namenlosen Berge und Gletscher darf als eine der bezauberndsten in Kirgistan gelten (◎ *41°56'20.06"N, 77°22'37.47"E*). Wenn man im Tal den Weg nach rechts wählen würde, käme man irgendwann nach zehn Tagen am Song Köl an. Für Einsteiger ist der Weg nach links zu empfehlen, hier erreicht man nach etwa acht Kilometern den von Gletschern gespeisten See **Tschangkyr Köl** (◎ *41°56'21.36"N, 77°27'10.63"E*), aus dem der Utschemtschek-Fluss entspringt. Hier kann man einen Tag Rast machen, um dann durch die wunderbar schroffe, in allen Gesteinsfarben leuchtende **Schlucht Kerege Tasch** ins **Barskoon-Tal** abzusteigen

▲ *Im Tamga-Tal*

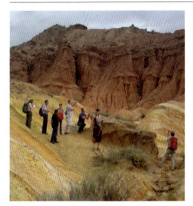

Märchenhaft: die Skazka-Felsen

(🅾 *41°54'22.75"N, 77°34'30.85"E*). Diese Tour dauert vier bis fünf Tage, man kann sie auch gut mit Pferden absolvieren. Vom Barskoon-Tal lässt sie sich über den Donguröme-Pass (3773 m) ins idyllische Dshuuka-Tal (→ S. 220) verlängern. Angeboten wird sie von Kyrgyzland in Bischkek, in Kooperation mit dem Gästehaus Tamga (→ S. 224).

Tosor und Skazka

Zwischen Tamga und Tosor wachsen Aprikosenhaine zwischen Ringstraße und See. Die Strände sind kieselig und wild, das Wasser ist glasklar, denn hier münden keine Gebirgsbäche. In Tosor vermieten viele Einwohner Zimmer, auch nach Pferden kann man fragen.

Oberhalb von Tosor haben die Erosionskräfte von Wind und Wasser ganze Arbeit geleistet: Ein fünf Kilometer langer weitverzweigter **Canyon** zieht sich unweit des Dorfes südlich der Straße durch die Vorberge aus buntem Lehm. Im Volksmund heißt er ›Skazka‹ (Сказка), das Märchen. So fühlt man sich hier auch – rote, gelbe, weiße, graue festungsähnliche Wände, Türme und Zinnen, Tierfiguren, Durchgänge und geheimnisvolle Winkel wechseln sich ab mit stacheligen Gewächsen und Ephedra-Büschen mit leuchtend gelb-roten Beeren. Dazu der Blick auf die blaue Oberfläche des Sees und die schneebedeckten Viertausender auf seiner Nordseite – es ist wirklich märchenhaft. 🅾 *42°9'33.14", 77°22'1.68"E*

Kadshy Saj und Tong

Über Kadshy Saj, wo vor einigen Jahren Reste einer mittelalterlichen Karawanserei gefunden wurden, ein paar Cafés und ein kleines Info-Center für Besucher geöffnet sind, geht es weiter nach Tong. Ab hier führt die Straße von der Küstenlinie weg, um erst bei Ottuk wieder zum See zurückzukehren. Ein langer niedriger Bergrücken schiebt sich zwischen See und Straße, man sieht den Issyk Kul nicht mehr. Dafür ist der Blick auf die Berge umso malerischer.

ℹ **Kadshy Saj**
Vorwahl: +996/3941

🛏
Hotel Natalia, uliza Garashnaja 38, Tel. 92226, +996/773/614604; 24 US-Dollar (Halbpension).

Bokonbajewo

Der große, arg von Arbeitslosigkeit gebeutelte Ort Bokonbajewo wurde in den letzten Jahren zu dem Ökotourismus-Zentrum schlechthin am Issyk Kul entwickelt. Das CBT-Programm (Community Based Tourism) einiger lokaler, vor allem von der Schweiz unterstützter Nichtregierungsorganisationen ist hier am weitesten gediehen. Die Ökotourismus-Gemeinde bietet vier Jurten-Camps und zahlreiche private Gästehäuser zur Übernachtung an, Vollpension kann dazugebucht werden. Auch Ausflüge zum bekannten Salzsee Kara Köl (Schor Köl, ›Tschascha Manasa‹) und zum Issyk Kul sowie Wander- und Reittouren verschiedener Längen und Schwierigkeitsgrade ins Gebirge kann man buchen.

Angeltouren und Bekanntschaft mit der Alltagskultur der Kirgisen sind ebenfalls im Programm.

> **Bokonbajewo**
> **Vorwahl**: +996/3947
>
> Mit dem Bus vom Busbahnhof Bischkek-West mit Umsteigen in Balyktschy, oder mit dem Minibus direkt. Auch nach Karakol gehen Busse und Minibusse.
>
> **Ökotourismus-Angebote**: CBT Bokonbajewo, Saltanat Kadyrkulowa (Koordinator), Tel. +996/779/455045, cbt.kyrgyzstan.bokonbajewo@gmail.com.
> **Gasthaus Clara**, uliza Turusbekowa,68a, Tel.+996/778/174424; 500 Som.
> **Gasthaus Gulmira**, uliza Schakejewa 107, Tel. 91724, +996/777/274190; 500 Som.
> **Gasthaus Nurgul**, uliza Tyntschtyk 31, Tel. 91742, +996/778/912186; 500 Som.

Zwischen Bokonbajewo und Balyktschy

Zwischen Bokonbajewo und Tort Köl, gleich hinter der Brücke über den Tong, biegt eine schlechte Straße ins Hinterland ab. Sie führt in Dörfer, die fast nichts vom Tourismus sehen. Hier lebt man von Viehzucht, die Hirtenfamilien sind größtenteils arm. Wenn man von **Temir Kanat** oder **Tuura Suu** aus in die Berge fährt oder besser noch reitet, wird man einen Eindruck vom ganz und gar ursprünglichen Kirgistan erhalten. Unbehaust muss man auch hier nicht bleiben, es gibt im Sommer zwei mit Solarstrom und Wasserkraft versorgte **Jurtencamps** der in Bischkek ansässigen Firma Ecotour – eines am Berg über Temir Kanat und das andere in einem malerischen Bachtal bei Tuura Suu (www.ecotour.kg).

■ Das Dorf der Jurtenmachermeister

Im Kreis Tong gibt es im Dorf **Kyzyl Tuu**, etwa 60 Kilometer von Balyktschy entfernt, eine Jurtenmanufaktur. Kyzyl Tuu ist ein altes kirgisisches Dorf, das schon im 19. Jahrhundert hier gegründet wurde. Es liegt etwa zehn Kilometer vom See entfernt, umrahmt von bizarr erodierten Lehmbergen, auf 1700 Meter Höhe. Der Ort hat 1800 Einwohner, und 80 Prozent der Menschen im arbeitsfähigen Alter sind mit der Herstellung von Zubehör für Jurten beschäftigt. Allein 102 Meister für

▲ *Wüsten und bizarr erodierte Lehmberge prägen das Südwestufer des Issyk Kul*

die Produktion der Jurtengestelle (*kerege*) gibt es hier. Die Frauen übertreffen sich gegenseitig im Entwerfen von Ornamenten für die Innenausstattung der Filzhäuser. Ganz Kirgistan kauft Jurten aus Kyzyl Tuu, und auch ins Ausland werden sie exportiert (→ S. 357).

Der vormalige Name des Dorfes, Ak Terek, leitet sich von den vielen Pappeln (*terek*) her, die hier wachsen. Ak Terek – die weiße Pappel – gilt als heilig, und sie ist in diesem Falle auch die Beschützerin aller Bäume im Umkreis. Das hängt mit dem Grab des Recken (*baatyr*) Er Tabyldy zusammen, das sich im Ort befindet. Er Tabyldy hatte sein Blut vergossen, um die Kirgisen vom Joch der Kalmücken-Ojraten zu befreien, und deswegen gelten Bäume, die auf diesem Boden wachsen, als heilig.

Später waren andere Werte wichtig: Der heutige Name des Dorfes stammt von der Roten Fahne (*kyzyl tuu*), die der Kolchos Ak Terek als Wanderpreis für besonders erfolgreiche Arbeit in den 1930er Jahren bekam. Irgendwann in naher Zukunft könnten sich diese Erfolge wiederholen. Die Grundlagen wurden 2013 ist im Schulgarten des Ortes geschaffen: Mit Hilfe der Hanns-Seidel-Stiftung ist hier eine Obstbaumschule angelegt worden.

Auch der **Salzsee Kara Köl** ist nicht weit entfernt. Er liegt nahe dem Ufer des Issyk Kul und ist so salzhaltig, dass man in ihm nicht untergeht, auch wenn man des Schwimmens absolut unkundig ist.
◎ 42°15'9.33"N, 76°44'55.42"E

■ Die Trockentäler und wilden Strände

Die Straße von Bokonbajewo nach Balyktschy führt durch bizarre, aber unfruchtbare ›Mondlandschaften‹, das heißt durch Wüste und Halbwüste. Hier wächst zwar fast nichts, aber die Strände,

Auf der Ringstraße südlich von Balyktschy

die man von der Straße aus nicht überblicken kann, sind besonders schön. Man kann versuchen, zwischen den Dörfern Ak Saj und Kara Koo eines der Trockentäler (›saj‹) nach Norden zu nehmen (Vorsicht, nach Regenfällen verwandeln sich diese Wadis in ›Schmierseife-Pisten‹ oder gar in reißende Flüsse!) und zum See durchzukommen. Idyllische, wilde Plätze laden zum Campen und Baden ein, und bei **Ak Saj** gibt es unweit vom Ufer ein Ecotour-Jurtencamp für Touristen, mit Kamelen zum Reiten (Zufahrt nur durch den Wadi). Noch ein Stück weiter nach Westen lädt das Jurtencamp **Kara Dalaa**, ebenfalls von Ecotour, zu Aufenthalten mit Kursen zur Herstellung von Schyrdaks, typischen kirgisischen Filzteppichen, ein.

■ Abschied und Weiterreise

Die meisten Touren um den Issyk Kul enden mit der Abreise in Richtung Verwaltungsbezirk Naryn – auf der Straße nach Kotschkor, welche die Ringstraße um den See kurz vor Balyktschy verlässt. Von hier hat man noch einmal einen Panoramablick auf das kirgisische Meer. Die Straße steigt an, man wendet sich um – und begreift in diesem Moment, dass man wahrscheinlich wiederkommen wird.

»Ohne Pferd ist der Kirgise dasselbe, was bei uns ein heimatloser Mann ist, ohne Pferd hält er sich selbst für den Ärmsten unter der Sonne: Das Pferd ist unbedingt das wichtigste, nicht allein das edelste seiner Haustiere.«

Alfred Edmund Brehm, Reise zu den Kirgisen (1876)

Die Mannschaft aus dem Naryn-Oblast tritt bei den Zentralasienspielen an

ZENTRALKIRGISTAN

Naryn-Oblast

Der Naryn-Oblast (russ. Нарынская область, kirg. Нарын облусу) ist die flächenmäßig größte administrative Einheit des Landes. Er liegt im Zentralen Tien Schan und nennt unzählige, sehr abgelegene Hochtäler, die zum Teil deutlich über 3000 Meter liegen, sein Eigen. Die Region zählt damit zu den unwirtlichsten und am dünnsten besiedelten Gegenden Kirgistans und zeigt eine große Ähnlichkeit mit den Landschaften des südlichen Issyk-Kul-Oblastes. Aufgrund der großen Höhen und der damit verbundenen schlechten Bedingungen für den Ackerbau kam es während des Zaren- und des Sowjetreiches zu keinen nennenswerten Einwanderungen durch slawische Siedler. Und so kann man heute noch einige bereits vergessen geglaubte kirgisische Traditionen, Praktiken und Gebrauchsgegenstände hier finden: So zum Beispiel in Jurten die hölzernen Zylinder mit dem Schlagstock, in denen der Kymyz zubereitet wird, sowie Handwebstühle oder Webspindeln aus Stein. Auch ist hier noch die Kunst der Beizjagd mit dem Steinadler (russ. беркут) stärker als in anderen Regionen verbreitet. Die Abgeschiedenheit hat auch dafür gesorgt, dass das ursprüngliche Nomadentum in all seiner Vielfalt erhalten blieb.

> **! Was man nicht verpassen sollte**
> **Naryn-Hochebene**: einsame Weiten (→ S. 245).
> **Hochgebirgssee Song Köl**: Nomadenleben in der Jurte (→ S. 237).
> **Tasch Rabat**: Karawanserei an der Seidenstraße (→ S. 247).

Fakten und Zahlen

Der Oblast wurde am 21. November 1939 durch einen Beschluss des Obersten Sowjets der UdSSR als ›Tien-Schan-Oblast‹ ins Leben gerufen. Im Zuge der Reformierung der Verwaltungsstrukturen wurde er 1988 mit dem Issyk-Kul-Oblast zusammengelegt, um ihn im Jahr 1990 wieder von ihm zu trennen. Auf 45 200 Quadratkilometern leben 220 000 Menschen. Mit einer Bevölkerungsdichte von sechs Einwohnern pro Quadratkilometer ist der Oblast die am dünnsten besiedelte Region des Landes. Die fast menschenleeren Täler und Gebirgsketten im

▲ *Nomadenfrauen am Song Köl*

Gewürzverkäufer auf dem Basar von Kotschkor

chinesischen Grenzgebiet suchen in ihrer Abgeschiedenheit ihresgleichen.
Geht man von Norden nach Süden, so wird der Oblast von folgenden markanten Landschaftselementen gekennzeichnet: Ganz im Norden grenzt die Südabdachung des Kirgisischen Alatoo vom Tschuj-Becken ab und leitet in die Ebenen des Dshumgal-, Kotschkor- und Tschuj-Flusses über. In diesen Ebenen liegen mit Tschajek und Kotschkor wichtige Kleinstädte der Region. Südlich davon wird die Hochebene des Song-Köl-Sees durch die Berge der Song-Köl-Kette (3991 m) und der Moldo-Too-Kette (3895 m) eingerahmt. Im zentralen Teil der Region formt der Naryn-Fluss die weitläufige Naryn-Hochebene, die sich über 250 Kilometer von Ost nach West hinzieht. An der Südflanke der Naryn-Hochebene erstreckt sich der unbewohnte Bajbitsche-Too-Gebirgszug mit einer maximalen Höhe von 4718 Metern. Sein Südabhang geht in die At-Baschy-Hochebene und das At-Baschy-Gebirge über. Im Grenzgebiet zu China liegt mit dem Tal des Ak Saj die zugleich größte Permafrost-Hochebene des Landes. Das über 300 Kilometer lange Kök-Schaal-Gebirge schottet mit dem Pik Dankowa (5982 m) den Tien Schan von den heißen Winden der chinesischen Taklamakan-Wüste ab.

Im Jahr 1989 waren von den 220 000 Einwohnern ›nur‹ 97 Prozent Kirgisen. Immerhin wohnten zu jener Zeit noch 3000 Russen (1,8 Prozent) und 1300 Usbeken (0,5 Prozent) im Verwaltungsbezirk. Durch den Wegzug vor allem dieser Minderheiten betrug im Jahr 2009 der kirgisische Bevölkerungsanteil 99,2 Prozent.

Die wichtigste Verkehrsader ist die Straße von Bischkek über Kotschkor zum Torugart-Pass nach China (A 365).

Kotschkor

Das Verwaltungszentrum des Kotschkor-Rajones (kirg. Кочкор, russ. Кочкорка) erreicht man von Bischkek über Balyktschy nach etwa 230 Straßenkilometern. Kürzt man die Strecke über den Pass beim Orto-Tokoj-Stausee ab, so sind es um die 200 Kilometer. Die Stadt ist immerhin der zweitgrößte Ort des Oblastes, erinnert aber wie viele andere kirgisische Städte durch die Eselskarren, die auf Pferden ruhig dahin reitenden älteren Männer (sogenannte Ak Sakale – Weißbärte) und den belebten Basar an ein großes Dorf.

Im Jahr 1909 wurde der Ort unter dem Namen Stolypin (russ. Столыпин) aus der Taufe gehoben. Der Namensgeber war Pjotr Arkadjewitsch Stolypin, der unter Zar Nikolaus II. 1906 zum Premierminister aufgestiegen war. Heute wohnen hier immerhin 14 000 Menschen.

Kotschkor liegt direkt am Zusammenfluss von Kotschkor und Dshuan Aryk, die sich hier zum größten Strom Nordkirgistans vereinigen, dem Tschuj.

Der Ort ist touristisch schon recht gut erschlossen. So gibt es private Gästehäu-

232 Naryn-Oblast

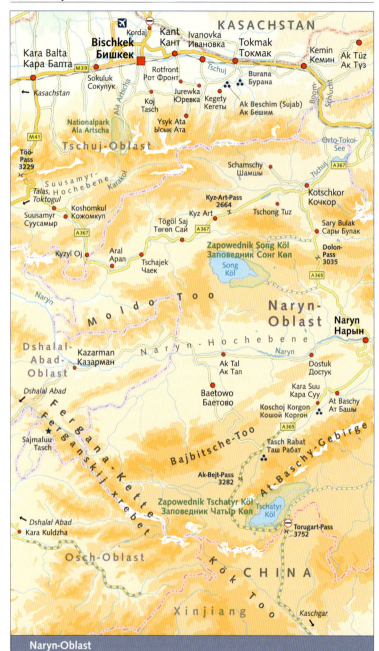

Naryn-Oblast

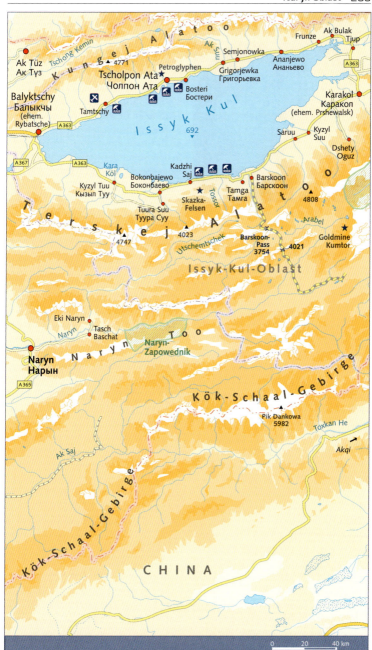

Die Leiterin der Fraueninitiative ›Altyn Kol‹

ser in Hülle und Fülle und mannigfaltige touristische Angebote. Der Ort ist auch als ein Zentrum der Filzteppichherstellung (ähnlich wie Bokonbajewo, Kyzyl Tuu und Naryn) bekannt. Hinzu kommt, dass er sich als gut Ausgangspunkt für Erkundungen des Song-Köl-Sees und weiterer Dshajloos (Sommerweiden) wie Sarala Saz oder Tes Tör eignet.

■ **Sehenswürdigkeiten**
Das Zentrum des Ortes gruppiert sich um einen Platz an der Orozbekow-Straße, der über einige wichtige Einrichtungen wie Lebensmittelgeschäfte, Restaurants, zwei Internet-Cafés und einen Taxi-Stand verfügt. Hier hat auch die **Fraueninitiative ›Altyn Kol‹** (Goldene Hand), die Filzteppiche und weitere Filzartikel herstellt, ihren Sitz. Ein Blick in den Verkaufsraum, der sich auf der Südseite des Zentralen Platzes befindet (man achte auf das Schild ›handcraft‹), lohnt sich. Man kann hier kleine Reiseandenken, aber auch Filzteppiche in allen Größen käuflich erwerben. Die Kooperative besteht seit 1996 und hat um die 600 Frauen im gesamten Naryn-Oblast unter Vertrag, die sich mit dieser Arbeit einen guten Zusatzverdienst erwirtschaften.

Das obligatorische **Regionalmuseum** hat auch in Kotschkor seine Berechtigung, und man findet es 250 Meter südlich des Zentralen Platzes. Einige **Balbals** (steinerne Grabstelen) verzieren den Vorgarten des Museums. Sie wurden aus ihren ursprünglichen Grabstellen irgendwo im Gebirge herausgerissen und hierher transportiert. Im Haus selber erfährt man etwas über die Geschichte und Kultur des Kotschkor-Rajons anhand diverser Exponate. Einige originale Fotografien vom den 1920er Jahren bis in die 1980er Jahre runden das Bild ab. Offenbar sind die Ausstellungstücke seit jener Zeit nicht mehr verrückt worden. Einen Steinwurf vom Museum entfernt stehen das **Kino** (russ. кинотеатр) und das **Kulturhaus** (russ. дом культуры) – beides Zeitzeugen aus besseren Tagen und leicht verfallen. Wenn man Fan von **Lenin-Statuen** ist, sollte man sich auf den Weg in die Isakejewa-Straße machen. Ein großer **Friedhof** am östlichen Stadtrand zeigt eine Vielfalt von Mausoleen aus der Sowjet-Ära und einige wenige aus Zeiten vor der Oktoberrevolution. Im gebührlichen Abstand findet sich am Ufer des Tschuj auf ebener Wiese ein **Naturzeltplatz**.
Ein interessantes Intermezzo kann man am Samstag Vormittag erleben, wenn der regionale **Viehmarkt** (russ. скотский рынок) abgehalten wird. Bauern und Nomaden aus den Nachbardörfern kommen auf eine große Fläche südlich des Zentrums, an der Ausfallstraße nach Naryn, und bieten alle Tiere an, die zwei oder vier Beine haben.

Umgebung von Kotschkor
Will man einen Einblick in das Leben der Nomaden erhalten, so lohnt es sich, die **Sommerweiden von Sarala Saz** zu erklimmen. Diese ziehen sich an der Südflanke des Kirgisischen Alatoo entlang. Man

fährt auf einer Nebenstraße 50 Kilometer nach Nordwesten bis Schamschy (russ. Шамши, kirg. Шамшы). Unterwegs trifft man auf einige Kurgane (Grabhügel) aus der Saken-Zeit, die mit Durchmessern von bis zu 50 Metern zu den größten ihrer Art im Tien Schan zählen und ihrer Erforschung harren. Nordwestlich von Schamschy liegen die Hochebenen, auf denen im Sommer die Jurtensiedlungen stehen. ›Shepherd's Life‹ kann Jurtenübernachtung und auch die Anfahrt organisieren. ⊘ *42°20'20.80"N, 75°18'49.34"E*

Sehr fotogen, jedoch wegen des schlammigen Ufers nicht unbedingt für ein Bad zu empfehlen ist der **Orto-Tokoj-Stausee** (russ. Орто Токойское водохранилище). Nur 20 Kilometer von Kotschkor entfernt staut er die Wasser des Tschuj auf. An der Stauwurzel führt eine Brücke über den Fluss und kürzt den Weg von Kotschkor nach Bischkek um 35 Kilometer ab. Unten auf den Flusswiesen gibt es ideale Zeltplätze. ⊘ *42°17'50.52"N, 75°52'18.60"E*

■ **Sanatorium Tschong Tuz**

Das noch aus tiefsten Sowjetzeiten stammende Sanatorium ist eigentlich ein stillgelegter Kalisalz-Stollen, der im südlich von Kotschkor gelegenen Kök-Too-Gebirge liegt. Fährt man 20 Kilometer Richtung Westen, so erreicht man die Heilanstalt auf 2100 Metern Höhe. Der hohe Gehalt von feinsten Salzkristallen in der Luft ist für die Behandlung von Atemwegs- und Hauterkrankungen förderlich. Ein Teil des Bergwerkes ist als Sanatorium ausgebaut und bietet Platz für 120 Kurgäste. Die großen Bischkeker Reiseveranstalter wie CAT oder Kyrgyz Conzept vermitteln Kuraufenthalte, die mindestens zwei Wochen dauern sollten. ›Shepherd's Life‹ (s.u.) organisiert Tagesausflüge. ⊘ *42°8'19.18"N, 75°30'14.08"E*

■ **Das Tal des Dshumgal**

Fährt man von Kotschkor in Richtung Westen, so quert man zuerst den flachen **Kyz-Art-Pass** (2664 m) und kommt dann in das Dshumgal-Tal. In der Aue des Dshumgal, eines Nebenflusses des Kökömerens, liegen die Orte Kyzyl Emgek, Tögöl Saj, Bajzak und Aral. Außerdem erreicht man nach 80 Kilometern das Dorf Kyz Art und nach 120 Kilometern das Städtchen Tschajek. Tschajek und Kyz Art eignen sich ganz gut als Ausgangspunkt für Wanderungen zum Song Köl, für die man zwei bis vier Tage einplanen muss.

Von Kyz Art kann man die **Sommerweiden von Kilemtsche** erreichen und dort in einer Jurte übernachten. Markierte Wanderwege gibt es nicht, man benötigt einen Bergführer und gegebenenfalls Packpferde. Man kann sich vertrauensvoll an Shepherd's Life in Kotschkor wenden (s.u.).

In **Tschajek** gibt es ein wirklich kleines **Regionalmuseum**, das die Geschichte der letzten 100 Jahre in Wort und Bild zeigt. Daneben findet man diverse Ausstellungstücke der russischen, sowjetischen und kirgisischen Kultur. Es gibt auch ein Gästehaus: Gulshan, uliza Moldalijewa 4, Tel. +996/3536/22879.

Hochebene in der Nähe des Song Köl

Kotschkor

Vorwahl: +996/3535

Shepherd's Life, uliza Kutsejt uulu Schamen 111 (1 km südlich des Zentralen Platzes), Tel. 21423. Umfassende Informationen zur Region, Organisation von Ausflügen in die Umgebung (u. a. Song Köl) sowie Vermittlung von privaten Gästehäusern. Die Organisation hat eigene Jurten am Song Köl, in Eki Naryn und Salkyn Tör.

Jailoo Tourist Community, uliza Orozbekowa 125, Tel. +996/772/735188. Ähnlich wie Shepherd's Life aufgestellte Community-Tourismus-Organisation, die Gästehäuser, Transportdienste und Ausflüge vermittelt.

ECO Jailoo, uliza Pionerskaja 103, Tel. 50299, +996/772/510628. Organisiert Unterkünfte in Kotschkor und Ausflüge.

Kotschkor ist über die A 365 recht gut mit allen großen Orten Nord- und Zentralkirgistans verbunden. **Marschrutkas und Sammeltaxis** fahren am Zentralen Platz auf der Orozbekow-Straße ab. Es gibt per Marschrutka und Sammeltaxi Direktverbindungen in folgende Orte: Bischkek (184 km), Balyktschy (59 km), Bokonbajewo, Ming Kusch, Naryn (123 km), Tokmok, Tschajek. Zusätzlich fahren Sammeltaxis nach Ak Saj, Dostuk, Kadshy Saj, Karakol und Ak Tal. Nur 500 Meter östlich des Zentralen Platzes befindet sich der ursprüngliche **Busbahnhof**, der fast nicht mehr genutzt wird. Hier warten mitunter Sammeltaxis nach Balyktschy und Bischkek. Auch kann man hier ein Taxi finden, das einen zum **Song Köl** bringen kann. Für die einfache Fahrt muss man mindestens 5000 Som bezahlen. Will man für mehrere Tage am Song Köl bleiben, so kommen Unterkunft und Essen für den Fahrer hinzu.

Gästehaus Gulnara, uliza 40 let Pobedy 14, Tel. +996/772/659850, +996/778/642718; 600 Som (mit Frühstück).

Gästehaus Mila, uliza 40 let Pobedy 12, Tel. 51174, +996/773/156653, +996/550/661867; 700 Som.

Gästehaus Altynkul, uliza 40 let Pobedy 17, Tel. +996/772/408508; 600 Som.

Gästehaus Bermet, uliza Schamen 51; 350 Som. Das Haus erkennt man am knallroten Tor und dem Schild ›Hotel‹. Die freundliche Eigentümerin Bermet Scharschenowa hat eines der wenigen unabhängigen Gästehäuser, das 10 Gäste beherbergen kann. Die saubere Dusche und die Toilette befinden sich, wie bei den meisten anderen Gästehäusern auch, außer Haus.

Cafe Wizit (russ. Визит), uliza Orozbekowa 130. Das am zentralen Platz auf Gäste wartende Restaurant hat eine einfache Speisekarte. Das Personal spricht etwas Englisch, und wenn der Wind günstig steht, gibt es sogar WLAN-Internet.

Cafe Baba Ata, uliza Orozbekowa 125. Nette kleine Gaststätte mit kirgisischem und russischem Speiseangebot. Hier schmecken die Pelmeni besonders gut. Im gleichen Gebäude befindet sich die Jailoo Tourist Community (s.o.).

BNB, uliza Orozbekowa 118. Einfache Spelunke mit verschiedenen, preisgünstigen Standardessen wie Borschtsch, Kuurdak und Lagman.

Regionalmuseum, uliza Kutesejt uulu Schamen, Mo–Fr 9–17 Uhr.

Der **Zentrale Basar** befindet sich in der Nordostecke des Zentralen Platzes und ist die letzte gute Möglichkeit, sich mit Lebensmitteln für eine Weiterfahrt ins Innere des Landes einzudecken. Selbst in der Verwaltungshauptstadt Naryn ist die Versorgungslage nicht so gut wie hier, ganz zu schweigen von Kazarman, Song Köl oder At Baschy. Die trifft vor allem

auf Obst, Schwarzbrot, frische Konditoreiwaren und Technik (Batterien, Taschenlampen, Angeln) zu. Eine Textilabteilung, in der man sich mit warmen Sachen für die Fahrt zum Song Köl eindecken kann, steht ebenfalls zu Diensten.
Filzmanufaktur Altyn Kol, Tel. 22534, uliza Pionerskaja 22a (nordöstliche Ecke des Zentralen Platzes). Die Frauenkooperative lohnt unbedingt einen Besuch.

Kotschkor Kutu, uliza Abubakira 15, Tel. 22422. Das private Haus, das sich 100 Meter südöstlich des Zentralplatzes befindet, ist am hellblauen Tor zu erkennen. Hier kann man nach vorheriger Anmeldung bei der Herstellung von Filzteppichen zusehen. In drei Verkaufsräumen werden Filzhüte, Schmuck, kleine Souvenirs, Filztaschen aller Art und Schyrdaks (Filzteppiche) zum Kauf angeboten.

Hochgebirgssee Song Köl

Für den See und die ihn umgebende Hochebene sollte man mindestens zwei volle Tage einplanen. Obwohl das Wetter hier auf gut 3000 Metern Höhe durchaus unfreundlich sein kann, lohnt sich ein längerer Aufenthalt wegen der ungewöhnlich schönen Naturkulisse in jedem Falle. Der am häufigsten benutzte Weg zum See ist der über Kotschkor und Sary Bulak. Fährt man 50 Kilometer von Kotschkor in Richtung Naryn, so biegt kurz hinter Sary Bulak eine unauffällige Piste nach rechts ab (◎ *41°55'59.51"N, 75°44'15.62"E*). Das ist der Weg, der zu einem echten landschaftlichen Höhepunkt Mittelasiens führt. Auf holpriger Piste kämpft man sich zuerst das **Tölök-Tal** hinauf und schleicht dann den stellenweise steilen **Kalmak-Pass** (3447 m) hinauf, wo abhängig von Jahreszeit und Wetterlage Allrad zwingend sein kann (◎ *41°56'19.81"N, 75°25'7.60"E*). Dies gilt auch für alle anderen Pässe, die zum See führen. Bei der Passauffahrt hat man an einigen Stellen einen Panoramablick in das Tal des Tölök. Die Piste kommt am Nordostufer des Sees an und man hat die Wahl, am Nord- oder am Südufer entlang zu fahren.

Auf einer Ringpiste, die in einem verhältnismäßig guten Zustand ist, kann man den See umrunden. Mitte der 1990er Jahre besuchte Boris Jelzin den See. Im Vorfeld der Stippvisite des russischen Staatspräsidenten wurde mit großen Bulldozern der Straßendamm erneuert und die Piste mit schwerer Technik geglättet. Die Arbeiten wurden sehr gut ausgeführt, sodass die Piste jetzt noch in einem akzeptablen Zustand verharrt. So können sowohl Einheimische als auch Gäste davon zehren, dass der für seinen Alkoholkonsum bekannte Jelzin in einer Jurte Wodka trinken wollte.

Es gibt zwei weitere Varianten der Anfahrt: Von Naryn aus schraubt sich die Piste auf den **Terkej-Torpok-Pass** (3124 m) hinauf (◎ *41°44'3.13"N, 75°25'41.42"E*) und erreicht nach etwa 100 Kilometern das südöstliche Seeufer. Aufgrund seiner vielen Serpentinen, so sagt man, wurde dem Pass der Namen ›22 Papageien-Pass‹ verliehen. Diese Variante der Anfahrt ist neben der ›Kotschkor-Variante‹ auch sehr verbreitet. Der dritte Weg führt von Süden über **Ak Tal** und den **Kurtka-Pass** (3202 m) auf die Song-Köl-Hochebene. ◎ *41°39'56.80"N, 75°1'48.31"E*

Eine vierte Passstraße über Aral und den Kara-Ketsche-Pass, die auf manchen Karten eingezeichnet ist, ist unpassierbar. Es fehlen oft Brücken, was eine Weiterfahrt unmöglich macht. Sollte man in der glücklichen Lage sein, einen sowjetischen Allrad-Truck, wie zum Beispiel den unverwüstlichen GAZ 66, zur Verfügung zu haben, ist die Piste realisierbar.

Der Song Köl ist mit einer Fläche von 275 Quadratkilometern der drittgröß-

238 Naryn-Oblast

Jurten für Touristen

te im Land. Trotz seiner Länge von 29 Kilometern und einer maximalen Breite von 18 Kilometern ist er mit maximal 17 Metern Tiefe doch recht flach. Einige Bischkeker Reiseveranstalter wie ITMC, Celestial Mountains und Kyrgyz Konzept unterhalten **touristische Jurtenlager**, die verhältnismäßig komfortabel ausgestattet sind. Zu erkennen sind diese an drei oder mehreren Jurten, die dicht zusammen und oft in einer Linie stehen. Oft ist eine Jurte zum Speisesaal (mit Plastetischen und -stühlen) und weitere als Schlafjurten (mit Betten) umgerüstet, alles Dinge, über die echte Jurten der Nomaden nicht verfügen. Die Preise bewegen sich zwischen 400 und 700 Som für eine Übernachtung. Frühstück, Mittag- und Abendessen kann man dazu buchen. Eine Anmeldung ist für Gruppen in jedem Falle sinnvoll, denn hier oben gibt es keine Einkaufsmöglichkeiten, und die Betreiber der Jurtenlager müssen sich in Bischkek oder Kotschkor bevorraten. Für ein oder zwei Individualreisende findet sich immer eine Schlafstatt mit Vollverpflegung.

In den letzten vier Jahren bieten auch immer mehr ›echte‹ Jurtenbesitzer eine Übernachtung für Gäste an. Das sind Nomaden, die mit ihren Herden am Song Köl stehen und meist eine ihrer zwei Jurten den ausländischen Reisenden zur Verfügung stellen. Diese Art der Übernachtung ist den Jurtenlagern vorzuziehen, da man hier doch sehr viel mehr vom Nomadenalltag erfährt als in den sterilen Touristencamps. Außerdem ist der Service meistens gleich gut und das verdiente Geld geht direkt an die Nomaden. Die Möglichkeiten, in Jurten zu schlafen, sind um den See herum sehr ungleichmäßig verteilt, es gibt viele Jurtenlager am Nordost- und Ostufer, dort wo die vielbefahrenen Passstraßen von Naryn und Kotschkor einmünden. Will man mehr Ruhe, sollte man sich am Südwest-, West- und Nordwestufer umschauen.

Anreise: Mittels öffentlicher Verkehrsmittel gelangt man nicht zum See. Es besteht die Möglichkeit, von Naryn, Tschajek oder Dshumgal ein Taxi anzumieten. Der Preis ist Verhandlungssache. Wenn man sich mit anderen Rucksacktouristen ein Vehikel teilen möchte, sollte man auf dem Zentralen Platz in Kotschkor auf die Suche gehen. Von Kotschkor sollte man zum Beispiel mindestens vier Stunden Fahrt für die mehr als 100 Kilometer veranschlagen.

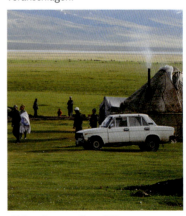

›Echte‹ Jurte am Song Köl

Wichtig ist es, sich **warme Kleidung**, Handschuhe und Mütze einzupacken, denn auch im Hochsommer kann es nachts Minusgrade geben. Tagsüber werden aber durchaus Temperaturen von über 20 Grad erreicht. Die Saison beginnt Anfang Juni und endet mit dem ersten Schnee, der hier meist in der zweiten Septemberhälfte fällt.

■ **Zapowednik Karatal Dshapyryk**
Fast die gesamte Osthälfte des Sees, unter anderem die lange markante Nehrung am Nordostufer, gehört zum Karatal-Dshapyryk-Zapowednik (russ. Каратал-Жапырыкский заповедник). In der Nähe des Schutzgebietes haben Ranger ihre Jurte aufgebaut. Die mit Ferngläsern ausgerüsteten Aufpasser kontrollieren recht rigide die Uferzone und sprechen hohe Strafen aus, die an Ort und Stelle zu begleichen sind. Dieses Vorgehen ist nur zu begrüßen, da an den Ufern recht interessante Arten brüten. So gibt es Nistplätze diverser Entenarten und des Mongolenregenpfeifers (*Charadrius mongolus*). Mindestens genauso wichtig ist der See als Trittstein des Vogelzuges. Im Frühling legen hier große Scharen von Gänsen und anderen Wasservögeln auf ihrem Zug von Pakistan und Indien in ihre Brutgebiete in Nordkasachstan und Sibirien einen Stopp ein. Der Grund für die Einrichtung dieses Schutzgebietes 1994 war jedoch ein ganz anderer: Seit Menschengedenken brütete die extrem gefährdete Streifengans (*Anser indicus*) am See. Bis zum Anfang der 1990er Jahre brüteten noch einige Dutzend Paare. In den letzten fünf Jahren gab es keine gesicherte Brutnachweise mehr.

Naryn
Aus Bischkek kommend, erreicht man nach 350 Kilometern die Stadt Naryn (russ., kirg. Нарын), Verwaltungszentrum

Die Kalmak-Passstraße

des gleichnamigen Oblastes, die sich auf einer Höhe von 2020 Metern an die Ausläufer des Naryn-Too-Gebirges schmiegt. 34 000 Einwohner (Stand 2009) widerstehen hier den kalten Winden und Temperaturen bis zu minus 40 Grad im Winter. Wie der gesamte Oblast ist auch die Stadt ausschließlich kirgisisch geprägt. Sie wurde 1868 als russische Garnison gegründet und bekam 1926 das Stadtrecht zugesprochen. Damals lebten nur 1600 Menschen hier. Bis zum Jahr 1989 stieg die Einwohnerzahl auf 42 000. Nach dem Zerfall der UdSSR begann wie in allen anderen Hochgebirgsregionen eine Abwanderung, vor allem Richtung Bischkek. Deshalb schrumpfte die Einwohnerzahl in den letzten 20 Jahren auf unter 35 000.

Die Stadt, die aufgrund ihres tristen Erscheinungsbildes nicht gerade zum Verweilen einlädt, hat im Umfeld eine wunderbare unberührte Bergwelt. Außerdem ist sie eine gute Basis, wenn man den Song Köl oder die Karawanserei Tasch Rabat erforschen möchte oder wenn man vorhat, von hier über den Torugart-Pass weiter nach Kaschgar (China) zu gelangen.

Völlig untypisch für diese Höhenlagen sind die Neubauten aus den 1970er

240 Naryn-Oblast

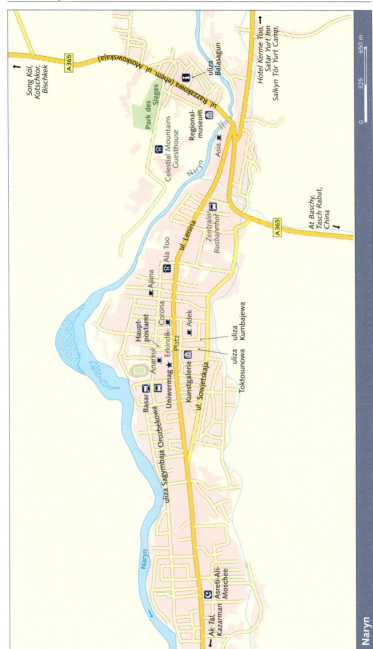

Jahren, die das Stadtbild im Zentrum bestimmen. Wohnte man damals in diesen Fünfgeschossern, so galt dies als Zeichen einer gewissen privilegierten Stellung und eines modernen Lebensstils. Heute, nach 40 Jahren sind lecke Heizungssysteme, undichte Fenster und bröckelnder Beton an der Tagesordnung, und viele wünschen sich in ein einfaches Lehmhaus zurück.

■ **Sehenswürdigkeiten**
Von Ost nach West zieht sich die bestimmende Straße, die uliza Lenina, einige Kilometer durch die Stadt, und an ihr sind alle wichtigen Gebäude und Sehenswürdigkeiten aufgefädelt. Kommt man aus Richtung Bischkek, so findet man noch vor der östlichen Brücke über den Naryn rechter Hand das passable **Regionalmuseum**, das eine kleine ethnographische sowie eine kulturhistorische Abteilung besitzt. Sehenswert sind die Alltagsutensilien der Nomaden, die aus der Zeit vor der Oktoberrevolution stammen, sowie diverse Filzteppiche. An den Mustern auf den Teppichen kann das geübte Auge übrigens das Tal festmachen, in dem sie gewalkt wurden. Man erhält auch einen Einblick in die sowjetische Geschichte des Oblastes und kann einige Biographien von Kirgisen nachlesen. Einige von ihnen erhielten im ›Großen Vaterländischen Krieg‹ den höchsten zivilen Orden ›Held der Sowjetunion‹, andere waren als Kommunisten im Bürgerkrieg der 1920er Jahre aktiv. So wird beispielhaft das Leben von Tabaldy Dshukejew-Pudowkin dargestellt, der als ›erster Kommunist der Kirgisischen Sowjetrepublik‹ in die Geschichte einging und auf Seiten der Rotarmisten auf der Krim, in Mittelasien und im Kaukasus von 1919 bis 1922 gegen die Weißen kämpfte.
Etwa einen Kilometer vor der östlichen Brücke, gleich hinter dem Ortseingang und in Nähe der Kreuzung Razzakowa und Dshukejewa-Pudowkina, findet man den **Park des Sieges**, der zu Ehren der im Zweiten Weltkrieg gefallenen kirgisischen Soldaten des Naryn-Oblastes errichtet wurde. In jedem Jahr werden hier am 9. Mai, dem ›Tag des Sieges‹, Blumen niedergelegt. Ein sowjetischer Panzer vom Typ T–34 schmückt das Zentrum des Parks.

Hält man sich länger als einen Tag in der Stadt auf, so kann man noch weitere Zeugen aus sozialistischen Zeiten aufsuchen. Auf dem Erkindik-Platz im Zentrum der Stadt steht ein steinernes überlebensgroßes kirgisisches Paar in Festtagstracht. Über ihren Köpfen halten die von einem stilisierten Jurtendachkranz umgebenen Figuren einen Adler. Das ehemals hier befindliche **Lenin-Denkmal** fristet sein Dasein nun ein Stück weiter westlich an der Lenin-Straße.

Überraschend ist die Existenz einer **Kunstgalerie**, die sich ebenfalls an der uliza Lenina, gegenüber der Oblast-Verwaltung (russ. Нарынская областная администрация) direkt am Erkindik-Platz befindet. Hier werden Gemälde lokaler Künstler, unter anderem von Torobek Koshogulow, mit Landschafts- und nomadischen Motiven angeboten. Neben Töpferware, die mit adaptierten Petroglyphen von Sajmaluu Tasch verziert sind, findet man auch kleinere Filzartikel und Ansichtskarten. Gegenüber der Galerie steht das **Dramentheater**.

Am westlichen Stadtrand, etwa einen Kilometer östlich von der westlichen Naryn-Brücke, liegt die Hauptmoschee der Stadt. Die mit saudischen Geldern errichtete **Asreti-Ali-Moschee** ergibt mit ihren hellblauen Kacheln und der silbernen Kuppel ein nettes Fotomotiv.

Ein Campus der **University of Central Asia** hat seinen Sitz in Naryn, ebenfalls in unmittelbarer Nähe der Kunstgalerie.

242 Naryn-Oblast

Die Asreti-Ali-Moschee in Naryn

Die unabhängige Hochschule wurde vom Aga Khan, dem geistlichen Oberhaupt der schiitischen Nizariten (Ismailiten), ins Leben gerufen. Zwei weitere Universitätsstandorte liegen in Tekeli (Kasachstan) und in Chorog (Tadschikistan).

Natürlich hat auch Naryn etwas Einzigartiges: Der Ort kann sich brüsten, die kleinste Stadt auf der Welt mit einer **Trolleybus-Linie** zu sein. Die Linie wurde 1994 eröffnet, ist acht Kilometer lang und verläuft ausschließlich, wie könnte es anders sein, auf der Lenin-Straße. Es bietet sich an, an der Haltestelle ›Moskowskja‹ (russ. Московская) in Nähe der östlichen Naryn-Brücke einzusteigen. Gondelt man bis zur Endhaltestelle ›Rajmilizija‹ (russ. Раймилиция), die sich am westlichen Stadtrand befindet, so kommt man an allen wichtigen Punkten vorbei und bekommt einen guten Gesamteindruck von der Stadt.

Naryn

Vorwahl: +996/3522

Touristen-Information: Shepherd's Life, uliza Balasagun 14, Tel. 54347, a.marina2009@mail.ru. Aus Bischkek kommend, ca. 500 m vor der östlichen Naryn-Brücke. Die auf Community-based Tourismus ausgerichtete Organisation betreibt Jurtenlager am Song Köl, in Tasch Rabat und bei Eki Naryn. Vermittlung von Unterkünften in Naryn, At Baschy und Kotschkor. Sie organisiert auch kleinere Ausflüge sowie Reittouren im gesamten Oblast sowie zum Issyk Kul.

Geldwechsel ist in der Finans Kredit Bank (uliza Lenina 70, Mo-Fr 8-17 Uhr) oder der AKB Bank (uliza Kumbajewa) möglich. Wie in allen entlegenen Orten des Landes ist es auch hier besser, US-Dollar dabei zu haben als Euro. Western Union: uliza Kulumbajewa 17 und 23.

Hauptpostamt, uliza Toktosunowa 24, Tel. 51831, Mo-Fr 8-17 Uhr (Pause 12-13 Uhr). Hier kann man Ferngespräche führen, Briefe abschicken und Briefmarken kaufen.

Postamt, uliza Razzakowa 21, Tel. 53084, Mo-Fr 8-17 Uhr (Pause 12-13 Uhr).

Der **Zentrale Busbahnhof** befindet sich auf der uliza Lenina, auf halber Strecke zwischen östlicher Brücke und Erkindik-Platz. Hier ist der Anfangs- und Endpunkt für die Direktverbindungen per Marschrutka: Naryn-Bischkek (307 km, 360 Som), Naryn-Balyktschy (181 km), Naryn-Kotschkor (123 km), Naryn-Bajetowo (126 km), Naryn-At Baschy (46 km). Bei der Fahrt nach Bischkek sollte man beachten, dass die Marschrutkas oft nur bis Mittag losfahren. Danach sind meist nur Sammeltaxis aufzutreiben; deren Preise sind etwas höher, z. B. Naryn-Bischkek 600 Som.

Etwas umständlich gestaltet sich wegen der geringen Nachfrage die Fahrt nach **Kazarman** (210 km) und weiter nach **Dshalal Abad**. Hier gibt es die Variante, einen Platz im Sammeltaxi nach Ak Tal (100 km) zu ergattern. Dort ist die Wahrscheinlichkeit wesentlich größer, Kazarman zu erreichen. Die zweite Variante nach Kazarman zu gelangen, ist die Marschrutka, die sich am Morgen über Bajetowo ihren Weg bahnt (7-8 h).

Anfahrt zum Song Köl: Auch in Naryn ist ein Taxi für eine One-way-Fahrt zum Song

Karte S. 240

Köl (100 km) organisierbar. Der Preis ist wie auch in Kotschkor (→ S. 236) Verhandlungssache und man sollte sich auf Preise ab 5000 Som einstellen. Eine günstigere Anfahrt zum Song Köl ist über Sary Bulak machbar, wobei man eine Marschrutka am Morgen nach Kotschkor nimmt und nach dem Dolon-Pass im Dorfzentrum von Sary Bulak aussteigt (dort wo die vielen Straßengaststätten in Form von Bauwagen stehen). Die Taxifahrer hier sind mit etwa 3000 Som zufrieden.

Sollte man am Zentralen Busbahnhof kein Glück haben, so gibt es noch die etwas kleinere **Sammeltaxi-Stelle am Zentralen Basar**. Hier werden in erster Linie die kleineren Orte der Region wie Bajetowo, Dostuk, Ak Tal, Dshany Talap und Ak Saj bedient.

Hotel Ala Too, uliza Tschanatschewa 16, Tel. 52189, +996/778/713846. Mehrbettzimmer 300 Som pro Person, DZ ab 800 Som. Jede Stadt in Mittelasien hat mindestens ein Hotel aus Sowjetzeiten. Dieses heißt in Naryn ›Ala Too‹ und vermittelt äußerlich keinen einladenden Eindruck. Die Zimmer, deren Renovierung noch nicht so lange zurückliegt, haben aber einen durchaus guten Standard.

Hotel Chan Tengri, uliza Dshusupowa 2, Tel. 54946, +996/556/035063. EZ 26 US-Dollar, DZ 39 US-Dollar.

Hotel Kerme Too, uliza Tschetschejbajewa, Tel. 22621. MZ 300 Som. Dieses östlich außerhalb des Zentrums angesiedelte Gästehaus bietet einfache Unterkunft in Mehrbettzimmern mit Dusche und Toilette auf dem Flur.

Hotel Intourist, uliza Razzakowa 8, Tel. 50109. MZ ab 450 Som pro Person.

Hotel Ulan, uliza Razzakowa, Tel. 50060; 450 Som pro Person.

Celestial Mountains Guesthouse, uliza Razzakowa 42, Tel. 50412, +996/779931125; EZ 2000 Som, DZ ab 1200 Som. Nennt sich ›Guesthouse‹, ist jedoch ein Hotel, in der Nähe des Siegesparks am nördlichen Stadtrand.

Es gibt auch zwei Möglichkeiten in **Jurten** zu übernachten:

Satar Yurt Inn, Tel. 50322, +996/772/743372. Am östlichen Stadtrand.

Salkyn Tör Yurt Camp, Tel. 54401, +996/773/384695. Noch weiter östlich Richtung Flughafen.

Café Anarkul, uliza Sagymbaja Orozbakowa 21, Tel. 51317. Zentrumsnahes Wirtshaus mit kirgisischen und russischen Speisen.

Café Ajana, uliza Sagymbaja Orozbakowa 8, Tel. 52330. Gleich in Nachbarschaft des Ala Too-Hotels gelegene Gaststätte mit gemütlicher Inneneinrichtung.

Café Ulan, uliza Razzakowa, in der Nähe des Museums.

Café Asia, uliza Tschanatschewa.

Café Adek, uliza Kulumbajewa 41, Tel. 52492. Kirgisische Speisekarte mit recht empfehlenswerten Manty.

Café Corona, uliza Kulumbajewa/Tschanatschewa, Tel. 50294. Viele meinen, es sei das beste Restaurant der Stadt.

Regionalmuseum, uliza Razzakowa 4, Mo–Fr 9–17 Uhr.

Kunstgalerie, am Erdindik-Platz, Tel. 50779; 60 Som.

Die Stadt Naryn ist die letzte gute Möglichkeit, Proviant für einen mehrtägigen Aufenthalt im Gebirge zu kaufen, denn in At Baschy oder Bajetowo sind die Geschäfte und Basare wesentlich spärlicher bestückt.

An der Kreuzung uliza Lenina/uliza Kyrgyzskaja steht noch aus Breshnews Zeiten ein **Uniwermag** (russ. Универмаг). Das ehemalige Kaufhaus hat neben einem begrenzten Lebensmittelangebot auch Kinderspielzeug, Kleidung, Handys und Haushaltsgeräte zu bieten.

Der **Zentrale Basar** befindet sich an der uliza Sagymbaja Orozbakowa, gleich neben dem Stadion. Dort gibt es eine ›Lebensmittelabteilung‹, in der Obst, Gemüse, Trockenfrüchte, Nudeln, Mehl, Milchprodukte, Fleisch und andere Grundnahrungsmittel angeboten werden. An anderen Ständen werden Kleidung, Schuhe, Werkzeuge und Stoffe zu Geld gemacht. Direkt am Basar befindet sich ein **Stand für Stadt- und Sammeltaxis**.

Die Umgebung von Naryn

Möglichkeiten einer Tageswanderung ergeben sich vier Kilometer von der östlichen Naryn-Brücke flussaufwärts. Dort fließt der **Teke Sekrik** in den Naryn. Das acht Kilometer lange Tal verengt sich nach drei Kilometern zu einer Schlucht, die mit Fichten bewaldet ist. Auf dem stellenweise steilen Pfad kann man bis zu einem Plateau des Hauptkammes kraxeln, das auf 3800 Metern Höhe liegt. Etwa 15 Kilometer von der östlichen Naryn-Brücke flussaufwärts, gegenüber dem Dorf Tschet Nura, windet sich der **Alysch-Fluss** durch das Naryn-Too-Gebirge. Das Tal ist mit 16 Kilometer wesentlich länger und nicht so steil wie das des Teke Sekrik. Die Pfad, der an der Straße auf 2200 Metern Höhe startet und durch Berg-Taiga führt, erreicht nach vier Kilometern den linken Nebenfluss Terek (2470 m). Man kann bis zu den Resten ehemaliger Gletscher vordringen, die auf 3900 Metern Höhe liegen. Am Hauptkamm angekommen, wird man von drei namenlosen 4000ern umgeben. Eine wesentlich kürzere Variante ist der Aufstieg in das Tal des Terek bis zum Terek-Pass (3000 m) und der Abstieg im zum Alysch parallel verlaufenden, meist wasserlosen **Tal des Kosch Ünkür**, das am Dorf ›Kenesch 2‹ endet. Mit insgesamt zehn Kilometern stellt diese Wanderung eine nicht allzu fordernde Rundtour dar.

Wenn man es etwas gemütlicher haben möchte, kann man ein Gebirgstal von Salkyn Tör in unmittelbarer Nähe Naryns besuchen und dort in einer Jurte übernachten. Die Schlucht mit einer Größe von 104 Quadratkilometern steht seit 2001 unter den Fittichen eines Naturparks. Tagesausflüge kann Shepherd's Life vermitteln (→ S. 242).

▲ *Auwälder in der Naryn-Hochebene*

■ Östliche Naryn-Hochebene

Fährt man von Naryn aus 40 Kilometer gen Osten, kommt man in das Dorf **Tasch Baschat** (kirg. Таш Башат). Ganz in der Nähe lässt sich an den mit Tien-Schan-Fichten bestandenen Hängen ein Hakenkreuz identifizieren. Dadurch, dass die 200 Meter große Swastika aus dunkelgrünen Fichten besteht, die sich farblich von den umliegenden Bergwiesen abheben, fällt sie auch aus größerer Entfernung auf. Fragt man die Einheimischen, so bekommt man unterschiedliche Entstehungsgeschichten aufgetischt. Manche erzählen, dass deutsche Kriegsgefangene nach 1945 Aufforstungen bei Tasch Baschat durchführten und dabei die Sämlinge in Form eines Hakenkreuzes setzten. Nachweislich gab es aber im gesamten Naryn-Oblast keine Gefangenen des Deutschen Reiches, die sich nach Kriegsende hier aufhielten. Die zweite Theorie bezieht sich auf den Befehl eines kommunistischen Regionalfunktionärs von 1939, der mit der Anpflanzung die Annäherung von Deutschland und der Sowjetunion im Hitler-Stalin-Pakt unterstreichen wollte.

⊙ *41°26'54.91"N, 76°23'26.02"E*

Eine weitere schlechte Piste, die nur mit Allradfahrzeugen befahren werden sollte, führt in das abgeschottete Dorf **Eki Naryn** (kirg. Эки Нарын), was soviel wie ›Zwei Naryn‹ bedeutet. Man erreicht es, wenn man aus der Stadt Naryn nach Osten fährt und nach etwa 25 Kilometern (hinter dem Dorf Tasch Baschat) dem rechten Nebenfluss des Naryn, dem Malyj Naryn (russ. Малый Нарын) beziehungsweise Kitschi Naryn (kirg. Кичи Нарын), folgt. Von Tasch Baschat aus erreicht man nach fünf Kilometern das Dorf Eki Naryn, in dessen Nähe ›Shepherd's Life‹ einige Jurten für Gäste unterhält.

Von Eki Naryn ist auf manchen Landkarten eine Piste über das Kara-Kudshur-Tal in das Dorf Sary Bulak eingetragen, das an der Hauptstraße zwischen Kotschkor und Naryn liegt. Ohne gute Ortskenntnisse und ein robustes Allradfahrzeug sollte man von diesem Weg Abstand nehmen. Einige weitere vermeintliche Piste ist von Eki Naryn in Richtung Issyk Kul kartographisch erfasst. Im Frühjahr während der Schneeschmelze und nach Starkregen im Sommer sind diese Wege grundsätzlich unpassierbar. Außerdem fehlen einige Brücken, so dass man nur davon abraten kann, die selbst von Einheimischen nicht genutzten Wege zu befahren.

■ Zapowednik Naryn

Eine Rüttelpiste, die man nur mit geländegängigen Allradfahrzeugen befahren sollte, führt von Tasch Baschat zum Verwaltungsgebäude des Naryn-Zapowedniks. Das Schutzgebiet am Oberlauf des Flusses hat eine Fläche von 1080 Quadratkilometern und wurde 1983 ins Leben gerufen. Schutzziel war und ist der Erhalt der Berg-Taiga, die auch hier von der Tien-Schan-Fichte, (*Picea schrenkiana*) gebildet wird. Der Zapowednik, den man offiziell nicht betreten darf, weist gute Bestände des Isabell-Braunbären, des Bartgeiers (*Gypaetus barbatus*) und Himalaya-Königshuhnes (*Tetraogallus himalayensis*) auf. Von Seiten des internationalen Artenschutzes bestand die ursprüngliche Aufgabe 1983 darin, die Bestände des extrem gefährdeten Marals (*Cervus elaphus sibiricus*), einer Unterart des Rothirsches, zu erhalten. Zu diesem Zweck wurde ein Teil des Geländes eingezäunt, um darin Marale zu züchten und dann auszuwildern. Leider ist nach 1991 das ursprüngliche Auswilderungsprojekt im Sande verlaufen, und die **Maral-Farm von Iri Suu**, wie sie genannt wird, dümpelt als eine Art Wildgehege vor sich hin. In der freien Wildbahn ist die Art im Naryn-Oblast wahrscheinlich ausgerottet. Das Gelän-

Nomaden mit Jaks

de der Maral-Farm ist 50 Hektar groß, und die zwei Dutzend Hirsche bekommt man am Morgen meistens zu Gesicht.

At Baschy

Folgt man der Straße von Naryn weiter nach Süden in Richtung China, so muss man als nächstes Hürde den Tschaar-Pass (2599 m) angehen. Nach 35 Kilometern erreicht man die Kleinstadt At Baschy, die auf einer Höhe von 2100 Metern an den Ufern des gleichnamigen Flusses erbaut wurde. Der At Baschy fließt hier mit dem aus südwestlicher Richtung kommenden Kara Köen, zusammen und bildet eine der größten Hochebenen im Tien Schan. Diese erstreckt sich über 120 Kilometer von Nordosten nach Südwesten, ist bis zu 15 Kilometer breit und liegt auf einer Höhe zwischen 2050 bis 2800 Metern. Im Nordwesten wird das Hochplateau vom Bajbitsche-Too-Gebirge und im Südosten vom At-Baschy-Gebirge in die Zange genommen. Dabei ist das letztgenannte kleinflächig vergletschert und hat mit einem namenlosen Gipfel von 4789 Metern die höchste Erhebung. At Baschy, dessen Name die kirgisische Entsprechung für ›Pferdekopf‹ ist, wird von 14 000 Menschen bevölkert. Der Ort liegt nicht direkt an der A 365, sondern man muss vier Kilometer in eine Sackgasse fahren, um dorthin zu gelangen. Will man nach Kaschgar weiterreisen, ist der Ort die erste Wahl für eine Übernachtung, denn die chinesische Grenze kann man von hier innerhalb von zwei bis drei Stunden erreichen. Auch eignet sich At Baschy als eine Art Basislager für Erkundungen von Tasch Rabat, der At-Baschy-Hochebene und der extrem abgelegenen Ak-Saj-Hochebene.

At Baschy

Vorwahl: +996/3534
Postamt, uliza Ajty Sulajmanowa, Mo–Sa 8–17 Uhr.

Gästehaus Tasch Rabat, uliza Ajty Sulajmanowa 19, Tel. +996/772/534717; 600 Som. Einfaches und sauberes Gästehaus, das im Familienbetrieb geführt wird. Zur

Übernachtung kann man Halb- oder Vollpension dazunehmen. Die Unterkunft besitzt eine geräumige Banja.
Gästehaus Tursun, uliza Arpinskaja 25, Tel. 21944; 350 Som. Das Gästehaus von Tursun Akajew findet man, wenn man vom ›Tasch Rabat‹ nach Norden geht und sich dann durchfragt. Das aus zwei Zimmern bestehende Haus bietet Platz für 12 Gäste. Es können auf Bestellung Frühstück und Abendbrot zubereitet werden. Tursun kann mit seinem Auto auch Touren nach Tasch Rabat organisieren.

Ruinen von Koschoj Korgon

Fährt man von At Baschy in Richtung Torugart-Pass weiter (A 365), so taucht nach knapp 20 Kilometern das Dorf Kara Suu auf. Südöstlich in Dorfnähe liegen die verwitterten Mauern einer **Festungsanlage**, die über mehrere Jahrhunderte existierte: Koschoj Korgon (russ., kirg. Кошой Коргон). Die erste Nachricht über die Existenz der Ruinen konnte für die wissenschaftliche Welt der kasachische Forschungsreisende Tschokan Tschingisowitsch Walichanow im Jahr 1859 überbringen. Walichanow war Offizier der russischen Armee und erkundete 1858 das heutige Xinjiang. Eine weitere Beschäftigung mit dem Thema fand erst in den Jahren 1893 bis 1894 statt, als der berühmte russische Orientwissenschaftler Wasilij Wladimirowitsch Bartold Mittelasien bereiste und die Festung 1897 in einer Abhandlung erwähnte. Danach wurde es sehr still um den Ort, bis zwei engagierte Archäologen der Bischkeker Universität von 1980 bis 1989 eine Ausgrabungskampagne organisierten. Die Grabung förderte Artefakte aus dem 7. bis zum 13. Jahrhundert ans Tageslicht. Nach dem 13. Jahrhundert wurden die Mauern, die neben der Festung auch eine Zitadelle und Wohnhäuser auf einer Fläche von etwa 300 mal 300 Metern umfassten, aufgegeben. Die Aufgabe der Festung, die viele Jahrhunderte als Posten der Seidenstraße diente, wird dem Mongoleneinfall zugeschrieben. Der Name Koschoj wird in Verbindung mit einem Heeresführer unter Manas gesehen, der diesen Namen trug. Nach einer Legende soll er hier gelebt haben. Neben den Ruinen ist 2007 ein kleines **Museum** eröffnet worden (Di–Fr, 80 Som). ⓞ *41°7'24.23"N, 75°41'52.18"E*

Karawanserei Tasch Rabat

Weitere 40 Kilometer in Richtung Torugart-Pass kommt man zum Abzweig in das südlich der Hauptpiste gelegene Tasch-Rabat-Tal (russ., kirg. Таш Рабат), das in der Nordflanke des At-Baschy-Gebirges liegt (ⓞ *40°56'30.40"N, 75°16'21.46"E*). Nach einigen Kilometern erreicht man einen Schlagbaum, an dem man das Eintrittsgeld entrichten muss (40 Som). Versteckt und gleichzeitig vor den Gebirgswinden geschützt, erscheint wie aus dem Nichts die steinerne Karawanserei. ⓞ *40°49'21.75"N, 75°17'20.65"E*

Die Karawanserei Tasch Rabat

Man kann ohne Wenn und Aber sagen, dass Tasch Rabat ein einzigartiges Bauwerk darstellt. Kommt man zum Haupttor hinein, so kann man sich gut vorstellen, wie zu Marco Polos Zeiten die großen Jak- und Kamelkarawanen hier Halt machten und die Kaufleute ihre Zellen bezogen. Insgesamt 30 Räume umfasst die Anlage, die meisten ähneln Mönchszellen und dienten als Unterkunft für die Reisenden. Wenn man sucht, dann findet man das Gefängnis (Loch im Boden mit Steinplatte) und den Brunnen. Archäologische Funde lassen vermuten, dass sich zuerst ein nestorianisches Kloster an dieser Stelle befand, das wohl im 7. oder 8. Jahrhundert erbaut wurde. Die Karawanserei in der heutigen Form wurde laut arabischen Quellen vermutlich unter der Herrschaft von Muchamed ben Hizr Hodscha, der von 1409 bis 1416 regierte, erneuert.

In den 1980er Jahren wurde die Karawanserei teilweise oberflächlich restauriert. So zum Beispiel wurde anstelle von Lehmmörtel Beton verwendet. Den Grundriss mit den entsprechenden Zellen und dem zentralen Raum hat man aber originalgetreu wieder hergerichtet.

Mittlerweile hat sich in der Nähe eine Art **Jurtenstadt** von mehreren Dutzend Jurten etabliert, die von Shepherd's Life (→ S. 242) und einigen großen Bischkeker Reiseveranstaltern betrieben werden. Der Rummel ist hier manchmal enorm, vor allem wenn neben den kirgisischen Besuchern noch lärmende Touristen hinzukommen, sehnt man sich in das Jahr 2005 zurück, als im ganzen Tal nur zwei Jurten standen. Es werden hier Ausritte im Tal angeboten (pro Stunde 300 Som). Außerdem kann man eine Wanderung in Richtung **Tasch-Rabat-Pass** unternehmen (◉ *40°44'22.67"N, 75°18'12.98"E*). Dort angekommen, liegt dem Wanderer eine weitere Perle des Tien Schan, der See **Tschatyr Köl**, zu Füßen. Ein Abstieg in Richtung See, dessen Wasserspiegel auf 3530 Meter liegt, sollte unbedingt unterbleiben. Erstens ist das Gebiet um den See als Naturschutzgebiet streng geschützt, und es sind Ranger auf Pferden unterwegs, die besonders gerne ahnungslose Touristen um ein paar tausend Som erleichtern; zweitens ist das Gebiet Grenzregion, für die man eine Sondergenehmigung braucht. Kann man diese nicht vorweisen, hilft auch kein Geld. Man wird festgenommen und kommt nach Naryn in die Kaserne der Grenztruppen, in Untersuchungshaft.

Biegt man nicht nach Tasch-Rabat ab, sondern folgt der ›modernen Seidenstraße‹, wie die Strecke zwischen Bischkek und Kaschgar genannt wird, kommt man etwa drei Kilometer weiter an einen **Abzweig nach Nordwesten** (◉ *40°55'16.14"N, 75°14'45.62"E*). Folgt man dieser sehr schwach befahrenen Piste, so erreicht man nach 50 Kilometern die Kleinstadt **Bajetow** und ist mitten drin in der überwältigenden **Naryn-Hochebene**. Von dort aus kann man über Dshergetal und Kosch Döbö nach Kazarman gelangen.

Der Torugart-Pass

Von Naryn aus gerechnet, erblickt man nach 110 Kilometern das Ortseingangsschild von **Ak Bejit** und fährt im Tal des Flusses **Bel Kara Suu** hinauf zum kaum spürbaren **Ak-Bejit-Pass** (3282 m), den man nach 120 Kilometern quert. ◉ *40°47'20.71"N, 75°6'36.36"E*

Bei der Abfahrt liegt kurz nach dem Dorf Korgon Tasch der erste kirgisische Grenzposten. Ab hier ist die Weiterfahrt nur mit einer Sondergenehmigung der kirgisischen Behörden und einem chinesischen Visum möglich. Die Schotterpiste folgt dann dem Südufer des Tschatyr Köl, wo sich die kirgisische Grenzstation mit Zoll, Grenztruppen und Rauschgift-Dezernat befindet. Hat man das alles überstanden,

Nomadenkinder

überwindet man nach 180 Kilometern (von Naryn) den Torugart-Pass (3752 m), die Staatsgrenze zwischen China und der Kirgisischen Republik. Die eigentliche chinesische Grenzabfertigung kommt nach etwa 80 Kilometern.

■ Grenzübertritt

Von den Chinesen wird der Torugart-Pass als ›second grade border‹ deklariert. Das bedeutet, dass nur chinesische und kirgisische Staatsbürger die Grenze passieren dürfen. Drittstaatler benötigen eine Sondergenehmigung der kirgisischen Behörden, ein chinesisches Visum und den Nachweis, dass sie auf chinesischer Seite von einem chinesischen Reiseveranstalter in Empfang genommen werden. Somit ist dieser Grenzübertritt, der von Montag bis Freitag erfolgen muss, denn am Wochenende ist die Grenze geschlossen, wesentlich stressiger und bürokratischer als jener über den Irkeschtam-Pass im südlichen Osch-Oblast (→ S. 291). Die Bearbeitungszeit für das kirgisische Permit beträgt mindestens zwei Wochen, denn mehrere staatliche Stellen müssen es absegnen. Es wird ein festes Datum eintragen, an dem die Grenze auch überschritten werden muss.

Praktisch sieht es so aus, dass man sehr früh am Morgen in At Baschy startet und am kirgisischen Grenzposten ankommt. Hier wird der chinesische Fahrer kontaktiert, der sich am Übergabepunkt, sechs Kilometer hinter dem kirgisischen Grenzposten, aufhalten muss. Nur wenn das chinesische Fahrzeug bereitsteht, wird man von den Grenzern und vom Zoll abgefertigt. Man fährt bis zum Übergabepunkt und steigt in das chinesische Gefährt um. Von hier aus geht es zum ersten chinesischen Grenzposten, der direkt auf der Grenze liegt. Die Passkontrolle erfolgt erst 80 Kilometer weiter auf der Piste in Richtung Kaschgar. Die Öffnungszeiten der Grenze sind von 9.30 Uhr bis 17 Uhr. Auf chinesischer Seite wird nach Pekinger Zeit gearbeitet, die gegenüber der Bischkeker Zeit um zwei Stunden vorausgeht. Als Faustregel gilt, dass man spätestens um 12 Uhr an der kirgisischen Grenzabfertigung stehen sollte.

Beim Besorgen einer kirgisischen Sondergenehmigung und der Organisation eines Transfers von Bischkek nach Kaschgar haben die Bischkeker Reiseveranstalter Kyrgyz Concept und Central Asia Expeditions große Erfahrung (→ S. 327).

Kommissbrot und Sechsundsechziger-Monster – Transport auf Kirgisisch

Wenn man in einer größeren Gruppe auf abgelegenen Pfaden in den kirgisischen Bergen unterwegs ist, wird man höchstwahrscheinlich Bekanntschaft mit einigen ganz speziellen geländegängigen Kleinbussen und Lastwagen machen. Diese Gefährte stammen häufig noch aus Sowjetzeiten und sind bis heute in allen mittelasiatischen Republiken unverzichtbare Transportmittel für Mensch, Tier, Material und – Trekkingtouristen. Die Aussicht, einen UAZ, GAZ, Ural oder KAMAZ zu besteigen, ruft bei westlichen Reisenden ein Spektrum an Empfindungen hervor, das von heller Begeisterung bis zu mühsam unterdrückter Panik reichen kann. Für letztere gibt es allerdings keinen Grund: die Fahrzeuge sind in aller Regel in einem den Herausforderungen angemessenen technischen Zustand, und die furchtlosen einheimischen Fahrer verstehen ihr Handwerk.

Kleinere Gruppen bis zu etwa acht Personen bezwingen auch schwierigste Passstraßen möglicherweise mit dem legendären Kleintransporter UAZ 452. Der allradgetriebene Zweitonner gehört zu einer Familie von geländegängigen Minibussen, die seit 1965 im Uljanowsker Automobilwerk (Uljanowskij Awtomobilnyj Zawod – UAZ) in Russland produziert werden. Seiner Form wegen wird das Fahrzeug auch liebevoll ›Buchanka‹ (Kommissbrot oder Brotlaib) oder ›Tabletka‹ (Tablette) genannt. Angeblich kann es sogar schwimmen. Gewöhnungsbedürftig ist, dass in manchen Modellen ein Teil der Sitze entgegen der Fahrtrichtung montiert ist. Wer den Blick in den Abgrund nicht aushält, sollte auf diesen Sitzen Platz nehmen.

Ist man mit größeren Gruppen unterwegs, so ist der Einsatz eines GAZ 66 wahrscheinlich. Dieser LKW wird scherzhaft ›Schyschyga‹ genannt (vom russischen Wort ›schestdesyatschest‹ – sechsundsechzig), was man sehr frei übersetzen kann mit ›Sechsundsechziger-Monster‹. Er wurde von den 1960ern bis Ende der 1990er Jahre im russischen Automobilwerk Gorkij, heute wieder Nischni Nowgorod, hergestellt (Gorkowskij Awtomobilnyj Zawod – GAZ). Es gibt zahlreiche Modellvarianten, wobei die meisten einer militärischen Nutzung dienten. In dem Fünftonner, der immerhin bis zu 80 Zentimeter Wassertiefe problemlos durchfahren kann, haben, je nach Ausstattung der Kabine und Leidensfähigkeit der Passagiere, bis zu 20 Personen samt Ausrüstung und ggf. Ziegen und Schafen Platz. Die Fahrerkabine hat eine von der Passagierkabine getrennte Aufhängung, was in unwegsamem Gelände zu verblüffenden An- und Aussichten führt. Auch im GAZ 66 gibt es meist einige gegen die Fahrtrichtung montierte Sitze.

Wird mehr Transportkapazität benötigt, zum Beispiel für Expeditionsausrüstung oder auch Jurten, so bietet sich einer der unverwüstlichen russischen KAMAZ-Trucks an. Die Modellpalette umfasst mehr als 200 Varianten, darunter Sattelzüge, Kipper, Sporttrucks, Reisebusse und Pritschenfahrzeuge. Sie werden bis heute in den Kamsker Automobilwerken (Kamskij Awtomobilnyj

Kommissbrot in Aktion

Kommissbrot und Sechsundsechziger-Monster – Transport auf Kirgisisch

Der GAZ 66 – das ideale Gefährt für die große Familie

Zawod – KAMAZ) in der russischen Stadt Nabereschnyje Tschelny hergestellt und weltweit exportiert. Die Fahrzeuge sind auf extreme klimatische und topographische Verhältnisse ausgelegt und tun auch in der Oldtimer-Version in allen ehemaligen Sowjetrepubliken gute Dienste.

Ebenfalls verbreitet sind Laster der Marke Ural 4320. Die allradgetriebenen Dreiachser werden in zahlreichen Varianten bis heute in der Uraler Automobilfabrik (Uralskij Awtomobilnyj Zawod) gebaut und erfreuen sich einer gewissen Beliebtheit auf expeditionsartigen Fernreisen. Sie gelten als ganz besonders geländegängig und verfügen über eine Nutzlast von fünf Tonnen. Einst waren sie das Standardfahrzeug der Armeen des Warschauer Paktes.

Touristen, die sich vor einer Kirgistanreise ein wenig fürchten oder freuen möchten, können auf Youtube nach den Stichworten UAZ 452, GAZ 66 oder KAMAZ suchen...

Wer Probleme mit den Bandscheiben hat, sollte vor längeren Offroad-Touren fragen, ob er auf dem Beifahrersitz Platz nehmen kann, dort sind die Erschütterungen am geringsten – Achterbahngefühl allerdings inklusive.

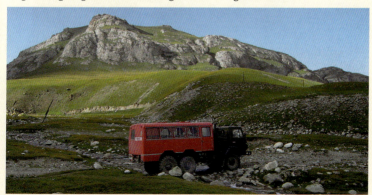

KAMAZ bei Etschkili Tasch im Osten des Landes

Und diese Menschen, die nach außen hin hart, wortkarg und abgearbeitet sind, bräuchte man nur anzulächeln, um zu sehen, wie erstaunlich ehrlich und edel sie sind. Woher bekamen sie ihre Kraft? Das ist bekannt. Sie erhielten sie, wie jeder Mensch seit Menschengedenken, von ihrer Erde, deren Geschichte alt und ehrwürdig ist. Unbeugsam wie die Berge, leidenschaftlich wie die Flüsse, die sich ihren Weg durch die Felsen bahnen.

Tschingis Aitmatow, Mein Land

Treffen auf dem Pamir-Highway bei Osch

SÜDKIRGISTAN

Dshalal-Abad-Oblast

Der Dshalal-Abad-Oblast (russ. Джалал Абадская область, kirg. Жалал Абад облусу) gehört zu Südkirgistan, einer Region, die sich vom Rest des Landes ethnisch, kulturell, landwirtschaftlich und landschaftlich zum Teil sehr stark unterscheidet.

Diese Unterschiede sind vor allem im Fergana-Becken sichtbar, einer großen Ebene, die auch als Kornkammer Mittelasiens bezeichnet und zum größten Teil durch Usbekistan eingenommen wird. Nur die Randbereiche liegen auf kirgisischem und tadschikischem Territorium. Auf kirgisischer Seite wird das Becken zwischen Batken-, Dshalal-Abad- und Osch-Oblast aufgeteilt. Geschützt durch die hohen Gebirgszüge des Tschatkal im Nordwesten, der Fergana-Kette im Nordosten und Osten und der Alaj- und Turkestan-Kette im Süden, sind hier die Winter im Vergleich zum Norden des Landes sehr mild und die Sommer sehr trocken und sehr heiß.

Durch die längere und wärmere Vegetationsperiode im Vergleich zum Norden ergeben sich völlig andere Bedingungen für den Ackerbau, von dem ein Großteil der Bevölkerung lebt. Das Gebiet ist die einzige Region des Landes, in der großflächig Tabak, Sharon-Früchte, Feigen und Erdnüsse wachsen. Das Aushängeschild des Feldbaus sind jedoch die Baumwoll- und Reisfelder mit ihren großen und kleinen Bewässerungskanälen. Dazwischen sieht man immer wieder kleinere Anbauflächen für Wassermelonen, Wein, Sonnenblumen und Paprika, die mittels alter Sowjettechnik oder per Hand bearbeitet werden.

Als landschaftliche Besonderheit sind die über Kirgistan weit hinaus bekannten Wildobst- und Walnusswälder zu nennen. Sie stellen mit einer Gesamtfläche von 30 000 Hektar die größten zusammenhängenden Wälder ihrer Art weltweit dar und sind zu Recht als ein Naturwunder Mittelasiens zu bezeichnen. Man bedenke, dass die Zuchtformen von Apfel, Birne, Pflaume ursprünglich aus dem Tien-Schan-Hochgebirge den Weg in unsere Schrebergärten gefunden haben. Aber auch in der ethnischen Zusammensetzung der Bevölkerung sind große Unterschiede zum Rest des Landes zu verzeichnen. Besonders fallen die Usbeken im Straßenbild durch ihre schönen Tjubetejkas (bunt bestickte Kappen) auf. Sie siedeln schon seit einigen Jahrhunderten hier, und nur die Grenzziehung unter Stalin hat sie vom Mutterland abgeschnitten. In einigen Bezirken des Osch-, Dshalal-Abad- und Batken-Oblastes stellen sie bis zu einem Drittel der Bevölkerung und in einigen Dörfern sogar weit mehr als die Hälfte, wie zum Beispiel in Arslanbob oder Uzgen mit mehr als 90 Prozent.

Aber auch ethnische Tadschiken wohnen in ungewöhnlich hoher Zahl in der Fergana-Ebene, vor allem in den unteren Lagen des Batken-Oblastes, wo sie in einzelnen ›Kischlaks‹ (Dörfern) über 20 Prozent der Bewohner stellen. Das Nationalitätengemisch wird durch mehrere usbekische und tadschikische Enklaven auf kirgisischem Territorium vervollständigt. Der islamische Glaube wird hier traditionsbewusster gelebt als anderswo im Land, die Kleidung ist konservativer, und auch an normalen Wochentagen, also nicht nur freitags, sind die Moscheen besser besucht als im Norden.

Will man nur die Lagen unterhalb von 1500 Metern besuchen, dann ist die beste Reisezeit von Ende März bis Anfang Juni. Der erste Flieder blüht in Bazar Korgon mitunter schon Anfang März, und es

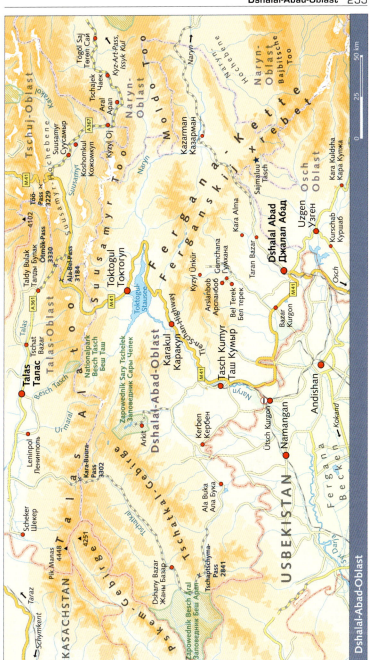

werden dann Temperaturen um 20 Grad erreicht. Bei diesen angenehmen Temperaturen zeigt sich die Vegetation noch in saftigem Grün, und man kann in den Walnusswäldern die Wildobstblüte bestaunen. Außerdem geht man so den wirklich heißen Sommermonaten aus dem Weg.

Eine ausgezeichnete Reisezeit bilden auch die Wochen zwischen Mitte September und Ende Oktober, denn selbst im späten Oktober können in Osch noch 20 Grad gemessen werden. Ein in vielerlei Hinsicht interessantes Erlebnis ist im Herbst die Reis- und Baumwollernte. Zwischen den Feldern liegen versteckt kleine Reismühlen, die zum Teil noch von Wasserkraft bewegt werden und die man dann in Aktion sehen kann. Auf den Baumwollfeldern sieht man Frauen in bunt gemusterten Kleidern, die die an Wattebäuschchen erinnernden Haare der Baumwollsamen einsammeln.

Ist man im Sommer, von Anfang Juni bis Mitte September, unterwegs, sollte man die Lagen unterhalb von 1000 Metern tunlichst meiden. In Osch und Dshalal Abad zeigt das Thermometer im Juli und August regelmäßig 40 Grad an und in manchen Jahren auch mehr.

Kinder in Arslanbob

> **❗ Was man nicht verpassen sollte**
> **Sary Tschelek, Arslanbob**: Walnuss- und Wildobstwälder (→ S. 260, 267).
> **Toktogul-See**: ein riesiger Stausee in unwirklicher Landschaft (→ S. 257).
> **Zapowednik Besch Aral**: Menzbier-Murmeltier und Wildtulpen (→ S. 263).
> **Zapowednik Sary Tschelek**: Sary-Tschelek-See (→ S. 260).

Fakten und Zahlen

Die Geburtsstunde des Dshalal-Abad-Oblastes schlug am 21. November 1939. Allerdings ging der Oblast im Zuge einer Politik der Vergrößerung und Zentralisierung 1959 wieder mit dem Osch-Oblast zusammen. Als ein Bevölkerungswachstum Ende der 1980er Jahre einsetzte, ging man 1990 wieder zur ursprünglichen Oblast-Einteilung zurück.

Der Oblast hat eine Größe von 33700 Quadratkilometern und eine Einwohnerzahl von fast genau einer Million, was einer Bevölkerungsdichte von 30 Einwohnern pro Quadratkilometer entspricht. In den Höhenlagen unterhalb von 700 Metern, wo die größte Dichte an Siedlungen innerhalb Kirgistans zu finden ist, werden jedoch kleinflächig 200 bis 300 Einwohner pro Quadratkilometer erreicht. Dies trifft vor allem auf die Ballungsräume von Osch, Uzgen und Dshalal Abad zu. In den Lagen oberhalb von 2000 Metern sind Bevölkerungsdichten von weniger als drei Einwohnern pro Quadratkilometer zu verzeichnen.

Die Verwaltungshauptstadt ist Dshalal Abad. Im Oblast leben 70 Prozent Kirgisen und 25 Prozent Usbeken. Die restlichen fünf Prozent sind Russen, Tadschiken und Tataren.

Eine der wichtigsten Fernverkehrsstraßen des Landes, die M41 von Bischkek nach Osch, teilt den Oblast fast genau in zwei Hälften und durchquert dabei beeindruckende Gebirgslandschaften. Diese wichtige Strecke wird auch **Tien-Schan-Highway** genannt

Toktogul

Fährt man auf der M41 von Bischkek nach Osch und quert nach der Suusamyr-Hochebene den **Ala-Bel-Pass** (◉ *42°15'31.65"N, 73°1'33.34"E*), so kommt man in den Dshalal-Abad-Oblast. Nachdem man die wunderbare **Tschytschkan-Schlucht** durchfahren hat, in der Imker einen der besten Berghonige des Tien Schan verkaufen, kommt man in die Stadt Toktogul (Токтогул). Der Stadtname ist für uns ungewöhnlich, denn es ist ein häufig vorkommender Vorname. Niemand würde im Westen auf die Idee kommen, eine Stadt ›Martin‹ zu nennen, nur weil ein berühmter Bürger ›Martin Hoffman‹ hieß. Und doch haben die Kirgisen dieses Kunststück fertiggebracht, denn hinter dem Namen steht der Musiker Toktogul Satylganow, der mit seiner Musik die Kultur der Nomaden vor und nach der Oktoberrevolution stark beeinflusste. Er wurde 1864 in Kuschchusu, nur wenige Kilometer von Toktogul entfernt, geboren und war ein begabter Komuz-Spieler. Seinen Namen trägt auch der größte Stausee des Landes. Als 1974 der Toktogul-Staudamm fertiggestellt war und die Ebene des Naryn vor der Staumauer geflutet werden sollte, mussten die Bewohner von 26 Dörfern ihre Häuser verlassen. Stellt man sich die Szenen vor, als die Dorfbewohner im Parteiauftrag ihre angestammte Heimat verlassen mussten, ruft dies Erinnerungen an den sehenswerten sowjetischen Film ›Abschied von Matjora‹ ins Gedächtnis. Ein Großteil der Bewohner wurde in der neu gegründeten Stadt Toktogul angesiedelt. Somit kann die Stadtgeschichte mit einem lachenden und einem weinenden Auge betrachtet werden. Zum einen wurde Satylganow ein ehernes Denkmal gesetzt, und die Menschen hatten in der Ebene endlich elektrischen Strom und somit Licht in ihren Lehmhäusern, zum anderen mussten sie ihre Heimatdörfer verlassen.

Hinter Toktogul holt die M41 weit nach Osten aus, um über den Naryn auf die Südseite des Stausees zu gelangen. Unterwegs hat man immer wieder Gelegenheit, einen Blick auf das türkisfarbige Wasser und die umgebende Berglandschaft zu werfen.

Bei Toktogul wird der Naryn aufgestaut

Karakul

Die Geschichte der Stadt, die auf Kirgisisch Kara Köl (Кара Көл) heißt, aber oft auch von Kirgisen beim russischen Namen Karakul (Каракул) genannt wird, wurde entscheidend durch ihre Lage am Zusammenfluss von Naryn und Kara Suu beeinflusst. Sie ist eng mit dem Toktogul-See und der Erschließung der Wasserkraft verbunden. Im Jahr 1962 wurde Karakul als Dorf städtischen Typs für die Erbauer der Naryn-Staudämme gegründet. Tausende folgten damals dem Aufruf der KPdSU und reisten Anfang der 1960er Jahre zum damals größten Bauprojekt Mittelasiens an. Die Mehrzahl waren Russen und Ukrainer, hauptsächlich aus dem europäischen Teil der UdSSR, die als Wasserbau-Ingenieure, Geodäten, Geologen, Lkw-Fahrer oder Schlosser versuchten, Lenins Traum zu verwirklichen. Von ihm stammt das Zitat »Kommunismus - das ist Sowjetmacht plus Elektrifizierung des ganzen Landes.« Mit diesem riesigen Wasserbauprojekt, der Errichtung von fünf Staudämmen entlang des Naryn, sollten vor allem die geplanten Großbetriebe und Ballungsräume im (heute) usbekischen Teil des Fergana-Beckens versorgt werden.

In unmittelbare Nähe des größten dieser Staudämme, des Toktogul-Staudammes, wurde Karakul gegründet. Der Ort erhielt den Beinamen ›Stadt der Wasserbauer‹, den er auch heute noch trägt und der am Ortseingang verewigt wurde.

Wohnten 1962 nur wenige hundert Menschen in Karakul, so wuchs die Zahl schnell um einige tausend, weshalb die Ortschaft 1977 den Rang einer Stadt erhielt. Allerdings sank die Einwohnerzahl später wieder. Lebten hier 1989 noch 22000 Menschen, hat die Stadt heute nur noch knapp 19000 Einwohner. Mit etwa drei Prozent weist Karakul einen hohen Anteil an russischer Bevölkerung auf. Die meisten der russischen Einwanderer waren direkt oder indirekt am Bau der Kaskaden beteiligt. Viele von ihnen hatten 1991 schon Wurzeln geschlagen und wollten die neue Heimat daher nicht verlassen.

In Karakul gibt es vier Schulen, eine Außenstelle der Polytechnischen Hochschule Bischkek und eine Filiale der Berufsschule für Bauwesen. Größte Arbeitgeber in der Umgebung sind die Firmen ›Kazkad TGES‹ und ›Naryn Gidro Energo Stroj‹, beide sind direkt im Umfeld der Wasserkraftanlagen tätig.

▲ *Auf dem Ala-Bel-Pass*

Karakul
Vorwahl: +996/3746
Hauptpostamt, 721000 Karakul, uliza Lenina 1a, Tel. 51918, 60073.

Es gibt direkte Marschrutka-Verbindungen nach Bischkek, Toktogul, Uzgen, Dshalal Abad und Osch. Abfahrt ist am **Zentralen Basar**.

Das einzige Hotel der Stadt heißt **Turist**. Am Pionier-See (russ. Пионерское озеро) gelegen, besitzt es 30 Betten in 2- bis 4-Bettzimmern in verschiedenen Kategorien; DZ ab 1500 Som.

Ein versteckt liegendes **Museum** auf dem Gelände der Wasserbaufirma ›Kazkad TGES‹ erzählt von den heroischen Taten der Erbauer der Staudämme, aber auch von der Geschichte der Entstehung des Toktogul-Sees.

Auf dem **Zentralen Basar**, der sich direkt am Tien Schan Highway Bischkek–Osch befindet (aus Bischkek kommend auf der rechten Seite), bekommt man alle wichtigen Lebensmittel in einfachen Geschäften oder bei fliegenden Händlern zu kaufen. Außerdem hat der Basar auch einen Bereich, wo Textilien, meist ›gute Ware‹ aus China, erstanden werden können.

Tasch Kumyr

Fährt man von Bischkek nach Osch, so ist er erste größere Ort im Fergana-Becken die Bergarbeiterstadt Tasch Kömür, wie sie im Kirgisischen heißt und den poetischen Namen ›Steinkohle‹ trägt (russ. Таш Кумыр, kirg. Таш Көмүр). Der russische Name ›Tasch Kumyr‹ ist etwas geläufiger Der Ort wurde erst 1930 im Zusammenhang mit der Erschließung von Kohlelagerstätten gegründet und erhielt 1943 das Stadtrecht. Heute leben 35 000 Menschen hier. Interessant ist, dass in der Stadt immerhin noch 680 Russen (1,9 Prozent) wohnen, eine für Südkirgistan ungewöhnliche Konstellation.

Nur noch ein Steinkohletagebau wird heute von einem kirgisischen Konsortium weiterbetrieben. Außerdem floriert seit 1991 der private Kohleabbau im Familienbetrieb. Dazu werden unter Lebensgefahr 50 Zentimeter breite und 1,50 Meter hohe Stollen mit Spitzhacke und Schaufel gegraben, ohne jegliche Genehmigung und ohne bergbaulichen Verbau. Die brüchige Kohle wird dann sackweise an der Straße verkauft. Als einer der wenigen Orte im Land verfügt die Stadt über Anschluss an eine Eisenbahnstrecke, die über Taschkent und den kirgisisch-usbekischen Grenzort Ütsch Kurgan verläuft. Danach geht die Linie 33 Kilometer durch Kirgistan und endet in Tasch Kumyr.

Die einzige Naryn-Brücke des Ortes führt Richtung Westen zum Schutzgebiet Sary Tschelek, zum gleichnamigen See und ins Tschatkal-Gebirge. Der Weg nach Sary Tschelek ist eine Sackgasse.

41°52'25.90"N, 71°58'44.25"E

Badespaß im Naryn bei Tasch Kumyr

Über Ala Buka gelangt man in das Tschatkal-Tal, das Tschatkal- und Pskem-Gebirge. Fährt man diese Strecke in Richtung Norden weiter, kommt man zum Kara-Buura-Pass (*42°13'2.57"N, 71°34'46.00"E*) und dann ins Talas-Tal (→ S. 168). Dieser Weg wird wenig genutzt und ist bei internationalen Reiseveranstaltern nicht im Programm, so dass man hier mit großer Wahrscheinlichkeit nur auf vereinzelte Individualreisende trifft (→ S. 262).

Tasch Kumyr
Vorwahl: +996/3745

Privates **Gästehaus Anipa**, uliza Perwomajskaja 4, Tel. +996/777/615856; 400 Som.

Die Verkehrsmittel fahren am **Zentralen Basar** ab, der auf der rechten Flussseite liegt. Man muss, vom Tien Schan Highway (Bischkek–Osch) kommend, die Narynbrücke queren und dann links abbiegen. Von der Brücke aus sind es wenige hundert Meter zum Basar. Für das Sammeltaxi nach Osch zahlt man 550 Som. Weiterhin bestehen Direktverbindungen mit Marschrutkas nach Kara Köl, Uzgen und in die Oblast-Hauptstadt Dshalal Abad (→ S. 266).

Schutzgebiet Sary Tschelek
Der Zapowednik (russ. заповедник Сары Челек) wurde 1959 gegründet und umfasst eine Fläche von 24 000 Hektar. Im Jahr 1978 wurde ihm der Status eines Biosphärenreservates zuerkannt. Das Zentrum des Schutzgebietes nimmt der **Sary-Tschelek-See** ein, dessen Wasserspiegel sich auf 1874 Metern befindet. Der See ist sieben Kilometer lang, misst an der breitesten Stelle 1,8 Kilometer, ist 234 Meter tief und fasst ein Volumen von 0,78 Kubikkilometern. Mit einer Wasserfläche von fünf Quadratkilometern gehört er zu den zehn größten Seen des Landes. Entstanden ist er durch ein Erdbeben, das den Kodsha-Ata-Fluss aufstaute. Ab Dezember ist das Gewässer vollständig vereist und Ende April ist es wieder eisfrei. *41°52'16.63"N, 71°58'25.41"E*
Die gleiche Entstehungsgeschichte weist der See **Kyla Köl** unterhalb des Sary Tschelek auf. Er ist sozusagen mit einer Länge von 800 Metern der kleine Bruder des Sary Tschelek. Im Gebiet gibt es weitere vier Seen, den Yjri Köl, Tschoitschok Köl und den Aram Köl, die jedoch noch kleiner als der Kyla Köl sind.

■ Fauna und Flora
Bemerkenswert ist, dass in den 60er Jahren des 20. Jahrhunderts Auswilderungsversuche mit Damwild und Wisenten unternommen wurden. Bei einer faunistischen Inventur 1972 wurden jedoch beide Arten nicht mehr festgestellt – sie waren Wilderern zum Opfer gefallen. Bei den Vögeln sind vor allem die für Kirgistan nicht so häufigen Taiga-Arten von Bedeutung. So kann man hier auf den Pamirlaubsänger (*Phylloscopus neglectus*) treffen. Im Bereich der alpinen Wiesen trifft man mit etwas Glück auf den Mattenschneegimpel (*Leucosticte brandti*) oder den Rotstirngirlitz (*Serinus pusillus*). Bei den Säugern ist das Vorkommen des stark gefährdeten Isabell-Braunbären zu erwähnen. Die in manchen Reiseführern beschriebenen Marale sind schon seit über drei Jahrzehnten ausgestorben.
Neben den für Kirgistan seltenen Orchideen-Arten (*Epipastis royleana, Cephalanthera longifolia*) wird im Reservat vor allem der Wald geschützt, der hier in einer seltenen Vergesellschaftung von Walnuss- und diversen Wildobstbäumen

Schutzgebiet Sary Tschelek

mit der Tien-Schan-Fichte (*Picea schrenkiana*) zu finden ist. Diesbezüglich unterscheiden sich die Walnusswälder um Sary Tschelek stark von denen im Fergana-Gebirge.

■ Arkit

Der beste Ausgangspunkt für einen Besuch des Zapowedniks ist das Dorf Arkit (russ., kirg. Аркит). Als einziges Dorf des Landes liegt in es direkt in einem Schutzgebiet, was sich als sehr negativ für das Naturreservat herausgestellt hat. War die staatliche Kontrolle zu sowjetischen Zeiten noch gewährleistet, so war sie nach 1991 nur noch rudimentär vorhanden. Eine wichtige Ursache war und ist die schlechte Bezahlung der Schutzgebiet-Mitarbeiter. Ein großes Problem stellt auch die illegale Entnahme von Holz dar. Hierbei wird sowohl Totholz für das Befeuern der Öfen und zum Zaunbau entnommen als auch mal ganze Bäume gefällt. Ähnlich wie in Arslanbob ist der Wald in der Umgebung von Arkit und am Südufer des Sees schon recht stark geschädigt, und man muss lange laufen, ehe man naturnahe Waldstücke erblicken kann. Eigentlich unvorstellbar ist es, dass einige Erholungssuchende mit ›Sondergenehmigung‹ bis zum Seeufer fahren, und das alles in einem Gebiet, das der Kernzone eines Nationalparks in Mitteleuropa gleichzusetzen ist.

> **🛈 Arkit und Schutzgebiet Sary Tschelek**
> **Vorwahl:** +996/3742
> **CBT Sary Tschelek:** Koordinator Bazarkul Dshooschbajew, Tel.+996/770/169164. Er wohnt im Nachbardorf Kyzyl Köl und kann Gästehäuser und Touren vermitteln.
> **Zapowednik-Verwaltung** (Управление заповедника), Tel. 22284. Will man das Schutzgebiet besuchen, so muss man im Verwaltungsgebäude des Reservates, das sich im Zentrum von Arkit befindet, den Eintritt bezahlen (500 Som). Fahrzeuge werden extra berechnet. Im Verwaltungsgebäude befindet sich ein **naturkundliches Museum** (Mo-Fr 9–18 Uhr), das von den Mitarbeitern mit Enthusiasmus und ohne Finanzmittel gepflegt wird. Man sollte es unbedingt besuchen, denn man erhält einen kleinen Einblick in die Mannigfaltigkeit von Flora und Fauna des westlichen Tien Schan.

Fahrt nach Arkit: Es ist ratsam, wenn man nur mit den öffentlichen Verkehrsmitteln unterwegs sein möchte, von Osch oder Dshalal Abad einen ganzen Tag Anfahrt einzuplanen. Auch von Bischkek kommend, dauert eine Fahrt nach Sary Tschelek im Normalfall länger als einen Tag. Lediglich mit einem Sammeltaxi und der Bereitschaft, mehr als 12 Stunden am Stück unterwegs zu sein, schafft man es innerhalb eines Tages. Eine gute Zwischenvariante stellt die Fahrt mit einer Marschrutka von Bischkek nach Dshalal Abad dar, die recht häufig vom Westlichen Busbahnhof Bischkek fahren (→ S. 145). Man lässt sich einfach in Tasch Kumyr an der Naryn-Brücke absetzen (→ S. 259). Dort warten, wie auch auf dem Zentralen Basar in Tasch Kumyr, einige private Taxis, die einen direkt nach Arkit bringen können. Der Preis ist Verhandlungssache (mindestens 5000 Som pro Auto).

Ist man einmal in Tasch Kumyr, dann kann man auch Kara Dshygatsch per Bus erreichen (Abfahrtszeit 10 und 13.30 Uhr, Fahrzeit ca. 2,5 h). In Kara Dshygatsch steigt man dann in den Bus Kerben–Arkit (Abfahrt 16 Uhr) oder in den Bus Kyzyl Köl–Arkit (Abfahrt 16.30 Uhr) ein und erreicht nach ca. 2 Stunden sein Ziel.

Fahrt von Arkit: Zwischen Arkit und den Nachbarorten Kyzyl Köl, Kerben und Kara Dshygatsch bestehen Direktverbindungen. Von Arkit kommt man via Kara Dshygatsch nach Kerben (Abfahrt 7.30 Uhr). In Kara Dshygatsch fährt um 8.30 Uhr täglich ein Bus bis Tasch Kumyr. Diesen Bus erreicht man, wenn man den Bus um 7.30 Uhr ab Arkit nimmt. Oder man fährt mit diesem Bus bis Kerben und organisiert sich dann ein Sammeltaxi bis Tasch Kumyr. In Tasch Kumyr angekommen, begibt man sich an die bereits vertraute Naryn-Brücke und hält den Finger in den Wind. In beiden Richtungen, sowohl nach Osch, als auch nach Bischkek, sind recht häufig Marschrutkas unterwegs. In den Sommermonaten sollte man auf vorbestellte Kleinbusse der Strecke Arkit–Bischkek achten, die meist noch ein paar Plätze frei haben. Beim Fahrer zu fragen lohnt sich.

Da es in dem kleinen Dorf kaum Schilder mit Straßennamen gibt, müssen sich Reisende zur passenden Adresse durchfragen.
Privates **Gästehaus Rysbek**. Das Haus von Rysbek Urmanal liegt in einer kleinen Gasse am Hügel. Die liebevoll eingerichteten Zimmer bieten jeweils bis zu 5 Personen Platz. 600 Som mit Frühstück.
Privates **Gästehaus Sultan**. Das Haus von Sultan Tschukotajew bietet in zwei Zimmern Platz für bis zu acht Gäste. Die kleine Veranda lädt zum Verweilen ein. 600 Som (mit Frühstück).
Gästehaus Dshibek Dsholu, Tel.+996/777/ 896242; DZ ab 500 Som.
Privates **Gästehaus Makmal**, Tel.+996/ 779/372159; einfache Mehrbettzimmer, 300 Som.
Privates **Gästehaus Baban**, 600 Som (mit Frühstück).
Turbaza Dshylgyn: Im Dorf Kyzyl Köl, gleich neben Arkit, empfängt eine Turbaza (russ. турбаза) die Gäste. Hier ist es wesentlich ruhiger als im geschäftigen Arkit. Man kann Bungalows anmieten. Auf dem weitläufigen Gelände darf man kostenlos sein Zelt aufbauen. Eine Reservierung ist normalerweise auch über die Reservatsverwaltung möglich.

Tschatkal-Gebirge und Tschatkal-Ebene

Die vom Rest des Landes abgeschnittene Region erreicht man von Norden über den Kara-Buura-Pass (3302 m), der den Talas Alatoo quert. Auf der südlichen Passseite sind immer wieder einige Brücken in schlechten Zustand oder nicht mehr existent. Hier ist die Fahrt mit einem Allrad-Fahrzeug anzuraten. Von Süden kommt man über die Kleinstädte Tasch Kumyr, Kerben (früher: Karawan) und Ala Buka und dann weiter über den Tschaptschyma-Pass (2841 m) in die Tschatkal-Ebene. Bei der Auffahrt zum Tschaptschyma-Pass windet sich die Piste entlang das Kassan-Saj-Flusses, und die Brücken sind vor allem im Frühjahr in einem dürftigen Zustand.
Seit drei Jahren wird durch die kasachische Firma ›KAZACHMYS‹ in der Nähe von Ala Buka eine Goldmine erschlossen, und mit der Förderung soll 2014 begonnen werden. Deshalb ist der Straßenabschnitt zwischen Tasch Kumyr und Ala Buka in einem recht guten Zustand. Auch eine Anreise über die usbekische Großstadt Namangan und dann über den Internationalen Grenzübergang Ütsch Korgon, der nur 50 Kilometer von Tasch Kumyr entfernt liegt, würde sich theoretisch anbieten. Dieser Übergang hat jedoch keine regulären Öffnungszeiten und ist mitunter sogar für kirgisische und usbekische Bürger gesperrt. Daher sollte man seine Reise in diese Region besser in Osch oder Bischkek starten.
In der Nähe von **Kerben** (russ. Кербен), bei Ajl Kara Baschat, ragt das **Mausoleum von Padysch Ata** heraus, das aus dem 19. Jahrhundert stammt. Es hat für die Gläubigen der Region einen ähnlichen Stellenwert wie der Mausoleenkomplex bei Ala Buka (s.u.) und ist seit vielen Jahrzehnten ein regional bedeutsamer Pilgerort.

Scheich-Fazil-Mausoleum

Auf dem Weg ins Tschatkal-Gebirge kommt man nach ungefähr 80 Pistenkilometern hinter Tasch Kumyr in das Städtchen **Ala Buka** (russ., kirg. Ана Бука). Besonders interessant ist diese Gegend für Reisende, die mehr über die Geschichte Kirgistans erfahren möchten. Denn in unmittelbarer Nähe, erhoben auf einem Hügel, liegt eine Pilgerstätte aller Muslime des Fergana-Tals, die seit mehreren Jahrhunderten genutzt wird. Aus dem architektonischen Ensemble sticht ein quadratisches **Mausoleum** heraus, in dem der Sufi-Scheich Fazil seine letzte Ruhestätte gefunden hat. Sein Grab, das auf das 11. Jahrhundert datiert wird, stammt aus der Karachaniden-Epoche. Der Überlieferung nach soll Schah Fasil als erster den Islam in die Region gebracht haben. Ein weiterer architektonischer Schatz aus dem 12. Jahrhundert ist das **Mausoleum von Safed Bulan**, einer kyptschakischen Adelsdame, die sich für die Verbreitung des Islam einsetzte. Das dritte Bauwerk ist das **Alamberdara-Mausoleum**, es stammt ebenfalls aus dem 12. Jahrhundert. Das Denkmal erinnert an 2700 islamische Krieger, die hier nach einer Schlacht geköpft wurden. Das gesamte Territorium rund um diese Gräber ist den Muslimen der gesamten Fergana-Ebene heilig und war auch schon vor der Unabhängigkeit einer der wenigen Pilgerorte der Sowjetunion.

Schutzgebiet Besch Aral

Der Zapowednik wurde 1979 gegründet und hat eine Fläche von 63 200 Hektar. Die nördliche Hälfte wird durch das Pskem-Gebirge und der südliche Teil durch die Gebirgskette des Tschatkal eingenommen. Die Anfahrt ist am einfachsten über Tasch Kumyr bis Dshany Bazar (ca. 150 km).

Der Eintritt kostet etwa 700 Som und ist in der Zapowednik-Verwaltung zu begleichen. Hier kann man einen Ranger als Begleitung anheuern. In das Schutzgebiet selbst darf man nicht hineinfahren, stattdessen erkundet man das Areal zu Fuß.

■ Fauna und Flora

Das hauptsächliche Ziel des Totalreservates ist der Schutz des Menzbier-Murmeltieres (*Marmota menzbieri*), der einzigen endemischen Murmeltierart in ganz Mittelasien. Sie wurde erst 1925 vom legendären russischen Zoologen Daniil Nikolajewitsch Kaschkarow entdeckt, der es nach seinem Doktorvater, dem russischen Zoologen Michajl Alexandrowitsch Menzbier, benannt hat. Interessant ist die Vogelwelt in den Wacholder-Lichtwäldern, denn hier findet man das scheue Purpurhähnchen (*Leptopoecile sophiae*) und die Fichtenmeise (*Parus rufonuchalis*). Neben einigen Wildtulpenarten, wie zum Beispiel die Kaufmann-Tulpe (*Tulipa kaufmanniana*), besiedeln eine endemische Wildpflaumenart (*Pyrus regelii*) und der Sibirische Wacholder (*Juniperus sibirii*) die Berghänge.

Meeresträubel (Ephedra fedtschenkoae) wächst in ganz Kirgistan

Dshany Bazar

Hat man den Tschaptschyma-Pass (2841 m) überwunden, kommt man alsbald nach Dshnay Bazar (russ. Джаны Базар, kirg. Жаны Базар). Der kleine Ort ist wichtig, wenn man den Besch-Aral-Nationalpark besuchen will. Am Dorfrand liegt ein **Lehmmausoleum**, das dem Heiligen Idris Pajgambar gewidmet ist und Ende des 19. Jahrhunderts errichtet wurde. Dshany Bazar eignet sich hervorragend als Ausgangspunkt für Trekking-Touren und naturkundliche Exkursionen.

> **Dshany Bazar**
> Vorwahl: +996/3749
> **Verwaltung des Schutzgebietes Besch Aral**, Tel. 21222. Die Verwaltung des Parks befindet sich im Zentrum, direkt neben dem Park. Suchen Sie nach dem Schild ›Verwaltung des Zapowedniks‹ (russ. управление заповедника).

Tschandalasch- und Pskem-Gebirge

Das Tschandalasch-Gebirge ist ein verhältnismäßig kleiner Gebirgszug von 50 bis 60 Kilometern Länge und maximal 3300 Metern Höhe. Es liegt zwischen den beiden großen Gebirgsketten des Pskem-Alatoo (Länge 120 Kilometer) und des Tschatkal-Alatoo (Länge 180 Kilometer), die im Norden durch den Talas-Alatoo begrenzt werden und bis nach Usbekistan hineinreichen, wo sie bei Taschkent und Angren in das Fergana-Becken überleiten. Die beiden Gebirge sind ebenso wie der Tatschkal völlig unerschlossen und in ihrer Abgeschiedenheit mit einigen Gebirgen im südlichen Issyk-Kul-Oblast, Naryn-Oblast oder mit dem Talas-Alatoo zu vergleichen.

Fährt man von Dshany Bazar Richtung Nordosten, so trifft man nach einem Kilometer auf den Zusammenfluss von Tschandalasch mit dem Tschatkal-Fluss, der auf einer Höhe von 1500 Metern liegt. Hier geht ein als LKW-Spur beginnender Pfad tief ins Gebirge hinein und man kann dem Flusslauf etwa 50 Kilometer bis zum **Kurum-Tör-Pass** (3875 m) folgen und dann ins Talas-Tal absteigen. Schwenkt man beim Aufstieg nach ungefähr 30 Kilometern nach links in das Tal eines Nebenflusses ab, dann erreicht man den völlig abgelegenen Ischak-Oldu-See (3315 m), der bereits im Pskem-Gebirge liegt. Das Pskem-Gebirge ist die Grenze zum Nachbarland Usbekistan. Man kann grundsätzlich bis zum Hauptgrat, der teilweise vergletschert ist, vorstoßen, denn Grenzpatrouillen gibt es hier oben keine. Es besteht durchaus die Möglichkeit, auch in diesen Höhenlagen auf Nomaden zu treffen. Diese bauen jedoch nur einzelne Jurten auf und bewirtschaften die Lager nicht in Verbänden mit mehreren Jurten. Dazu fehlen nämlich die großen Syrten (Hochweiden), wie es sie im Hinterland des Issyk Kul gibt.

Möchte man nicht mehrere Tage in der kirgisischen Wildnis unterwegs sein, dann bietet sich eine **Tagestour zu den sieben Seen** an. Dazu fährt man von Dshany Bazar die knapp 20 Kilometer bis **Kanysch Kija**. Nach dem Dorfzentrum führt die Straße auf eine Anhöhe, an einem Adler aus gutem ›Russenbeton‹ vorbei. Hier sollte man anhalten (etwa fünf Kilometer vom Dorfzentrum entfernt) und auf 1750 Metern Höhe starten. *41°48'16.46"N, 71°8'27.91"E*
An einem Bach entlang führt der Pfad zu den Seen, deren oberer drei Kilometer entfernt auf 2200 Metern liegt. Von hier hat man einen wirklich guten Panoramablick auf das ganze Tal und den gegenüberliegenden Tschatkal-Alatoo, der vom Massiv des Kuwaljatan (4308 m) beherrscht wird. *41°49'58.59"N, 71°7'17.40"E*

Blick auf Dshalal Abad

Dshalal Abad

Fährt man auf dem Tien-Schan-Highway (M 41) von Tasch Kumyr (→ S. 259) weiter nach Südwesten, erreicht man nach etwa 120 Kilometern Dshalal Abad (russ. Джалал Абад, kirg. Жалалабад). Es ist mit 89 000 Einwohnern die drittgrößte Stadt des Landes und gleichzeitig Verwaltungshauptstadt des gleichnamigen Oblastes. Im Jahr 1860 wurde sie als russische Garnisonsstadt mit einem Militärhospital gegründet.

Unter den Sowjets wurden diverse Heilquellen am Rande des Fergana-Gebirges, in unmittelbarer Nähe der Stadt, erschlossen und Sanatorien gebaut. Und so kam nach dem Zweiten Weltkrieg der Bäderbetrieb in Gang. Dabei erhielten verdienstvolle Werktätige der Kirgisischen Sowjetrepublik Kuren oder Aufenthalte für die gesamte Familie während der Sommerferien. Auch aus anderen Sowjetrepubliken kamen Erholungssuchende, in erster Linie aus dem usbekischen Teil des Fergana-Beckens und aus Kasachstan.

Die Stadt ist sehr usbekisch geprägt. Auf dem Zentralen Basar im Zentrum der Stadt, der an der Ecke Schopokowa/Lenina für lärmendes Treiben sorgt, stechen die vielen bärtigen Männer mit ihren Tjubetejkas ins Auge. Die Angehörigen der usbekischen Minderheit stellen hier mehr als ein Drittel der Bevölkerung. Sie verdienen ihr Brot auf dem Basar als Stoff- und Seidenhändler, Handwerker oder als Teestubenbesitzer. In diesem Zusammenhang lohnt es, den hinteren Teil des Basars zu ergründen, denn dort findet man das alte Handwerkerviertel, aus welchem ein Hauch vergangener Tage herüberweht. Noch vor der Oktoberrevolution und bis weit in die 1940er Jahre hinein konnte man an dieser Stelle viele traditionelle usbekische Handwerker wie Scheren- und Kupferschmiede, Radmacher, Goldschmiede, Chalat-Schneider, Holzschnitzer und Metallstecher vorfinden. Heute trifft man hier immerhin noch auf Tischler, die Kinderwiegen und schön beschlagene Holztruhen fertigen, oder auf Blechschmiede, die kunstvolle Dachrinnenverzierungen, Waschbecken, Gießkannen und mancherlei Hausrat herstellen. Mitunter bietet auch ein Töpfer seine handgemachten Waren an.

Insgesamt vermittelt dieser Basar, ähnlich wie jene in Uzgen, Osch und Bazar Korgon, noch immer eine Atmosphäre des sowjetisch geprägten Orient: Ob am Grill, dessen tschetschenischer Schaschlyk-Brater mit einer Reihe von Goldzähnen im Oberkiefer einen freundlich heranwinkt, oder am Stand des Wassermelonenverkäufers, der gerade von einem urigen ZIL 131, der 1975 im Lichatschjow-Werk das Licht der Welt erblickte, seine Ware ablädt – Besucher können einen Hauch von Morgenland spüren.

Geht man die Lenin-Straße weiter in Richtung Westen, dann kreuzt nach 300 Metern die Straße der Kirgisischen Republik den Weg. Diese läuft man etwa 800 Meter nach Norden und kommt in den Stadtpark, wo man Schatten hoher Bäume ein Päußchen einlegen kann. In der Parkmitte ist ein Denkmal für die Gefallenen Söhne der Stadt errichtet worden.

Dshalal Abad

Vorwahl: +996/3722
CBT-Office, uliza Toktogula 20-3, Tel. 21962, +996/772/376602, +996/702/376602. Koordinator: Ruchsora Abdullajewa. Er ist bei der Vermittlung von Unterkünften, auch in Kara Alma, behilflich.

Ungefähr drei Kilometer westlich des Zentrums liegt der **Busbahnhof**. Mit den

Marschrutkas (vorrangig Mercedes Sprinter) kann man alle größeren Orte des Oblastes sowie Bischkek erreichen. Direktverbindungen bestehen in die Orte Tasch Kumyr (drei Mal täglich), Kerben, Toktogul (zwei Mal täglich), Uzgen (200 Som), Osch (300 Som), Bazar Korgon und Arslanbob. All diese Strecken werden auch von privaten PKWs angeboten, die Preise liegen jedoch höher als die der Marschrutkas. Bei Fahrten nach Kazarman (→ S. 271) über den nicht ungefährlichen Urum-Basch-Pass (3101 m) sollte man sich um ein 4x4-Fahrzeug bemühen. Vom Basar zum Busbahnhof fährt die Marschrutka Nr. 10.

Der **Bahnhof** von Dshalal Abad liegt direkt im Zentrum, nur 500 Meter südwestlich des Zentralen Basars an der Toktogul-Straße. Es existiert auf kirgisischem Boden nur eine Stichstrecke ab der usbekischen Grenze von 30 Kilometern. Zu Sowjetzeiten gab es eine Verbindung nach Bischkek über Taschkent, die heute eingestellt ist.

Zum **Flughafen** kommt man mit den Marschrutkas Nummer 1 und 5, die vom Zentralen Basar abfahren. Die Flughafen-Information ist unter Tel. 51330 zu erreichen. Die Fluglinie ›Kirgistan Air‹ biete Flüge von und nach Bischkek am Mittwoch, Freitag und Sonntag an. Flugverbindungen findet man unter www.airport.kg. Die Kosten liegen bei etwa 3500 Som pro Strecke, die Flugzeit beträgt 50 Minuten.

Hotel Ala Artscha, uliza Nurbeka Asanowa, Ecke uliza Lenina, Tel. 50052; DZ ab 600 Som, Dreibettzimmer ab 500 Som pro Person.

Hotel Roza Park, uliza Baltagula 183, Tel. 73090, 0772/260327; EZ ab 2300 Som, DZ ab 1600 Som.

Hotel Sputnik, uliza Dshenidshok, Tel. 50910, +996/771/616465, sputik.hotel@mail.ru; DZ 1000 Som.

Hotel Mölmöl, uliza Lenina 17, Tel. 55059; EZ 500 Som, DZ 700 Som, DZ ›gehobener Standard‹ 1700 Som.

Gästehaus Matljuba, uliza Toktogula 33, Tel. 23370, +996/557/090530, +996/779/832610; 550 Som mit Frühstück pro Person.

Gästehaus Wasira, uliza Proletarskaja 25,Tel. +996/557/319866; 700 Som (mit Frühstück).

Gästehaus Munawar, uliza Sajdulli Achbarowa 8-28, Tel. +996/555/105170; 700 Som (mit Frühstück).

Viele einfache, namenlose Kneipen und Teestuben gibt es im Umfeld des Zentralen Basars.

Café Abdikaar Ata, uliza Lenina, Ecke uliza Toktogula, Tel. 55862. Usbekische Küche, Teestube.

Café Elnura, uliza Lenina, in der Nähe des Basars.

Café Maruf, Ecke Lenina/Schopokowa.

Arslanbob

Es gibt fast keinen besseren Ort in Kirgistan, wenn man eine Vorstellung vom Alltagsleben der Usbeken erhalten möchte, als Arslanbob (usb., russ. Арсланбоб). Der kirgisische Name lautet Arstanbap (Арстанбап) und kommt wie der usbekische vom Wort ›Löwe‹ für ›Arslan‹ und ›Arstan‹. Der usbekische Bevölkerungsanteil liegt weiter über 90 Prozent, daher ist es kein Wunder, dass hier alle, sogar die wenigen Kirgisen, usbekisch sprechen. Es gibt mehrere usbekischsprachige Schulen im Ort.

Das Dorf Arslanbob liegt auf etwa 1500 Metern über dem Meeresspiegel. Wie alle Orte, die im sogenannten Walnussgürtel liegen, ist auch Arslanbob klimatisch begünstigt. Die ersten warmen Tage mit Temperaturen oberhalb von 20 Grad sind hier bereits Anfang April zu verzeichnen. Die optimale Reisezeit ist von

Blick auf das inmitten von Walnuss- und Wildobstwäldern gelegene Gumchana

Ende März bis Anfang Juni, denn dann ist es noch nicht so heiß und man kann die Wildobstblüte, wie zum Beispiel die des Niedzwetzki-Wildapfels (*Malus niedzwetzkyana*) oder der Sogdischen Wildpflaume (*Prunus sogdiana*), erleben. Aber auch in den Monaten von Juni bis August, wenn in Osch 40 Grad gemessen werden, zeigt hier das Thermometer fünf bis sieben Grad weniger an, diese Zeit eignet sich bestens für Pferde- und Wandertouren

Sehenswert ist der kleine **Basar** mit einem Dutzend Läden und einer Moschee. Auf dem Marktplatz steht weit sichtbar ein **goldener Löwe**, das Wahrzeichen des Ortes. Eine Besichtigung lohnt sich auch im Fall des **Mazars** ganz in der Nähe des Marktes, der auf das 16. Jahrhundert zurückgehen soll und Arslanbob Ata-Mazar genannt wird. Ein Mazar ist ein Schrein, in dem eine Person, in diesem Fall der Gründer des Ortes, verehrt wird. Das Gebäude in Arslanbob ist allerdings neueren Datums.

Der eigentliche Grund für einen Besuch sind jedoch die uralten **Walnuss- und Wildobstwälder** in der Umgebung. Allerdings muss man vorausschicken, dass diese Wälder extrem stark durch die lokale Bevölkerung genutzt werden und die Übernutzung von Jahr zu Jahr sichtbarer wird. Durch illegale Viehweide, durch das Fällen von Wildobstbäumen, Weißdorn-Bäumen, Spiersträuchern und anderen Pflanzen sowie durch die Anlage von Mähwiesen ist der ursprünglich artenreiche Urwald in einen artenarmen Park umgestaltet worden. Möchte man besser erhaltene Walnuss-Urwälder sehen, dann sollte man unbedingt nach **Kyzyl Ünkür** (im östlichen Nachbartal gelegen, ⓞ *41°22'47.16"N, 73° 4'4.04"E*) oder nach **Kara Alma** fahren. Letzteres erreicht man über einen Abzweig von der Straße zwischen Dshalal Abad und Kazarman bei Taran Bazar. ⓞ *41°12'38.98"N, 73°20'22.41"E*

Arslanbob hat jedoch noch andere interessante Dinge zu bieten. Am östlichen Ortrand ist der sogenannte **Kleine Wasserfall** (russ. малый водопад) sehenswert. Es ist 26 Meter hoch und fungiert auch als regionale Pilgerstätte, an der Frauen für Kindersegen beten. In der Nähe findet man die kleine ›Grotte der 40 Engel‹, in der mitunter ein Mullah sitzt und Gebete für Frauen mit Kinderwunsch spricht. *41°20'44.50"N, 72°56'12.92"E*

Am Nordrand des Dorfes ist eine Wanderung zum **Großen Wasserfall** (russ. большой водопад) die Mühe wert. Vom Markt kann man dafür eine knappe Stunde anberaumen. Dabei kommt man durch die engen Gassen des malerisch gelegenen Ortes und kann hier die Lehmbau-Architektur der Usbeken bewundern. Diese wird, anders als bei den Kirgisen, mit sogenannten Lehmbroten und Fachwerkverbau ausgeführt. Über verwinkelte Gassen mit ansehnlich geschnitzten Holztüren gelangt man zum nördlichen Dorfrand. Von hier geht und steigt man zu einem über 300 Meter hohen Wasserfall, der sich aus mehreren Stufen zusammensetzt. An der höchsten, von weitem sichtbaren Stelle stürzt das Wasser 80 Meter in die Tiefe. *41°22'47.57"N, 72°56'9.47"E*

Ein Tipp für eine kleine Wanderung: Geht man großräumig östlich am Wasserfall vorbei, so kommt man auf die alpinen Wiesen und bis an den Fuß des **Babasch-Ata-Massives** (4427 m). Eine **Wanderung zum Heiligen See** (russ. Святое озеро) bietet sich ebenfalls an. Diese sollte mindestens als viertägige Trekking-Tour geplant werden. Mit dem Pferd bewältigt man die Tour auch in zwei Tagen.

■ Bel Terek

Möchte man dem Touristenstrom in Arslanbob aus dem Wege gehen, so bietet sich das verschlafene Bel Terek an. Das Dorf ist vollständig von Walnusswäldern umgeben. Man fährt den gleichen Weg wie nach Arslanbob und biegt 3 Kilometer davor, in der Ortschaft Kyzyl Suu, nach links ab (gleicher Abzweig wie zur ›Turbaza Arslanbob‹, s.u.). Nach etwa zehn Kilometern kommt man in ein 300-Seelen-Dorf, in das sich nie Touristen verirren. Hier läuft ein kleines Ökoprojekt einer kirgisischen Nichtregierungsorganisation zum Schutz der Walnusswälder. Einmal pro Woche kommt ein Förster vorbei und klärt die Kinder der 1. bis zur 8. Klasse über die Bedeutung des Waldschutzes auf. Reisende können den Unterricht unterstützen, indem sie einige Tage (zahlend) bei den Dorflehrern übernachten. Auch ist die Schule für Sachspenden jeglicher Form dankbar. *41°17'23.48"N, 72°58'0.67"E*

Arslanbob
Vorwahl: +996/3722

Der schnellste Weg führt mit dem **Flugzeug** von Bischkek nach Osch (→ S. 275) und dann per Taxi oder Marschrutka weiter. Will man den Flieger nicht nutzen, so kann man vom Westlichen Busbahnhof Bischkek eine Direktverbindung wählen. Die Fahrt ist aufgrund der Länge von etwa 550 km recht anstrengend, verläuft jedoch durchgehend auf Asphaltstraße. Die Fahrt dauert mit dem **Sammeltaxi** mindestens 12 Stunden und kostet 1000 Som. Des weiteren bestehen direkte **Marschrutka-Verbindungen** von Bazar Korgon, Kotschkor Ata, Osch, Dshalal Abad und Uzgen. Zentraler Abfahrtsort in Arslanbob ist der **Zentrale Platz**, an dem sich das Löwendenkmal befindet.

Die **Turbaza** (russ. турбаза, sinngemäß: Touristenstation) ist eher ein Sanatorium. Im Dorf Kyzyl Suu, ungefähr 3 km vor

Arslanbob, biegt man am Hinweisschild ›Турбаза‹ nach links ab und fährt 1 km bis zum Eingang des Sanatoriums, das direkt an einem kleinen See liegt. Man kann auf das Gelände fahren und in der Mensa ist meist der Hausverwalter anzutreffen. Es gibt mehrere Häuschen mit 2-Bettzimmern zu erschwinglichen Preisen. Die Verpflegung erfolgt im Sowjetstil in einer großen Mensa, in der man dreimal täglich essen gehen kann. Die Vollpension ist im Preis enthalten. Eine Übernachtung kostet je nach Zimmerart zwischen 1200 bis 1600 Som pro Person.

Private Gästehäuser
Im Ort gibt es keine Hotels, dafür einige einfache, doch sehr saubere und gepflegte private Gästehäuser. Adressen sind in diesem verwinkelten Bergdorf nutzlos. Will man eine Unterkunft finden, fragt man einfach die Leute auf dem Markt oder in den Gassen. Jeder kennt hier jeden und gibt meistens gern Auskunft.
Gästehaus Ibragim, das empfehlenswerte Haus des hilfsbereiten Ibragim Karimshanow liegt ungefähr 2 km nordöstlich des Zentrums. Der Lehrer besitzt 2 nette Häuschen im usbekischen Stil mit 4 Zimmern (jeweils 2 bis 4 Schlafplätze). Die Zimmer sind einfach eingerichtet und sehr sauber. Seine Frau hat einen schönen Blumengarten angelegt und zieht alle Register bei der Zubereitung des äußerst schmackhaften Essens. Es gibt sogar eine Sommerdusche.
Gästehaus Bolot, uliza Ergeschbaj Boobekowa 57, Tel. +996/772/307172, 500 Som (mit Frühstück). Das private Gästehaus des umsichtigen Bolot, der auch gebrochen Englisch und Deutsch spricht, ist ein Geheimtipp und liegt direkt an der Hauptstraße im Ort Gumchana (kirg. Гумхана), den man etwa drei Kilometer vor Arslanbob durchquert. Man findet es es, wenn man nach dem Ortseingangsschild ›ГУМХАНА‹ auf der rechten Seite an der Hausnummer 57 anhält. Er hat ein Haupthaus (3 Zimmer) und ein Nebenhaus (2 Zimmer) und kann pro Zimmer 2 bis 4 Leute unterbringen.
Gästehaus Ajshyrkyn, Tel. +996/777/ 095016. 400 Som (mit Frühstück). Das Haus der Lehrerin Ajsharkyn Mamatkulowa steht im abgelegenen Dorf Bel Terek, einige Kilometer südlich von Arslanbob. Mit einer Übernachtung kann man die Lehrer und die Schule in diesem abseits der Touristen-Routen gelegenen Ort unterstützen. Eine Anmeldung ist nicht nötig, da hier so gut wie nie Ausländer vorbeikommen, wie der Schuldirektor bestätigt. Der Mann von Ajsharkyn kann Pferde und Ausflüge nach Arslanbob organisieren oder als Bergführer die Walnusswälder zeigen.
Gästehaus Faruch, ein großes Plus der Unterkunft von Faruch Myrzamaksutow ist eine wunderbare Diele mit einem Panoramablick auf den Wald. Es gibt ein Haupthaus mit 3 Zimmern.
Gästehaus Zinaida, uliza Arala 3. Die private Herberge wird von Zinaida Majnowa betrieben. Sie verfügt über 4 Zimmer mit je 2 bis 3 Schlafplätzen. Gelobt wird diese Unterkunft für das sehr gute Essen.

Tschinor, diese usbekische Tschajchana (Teestube) liegt direkt am Markt. Hier kann man Tee trinken und guten Plow (Reisgericht mit Fleisch und etwas Gemüse und Rosinen) essen.

Alle wichtigen Lebensmittel erhält man auf dem **Basar**, der sich nordöstlich des Zentralen Platzes befindet. Eine Besonderheit Südkirgistans kann man hier probieren: die pergamentdünnen Blätter, die aus in der Sonne **getrocknetem Apfelsirup** hergestellt werden und die man zum Tee isst. Die lederartigen Lappen sehen zwar etwas gewöhnungsbedürftig aus, sind aber sehr schmackhaft.

Kazarman

Die Kleinstadt (russ., kirg. Казарман) liegt im östlichsten Zipfel des Dshalal-Abad-Oblastes, der vom westlichen Teil der Naryn-Hochebene gebildet wird, und ist durch das Fergana-Gebirge vom fruchtbaren Fergana-Becken abgeschnitten. Auf einer Höhe von 1230 Metern gelegen, ist das Klima der Stadt durch die Lage in der weiten Senke der Naryn-Hochebene recht kontinental und trocken. Verhältnismäßig warme Sommer wechseln sich mit niederschlagsarmen kalten Wintern ab. Oberhalb von 1500 Metern wird im Winter die Schneedecke immer höher, und oft ist deshalb der Urum-Basch-Pass, der Kazarman mit Dshalal Abad verbindet, wochenlang geschlossen. Somit kommt es im Winter immer wieder zu Versorgungsengpässen. Auch im Sommer beobachtet man am Pass relativ häufig Erdrutsche, und die Passstraße ist dann tageweise gesperrt.

Die Stadt bietet sich als Ausgangsort für eine Tour zu den Petroglyphen von Sajmaluu Tasch an, für die man mindestens zwei Tage einrechnen sollte.

 Kazarman
Vorwahl: +996/3738
Hauptpostamt, uliza Mira 53, Tel. 50108.

Es existieren Marschrutka-Verbindungen nach Naryn (150 km) und nach Dshalal Abad (120 km) über den Urum-Basch-Pass (3101 m). Diese fahren direkt im Zentrum ab. Die Strecke über den Pass sollte in jedem Falle mit einem Allradfahrzeug befahren werden, denn sie ist in einem schlechten Grundzustand. Oft ergeben sich im Frühjahr und Sommer nach Regenfällen noch schlechtere Straßenverhältnisse. Im Ort gibt es **zwei Tankstellen**, und man sollte hier unbedingt seinen Treibstoff auffüllen, denn die nächste Möglichkeit gen Westen befindet sich erst in Dshalal Abad und in Richtung Osten in Ak Tal.

Privates **Gästehaus Baktygul**, uliza Kadyrkulowa 35. Das Haus von Baktygul Tschorobajewa befindet sich südlich des Zentrums und besitzt 3 Räume mit jeweils 3 bis 4 Betten.

Sajmaluu Tasch

Der Name bedeutet ›gemusterter Stein‹. Die Ansammlung von mehr als **11 000 Petroglyphen** ist die größte in ganz Mittelasien. Nicht umsonst wird es als das ›Stonehenge of Central Asia‹ bezeichnet. Man kann mit Fug und Recht behaupten, dass dieser Ort einer der kulturhistorischen Höhepunkte eines Kirgistan-Aufenthaltes ist. Aufgrund seiner immensen Bedeutung wurde das Gebiet, dass eine Fläche von 32 000 Hektar einnimmt, im Jahr 2001 von der kirgisischen Regierung in den Rang eines Nationalparks erhoben. Die Fundstätte im Fergana-Gebirge ist schwer zu finden und nur Anfang Juli bis Anfang September erreichbar. Im Fall eines frühen Wintereinbruchs ist die Region auch früher im Jahr nicht mehr zugänglich. In jedem Falle sollte man einen Führer organisieren, denn es gibt zum Glück noch keine Wegweiser im Gebirge. Man kann zu Fuß oder zu Pferd unterwegs sein.

41°10'25.87"N, 73°48'58.04"E

Die Steingravuren befinden sich auf einzelliegenden Steinen und verteilen sich auf zwei Felder, ›Sajmaluu Tasch 1‹ und ›Sajmaluu Tasch 2‹. Hauptsächlich porträtierten die vorzeitlichen Künstler Tiere, aber auch klassische Jagdszenen finden sich auf den Steinen. Besonders interessant sind die großflächigen Darstellungen von Sonnenmenschen und anderen sola-

In Arslanbob: Mittagessen für die Gäste wird zubereitet

ren Zeichnen, die große Ähnlichkeit zu den Fundstätten in Tamgaly (Kasachstan) oder Langar (Tadschikistan) aufweisen. Die Entdeckung dieser archäologischen Sensation ist dem russischen Geodäten Nikolaj Chludow zu verdanken. Als 1902 Vermessungsarbeiten für die Straße von Dshalal Abad nach Naryn ausgeführt wurden, hörte Chludow von kirgisischen Nomaden Erzählungen von ›bestickten Steinen‹ weit oben im Gebirge. Tatsächlich fand Chludow das Petroglyphenfeld, dessen Entdeckung er wenig später dem Archäologischen Institut in Taschkent meldete. Da weder Chludow noch das Archäologische Institut die Bedeutung des Fundes erkannten, gerieten die Zeichnungen in den Wirren des Bürgerkrieges sowie des Zweiten Weltkrieges in Vergessenheit. Erst 1948 entdeckte eine sowjetische Expedition die Fundstelle erneut und begann die wissenschaftliche Bearbeitung. Man geht davon aus, dass die ältesten Meißelarbeiten um 2000 vor und die jüngsten 400 nach Christi Geburt entstanden.

Route über Kazarman: Man fährt von Kazarman in Richtung Makmal bis zur Brücke über den Kitschi-Makmal-Fluss, kurz vor Makmal steigt man aus und geht dann zu Fuß weiter. Es ist ratsam, mindestens eine Übernachtung an den Felsgravuren einzuplanen, da der Weg bis auf 3200 Meter recht beschwerlich ist und man noch genug Zeit haben möchte, um sich einen Teil genauer anzuschauen. Man bedenke, dass man ungefähr 1500 Höhenmeter auf schlechtem Weg bewältigen muss. Zudem sind die Felder drei Kilometer lang, und es gibt keine Hinweisschilder, weshalb man die einzelnen Bilder suchen muss.

Route über Kalmak Kyrtschyn: Aus Dshalal Abad kommend, lässt man Kok Jangak auf der rechten Seite liegen und biegt nach Kalmak Kyrtschyn ab. Von dort aus benötigt man zu Fuß ungefähr drei bis vier Tage nach Sajmaluu Tasch und wieder zurück. Die Wanderung durch die raue Bergwelt des Fergana-Gebirges ist ein beeindruckendes Erlebnis, und auf dieser unbegangenen Route trifft man maximal auf ein paar Langschwanz-Murmeltiere. Kirgisische Reiseveranstalter können diese Tour organisieren (→ S. 327).

Der Osch-Oblast

Die Verwaltungsregion von Osch (russ. Ошская область, kirg. Ош облусу) gehört ebenfalls zum sogenannten Süden Kirgistans und unterscheidet sich deshalb kulturell und ethnographisch nicht von den Nachbarregionen. Allerdings liegt die Landschaft im Süden des Oblastes in geographischer Hinsicht bereits im Pamir. Hier sind die Berge wesentlich schroffer und höher als im Tien Schan. Mit mehreren 5000ern und 6000ern an seinen Flanken gehört das Alaj-Tal in seiner Gewaltigkeit zu den schönsten Tälern Mittelasiens. Hier kann man auf Nomaden mit großen Jakherden treffen und sogar am Fuße eines 7000er-Gipfels weilen. Mit Osch und Uzgen, zwei Städten an der ehemaligen Seidenstraße, besitzt dieser Oblast besondere architektonische Schätze.

> ❗ **Was man nicht verpassen sollte**
> **Sulajman Too**: Pilgerort und UNESCO-Weltkulturerbe (→ S. 279).
> **Alaj-Tal**: Kirgisischer Pamir mit Pik Lenin (→ S. 293).
> **Uzgen**: Historisches Minarett und Mausoleen (→ S. 287).
> **Pamir-Highway**: spektakuläre Hochgebirgsstraße, die in Osch beginnt (→ S. 290).

Fakten und Zahlen

In der Region Osch leben auf 29 300 Quadratkilometern etwa 1,1 Millionen Menschen (Stand: 2011). Die Bevölkerungsdichte beträgt demnach 38 Einwohner pro Quadratkilometer. Das Gründungsdatum des Oblastes war der 21. November 1939, damals umfasste er auch die heutige Verwaltungseinheit Batken. Im Jahr 1959 wurde das Gebiet des heutigen Dshalal-Abad-Oblastes angegliedert, und die Osch-Region hatte nun eine Größe von etwa 80 000 Quadratkilometern. Im Jahr 1990 wurde die Region Dshalal Abad und 1999 der Batken-Oblast aus dem Osch-Oblast entlassen.

Administrativ ist der Oblast in folgende Rajone unterteilt: Kara Kuldsha, Nookat, Alaj, Tschong Alaj, Kara Suu und Arawan. Im Kara-Suu-Rajon gibt eine Besonderheit: die einzige kirgisische Enklave in Usbekistan (Barak, 4 Quadratkilometer). Der Oblast wird nach Nordosten durch den Nord-Süd-Richtung verlaufenden Gebirgszug der **Fergana-Berge** begrenzt. Drei weitere Gebirgsketten erstrecken sich in Ost-West-Richtung.

Südlich von Osch verläuft der **Kleine Alaj** oder Kitschi Alaj (kirg. Кичи Алай), der mit 70 Kilometern Länge zu den kleineren Gebirgsketten des Tien-Schan-Gebirgssystems zählt, aber trotz allem Höhen von bis zu 4935 Metern erreicht. Nach Süden hin schließt sich das **Alaj-Gebirge** (russ. Алайский хребет, kirg. Алай) an. Der Gebirgszug, der oft nur als ›Alaj‹ bezeichnet wird, erstreckt sich über 220 Kilometer von der chinesischen Grenze bis nach Tadschikistan hinein, wo im Grenzgebiet zwischen Kirgistan

Jaks im Alaj-Tal

Nomadenkinder im Alaj-Tal

(Batken-Oblast) und Tadschikistan der Pik Taldy Köl (5544 m) aufragt. Als ein weiterer hoher Gipfel ist der Pik Skobeljow mit 5069 Meter zu nennen, der zu Ehren eines russischen Generals benannt wurde. Nikolaj Skobeljow war an der Eroberung des Khanats von Chiwa (1873) beteiligt und leitete als Generalmajor die Erstürmung von Kokand (1875).

Parallel zum Alaj-Gebirge liegt der **Große Alaj**. Im Russischen wird er übrigens als Zaalajskij chrebet (Заалайский хребет), also als ›Transalaj‹ bezeichnet. Mit der kirgisischen Namensgebung Tschong Alaj (Чоң Алай, dt. Großer Alaj) wird das Sprachengewirr perfekt. Der Große Alaj, der sich über 250 Kilometer dahinzieht, liegt auf der Grenze zwischen den beiden ehemaligen Sowjetrepubliken Kirgistan und Tadschikistan. Er wird durch einige der mächtigsten Erhebungen des Landes wie Korumdu (6614 m) und den Pik Lenin (Kuh-i Garmo, 7134 m) bestimmt. Einen poetischen Namen im Großen Alaj trägt der Zarja Wostoka (6350 m), der sich mit ›Morgenröte des Orients‹ übersetzen lässt.

Der prägende Fluss der Region ist der Kyzyl Suu, der das **Alaj-Tal** bildet. Es liegt ebenfalls in Ost-West-Richtung zwischen dem Alaj-Gebirge und dem Großen Alaj.

Der **Kyzyl Suu** (dt. Rotes Wasser) ist einer der wenigen kirgisischen Flüsse, die zum Einzugsgebiet des Amu Darja gehören. Der geschichtsträchtige Amu Darja, der im Mittelalter noch den klangvollen Namen ›Oxus‹ trug, mündete bis in die 90er Jahre des 20. Jahrhunderts bei Mojnok (westliches Usbekistan) in den Aral-See. Dieser einst riesige See ist in den letzten Jahren fast komplett verschwunden und hinterließ eine unwirtliche Salzwüste – eine der größten Umweltkatastrophen der Menschheit.

Der Oblast ist sehr usbekisch geprägt. Im Jahr 2009 lebten hier neben 69 Prozent Kirgisen auch 28 Prozent Usbeken. Dazu sind weitere Minderheiten wie Russen (1,3 Prozent), Meschet-Türken (0,9 Prozent) und Uiguren (0,8 Prozent) vertreten. Die Usbeken siedeln ausschließlich im Fergana-Becken, wo sie in manchen Orten die deutliche Bevölkerungsmehrheit stellen. Im Alaj- und im Tschong Alaj-Rajon, die den kirgisischen Pamir einnehmen, siedeln dagegen über 99 Prozent Kirgisen. Somit treten auch hier die unterschiedlichen Besiedlungsstrategien beider Völker zu Tage: Die Usbeken als klassische Ackerbauern der Ebenen und die Viehzucht treibenden Kirgisen als Nomaden der Berge.

Osch

Osch, die mit 230 000 Einwohnern (2012) zweitgrößte Stadt des Landes, liegt 650 Kilometer von Bischkek entfernt. Gelegen in der weiten und fruchtbaren Fergana-Ebene, auf einer Höhe zwischen 870 und 1100 Metern, wird ihr ein Alter von 3000 Jahren zugesprochen. Sie trägt seit Sowjetzeiten den Beinamen ›Zweite Hauptstadt‹, denn das Land ist nicht nur kulturell und landschaftlich in Nord und Süd geteilt, sondern auch politisch. So kam Kurmanbek Bakijew, der zweite Präsident des unabhängigen Kirgistan, aus dem Süden, und es gibt immer wieder Politiker, die eine Abtrennung der Region als Südkirgisischer Staat mit Osch als Hauptstadt fordern. Glücklicherweise spiegelt diese Meinung nicht die Haltung der Bevölkerungsmehrheit wider.

Osch gilt in Kirgistan als die Stadt mit der bedeutendsten Geschichte. Die Gründung wird gern König Salomon, aber auch Alexander dem Großen zugeschrieben. Beides ist wenig wahrscheinlich.

Die Lebensader der Stadt ist der Ak-Buura-Fluss, an dem sich der bekannte Dshajma-Bazar befindet, dessen Geschichte sich bis zu Zeiten der Seidenstraße zurückverfolgen lässt. Neben der Seidenstraße führte auch seit dem 3. Jahrhundert vor unserer Zeit die sogenannte Lazuritstraße aus dem Pamir durch das Gebiet. Aufgrund ihrer Lage an der Kreuzung großer Karawanenwege gelangte die Stadt schnell zu Bedeutung und Reichtum. Damals wie heute führten die Karawanenwege über den Irkeschtam-Pass nach China und über den Kyzyl-Art-Pass in den Pamir. Als religiöses Zentrum des Fergana-Beckens steht Osch seit dem 16. Jahrhundert im Mittelpunkt.

Osch ist eine typische Fergana-Stadt. Nicht nur, dass sie einen sehr südländischen Eindruck macht mit ihren riesigen Platanen, den zahlreichen Hibiskusbüschen und anderen Pflanzen, die man in Bischkek und im Norden vergeblich sucht. Sie darf auch als der Ort mit der buntesten Bevölkerung in ganz Kirgistan gelten. Hier leben zu gleichen Teilen Kirgisen und Usbeken (je ca. 40 Prozent), zahlreiche Russen, Türken, Tataren, Tadschiken und andere Minderheiten. Dem Umstand, dass fast die Hälfte der Bevölkerung Usbeken sind, wird mit dem usbekischen Babur-Theater Rechnung getragen, das als gleichberechtigt zum kirgisischen Staatstheater gilt.

■ Stadtgeschichte

Auf Grundlage von Ausgrabungen, die auf die späte Bronzezeit datiert wurden, beträgt das Alter der Siedlung Osch etwa 3000 Jahre. Damit zählt Osch zu den geschichtsträchtigsten Städten des sowjetischen Orients.

Die ersten urkundlichen Erwähnungen finden sich in den Überlieferungen arabischer Geographen des 9. und 10. Jahrhunderts wie Ibn Haukal und Al Mukaddasi. Sie beschreiben eine große Zitadelle und eine Stadtmauer mit drei Toren. Auch der berühmte Babur, der letzte Ti-

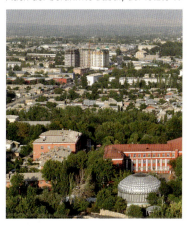

Blick auf Osch vom Sulajman Too

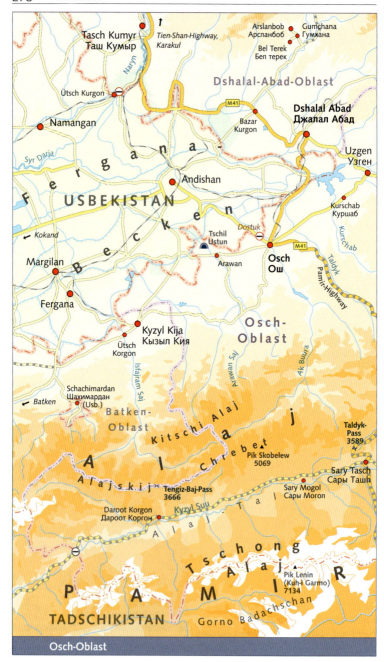

Osch-Oblast

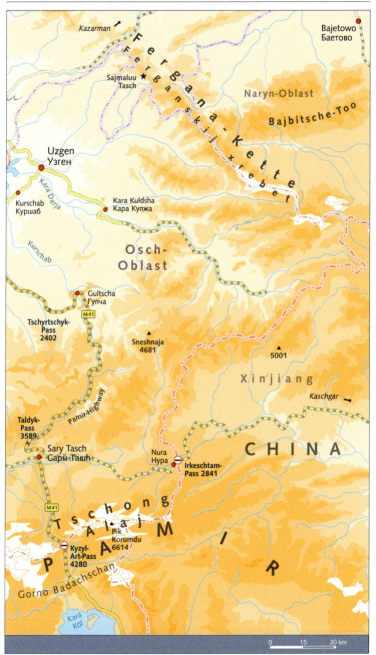

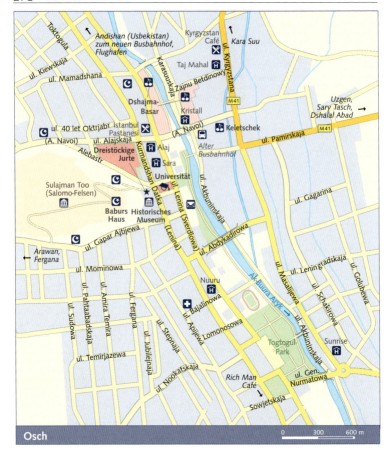

muriden-Herrscher, der im benachbarten Andishan residierte und in Nordindien die Moguldynastie etablierte, fühlte sich im 15. Jahrhundert veranlasst, in seinem Werk ›Babur name‹ Osch zu erwähnen. Verwunderlich scheint es, dass aus den vielen Jahrhunderten wechselvoller Geschichte heute fast nichts mehr zu sehen ist. Die interessanten architektonischen Denkmäler, die man heutzutage besichtigen kann, stammen vornehmlich aus dem 19. und 20. Jahrhundert. Ein Grund liegt sicher darin, dass Osch im 13. Jahrhundert von den Truppen Dschingis Khans dem Erdboden gleichgemacht wurde und danach in seiner Entwicklung im Vergleich zu den berühmten Städten der Seidenstraße wie Buchara, Samarkand und Kokand weit zurückfiel.

Im Jahr 1876 zogen zaristische Truppen gegen das Chanat von Kokand, und auch Osch wurde eingenommen. Im gleichen Jahr wurde die nunmehr russische Stadt in den neugebildeten Fergana-Oblast eingegliedert und Verwaltungszentrum des Osch-Gebietes.

Von hier erfolgte nunmehr die Erschließung des Pamirs durch das zaristische

Russland im Rahmen des sogenannten Great Game. Im Jahr 1900 galt die Aufteilung der schwer zugänglichen Gebirgsregionen zwischen Russland und England als abgeschlossen.

Nach 1930 entwickelte sich Osch zu einem Standort der Leicht- und Schwerindustrie. Es wurden mehrere Seidenspinnereien und baumwollverarbeitende Werke, eine Schuhfabrik, sowie milch- und fleischverarbeitende Betriebe aufgebaut, eng verflochten mit den anderen Orten des Fergana-Beckens, die heute fast alle in Usbekistan und Tadschikistan liegen. Nach der ›Entflechtung‹ in selbständige Länder 1991 kollabierte ein Großteil der kirgisischen Wirtschaft, und auch in Osch wurden die meisten Großbetriebe geschlossen.

Als Knotenpunkt von Handels- und Transportwegen blühte Osch ab Ende des 19. Jahrhunderts auf. Einerseits wurde mit dem Bau des ingenieurtechnisch anspruchsvollen Pamir-Highway begonnen und somit eine bessere Verbindung nach Kaschgar und in die Pamirregion geschaffen, andererseits wurden die Hochgebirgsstraßen nach Bischkek und ins Naryn-Gebiet besser ausgebaut und erweitert. Dieser Ausbau setzt sich bis in die heutigen Tage fort: In den letzten Jahren wurde der sogenannte Tien Schan Highway zwischen Osch und Bischkek ausgebaut und dabei die gefährlichen Abschnitte in der Naryn-Schlucht und auf dem Töö-Pass gesichert. Außerdem befindet sich eine Verbindungsstraße von Osch ins tadschikische Chudschand, die stellenweise einen neuen Streckenverlauf hat, im Bau.

Zu trauriger Berühmtheit gelangte Osch durch die Ereignisse vom Sommer 2010, im Jahr der gewaltsamen Absetzung von Präsident Bakijew, der in Osch seine soziale und politische Basis hatte. Horden von kigisischstämmigen Hooligans überfielen nachts die Häuser ihrer usbekischen Mitbürger, die in Osch etwa 40 Prozent der Bevölkerung stellen, zündeten sie an und ermordeten über 100 Menschen. Zehntausende Usbeken flohen mit ihren Familien aus der Stadt und kehrten nie zurück. Nach wie vor liegt der wirkliche Ursprung dieses Pogroms im Dunkel. Kaum einer mag heute darüber reden, man ist froh über den neuen Frieden.

■ **Sulajman Too**

Egal von welcher Himmelsrichtung man sich der altehrwürdigen Stadt nähert, immer sieht man zuerst ein Felsmassiv inmitten der Stadt, das von vier Zacken umkränzt wird: den Sulajman Too. Aufgrund seiner historischen und religiösen Bedeutung wurde das Ensemble mit Felsen, Grotte und Mausoleen im Jahr 2009 zum UNESCO-Kulturerbe ernannt. Es ist die erste Stätte in Kirgistan, die sich mit diesem Status schmücken darf.

Der Berg trug und trägt viele Namen. Im Persischen als ›Tacht i Sulajman‹ oder ›Sulajman Tachti‹ (Thron des Salomon) bezeichnet, wurde er Ende des 19. Jahrhunderts von den Kirgisen und Usbeken

Filzhüte auf dem Basar

Mausoleum am Fuß des Sulajman Too

›Sulajman Tasch‹ (Stein oder Fels des Sulajman) genannt. Heute ist der Name ›Sulajman Too‹ (Berg des Sulajman, kirg. Сулайман Тоо) sehr verbreitet. Der Berg war offenbar schon in vorchristlicher Zeit eine heilige Stätte, worauf Felsgravuren aus dem 2./1. Jahrtausend vor unserer Zeit und Ausgrabungsergebnisse hinweisen. Während einer Ausgrabungskampagne in den 60er Jahren des 20. Jahrhunderts wurden neben Siedlungsresten aus dem 12. bis 8. Jahrhundert vor unserer Zeit auch diverse nestorianische Kreuze gefunden. Sie bezeugen, dass der Berg im 5. Jahrhundert auch als christliche Stätte gedient haben muss. Diese Kreuze sind im **Historischen Museum** zu sehen, das sich nordöstlich an den Sulajman-Felsen schmiegt.

Besteigt man den Berg auf dem langen Treppenweg von Seiten der Universität, braucht man bei mäßigem Tempo 30 Minuten. Der zweite Eingang von der Südostseite ist nicht so steil, dafür länger. Hier kommt man am **Sulajman-Too-Museum** (Heimatkunde-Museum) vorbei, wo in einer Grotte Ergebnisse der Ausgrabungen und andere regionalgeschichtlich interessante Gegenstände gezeigt werden. Oben angekommen, betritt man eine Aussichtsplattform, auf der stolz die Fahne Kirgistans weht. Man hat von hier einen wunderbaren Rundblick über die Stadt und die Umgebung. Das Stadtzentrum ist überschaubar entlang der Straßen prospekt Lenina und uliza Kurmandshan Datka angeordnet. Außerhalb dieser Hauptverkehrsadern ragen nur wenige Hochhäuser und ein paar Minarette aus dem Meer kleiner, dorfähnlich angeordneter Häuser und der sie umgebenden Gärten heraus. Diese Mahallas bestimmen eindeutig das Stadtbild. Im Süden erkennt man am Fuß des Bergs die neue, 2012 fertiggestellte **Moschee Sulajman Too** und im Dunst hinter der Stadt die Hügel, die sich, für das Auge schon unsichtbar, allmählich zu den Höhen der schroffen Alaj-Kette emporschwingen. Nur abends wird die Sicht klarer. Für einen Aufstieg zum heiligen Berg sollte man den späten Nachmittag oder frühen Abend wählen. In den Sommermonaten ist es dann nicht mehr so drückend heiß, und der Sonnenuntergang von hier oben ist auch eine Sehenswürdigkeit.

Gleich neben dem Aussichtspunkt, wo geschäftstüchtige Jugendliche dem Gipfelbezwinger nach dem harten Aufstieg eine Coca Cola andrehen wollen, befindet sich eine unscheinbare **Moschee, Tacht-i-Sulajman**, die auch als **Baburs Haus** (kirg. Бабурдун үй) bekannt ist. Die Legende besagt, dass , dass im Jahr 1497 der mächtige Babur dieses kleine Bauwerk errichten ließ, um in Ruhe Allah preisen zu können. In der kleinen Gebetsstube, in die sich drei, vielleicht vier Leute hineinkauern können, sitzt meistens ein Mullah und spricht Gebete. Unmittelbar darunter, direkt neben dem Weg in Richtung Salajman-Too-Museum und neue Moschee, fällt eine **glänzende Rinne** auf. Der gesamte Felsen gilt als heilig, und so kommen Frauen mit unerfülltem Kinderwunsch und rutschen die kurze Bahn hinab, in der Hoffnung dass sie schwanger werden. Seit dem 10. Jahrhundert haben das schon so viele Frauen getan, dass das harte, rauhe Gestein nicht nur perfekt geglättet, sondern von den vielen Hunderttausenden Körpern ausgehöhlt ist. Auch andere ›Heilungen‹ kann man hier oben versuchen: Es gibt diverse kleine Höhlen, in die man die Arme bzw. den Kopf hineinstecken kann, um Wehwehchen oder ernsthafte Krankheiten auf nichtmedikamentösem Weg zu behandeln oder gar loszuwerden. Auch diese Heilstätten sind gut besucht, und mit mehr oder weniger Ernst

›Wunschrinne‹ auf dem heiligen Berg

machen sich die ›Patienten‹ ans Werk. Vorübergehende werden lautstark eingeladen, ein Gleiches zu tun.
An beiden Eingängen zum Berg wird ein Eintritt von 20 Som erhoben (www.sulaimanto.org, Tel. +996/3222/22968).

■ **Weitere Sehenswürdigkeiten**
Obwohl die Stadt schon zu Zeiten der Seidenstraße bedeutend war, ist heute nicht mehr viel vom Glanz vergangener Tage sichtbar. Nur am südlichen Stadtrand findet man die **Reste der Festung Ak-Buura** aus dem 1. bis 5. und 9. bis 12. Jahrhundert.

Fast alle anderen alten und historisch interessanten Objekte liegen am Fuß des Sulajman Too, an seiner Nordostseite, links und rechts vom steileren der beiden Aufgänge auf den Berg.
Die **älteste Moschee** (Rawat Abdulla Khan) stammt aus dem 17. Jahrhundert und liegt unweit vom **Historischen Museum** (auch Seidenstraßen-Museum genannt) und direkt rechts neben einer kleinen **Gemäldegalerie**. Dort findet man auch Grabsteine mit arabischer Schrift, die bei Ausgrabungen auf dem muslimischen Friedhof (an der Ostflanke des Berges) zu Tage gefördert wurden. Das **mittelalterliche Badehaus** in der Nähe stammt aus dem 10. bis 16. Jahrhundert. Noch älter ist das **Mausoleum für Asaf-ibn-Burkhija**, das im 11. Jahrhundert gebaut und im 17. Jahrhundert erneuert wurde. Man findet es ebenfalls am Fuße des Sulajman Too, an der schmalen Ostseite des Bergs.
Die **Moschee Muchammed Jussuf Bajhodsha-Ogly** an der Kreuzung uliza Alebastrowaja/uliza Telmana stammt aus dem Jahre 1909, die ebenfalls sehenswerte **Moschee Schachit-Töpe** an der uliza Andishanskaja 2 aus den Jahren 1909 bis 1910. Wie diese beiden steht auch die aus der gleichen Epoche stammende **Sadykbaj-Moschee** in der uliza Dunkatscha 9 unter Denkmalschutz.
Im Park neben der Stadtverwaltung kann die russisch-orthodoxe **Erzengel-Michael-Kirche** besichtigt werden, die in den Jahren 1904 bis 1910 errichtet wurde.
Ein Gebäude im klassischen Stil der Stalin-Ära ist das **Hauptgebäude der Oscher Universität** (prospekt Lenina 131).
Keine architektonische Kostbarkeit, aber doch bemerkenswert ist das ›Bakyt Üj‹, das **Haus des Glücks** in der uliza Kurmandshan Datka, Ecke uliza Muminowa. Zu finden ist es durch die Häufung von Stretchlimousinen in den umliegenden Straßen, zu erkennen an einer Plastik einer glücklichen Familie in einem kleinen Park vor einem gewöhlichen, mit dem üblichen Balkonmosaik verzierten viergeschossigen Plattenbau aus den 1960ern oder 1970ern. Der ebenerdige Haupteingang mit den stilisierten Ringen weist auf die eigentliche Bedeutung hin – es ist das Standesamt von Osch. Die Hauptbeschäftigung der Oscher neben dem Handel scheint das Heiraten zu sein, denn vor

und in diesem Haus ist immer etwas los, und die zahlreichen Brautkleid-Verleiher der Stadt können sich über Kundinnenmangel nicht beklagen.

Interessant ist ein Besuch des **Dshajma-Basars** am östlichen Ufer des Flusses. Vor allem dem hinteren (nördlichen) Karree sollte man seine Aufmerksamkeit schenken, denn dort befinden sich das Handwerker-Viertel und ein Trödelmarkt, auf dem man alles Erdenkliche kaufen kann. Man findet auch Filzwaren und anderes Kunsthandwerk, alles ist günstiger als in der Hauptstadt.

■ **Parks**

Mitten im Zentrum, zwischen der uliza Lenina und dem Fluss, lockt im Sommer ein **großer Park** mit alten Bäumen, vielen Springbrunnen und Karussells Jung und Alt in den kühlen Schatten. Er ist nach dem usbekischen Dichter Nawoi benannt, der im Mittelalter lebte. Von einem wackeren alten Riesenrad, an dessen Fuß eine alte JAK-40 vor sich hinträumt, kann man sich einen ersten Überblick über die Stadt verschaffen.

Ebenfalls am Fluss, gegenüber vom ›Weißen Haus‹ (der Stadtverwaltung) befindet sich der **Meerim-Park** mit seinen schönen

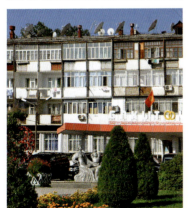

Das ›Haus des Glücks‹

Die einzige dreistöckige Jurte der Welt

Springbrunnen und südlich davon der große **Toktogul-Satylganow-Park**.

Gegenüber im Park neben der Stadtverwaltung gibt es die typische sowjetische Mischung von Kirche und **Denkmal für die Gefallenen des Großen Vaterländischen Krieges.**

Der **Alymbek-Datka-Park** am Fuße des Sulajman-Felsens wartet mit musikalischen Springbrunnen, diversen Denkmälern und Verkaufsständen auf. Auch ein merkwürdiges Gebilde befindet sich hier, das einer dreistöckigen Riesentorte ähnelt. Das ist die **einzige Jurte der Welt mit drei Etagen** – in ihr ist eine Exposition des Heimatkundemuseums untergebracht, die in ihrer Kläglichkeit und Verstaubtheit rührend ist.

■ **Denkmäler**

Im Stadtbild von Osch fallen zahlreiche Denkmäler auf. Außer dem jüngst rekonstruierten Denkmal für den **usbekischen Poeten Alischer Nawoi** im gleichnamigen Park, dem Monument für den **Volkssän-**

Das Denkmal für Alymbek Datka, den ehemaligen Herrscher der Alaj-Kirgisen

ger **Toktogul Satylganow** im Toktogul-Park und dem riesigen **Lenindenkmal** auf dem Stadtplatz vor dem Meerim-Park sind die meisten von ihnen jüngeren Datums. Das Monument mit dem bemerkenswertesten historischen Hintergrund dürfte das Denkmal auf dem Platz an der Kreuzung prospekt Lenina, uliza Nawoi sein. Es stellt **Kurmandshan Datka** dar, jene Stammesführerin und Politikerin, die wohl die beliebteste Identifikationsfigur der Alaj-Kirgisen ist. Sie wird hochachtungsvoll ›Alaj-Herrscherin‹ oder ›Königin des Südens‹ genannt und darf den 50-Som-Geldschein zieren. Kurmandshan Mamatbaj kyzy lebte von 1811 bis 1907, und von 1862 bis 1876 führte sie nach dem Tod ihres Mannes Alymbek-Datka die vereinigten Nomadenstämme der Alaj-Kirgisen an. Der Rang ›Datka‹ ist dem Generalsrang gleichzusetzen. Er wurde der sechsfachen Mutter für ihre politischen und militärischen Verdienste sowohl vom Khan von Kokand als auch vom Emir von Buchara verliehen – in islamischen Staaten durfte das damals als außerordentliche Sensation gelten, ebenso wie die Tatsache, dass sie von Khan Chudojar von Kokand mit allen staats›männischen‹ Ehren empfangen wurde. Von der russischen Armee erhielt Kurmandshan 1876 den Titel eines Obersten, nachdem sie die Alaj-Kirgisen nach verlorener Schlacht gegen die Armee des Zaren und erfolgreicher Verhandlung zur Begnadigung all ihrer Gefolgsleute dem russischen Imperium unterstellt hatte. Ein monumentaler Film ›Kurmandshan Datka‹ von Kyrgyzfilm wurde 2014 uraufgeführt und bekam auch auf internationalen Festivals ausschließlich positive Kritiken. Für Kurmandshans Mann, Bek Alymbek, bis zu seinem gewaltsamen Tod 1852 Herrscher der Alaj-Kirgisen, wurde auch ein Reiterstandbild aufgestellt. Es bildet den Mittelpunkt des 2014 eingeweihten **Denkmalkomplexes Kyrgyz Kotschuu** (›Kirgisische Wanderung‹), auch östliches Tor genannt, weil an der östlichen Einfahrt in die Stadt prangend. Der Reiter steht vor einem monumentalen, die Pamirskaja uliza überspannenden Triumphbogen, der von einem Tündük (Jurten-Dachkranz) gekrönt wird. Links und rechts der Straße wird des Ensemble flankiert von Reliefs, die die Geschichte der Region darstellen. Ein zweites, älteres Denkmal für Alymbek steht im nach ihm benannten Park am Fuße des Sulajman Too. Er hat es zweifellos verdient, denn immerhin hatte dieser Herrscher die Größe und Gnade, Kurmandshan zur Frau zu nehmen, die als geächtet galt, weil sie dem ihr zugewiesenen und dreimal älteren ersten Ehemann am Tag der Hochzeit entflohen war. Erwähnenswert ist außerdem das überdimensionale **Manas-Denkmal** an der nördlichen Zufahrt zur Stadt (Straße zum Flughafen, uliza Dshijdelik/uliza Kasymbekowa). Es wurde 2013 von Präsident Atambajew mit einer vielbeachteten Rede zur Einheit Kirgistans eingeweiht und gilt als das größte Reiterdenkmal Mittelasiens.

Und schließlich ist da noch das **Denkmal für den ersten Herrscher der Kirgisen**, Kagan Barsbek, an der westlichen Zufahrtsstraße (uliza Ajtijewa/uliza Osmonowa), es erinnert daran, dass das Volk der Kirgisen seit dem 6. Jahrhundert in Südsibirien beheimatet war und dort im 9./10. Jahrhundert ein riesiges Territorium zwischen Irtysch und Amur beherrschte.

■ **Arawan**

Ungefähr 25 Kilometer westlich von Osch liegt der Ort Arawan, der vom Fluss Arawan Saj durchflossen wird. Am Oberlauf befindet sich die **Höhle Tschil Ustun** (russ. Чиль Устун, kirg. Чил Устун). Die Bezeichnung stammt aus dem Tadschikischen, ›tschil‹ für ›40‹ und dem Usbekischen ›ustun‹ für ›Pfahl‹. Die 400 Meter lange Kalksteinhöhle hat drei Säle. Arabische Inschriften lassen darauf schließen, dass sie mindestens schon 200 Jahre bekannt ist. Der erste Europäer, der die Höhle beschrieb, war 1877 der Künstler M. Müller, Mitglied der Französischen Expedition. Zusammen mit der Höhle Tschil Majdam ist die Höhle Tschil Ustun als Naturdenkmal geschützt. Im Gebiet befinden sich mit der ›Fersman‹, der ›Sjurpriz‹ und der ›Pobednaja‹ weitere Karsthöhlen. *40°32'15.76"N, 72°31'29.69"E*

Osch

Vorwahl: +996/3222

In der Filiale von **Kyrgyz Concept** (uliza Bajalinowa 1, im Hotel Nuru, Tel. 59450, 27991, osh@concept.kg) erhält man Auskünfte zu Hotels und kann Flugtickets buchen. Im Zentrum von Osch, insbesondere auf der uliza Kurmandshan Datka, gibt es einige Internet-Cafés, Geldautomaten und Banken. **Western Union**: Aiyl-Bank, uliza Kurmandshan Datka 211B.

Guide: Tschyngyz Ametov, alle Arten von Touren in und um Osch, spricht Englisch und Französisch, www.kyrgyzstannomad.jimdo.com, chyngyzametov@mail.ru, Tel. +996/555/030030.

Der **Flughafen** liegt im Norden der Stadt, 9 km vom Zentrum entfernt. Man sollte mindestens 20 Minuten reine Fahrzeit per Taxi (350–450 Som) einplanen, während der Hauptverkehrszeit das Doppelte.

Ural Airlines fliegt von Osch nach Moskau-Domodedowo Mi und So und zurück Mo und Do. Die erst 2007 gegründete Fluggesellschaft ›Air Bishkek‹ unterhält die Verbindung Osch–Moskau–Osch Mo, Fr, Sa und So. Seit 2013 bedient ›Turkish Airlines‹ die Strecke Osch–Istanbul Mo, Di, Do und So. Der Rückflug ist Mo, Di, Mi und Sa möglich. Direkt kann man die russischen Städte Surgut, Nowosibirsk, Krasnojarsk und Tscheljabinsk erreichen. **Inlandsflüge** gibt es täglich von und nach Bischkek, an manchen Tagen mit bis zu drei Verbindungen. Die Verbindung Osch–Batken–Osch wird am Di und Do geflogen. Ins benachbarte Isfana gelangt man am Mo, Di, Fr und So (Rückflug an den gleichen Tagen). Nach Dshalal Abad bestehen am Mi, Fr, Sa und So Verbindungen (Rückflug an den gleichen Tagen). Infos liefert die Seite des Bischkeker Flughafens (www.airport.kg), der auch die Verbindungen des Oscher Flughafens anzeigt.

Vom **Alten Busbahnhof** aus, der sich auf der uliza Alischera Nawoi befindet (gleich östlich der Brücke), kommt man in alle größeren Orte, die **nördlich von Osch** liegen: Uzgen (120 Som), Dshalal Abad (250 Som), Bazar Korgon (300 Som), Arslanbob (500 Som) und Bischkek (14 Stunden). Hier fahren zum Teil noch große **Überlandbusse**, vor allem aber **Marschrutkas**. Gleich neben dem Busbahnhof gibt es zwei **Teestuben**, in denen man sich vor der großen Fahrt nach Bischkek stärken kann. Neben dem alten Busbahnhof liegt eine große Freifläche, auf der es von unzähligen **Taxis** und **Sammeltaxis** wimmelt. Neben den nördlichen Zielen werden auch Kyzyl Kija, Gultscha und Sary Tasch angefahren. Die Preise sind Verhandlungssache. Den **Neuen Busbahnhof** erreicht man, indem man den prospekt Lenina etwa 6 km vom Zentrum aus nach Norden fährt. Zwischen dem alten und dem neuen Busbahnhof pendeln die Marschrutkas Nr. 7 und 13. Die Marschrutka Nr. 7a fährt vom Neuen Busbahnhof zum Basar.

An der **Kreuzung Nawoi/KurmandshanDatka** (diagonal zum Hotel Alaj) fahren Sammeltaxis nach Arawan und Nookat. **Hinter dem Hotel Alaj** kann man per Sammeltaxi auch Batken (ca. 800 Som) erreichen, wobei eine neue Straße seit 2013 die **usbekischen Enklaven** umgeht, für die Ausländer ein **Visum** benötigen.

Zum **usbekischen Grenzübergang ›Dostlyk‹** (Freundschaft) fährt man per Taxi oder mit den Marschrutkas Nr. 7, 16 oder 36 bis Kara Suu. Die Grenze quert man zu Fuß und fährt auf usbekischer Seite mit einer Marschrutka nach Andishan und weiter nach Taschkent. Der Grenzübergang ist jedoch **sehr unregelmäßig geöffnet**. Es reicht, dass Kirgistan damit droht, weniger Strom nach Usbekistan zu liefern, und schon ist die Grenze dicht. Die Fluganreise von Bischkek nach Taschkent ist sicherer. Innerhalb von Osch kann man sich außer mit den Marschrutkas auch ganz gut mit dem Taxi bewegen. Kurze Strecken kosten ca. 150 Som.

Hotel Orto Azia, uliza Razzakowa 23, Tel. 83222, +996/555/583222; EZ 83 US-Dollar, DZ 138 US-Dollar.
Hotel Kristall, uliza Alischera Nawoi 50a, Tel. 78361, 78362, Fax 78360, +996/770/976837; DZ 2500 Som, EZ 1800 Som (mit Frühstück).
Hotel Tadsh Machal (Taj Mahal), uliza Zainabetdinowa 13, Tel. 31252; DZ 800 Som pro Person.
Hotel Osch Nuru, uliza Bajalinowa 1, Tel. 75614, +996/557/002831; DZ 600 Som, EZ 800 Som, jeweils pro Person.
Hotel Alaj, uliza Kurmandshan Datka 280, Tel. 57733, 57729; EZ 800 Som; DZ 500 Som, jeweils pro Person.

Gästehäuser
Gästehaus Barak Ata, uliza Ibraimowa 22/1, Tel. 50302, +996/772/294941, +996/553/494973; EZ 1500 Som, DZ 800 Som, 3-Bettzimmer 700 Som, jeweils pro Person. Die südlich des Zentrums gelegene Unterkunft ist nicht ganz einfach zu finden, und am besten man lässt sich per Taxi hinfahren. Die Zimmer sind teils mit eigenem Sanitärtrakt, teils mit Gemeinschaftsdusche und -toilette ausgestattet. Ein grüner Innenhof mit Aprikosenbäumen kann zum Frühstücken genutzt werden.
Gästehaus Sonja, uliza Mominowa 7, Tel. +996/773041002; 850 Som pro Person (mit Frühstück).
Gästehaus Kanyschaj, uliza Alijewa133, Tel. +996/772/523255; 850 Som pro Person (mit Frühstück).
Gästehaus Asyl, uliza Sowjetskaja 4, Tel. +996/779/007971; 650 Som pro Person.

Café Kambar Ata, uliza Kurmandshan Datka.
Café Ilchom, prospekt Lenina, Tel. 22303.
Café-Bar Izjum, prospekt Lenina, Tel. 22303, Tel. +996/551/119119.
Rich Man Café, uliza Kurmandshan Datka 60, Tel. 24303.
Restaurant Magnat, uliza Kurmandshan Datka 153, 55616.
Restaurant Meerim, uliza Kara Suu.
Teestube Chan, uliza Kurmandshan Datka.
Teestube Ak Tilek, uliza Ak Tilek.

Auf dem **Dshajma-Basar** kann man neben Lebensmitteln auch Textilien und Gegenstände des täglichen Bedarfs erstehen. Der Bazar wird durch einige Teestuben und Schaschlyk-Stände aufgelockert.

Ein weiterer Basar trägt den Namen **Keletschek** (kirg, russ. Кепечек). Er befindet sich an der Kreuzung Alischer Nawoi/Kyrgyzstana; er ist weitaus kleiner und hat nicht das reiche Angebot wie der Dshajma-Basar.

Außerdem gibt es im Zentrum noch einen gut sortierten **Supermarkt** der Bischkeker Kette ›narodnyj‹ (Народный) auf der uliza Kyrgyztana (zwischen den Querstraßen Nawoi und Karasujskaja).

Uzgen

Uzgen (russ. Узген) ist mit Abstand die interessanteste orientalische Stadt auf kirgisischem Boden und in jedem Fall einen Besuch wert. Auf Kirgisisch heißt die Stadt ›Özgön‹ (kirg. Өзгөн), der russische Name ist allerdings gebräuchlicher. Die Stadt, die heute 50 000 Einwohner zählt, hat eine ähnlich bedeutende Geschichte wie Osch. Sie besitzt erst seit 1927 Stadtrecht, aber ihre Ursprünge liegen im 2. Jahrhundert vor unserer Zeit. Damals wurde hier auf einer Höhe von 1025 Metern – an der Stelle, an der sich das Tal des Kara-Darja-Flusses verengt – ein Handelsplatz errichtet. In chinesischen Berichten aus dem 2. Jahrhundert vor Christus fand der an der Seidenstraße zwischen Kaschgar und dem Fergana-Becken gelegene Ort bereits Erwähnung. Zuvor soll sich bereits ein Truppenlager Alexanders des Großen hier befunden haben. Bei Ausgrabungen wurden Spuren von Befestigungen aus jener Zeit gefunden.

Nachdem die Karachaniden in den Jahren von 990 bis 992 große Teile Transoxaniens, einschließlich des Ferganatals, von den Samaniden erobert hatten, wurde das heutige Uzgen die Hauptstadt eines ihrer Teilreiche, neben Kaschgar, Balasagun und Samarkand. Bis in das Jahr 1213 war Uzgen eines der Zentren der Karachaniden-Dynastie. 1219 fiel dann die gesamte Fergana-Ebene an das Großreich Dschingis Khans und ab 1370 an das Timuridenreich. Ab 1512 gehörte der Ort zum Khanat von Buchara, 1710 wurde er vom Khanat Kokand erobert. Mit der russischen Annexion des Khanats Kokand im Jahr 1876 teilte Uzgen das gleiche Schicksal wie Osch: Es fiel an den Zaren und wurde nunmehr Üzkent genannt.

Mehrere Bauwerke machen die Stadt einzigartig in Kirgistan: hier befindet sich das einzige vollständig erhaltene historische Minarett des Landes, sie besitzt drei prächtige Mausoleen und sie hat einen lebendigen Basar mit angenehmer Teestu-

Landschaft bei Uzgen

Minarett und Mausoleen stammen aus der Karachaniden-Zeit

benkultur. Und dann gibt es da noch etwas, was man im gesamten Orient nicht findet: den legendären Uzgen-Reis, eine Reissorte, die schon viele hundert Jahre alt ist und vornehmlich im Umkreis der Stadt wächst. Die bräunlich-rote Färbung der gewaschenen Reiskörner ist typisch für diesen Reis. Selbstverständlich wird nach den Worten der Uzgener der beste Plow Mittelasiens daraus gekocht, ein Privileg, das die Taschkenter, Penschikenter oder Kokander Plow-Köche für sich aber ebenfalls in Anspruch nehmen.

Interessiert man sich für usbekische Kultur, so ist man hier genau richtig. Die Usbeken machen mit 91 Prozent den größten Bevölkerungsanteil aus, und das Leben in der Stadt ist vor allem von ihrer Kultur geprägt. Die Kirgisen mit 8 Prozent, die Uiguren mit 0,7 Prozent und Russen mit 0,4 Prozent sind hier nur Minderheiten (Angaben von 2011).

■ **Sehenswürdigkeiten**

Das Wahrzeichen der Stadt ist das 28 Meter hohe **Minarett**. Am Sockel hat es einen Durchmesser von neun Metern und kann über eine enge dunkle Wendeltreppe begangen werden. Oben kann man bei guter Sicht bis zum Sulajman Too in Osch blicken. Das Minarett stammt genauso wie die drei Mausoleen daneben aus der Karachaniden-Zeit (11./12. Jahrhundert).

Das **mittlere Mausoleum** ist dem Karachaniden-Herrscher Nasr ibn Ali (1012–1032) gewidmet und ist das älteste. Ornamentale Terrakotta mit geometrischen und Rankenmustern zieren die Vorderfront. Beim **nördlichen Mausoleum** wird angenommen, dass es im Jahr 1152 für Dshalal al Din al Hussein erbaut wurde. Für wen das 1186 erbaute **südliche Mausoleum** errichtet wurde, ist nicht mehr bekannt. Es ist das kleinste, aber auch das am schmuckvollsten mit Ornamenten und Arabesken verzierte der drei. Der gesamte Komplex ist ein Freilichtmuseum, und ein netter alter Herr kassiert das Eintrittsgeld von 50 Som. Im Gegenzug erhält man ein Billet mit der Silhouette des Minaretts.

Der **Zentrale Basar** befindet sich in der Stadtmitte, an der Hauptstraße Osch–Bischkek, und macht durch zwei minarettähnliche, bläuliche Türme auf sich aufmerksam, die das Eingangstor bilden. Der Basar ähnelt in seiner Farbenpracht und unermüdlichen Geschäftigkeit denen in Osch und Dshalal Abad . Im Gewühl von Händlern und ›kosch kosch‹ rufenden Karrenschiebern kann man mitunter sogar den in Kirgistan selten gewordenen Derwischen begegnen.

Rechter Hand vom Haupttor der Basars liegt ein weiterer größerer Eingang. Hier hat der sehenswerte **Reis-Basar** sein Domizil. Der Uzgen-Reis wird in verschiedene Untersorten eingeteilt, die sich in Korngröße und -form sowie im Geschmack unterscheiden. Die Reishändler bieten neben Reissorten aus China und Usbekistan auch Mais, Weizen, Hirse, Hafer und Bohnen an.

Uzgen
Vorwahl: +996/3233
Hauptpostamt, 723600 Uzgen, uliza Manasa 37, Tel. 50400, 50575.

Auf dem **Zentralen Basar** gibt ein halbes Dutzend Teestuben, wo man typische mittelasiatische Gerichte kosten kann. Die Standard-Speisekarte sieht wie folgt aus: Lagman (Eintopf mit Nudeln, Fleisch und Gemüse), Kuurdak (gebratenes Fleisch), Manty (gefüllte Teigtaschen), Schorpo (Eintopf mit Kartoffeln), dazu Salate und Tee. Die wenigsten Teestuben haben Plow vorrätig.

Eine nette und schattige **Tschajchana**, wo man guten Plow bekommt, befindet sich hinter dem Minarett (200 m Luftlinie), allerdings sehr versteckt. Man geht an der Polizeistation auf der linken Seite vorbei und biegt nach ca. 100 m rechts in ein begrüntes Terrain ab, wo meist drei bis fünf große Taptschane (bettgestellähnliche Sitzgelegenheiten) stehen. Dort muss man persönlich bestellen. Die Zubereitung des Plows dauert etwa 1,5 Stunden.

Der Pamir-Highway

Südlich von Osch folgt man der M 41, jener Traumstraße, die zwischen Osch und der tadschikischen Hauptstadt Duschanbe als Pamir-Highway bezeichnet wird und die in der usbekischen Stadt Termez endet. Der eigentliche Highway beginnt im Ort Sary Tasch und endet in Tawildara, kurz vor Duschanbe.

■ **Zwischen Osch und Sary Tasch**
Um nach Sary Tasch zu gelangen, fährt man das **Tal des Taldyk** hinauf und quert etwa 60 Kilometer hinter Osch den **Tschyrtschyk-Pass** (2402 m), der sich in die rötlichen Ausläufer des Kleinen Alaj-Gebirges hineinschneidet. Hinter dem Pass kommt man in das **Tal des Dshajly Suu**, der nach weiteren 80 Kilometern Fahrt in der Kleinstadt **Gultscha** (russ. Гульча) oder Gültschö (kirg. Гүлчө) in den Fluss Kurschab mündet. Gultscha erschien gegen Ende des 19. Jahrhunderts als russischer Militärstützpunkt auf der Landkarte und ist heute das Verwaltungszentrum des Alaj-Rajons.

Nur zwei Kilometer flussabwärts von der Brücke über den Kurschab biegt eine Piste in ein Seitental ab. Hier kommt man nach acht Kilometern in die Orte **Lenin Dsholu** (Weg Lenins) und **Kommunismus**, die vor nicht allzu langer Zeit umbenannt wurden. Das Tal liegt weitab der Hauptstraße und ist eine Sackgasse. Aber es stellt eine gute Möglichkeit dar, den unverfälschten Dorfalltag im Alaj-Gebirge kennenzulernen. Kämpft man sich bis zum Dorf **Aju Tapan** durch, so kann man in den Tälern Aj Tapan oder Orto Suu eine Tageswanderung unternehmen. Ein in Vergessenheit geratener Pfad, der über den Terek-Dawan-Pass (4131 m) und weiter zum Irkeschtam-Pass führt, soll im 7. Jahrhundert durch den buddhistischen Pilgermönch Xuanzang aus China und einige Jahrhunderte später durch den Kaufmann Marco Polo benutzt worden sein.

Der moderne ›Zubringer‹ zum Pamir-Highway aber wurde erst 2013 fertiggstellt und folgt hinter Gultscha dem Lauf des Gultscha-Flusses, der an einigen Stellen hohe Steilwände in grauer und ziegelroter Farbe geschaffen hat.

Nachdem man den **Taldyk-Pass** (3589 m) und damit das Alaj-Gebirge überwunden hat, kommt man nach 180 Kilometern im weltfernen Sary Tasch an.

■ **Sary Tasch**
Auf 3150 Metern über dem Meeresspiegel liegend, zählt der Ort Sary Tasch (russ., kirg. Сары Таш) zu den höchstge-

▲ *Zwischen Gultscha und Sary Tasch*

legenen des Landes. Er hat als Knotenpunkt von vier wichtigen Verkehrsadern eine enorme strategische Bedeutung: Man kommt nach Osch (Norden), nach Duschanbe (Westen), nach Kaschgar und Urumtschi (Osten) sowie nach Murgab und in den Pamir (Süden).

Ab den 1930er Jahren entstand zunächst eine Ansiedlung zur Unterstützung der Arbeiten am Pamir-Highway. Die Gründung der ›Siedlung städtischen Typs‹, so die offizielle Bezeichnung, geht auf das Jahr 1950 zurück, als eine große Kaserne der Grenztruppen errichtet wurde. Die hohen Richtfunkantennen und weißen Radome fallen schon aus der Ferne auf. Die Grenzposten am Irkeschtam-Pass und am Kyzyl-Art-Pass werden durch diese Garnison betreut. Noch im Jahr 1999 wohnten hier 1500 Menschen, die direkt oder indirekt durch die Kaserne einen Verdienst hatten, inzwischen hat sich die Einwohnerzahl verringert.

Man hat Probleme, die einzige Gaststätte im Ort auch als eine solche zu erkennen. Ein Schild mit der Aufschrift ›столовая‹ (›stolowaja‹, eine Art Kantine) entdeckt man erst nach dem dritten Hinsehen, zu sehr ist der Schriftzug verwittert und das Haus sieht aus, als ob es vor zehn Jahren verlassen wurde.

Schlägt man an der ›Großen Kreuzung‹ (*39°43'49.35"N, 73°14'49.00"E*) den Weg nach Westen (rechts) ein, so landet man nach knapp 100 Pistenkilometern in **Daroot Korgon**, am westlichen Ende des Alaj-Tals und nach 145 Kilometern an der tadschikischen Grenze (kirgisischer Grenzposten ›Kara Myk‹). Nimmt man von dieser Straße zwei Kilometer hinter Sary Tasch die Schotterpiste nach Süden, kommt man nach 50 Kilometern am **Kyzyl-Art-Pass** (4280 m) an und somit auch nach Tadschkistan.

An der ›Großen Kreuzung‹ führt auch eine Straße nach Osten (links) über Nura (71 Kilometer) und weiter zum 80 Kilometer entfernten **Irkeschtam-Pass** (2841 m). Im März 2008 machte der Ort Nura Schlagzeilen mit einem Erdbeben der Stärke acht auf der Richter-Skala. 75 Menschen verloren ihr Leben. Ein Großteil der Häuser wurde instand gesetzt, jedoch sieht man heute noch einige Ruinen.

Sary Tasch

Vorwahl: +996/3234

Sary Tasch kann man vom **Alten Busbahnhof Osch** mit Marschrutkas (300 Som) erreichen. Von Osch aus gibt es nur sehr unregelmäßige Verbindungen nach Nura, Sary Mogol und Daroot Korgon. Eine gute Möglichkeit ist es, die relativ häufigen Verbindungen Osch–Sary Tasch zu nutzen und dann an der ›Großen Kreuzung‹ weiter zu trampen. Um von hier aus nach **Murgab** zu gelangen, stellt Sary Tasch keinen guten Ausgangspunkt dar, denn die seltenen Fahrzeuge, die in diese Richtung fahren, sind meistens voll. Es ist besser, sich in Osch um ein Gefährt bis Murgab zu bemühen.

Privates **Gästehaus Elisa**, 1000 Som (mit Frühstück und Abendbrot). Das Haus von Elisa ist eine gute Wahl, denn neben den drei Schlafgemächern gibt es ein geräumiges Esszimmer. Das Haus befindet sich nordwestlich der ›Großen Kreuzung‹. Einfach durchfragen.

Privates **Gästehaus Mirbek**, 1000 Som (mit Frühstück und Abendbrot). Dieses Gästehaus steht dem ›Elisa‹ in nichts nach. Trotz der begrenzten Möglichkeiten ist es sehr sauber und hat ein Esszimmer. Es kann sogar eine Banja organisiert werden. In den vier Zimmern haben jeweils drei bis vier Gäste Platz.

Der **Lebensmittelladen** an der Hauptstraße nimmt kirgisische Som und tadschikische Somoni als Zahlungsmittel.

Am Kyzyl-Art-Pass, der Grenze zwischen Kirgistan und Tadschikistan

■ Kyzyl-Art-Pass

Von der ›Großen Kreuzung‹ in Sary Tasch sind es nur noch 50 Kilometer bis zur Grenze zwischen Kirgistan und Tadschikistan, dem Kyzyl-Art-Pass (russ., kirg. Кызыл Арт), der mit seinen 4280 Metern Höhe zu den drei höchsten Straßenpässen Kirgistans zählt.

39°23'4.13"N, 73°19'19.27"E

Man beachte, dass sich der kirgisische Grenzposten weit unterhalb des Passes befindet und der tadschikische direkt auf dem Pass. Die Strecke durch das Niemandsland zwischen beiden Grenzstationen, für die sich kein Straßendienst so richtig verantwortlich fühlt, gehört zu den schlechtesten Pisten des Landes, und die Fahrt kann durchaus zwei Stunden dauern. Deshalb sollte man hier nur mit Allrad-Fahrzeugen unterwegs sein. Aus Erfahrung kann gesagt werden, dass im Frühjahr und Sommer weggespülte Brücken und Straßenabbrüche die Regel sind. Auf dem Pass angekommen, begrüßt eine Betonsilhouette mit den Umrissen beider Länder den Pamirreisenden.

Im Jahr 1856, als der große Forschungsreisende Pjotr Semjonow-Tjan-Schanskij hier vorbeiritt, vermerkte er in seinem Tagebuch, dass die Kirgisen dem Pass eine gewisse Spiritualität beimaßen: Sie schichteten Steinhaufen auf und befestigten an hineingesteckten Ästen bunte Tücher und Jak-Haare. Diese Jak-Haare sieht man auch auf den Friedhöfen im Alaj-Tal, im Alaj- und Großen Alaj-Gebirge – ein Brauch, der nur in dieser Gegend gepflegt wird.

Der Pass ist 24 Stunden geöffnet. Will man mit dem eigenem Fahrzeug über die Grenze fahren, so benötigt man diverse Zusatzpapiere. Als ›normaler Tourist‹ ist neben einem tadschikischen Visum auch unbedingt eine Sondergenehmigung für die tadschikische Region Gorno Badachschan (GBAO) erforderlich (→ S. 296). In beiden Grenzstationen gibt es eine Anti-Drogen-Behörde. Ihre Kontrollen sind bei Touristen und Einheimischen gefürchtet. Einige Male konnte ich beobachten, wie Kamaz-Fahrer, die offenbar nicht genug Schmiergeld dabeihatten, ihre sechs 22-Zoll-Reifen abschrauben und den Mantel von der Felge lösen mussten. Somit konnten die Drogenfahnder kontrollieren, ob keine Drogen in den Reifen versteckt wurde. Diese Knochenarbeit nimmt zu zweit einen ganzen Tag in Anspruch! Den Uniformierten war das egal.

Nach Einschätzung des Büros der Vereinten Nationen für Drogen- und Verbrechensbekämpfung (UNODC) von April

2008 gilt Osch als einer der Hauptumschlagplätze für Heroin in Asien, und der ›weiße Tod‹ kommt ausschließlich über den Kyzyl-Art-Pass. Als Grund wird seine Lage an der Handelsroute zwischen Afghanistan und Russland genannt.

Das Alaj-Tal

Fährt man von Sary Tasch nach Westen weiter, wird man mit einem der spektakulärsten Panoramen dieser Gebirgsregion belohnt. Jede neue Kurve ermöglicht einen neuen Blickwinkel auf das bis zu 20 Kilometer breite Trogtal, das im Süden von den Eisriesen des Großen Alaj und im Norden von den Viertausendern des Alaj-Gebirges flankiert wird.

■ Sary Mogol

Etwa 33 Kilometer hinter Sary Tasch kommt man in ein ebenbürtig tristes Dorf. Sary Mogol (russ. kirg. Сары Могол) verfügt über einige einfache Gästehäuser und eignet sich ideal als Ausgangspunkt für Touren in das Vorgebirge des Pik Lenin (→ S. 295) oder in das Basislager des 7000ers, das sich auf 3600 Metern Höhe befindet.

> **Sary Mogol**
>
> **Gästehaus Sadan**, uliza Karakolskaja, Tel. +996/779/595543; 750 Som.
> **Gästehaus Zija**, uliza Lenin Dsholu, Tel. +996/778/963051; 750 Som.
> **Gästehaus Neberechan**, uliza Karakolskaja, Tel. +996/772/611096; 750 Som. Das Haus von Neberechan, ihrem Ehemann und den vier Kindern stellt zwei gemütliche Schlafsäle für Gruppen bis zwölf Personen zur Verfügung. Neberechan ist eigentlich Ärztin, aber seit 2009 arbeitslos, weil nach einem Schlaganfall gehandicapt. Trotzdem ist das Haus in bester Ordnung und überhaupt ist die Betreuung sehr liebevoll.
> Auch die Organisation **Community Based Tourism (CBT) Alaj**, Tel. +996/773/505939, Koordinator Abdilla Taschbekow, vermittelt Unterkünfte.

■ Daroot Korgon

Fährt man von der ›großen Kreuzung‹ in Sary Tasch 100 Kilometer gen Westen, stößt man unweigerlich auf Daroot Korgon (russ. Дараут Курган, kirg. Дароот Коргон), die größte Siedung im Tal des Alaj. Das Wort ›Kurgan‹ in der russifizierten Variante des Namens wird übrigens fälschlicherweise mit der Bezeichnung ›Kurgan‹ für ein Hügelgrab in Verbindung gebracht. ›Korgon‹ bedeutet im Kirgisischen ›Festung‹. Der Kyzyl Suu, der den Ort durchfließt, trägt hinter der tadschikischen Grenze den Namen Wachsch und wird am Nurek-Wasserkraftwerk aufgestaut. Im Süden Tadschikistans mündet er in den Pjandsch. Im Mündungsgebiet des Wachschs, welches heute noch von undurchdringlichen, fünf Meter hohen Schilfwäldern eingenommen wird, wurde 1957 der letzte Turan-Tiger in Sowjetmittelasien erlegt. Diese Unterart wurde damit unwiederbringlich ausgelöscht. Nur 50 Kilometer sind es von Daroot Korgon bis zur tadschikischen Grenze. Neben ein paar kleinen Läden haben der Ort und seine Umgebung voll allem eines zu bieten: unberührte Bergwelt. Ein historisches Kleinod stellen die **Festungsmauern eines Lehmforts** des Kokander Khanats dar, welche vom Khan namens Chudojar im 19. Jahrhundert errichtet wurden. Die Geschichte des Ortes begann vielleicht noch viel eher, denn Ausgrabungen lassen vermuten, dass hier eine Besiedlung im ersten Jahrtausend vor Christi Geburt erfolgte. Man vermutet sogar, dass der von Ptolemäus erwähnte Steinturm an der Straße zwischen China und Balch, an dem levantinische und chinesische Händler ihre Waren tauschten, hier gestanden haben könnte. In jedem

Falle war das Alaj-Tal über Jahrhunderte auch ein wichtiger Nebenzweig der Seidenstraße, denn von hier aus konnte man über den Irkeschtam-Pass die letzten 400 Kilometer nach Kaschgar überwinden.

Anno 1871 wandelte Alexej Pawlowitsch Fedtschenko, ein in der russischen Wissenschaft hoch verehrter Mittelasienforscher und Botaniker, im Rahmen einer Pamir-Expedition auf den Pfaden im Alaj. 1879 brach sein weniger bekannter Studienkollege Wasilij Fjodorwitsch Oschanin in den Pamir auf. Der Entomologe und Geograph entdeckte im Peter-I.-Gebirge einen wahrhaft riesigen Gletscher. Nach erfolgter Vermessung durch sowjetische Geodäten kam man auf eine Länge von 78 Kilometern. Oschanin taufte den Eisstrom auf den Namen **Fedtschenko-Gletscher**. Er ist der größte und längste Gletscher außerhalb der Polgebiete.

38°55'2.08"N, 72°15'47.18"E

Eine touristische Infrastruktur wird man in Daroot Korgon vergeblich suchen. Das Haus der ehemaligen Kolchose offeriert Reisenden mitunter zwei Zimmer. Der Ort ist immerhin das Verwaltungszentrum des Tschong-Alaj-Rajons und verfügt deshalb neben dem Gebäude der Rajon-Verwaltung auch über ein Postamt. Der kirgisische Grenzposten Kara Myk (russ., kirg. Кара Мык) liegt einige Kilometer vor der eigentlichen Grenze, die für Drittstaatler unpassierbar ist.

■ Tengiz-Baj-Pass

Fährt man kurz vor Daroot Korgon nach Norden, so kommt man nach zehn Kilometern auf den Tengiz-Baj-Pass an, der 3666 Meter über dem Meer liegt. Die beschwerliche, kaum ausgebaute Straße über den Pass wurde schon zu Sowjetzeiten schlecht unterhalten und diente vorrangig dazu, Vieh aus dem Fergana-Becken in das Alaj-Tal zu treiben, wo sich großen Flächen von Dshajloos (Almweiden) befanden. Selbst aus dem usbekischen Andishan-Oblast kamen die Schafe und Pferde. Heute ist der Pass meistens unfahrbar, da niemand mehr die großen Gesteinsbrocken wegräumt oder beschädigte Brücken ausbessert.

39°37'36.78"N, 72°16'57.00"E

Ab und zu werden jedoch per LKW direkt von Kyzyl Kija Versorgungsmaterialien nach Daroot Korgon gebracht und die Straße ist dann meist für wenige Wochen passierbar. Einen Versuch kann man also durchaus von der Nordseite starten. Dazu fährt man von Ütsch Korgon, das nur vier Kilometer westlich von Kyzyl Kija liegt, bis Karaul und folgt dabei dem Fluss Isfajram Saj. Mit westlichen Jeeps sollte man den Pass nicht unbedingt herausfordern, sondern eher mit der im DDR-Jargon einst sogenannten ›Kaukasus-Ziege‹. Dieses Gefährt ist ein Allrad-Kleinbus sowjetischer Produktion und heißt offiziell ›UAZ 452‹, bis heute ist es in Mittelasien, aber auch in der gesamten Russischen Föderation ein weit verbreitetes Transportmittel.

▲ *Sary Mogol*

Der Volksmund gab ihm den Namen ›Buchanka‹ (russ. Буханка, dt. Komissbrot). Zum Wandern eignet sich der Pass in jedem Falle. Allerdings sollte man auf einen ortskundigen Führer nicht verzichten.

Pik Lenin

Gegenüber von Sary Mogol liegt majestätisch der einzige 7000er in Südkirgistan. Zwar trägt der Berg, dessen Südhälfte sich in Tadschikistan befindet, schon lange nicht mehr den Namen von Wladimir Ilitsch Lenin, doch hat sich der Name Pik Lenin (russ. Пик Ленина), dem man auch eine gewisse Poesie nicht absprechen kann, in die Köpfe der Kirgisen, Tadschiken und Pamiri gebrannt. Fast niemand bringt heutzutage das tadschikische ›Kullai ibn Sino‹ (tad. Куллаи Ибн Сино) über die Lippen.

Blick ins Alaj-Tal und auf den Pamir

Mit einer Höhe von 7134 Metern ist er der dritthöchste im Siebentausender-Reigen der (ehemals) sowjetischen Gebirge und gilt auf der klassischen Route als leichtester Siebentausender überhaupt. Dazu passt eine Geschichte, die sich die Kirgisen im Alaj-Tal bis heute erzählen: Im Jahr 1994 stieg ein junger Mann namens Bosi, ein Student der Wasserwirtschaft der Universität Dresden, bis zum Lager II (5300 m) sogar in Badelatschen hinauf! Erst als es ihm auf dem Schnee zu rutschig wurde, stieg er auf feste Schuhe um.

Von Seiten der Wissenschaft wurde der Gipfel erst 1871 durch den russischen Naturforscher Alexej Pawlowitsch Fedtschenko entdeckt. Zu Ehren des Generalgouverneurs von Turkestan, Konstantin Petrowitsch von Kaufman, wurde er damals Pik Kaufman (russ. Пик Кауфмана) genannt. Im Jahr 1928 wurde er in Pik Lenin umbenannt. Bis ins Jahr 1933 galt er als höchster Gipfel im sowjetischen Pamir, bis sich herausstellte, dass der Pik Stalin, wie damals der Pik Kommunismus hieß, wesentlich höher war. Die Erstbesteigung erfolgte im Rahmen der in die sowjetische Forschungsgeschichte eingegangen deutsch-sowjetischen Alaj-Pamir-Expedition. Die Gesamtleitung hatte der ehemalige Sekretär Lenins, Nikolaj Petrowitsch Gorbunow. Auf deutscher Seite leitete der Alpinist Willi Rickmer Rickmers die Expedition. Zusammen mit seinen deutschen Bergsteigerfreunden Karl Wien, Eugen Allwein und Erwin Schneider gelang ihm 1928 die Erstbesteigung von der Südflanke.

Bereits zu Breschnews Zeiten wurde ein Basislager auf ungefähr 3600 Metern Höhe eingerichtet, das heutzutage einige große Bischkeker Reiseveranstalter weiter betreiben.

Auch einen traurigen Rekord hält der Pik Lenin: Im August 1990 tötete eine Lawine 43 Bergsteiger, darunter die Frauen-Auswahlmannschaft der Sowjetunion. Das Ereignis ging als eine der größten Katastrophen in die Geschichte des Alpinismus ein.

Gorno Badachschan

Berg-Badachschan, so der deutsche Name für Gorno Badachschan, ist territiorial gesehen mit dem auf tadschikischen Gebiet liegenden Pamir identisch. Nur die Nordabdachung des Großen Alaj liegt in Kirgistan. Das autonome Gebiet wurde 1925 per Erlass des Zentralen Exekutivkomitees der UdSSR eingerichtet. Mit einer Fläche von 63 200 Quadratkilometern nimmt die Region 45 Prozent der Landesfläche Tadschikistans ein. Nur drei Einwohner pro Quadratkilometer trotzen dem extrem rauen Klima. Offiziell heißt das Gebiet ›Gorno-Badachschanskaja awtomnaja Oblast‹ (russ. Горно-Бадахшанская автономная область).

Während des ›Great Game‹ spielte die Region eine große Rolle für Russland, denn britische und chinesische Besitzansprüche in Bezug auf Mittelasien wurden hier im Pamir erfolgreich durch russische Truppen zurückgedrängt. Im Jahr 1887 wurde in St. Petersburg ein russisch-britisches Abkommen zum Grenzverlauf im afghanischen Badachschan geschlossen, jedoch waren große Teile des Pamir nicht demarkiert und die verschiedenen Völker waren wechselnden Herrschaftsgebieten zugeordnet. So zahlten die Chane im Westpamir (Schugnan, Ruschan) mal dem Kokander, mal dem Bucharaer Chanat, mal dem afghanischen Schah ihre Steuern. Die im Ostpamir lebenden Kirgisen zahlten an China ihre Abgaben.

Russland wollte nun weder Afghanistan noch Großbritannien noch China den Pamir überlassen. Im August 1891 kam es zum allerersten Zuammenstoß von russischen und britischen Soldaten bei Bazaj Gumbez (Kleiner Pamir). Der Leiter der britischen Militärexpedition wurde unter Androhung von Gewalt aufgefordert, den Pamir zu verlassen. Nach dem Abzug der russischen Soldaten drangen erneut afghanische und chinesische Truppen in den Pamir ein. Russland schickte erneut Truppen, gründete bei Murgab einen ständigen Militärposten und wehrte von 1893 bis 1894 verschiedene afghanische Interventionen im Westpamir ab. Die russische Vormachtstellung im Pamir war gesichert, und so kam es im Februar

Auch in Gorno Badachschan leben Kirgisen

Blick über Kara Köl zum gleichnamigen See

1895 in London zum Abschluss eines Vertrages, der die Aufteilung Badachschans zwischen Russland, dem Emirat von Buchara und Afghanistan regelte. Da das Buchara-Emirat ein Vasallenstaat Russlands war und 1920 zerfiel, kam der größte Teil des Pamirs an den Zaren und später die UdSSR. Die damals abgesteckten Grenzen bestehen noch heute.

Die kulturelle, ethnische und landschaftliche Mannigfaltigkeit von Berg-Badachschan ist beeindruckend. Der Ostpamir ist historisch gesehen rein kirgisches Siedlungsgebiet. Allerdings unterscheiden sich diese Kirgisen von den Kirgisen in Kirgistan durch einen anderen Dialekt und feine Unterschiede in den Bräuchen. Aufgrund der extremen Höhe werden hier fast ausschließlich Jaks gehalten. In den extremen Lagen oberhalb von 3800 Metern befinden sich auf den weiten Ebenen Hochgebirgswüsten und die letzten Rückzugsgebiete international gefährdeter oder seltener Arten wie Marco-Polo-Wildschaf, Braunkopfmöwe, Streifengans und Schneeleopard.

Im Westpamir und im Wachan leben die Völker der Ruschani, Wachi, Schugnani und Hufi. Diese persischen Bergvölker gehören zur muslimischen Minderheit der Ismailiten und sprechen ostiranische Varianten des Persischen (Farsi).

Der Pamir-Highway zieht sich wie ein dünner Faden von Osch, am Kara-Köl-See vorbei, weiter nach Murgab, über

Kirgisische Mädchen am Pamir-Highway

den Wachan-Korridor nach Chorog und weiter bis nach Duschanbe. Es ist eine der schönsten Hochgebirgsstraßen der Erde. Die insgesamt 1200 Kilometer lange Strecke, im Russischen als Pamirskij Trakt (Памирский тракт) bezeichnet, wird in den Östlichen (Osch-Chorog) und in den Westlichen Pamir-Highway (Chorog–Duschanbe) eingeteilt. Der Östliche Highway wurde bereits zu Zarenzeiten begonnen und von 1931 bis 1934 für LKW ausgebaut und fertiggestellt. Er bezwingt auf einer Länge von 701 Kilometern die höchsten Straßenpässe der ehemaligen Sowjetunion: Kyzyl Art (4280 m), Ak Bajtal (4655 m) und Koj Tezek (4271 m).

Möchte man den Pamir bereisen, so sollte man in Tadschikistan unbedingt die südliche Nebenstrecke über den Wachan-Korridor wählen, die durch das Flusstal des Pjandsh entlang der tadschikisch-afghanischen Grenze führt. Der Umweg von knapp 100 Kilometern lohnt sich, dann man kann die Petroglyphen von Langar, die Festungsruinen von Jamchun und den Sonnenstein in Jamg bestaunen. Außerdem ist das Panorama im breiten Wachan-Korridor umwerfend, sieht man doch die höchsten Gipfel im Südpamir (Pik Engels, 6507 Meter; Pik Marx, 6723 m) und die 6000er des Hindukusch.

Der Westliche Highway von Chorog bis Duschanbe wurde 1940 fertiggestellt und trug den Namen Stalin Highway. Auf einer Länge von über 500 Kilometern geht er oft durch enge Täler und Schluchten und überwindet mit diversen Pässen oberhalb von 3000 Metern wesentliche geringere Höhenunterschiede als der Ostteil. Allerdings steht auch dieser Streckenabschnitt landschaftlich dem Ostteil nicht nach. An einigen Stellen kann man die kunstvoll angelegten afghanischen Terrassendörfer sehen, die sich an die trockenen Hänge von 4000 Meter hohen Bergen pressen und das einzige Grün darstellen. Über den mächtigen Pjandsh-Fluss verlaufen Hängebrücken auf die afghanische Seite, passierbar sind sie jedoch nicht. Fährt man die Nebenflüsse des Pjandsh wie Bartang, Jazgulem oder Wantsch hinauf, kommt man in extrem abgeschnittene Hochgebirgsregionen, wo die verschiedenen Pamiri-Völker ein archaisches Leben führen.

Von 1925 bis 1991 wurde die Region entsprechend der sozialistischen Fünfjahrespläne allmählich erschlossen. Den Pamirbewohnern ging es zu Sowjetzeiten in materieller Hinsicht wesentlich besser als vor 1920 oder in den 1990er Jahren. 1991 wurde Tadschikistan unabhängig, und alte Clanstrukturen brachen auf, es kam von 1992 bis 1997 zum Bürgerkrieg. Dabei kämpften die Pamiri auf Seiten der ›Vereinigten Opposition Tadschikistans‹, also gegen die Zentralmacht in Duschanbe. Die Zentralmacht um Präsident Rachmonow, der sich bis heute im Amt gehalten hat, wurde wiederum von Russland und Usbekistan unterstützt. Beide Staaten fürchteten, dass die 1200 Kilometer lange Grenze Tadschikistans zu Afghanistan durchlässig werden könnte und radikale Kräfte in Mittelasien massiv eindringen könnten. Die hauptsächlichen Kampfschauplätze lagen aber in der Westhälfte des Landes. Fast der gesamte Pamir lag damit außerhalb der Kampfhandlungen. Im Juni 1998 wurde ein Friedensabkommen in Moskau vereinbart. Danach verstärkten russische Grenztruppen die tadschikisch-afghanische Grenze bis 2004. Seit 1998 ist die innenpolitische Lage in Tadschikistan stabil.

Erfahrungen mit Touren auf dem Pamir-Highway haben die Firmen Glav Tour, Kyrgyz Concept und Central Asia Expeditions; letztere verfügt über eigene Fahrzeuge in Tadschikistan und kann auf langjährige Praxis im Pamir zurückschauen.

Pamir-Highway bei Ischkaschim mit Blick auf den Hindukusch

Der Batken-Oblast

Infrastrukturell vom Rest des Landes abgeschnitten, liegt im äußersten Südwesten des Landes der Batken-Oblast (russ. Баткенская область, kirg. Баткен областы). Die im Westen des Oblastes liegende Stadt Isfana ist 1040 Kilometer von Bischkek entfernt. In den wenigen Dörfern des dünnbesiedelten Turkestan-Gebirges sagen sich Fuchs und Hase gute Nacht, denn die meisten sind nicht mal an das öffentliche Stromnetz angeschlossen und die Wege dorthin sind abenteuerliche Pisten. Noch schwerer erreichbar als das schon ziemlich abgelegene Tschatkal-Tal im Dshalal-Abad-Oblast, wartet die gesamte Region darauf, aus dem touristischen Dornröschenschlaf aufzuwachen. Denn hier gibt es ähnlich wie im Süden des Issyk-Kul- und Naryn-Oblastes eine fantastische Bergwelt, die ihren Höhepunkt mit einigen 5000ern im ›Patagonien Mittelasiens‹ findet.

Als Gegensatz zur alpinen Welt findet man im Norden der Region intakte aride Ökosysteme, die unterhalb von 500 Metern liegen und besonders im Frühjahr reizvoll sind. In den Flussoasen blühen dann unzählige Aprikosenbäume, und die Wüsten erwachen und bringen unzählige Frühlingsblüher hervor, wie zum Beispiel diverse Wildtulpen und violett blühende Orobanche-Arten.

Batken wird aber auch das ›Land der tausend Grenzen‹ genannt, denn neben einem komplizierten Grenzverlauf zwischen den drei Anrainerstaaten des Fergana-Beckens befinden sich auf kirgisischem Territorium sechs tadschikische und usbekische Enklaven.

> ❗ **Was man nicht verpassen sollte**
> **Patagonien Mittelasiens**: Pik Pyramide (5509 m) und Suu Baschy (→ S. 303)
> **Naturdenkmal Ajgul Tasch**: seltene Schachblumen (→ S. 303)

Zahlen und Fakten

Erst 1999 wurde der Batken-Oblast als neue adminstrave Einheit geschaffen. Seit Gründung der Kirgisischen Sowjetrepublik war er bis dahin immer ein Bestandteil des Osch-Oblastes gewesen. Auf 17 000 Quadratkilometern wohnen hier 440 000 Menschen, hauptsächlich im Fergana-Becken. Nur 25 Einwohner teilen sich einen Quadratkilometer und damit ist Batken noch etwas dünner besiedelt als die beiden anderen Verwaltungsregionen Südkirgistans.

Nach Ergebnissen der Volkszählung von 2009 leben 77 Prozent Kirgisen und 15 Prozent Usbeken im Oblast. Sehr hoch ist mit sieben Prozent der tadschikische Bevölkerungsanteil. Tadschiken siedelten hier schon lange, bevor das Russische Reich das Fergana-Becken in Beschlag nahm. Bei der Grenzziehung der Sowjetrepubliken achtete man nur bedingt auf die ethnischen Siedlungsverhältnisse. Es ist fast ein Wunder, dass die 3500 hier lebenden Russen noch nicht ins Ausland ausgereist sind – und das, obwohl der Oblast als der rückständigste des ganzen Landes gilt. Industrie oder größere Betriebe gab es selbst zu Sowjetzeiten nicht, die verdeckte Arbeitslosigkeit liegt hier bei über 20 Prozent.

Der Oblast wird aministrativ in den Batken-, Lejlek- und Kadamshaj-Rajon eingeteilt. Einzigartig auf dem Gebiet der ehemaligen Sowjetunion ist die Ansammlung von zwei usbeksichen und vier tadschkischen Enklaven. Dabei sind die zu Usbekistan gehörnen Enklaven Soch (russ. Сох) mit 325 Quadratkilometern und Schachimardan (russ. Шахимардан) mit 90 Quadratkilometern sowie die tadschikische Enklave Woruch (russ., tadsch. Ворух) mit etwa 100 Quadratkilometern die größten.

Der Batken-Oblast 301

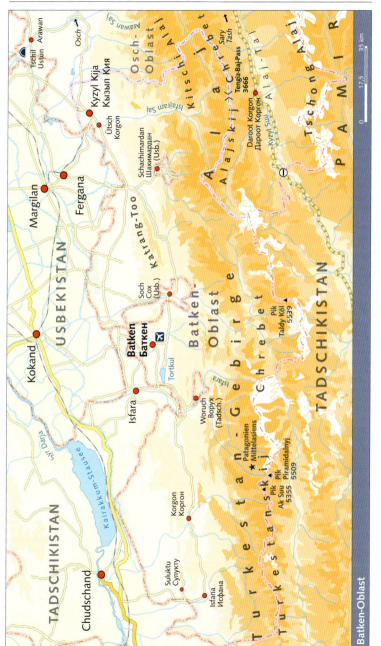

Südkirgistan

Batken-Oblast

Das Relief der Region ist zweigeteilt. Im nördlichen Drittel breiten sich die Ebenen des **Fergana-Beckens** aus, die großflächig von unbesiedelten Wüsten bedeckt sind, die von Flussoasen durchzogen werden. Diese Ebenen werden durch inselartige Gebirge unterbrochen, von denen das höchste das unbewohnte **Katrang-Too-Gebirge** ist, dessen Berge bis zu 3375 Meter in den Himmel reichen. Zwei Drittel der Region werden durch das riesige **Turkestan-Gebirge** eingenommen, dessen Hauptgrat sich über 350 Kilometer bis vor die Tore der usbekischen Stadt Samarkand erstreckt. Die höchsten Gipfel der Kette liegen auf der kirgisisch-tadschikischen Grenze und heißen Taldy Köl (5539 m), Pik Ak Suu (5355 m) und Piramidalnyj Pik (5509 m), auf gut Deutsch ›Pyramidengipfel‹.

Batken

Zwar ist Batken, das 1936 gegründet wurde, die Verwaltungshauptstadt des Batken-Oblastes, jedoch ist hier alles sehr provinziell, denn man ist 240 Kilometer von der ›Zweiten Hauptstadt‹ Osch und 890 Kilometern von der ersten entfernt. Die 12 000 Einwohner zählende Kleinstadt, die im Jahr 2000 das Stadtrecht erhielt, gruppiert sich um den zentralen Erkindik-Platz. Das kirgisische Wort ›erkindik‹ bedeutet Freiheit, und so hält der Freiheitsengel, der auf einer Säule montiert ist, das kirgisische Staatsemblem – die Sonne mit Tündük – in der aufstrebenden Hand. Einige Neubauten aus der Andropow-Zeit verteilen sich am Erkindik-Platz, ansonsten wird das Stadtbild eher von einstöckigen Privathäusern dominiert. Als Basislager für Erkundungen des Turkestan-Gebirges, in dem es noch einige unbestiegene 4000er geben soll, ist der Ort gut geeignet.

Der **Zentrale Markt** liegt etwa 500 Meter südöstlich des Erkindik-Platzes. Er hat ein paar wenige Stände mit Kleidung, Werkzeug, Haushaltstechnik und Unterhaltungselektronik, alles ›gute Ware‹ aus der benachbarten Volksrepublik, die meist nach drei Tagen kaputt geht. Daneben gibt ein paar Frischfleisch- und Milchverkäufer. Die Auswahl auf dem Obstbasar ist besonders von Mai bis Juli recht ergiebig. Herausragend ist die Qualität der Aprikosen. Der kleine Markt **Markt Ak Orgo** liegt auf der uliza Sadykowa.

Batken

Vorwahl: +996/3622

Hauptpostamt, 720100 Batken, uliza Nurgazijewa 1, Tel. 50214.

Comercial Bank, uliza Nurgazijewa 26, Tel. 50418.
BTA Bank, uliza Saidymana Aji 7, Tel. 50295; Mo–Fr 8.30–16, Sa 8.30–14 Uhr.

Aus Osch kommend erreicht man Batken nach 240 Straßenkilometern. Bis 2011 war man noch durchgehend auf einer Huckelpiste unterwegs, die zudem die usbekischen Enklaven durchlief und für Ausländer ein usbekisches Transitvisum nötig machte. Diese Schwierigkeit ist nun mit der neuen Straße von Batken nach Osch, die 2013 fertig gestellt wurde, Geschichte.
Am **Zentralen Basar** verkehren Sammeltaxis nach Osch (700 Som, 240 Kilometer), Isfana (150 Kilometer), Kyzyl Kija und Suljukta (160 Kilometer). Die Marschrutkas, die viel seltener fahren, sind etwas günstiger.

Hotel Ak Sarai, uliza Saidiman Adshy, Tel. +996/558/810202, +996/778/200666; EZ ab 1200 Som pro Person, DZ 1000 Som (mit Frühstück).

Hotel Altyn Beschik, uliza Faizullajewa 76, Tel. 51616, +996/772/277668; EZ ab 1500 Som pro Person, DZ 1200 Som (mit Frühstück).

Gästehaus Baikut, uliza Ajipowa 1, Tel. +996/777/731201; EZ ab 800 Som pro Person, DZ 450 Som.

Patagonien Mittelasiens

Das Gletschergebiet zwischen dem Ak Suu und der Pyramide wird auch als ›Patagonien Mittelasiens‹ tituliert und gehört zu interessantesten Trekkingoptionen des Landes. Einhellig ist die Meinung kirgisischer Alpinisten, dass diese Bergregion ähnlich atemberaubend ist wie der Gebirgsknoten um den Pik Pobeda im Osten des Landes und das Ak-Schirak-Massiv südlich von Karakol. Man wählt von Batken den Weg Richtung Isfana bis zum Dorf **Ak Saj** (40 Kilometer), das westlich der Enklave Woruch liegt. Auf steiniger Piste geht es dann bis zum **Tal des Karawschin-Flusses**, der sich bei Woruch auf einer Höhe von 1300 Metern mit dem Kschemysch zum Isfara-Fluss verbündet. Bis an diese Stelle kommt man mehr recht als schlecht mit Allradfahrzeugen, dann ist es vorbei mit Autofahren.

Ungefähr nach 30 Kilometern kommt man an den Zusammenfluss von Karawschin und Orto Schatschma (1797 m). Läuft man nun das **Orto-Schatschma-Tal** weiter, so kommt man nach 25 Kilometern an den Zusammenfluss der Flüsse Ak Töbek und Dykönök (2987 m). Von dieser Stelle hat man freien Blick auf den namenlosen Gipfel (5229 m) am Ak-Töbek-Gletscher und den Pik Kara Suu (5309 m). Nur sieben Kilometer östlich des Orto-Schatschma-Tales schlängelt sich das Tal des **Kara-Suu-Flusses**, direkt zum **Pik Piramidalnyj** (5509 m) . Westlich des Orto Schatschma bahnt sich der **Leili-Mazar-Fluss** seinen Weg durch das gleichnamige Tal, an dessen Ende sich der **Pik Sabach** (5282 m) auftürmt. Westlich des Leili Mazar gibt es mit dem **Ak Tschukur** (5101 m) einen weiteren Eisriesen, den man jedoch nur vom Tal der Sarkat aus zu Gesicht bekommt. Die Anfahrt in die Gefilde des Ak Tschukur und des Pik Sabach erfolgt über Suljukta oder Isfana.

Naturpark Ajgul Tasch

Wie in einem Geheimfach versenkt liegt ein namenloses Gebirgstal im Turkestan-Gebirge, das eine botanische Besonderheit hütet: Im Russischen und Kirgisischen heißt die orangefarbene Blume einfach ›Ajgul‹, auf Deutsch Eduard-Kaiserkrone (*Fritillaria eduardii*). Das zu den Schachblumen zählende Gewächs aus der Familie der Liliengewächse ist durch seine Wuchsform, Farbe und Blätteranordnung von einmaliger Eleganz. Wegen ihrer Einzigartigkeit ziehen zur Blütezeit die Anwohner zu Hunderten ins das Tal, um die Blumen zu bestaunen. Leider reicht es einigen nicht, die Pflanzen nur anzusehen, und so kam und kommt es regelmäßig vor, dass die Ajgul für Blumensträuße gepflückt oder gar ausgegraben wird. Dies bewog das Umweltministerium dazu, die Pflanze schon in den 1980er Jahren in die Rote Liste Kirgistans aufzunehmen. Als die Bestände weiter zurückgingen, wurde 2009 ein Naturpark (russ. Айгульташ, kirg. Айгүл Таш) für den besseren Schutz eingerichtet. Die Schüler der umliegenden Schulen organisieren seit zwei Jahren, wie in der kirgisischen Tageszeitung ›Slowo Kirgistana‹ zu lesen war, eine ›grüne Patrouille‹.

Das Tal erreicht man, wenn man von Batken in Richtung Westen bis zum Dorf Kara Bulak fährt und sich dort durchfragt.

Deutsch-kirgisisches Engagement im Naturschutz – der ›NABU Kirgistan‹

von Thorsten Harder, seit 2002 Direktor des ›NABU Kirgistan‹

Im Jahre 1999 suchte eine Schweizer Stiftung eine Möglichkeit, Gelder zum Schutz des Schneeleoparden anzulegen. Die maßgebliche Idee zum folgenden Projekt hatte die kirgisische Zoologin Walentina Toropowa. Ich war damals für das deutsche ›Centrum für für Internationale Migrarion und Entwicklung‹ (CIM) als Experte im kirgisischen Umweltministerium tätig und Berater des kirgisischen Umweltministers. Es gelang uns, sowohl den Naturschutzbund Deutschland (NABU) als auch das kirgisische Umwelt- und Innenministerium zu einer Vereinbarung über die Bildung einer Anti-Wilderer-Einheit zu bewegen. Diese Einheit nannte sich nach dem russischen Wort für Schneeleopard ›Bars‹ und machte von 2002 bis 2010 über die Grenzen Kirgistans hinaus von sich reden. Mit der Beschlagnahme von fünf lebenden Schneeleoparden, weit über 30 Fellen und hunderten illegaler Schusswaffen sowie weit über tausend illegaler Fallen war es die erfolgreichste Form der Schutzarbeit für diese bedrohte Katzenart, von der es weltweit nur noch knapp 3500 Tiere gibt.

Mit der Konfiszierung eines lebenden Schneeleoparden wurde im Dezember 2000 erstmals Geschichte geschrieben. Das Jungtier war verletzt und bedurfte dringend veterinärmedizinischer Versorgung. Die gab es damals in Kirgistan nicht, und so wurde ein Flug des Tieres nach Hannover organisiert. Kurios und für heutige Verhältnisse kaum vorstellbar: Der Schneeleopard flog in einer selbstgebauten Transportkiste gemeinsam mit den übrigen Passagieren in der hintersten Sitzreihe einer Tupolew-Maschine In Deutschland wurde die ›Lebendfracht‹ von über 40 Journalisten, dem kirgisischen Botschafter und einer Staatssekretärin aus dem Umweltministerium empfangen.

Im Sog dieses Erfolges gelangen weitere Aktionen, und das Ansehen der Gruppe sowie des Projektes wuchs rasch. Es wurde ein langjähriges Monitoringprogramm aufgebaut und parallel dazu weitere Arbeitsfelder in Angriff genommen. Ein wichtiger Bestandteil war die präventive Arbeit – vor allem bei der Aufklärung der Bevölkerung. Ein eigens hierfür gefertigter Dokumentarfilm in russischer und kirgisischer Sprache wurde jährlich zur Winterzeit tausenden Menschen in den Dörfern am Rande der Schneeleopardenreviere in jeweils einer Erwachsenen- und Kinderversion gezeigt. Spiele für die Kinder und Gespräche mit den Erwachsenen förderten die Einsicht, dass Wilderei kein Kavaliersdelikt oder gar eine Heldentat sei, wie es damals die weit verbreitete öffentliche Meinung war, sondern eine Straftat. Eine Reihe von repräsentativen Verurteilungen unterstützte seinerzeit diese Argumentation. Kirgistan ist bis heute das einzige Land im Verbreitungsgebiet des Schneeleoparden, in dem Menschen für die Wilderei auf diese schönen Katzen ins Gefängnis kommen können.

Im Jahre 2002 wurden die nächsten zwei lebenden Tiere bei dem Versuch, sie in Transportcontainern eines kasachischen Zirkus aus dem Lande zu bringen, beschlagnahmt. Sie waren für einen Privatzoo in Südkasachstan bestimmt. Schnell war klar, dass ein zweiter Transport ins Ausland nicht in Frage kam. Mit der durch Walentina und mich gegründeten Organisaton ›NABU Kirgistan‹ konnten wir

Deutsch-kirgisisches Engagement im Naturschutz – der ›NABU Kirgistan‹

schnell handeln: Auf einem bereits im Vorfeld für den Aufbau eines Wildtier - Rehabilitationszentrums gepachteten Grundstück in den Bergen oberhalb des Dorfes Ananjewo am Nordufer des Issyk Kul wurde in Rekordzeit ein erstes Gehege für Schneeleoparden aufgebaut. Im Jahre 2003 kamen weitere zwei beschlagnahmte Schneeleoparden hinzu. In einer spektakulären Aktion konnten in diesem Zusammenhang vor allem Hintermänner aus dem Staatsapparat festgenommen werden. Ihre anschließende Verurteilung war keine Selbstverständlichkeit und brachte auch persönliche Gefahren für die Mitarbeiter des Projektes mit sich. 2004 wurde das bis heute weltweit größte Freigehege für Schneeleoparden errichtet, dank einer Direktspende von Care for the Wild (GB).

Im Jahre 2004 konnten 127 Sakerfalken mit einem damaligen Schwarzmarktwert von weit über einer Million Dollar beschlagnahmt werden. Der ›NABU Kirgistan‹ hatte es geschafft von den Behörden wie von der Bevölkerung als dauerhafte Einrichtung mit hoher Schlagkraft wahrgenommen zu werden, und fast wöchentlich wurden neue Tiere zur weiteren Pflege und Auswilderung gebracht.

So wurde im Jahre 2002 der einzige Tierpark des Landes in Karakol in einem erbärmlichen Zustand übernommen. Die Bezahlung der Mitarbeiter war so schlecht, das sie praktisch gezwungen waren, ihre eigenen Tiere aufzuessen. Wegweisend für den bis heute anhaltenden Erfolg des Tierparks war die Einstellung der kirgisischen Veterinärin Saltanat Sejtowa als Direktorin der Einrichtung. Mehrere Fortbildungen, die unter anderem auch in deutschen Zoos stattfanden, halfen ihr, die Arbeit des Tierparks zu verbessern. Tierpark und Rehabilitationszentrum bildeten von Beginn an eine konzeptionelle Einheit. Im Ergebnis dieser erfolgreichen Tandemkonstruktion konnten im Laufe der Jahre hunderte Greifvögel ausgewildert werden, die von Einheimischen illegal ausgehorstet worden waren.

Komplettiert wurde dieser Ansatz im Jahre 2005 durch die Eröffnung eines Umweltbildungszentrums in der Hauptstadt, in dem vor allem Bischkeker Schulklassen in Halb - und Ganztagesprogrammen betreut wurden. Mehrere Veranstaltungen wöchentlich sorgten für eine rasche Multiplikation von Naturschutzgedanken unter der Stadtjugend. Mehrere deutsche und ausländische Fersehsender berichteten zur besten Sendezeit über unsere Arbeit; der letzte Film stammt aus dem Jahre 2010 vom Hessischen Rundfunk und trägt den Titel ›Der Retter der Schneeleoparden‹.

Praktisch seit 2001 wurden regelmäßig Daten erhoben, zusammengetragen und systematisiert. Im Jahre 2007 arbeiteten sechs von neun Ornithologen des Landes beim ›NABU Kirgistan‹, unter anderem auch Stephan Flechtner und Sergej Kulagin. Hinzu kam mit Walerij Eremtschenko der einzige Fachmann für Amphibien und Reptilien des Landes. Diese Aktivitäten mündeten 2010 in der Herausgabe der ersten Wirbeltier-Checkliste des Landes.

Der NABU Deutschland gründete 2011 seine eigene Außenstelle mit dem Namen ›Filiale des NABU Deutschland in Kirgisien‹ mit Sitz in Bischkek und organisiert heute die Arbeit der Antiwilderer-Einheit ›Bars‹, der Umweltbildung und des Reha-Zentrums für Schneeleoparden.

Der Kern der kirgisischen NGO ›NABU Kirgistan‹ arbeitet heute hauptsächlich im ornithologischen Bereich und unterhält den Tierpark Karakol. Im Jahre 2014 hat sich die Organisation in ›Kyrgyz Wildlife Society‹ umbenannt, um weitere Verwechselungen mit der ›Filiale des NABU Deutschland in Kirgisien‹ auszuschließen.

Reisetipps von A bis Z

Anreise mit dem Auto

Mit genügend Zeit und Abenteuerlust im Gepäck ergibt sich die Option der Anreise mit dem Auto. Auf der knapp 5500 bis 7000 Kilometer langen Strecke werden die Entfernungen von Mitteleuropa erst richtig deutlich. Von Grenzübergang zu Grenzübergang lässt sich der Wechsel der Landschaften und Kulturen beobachten.

Wegen der notwendigen **Transitvisa** (derzeit für Weißrussland und Russland sowie für Aserbaidschan, Turkmenistan und Usbekistan nötig) sollte man sich rechtzeitig an eine **spezialisierte Agentur** wenden (www.russland-visum.de, www.buch-dein-visum.de, www.visa-wie.de). Von einer Anreise durch die Ukraine ist aufgrund des kriegerischen Konfliktes im Osten des Landes derzeit unbedingt abzuraten.

Kasachstan hat im Juli 2014 für deutsche Staatsbürger (nicht jedoch für Österreicher und Schweizer!) die **Visapflicht für touristische Reisen** bis zu 15 Tage Dauer ausgesetzt, vorerst befristet für ein Jahr (bis 15. Juli 2015). Dies gilt auch für Transitreisen. Näheres sollte man bei der kasachischen Botschaft im Heimatland erfragen (z.B. www.botschaft-kaz.de).

Man sollte sich, wenn man über wenig oder keine Russischkenntnisse verfügt, auf z. T. lange und kostenintensive Kontrollen an den Grenzen der ehemaligen UdSSR gefasst machen. Immer wieder wird durch Zöllner und Grenzbeamte versucht, diese und jene ›Vorschriften‹ zu erfinden und dafür entsprechende Strafgelder zu erheben. Diese Strafgelder können pro Grenze bis auf 200 Euro und mehr anwachsen, da man jeweils zwei Zollstellen, zwei Grenzstellen und oft noch eine sogenannte Transportpolizei zu passieren hat. Hinzu kommen noch die Verkehrskontrollen an den einzelnen stationären Polizeiposten (russ: пост ГАИ) und Radarkontrollen, bei denen vor allem in Russland und Kasachstan pro Delikt locker 80 Euro (z. B. wegen Geschwindigkeitsüberschreitung) fällig werden.

Route Kaspisches Meer

Diese Route führt über Südosteuropa, durch die Türkei bis nach Aserbaidschan. Hier steigt man in Baku auf die Fähre nach Turkmenistan (Visum erforderlich) und landet in Turkmenbaschi an der Ostküste des Kaspischen Meeres an. Danach geht es über den Grenzübergang bei Turkmen-

Alymkul Karabaew, einer der verwegensten GAZ 66-Fahrer Kirgistans

abat nach Usbekistan (Visum erforderlich). Hier empfehlen sich Zwischenhalte in den Seidenstraßenstädten Buchara, Samarkand und Kokand. Man kann dann bei Osch oder nördlich von Taschkent die Grenze überschreiten. Beim Grenzübergang bei Taschkent kommt man auf kasachisches Territorium. Die Strecke Taschkent–Schimkent–Taraz ist in jedem Falle landschaftlich reizvoll und lädt zu Abstechern ein (Nationalpark Aksu Dshabagly, Karatau-Gebirge). Man kann dann über zwei verschiedene Übergänge nach Kirgistan einreisen. Zum einen über Taraz (und weiter über Talas) zum anderen über Merke–Schaldawar. Die schnellste dieser Varianten ist die Einreise über Merke.

Diese Variante ist nur etwas für Abenteurer mit viel Zeit, denn die Fährverbindungen über das Kaspische Meer sind unregelmäßig, eine Ticketreservierung ist nicht möglich, man bekommt die Fahrkarten nur im Hafen von Baku. Auf jeden Fall sollte man darauf achten, das turkmenische Transitvisum nicht zu knapp zu kalkulieren, da man unter Umständen in Baku ein paar Tage auf eine Fährverbindung warten muss.

Route Finnland

Zuerst mit der Fähre von Rostock oder Travemünde aus nach Helsinki. Dann über St. Petersburg–Moskau–Penza bis nach Samara. Ab Samara teilt sich die Strecke auf und es gibt grundsätzlich zwei Varianten: Route ›Ural‹ und Route ›Aral-See‹. Die Route ›Finnland‹ hat den Vorteil, dass man sich auf der Fähre ausruhen kann und schon nach zwei Stunden Fahrzeit von Helsinki aus an die russische Grenze kommt. Kommt man nach Russland, so betritt man die Zollunion Russland-Kasachstan-Kirgistan (seit 2013). Leider ist von dieser bis jetzt nicht viel zu merken, denn man wird immer noch an der russisch-kasachischen und an der kasachisch-kirgisischen Grenze von Zöllnern kontrolliert. Allerdings geht die Zollabfertigung im Vergleich zu 2012 schon wesentlich schneller voran. Für Russland benötigt man ein Transitvisum. Zu Kasachstan s.o.

Route Ural

Von Samara aus geht es weiter über das Ural-Gebirge nach Tscheljabinsk und man überschreitet bei Troizk die russisch-kasachische Grenze. Weiter über Atbasar–Astana–Karaganda–Balchasch–Schu, bis zum Grenzübergang ›Kordaj‹ in der Nähe von Bischkek.

Bitte beachten Sie, dass eine Wartezeit von wenigen Stunden bis zu einem halben Tag an der Grenze durchaus vorkommen kann. Weiterhin sind einige Strecken in Russland staugefährdet (Moskauer Außenring, Großraum Samara, Großraum Ufa) und der schlechte Zustand russischer Straßen lässt oft nur 70 km/h zu.

Wenn man die Fahrt genießen möchte, sollte man 10 bis 14 Tage einplanen. Möchte man noch ein paar Sehenswürdigkeiten anschauen (St. Petersburg, Goldener Ring, Kreml von Kazan, Astana, Tengiz-Seen), so reichen zwei Wochen nicht mehr aus. Autohändler, die PKW überführen, schaffen es auch in sechs Tagen. Da die Straße zwischen Tscheljabinsk und Astana bis zum Abzweig in die Stadt Schu (südlich des Balchasch-Sees) mit sehr gutem neuem Asphalt verlegt ist, wird diese von den professionellen kirgisischen Autohändlern gegenüber der Strecke Uralsk–Kyzyl Orda–Schymkent bevorzugt.

Route Aralsee

Der Weg führt ab Samara schon in Richtung Süden. Man überschreitet bei Uralsk die kasachisch-russische Grenze, fährt weiter über Aktöbe und Karabutak und streift bei Aralsk das ehemalige Nordufer des fast ausgetrockneten Aralsees. Weiter geht es entlang der Aue des Syrdarja über Kyzyl Orda–Turkestan–Schymkent–Taraz–Merke. Bei Tschaldawar überschreitet man die kasachisch-kirgisische Grenze. Der Weg ist um einige hundert Kilometer kürzer als die Route ›Ural‹. Außerdem wird gerade die Straße zwischen Atyrau und Kyzyl Orda bis Schymkent ausgebaut und mit neuem Asphalt versehen, was bis Ende 2014 beendet sein soll.

Route Lettland

Über Warschau und weiter über Litauen und Lettland (über Rezekne). Man überschreitet bei Zilupe die russische Grenze, fährt über Welikije Luki bis zum Moskauer Außenring und bis Samara. Der Vorteil dieser Variante ist, dass man Weißrussland umfährt und damit ein Visum spart. Außerdem umgeht man die meist sehr langen Wartezeiten an der polnisch-weißrussischen Grenze und die oft rabiaten weißrussischen Zöllner und Grenzer.

Route Weißrussland

Direkt von Warschau aus bis zur Grenze bei Brest, weiter über Minsk und Smolensk über den südlichen Moskauer Außenring und weiter bis Samara. Die Route ist der kürzeste und direkteste Weg nach Moskau. Es wird allerdings ein weißrussisches Transitvisum benötigt, aber im Vergleich zur ›Lettland-Variante‹ werden 300 Kilometer weniger gefahren.

Für einen ausreichenden **Versicherungsschutz** des Fahrzeuges sollte man sorgen. Weiterhin sollte man ALLE wichtigen Ersatzteile mitführen. Es gibt zwar unterwegs Autowerkstätten (russ: CTO, автомастерская, автосервис). Diese können viele Reparaturen durchführen, haben jedoch nie Ersatzteile vorrätig. Bei in Russland oder Kasachstan

Kirgisische Taxis kommen überall hin

seltenen Marken wie z. B. Jeep, Landrover sind selbst in Moskau, Astana oder Bischkek keine Ersatzteile vorrätig und müssen bestellt werden.

Anreise mit dem Flugzeug

Wer mit dem Flugzeug einreisen möchte, hat eine Fülle an Möglichkeiten. Für die Buchung von Flügen nach Kirgistan und in die Nachfolgestaaten der Sowjetunion gibt es spezialisierte Reisebüros in Deutschland: Reiseservice Rantzsch, www.rantzsch-reisen.de, Sputnik Travel, www.sputnik-travel-berlin.de u.a. Aber auch die üblichen Buchungsportale bieten Flüge ab/bis Bischkek an.

Zum Prozedere auf dem Internationalen Flughafen von Bischkek → S. 142.

Bischkek wird von folgenden Fluggesellschaften von Mitteleuropa aus angeflogen:

Aeroflot

Abflugorte: Berlin, Frankfurt, Hamburg, Hannover, Düsseldorf, München, Stuttgart, Zürich, Wien. Russisches Unternehmen mit Heimatflughafen in Moskau-Scheremetewo. Die Fluggesellschaft mit der größten Auswahl an Abflugorten. Fliegt täglich. Man muss bei jedem Flug in Moskau umsteigen und hat unterschiedlich lange Umsteigezeiten. Da man im Transitbereich bleibt, benötigt man KEIN russisches Visum. Abflugzeiten in der BRD, Schweiz und Österreich

Zeltplatz mit Blick auf den Issyk Kul

gegen Mittag oder am frühen Nachmittag, Ankunft in Bischkek immer gegen vier Uhr nachts. Abflug immer gegen sieben Uhr früh in Bischkek. Als einzige Airline bietet Aeroflot auch einen Nachmittagsflug an, mit Ankunft in Bischkek gegen 15 Uhr und Abflug in Bischkek gegen 17 Uhr.

Turkish Airlines
Abflugorte: Berlin, Frankfurt, Wien, Zürich. Man muss in Istanbul (Atatürk) umsteigen. Abflugzeiten in der BRD, Schweiz und Österreich gegen Mittag oder am frühen Nachmittag, Ankunft in Bischkek immer gegen zwei Uhr nachts. Abflug immer gegen vier Uhr früh in Bischkek.

Rossiya Airlines
Abflugorte: Berlin, Frankfurt, Hamburg. Russische Airline mit moderner Flotte. Sitz ist St. Petersburg. Man muss in St. Petersburg umsteigen. Kein russisches Transitvisum nötig. Abflugzeiten in der BRD, Schweiz und Österreich gegen Mittag oder am frühen Nachmittag, Ankunft in Bischkek gegen 5 Uhr morgens. Abflug in Bischkek gegen 7 Uhr morgens.

Pegasus
Abflugorte: Berlin, Frankfurt, Wien, Zürich. Fliegt Bischkek erst seit 2013 an. Man muss in Istanbul (auf dem Flughafen Sabiha Gökçen auf der asiatischen Seite der Stadt) umsteigen. Abflugzeiten in der BRD, Schweiz und Österreich gegen Mittag oder am frühen Nachmittag, Ankunft in Bischkek früh am Morgen. Abflug immer gegen fünf Uhr früh in Bischkek. Die Tickets von Pegasus sind meistens die preiswertesten (ab ca. 350 Euro hin und zurück).
Der Heimatflughafen von Pegasus Airlines ist übrigens nach der türkischen Pilotin Sabiha Gökçen (1913–2011) benannt; sie war eine Adoptivtochter Kemal Atatürks und die erste Kampfpilotin der Welt.

Lufthansa
Eine ganz andere Methode sind Flüge in die Nachbarländer. Die Lufthansa bietet beispielsweise einen Direktflug von Frankfurt a.M. nach Almaty mit nur sechs Stunden Flugzeit an. Es lohnt sich, auch andere Fluggesellschaften nach Flügen nach Almaty zu durchstöbern. Von dort verkehren regelmäßig Minibusse (4–5 Stunden Fahrzeit) und Sammeltaxis (3–4 Stunden Fahrzeit), die Reisende von Almaty nach Bischkek befördern. Da Taxis nicht direkt vom Flughafen nach Bischkek fahren, empfiehlt es sich, sich an einen kirgi-

Gletscherformationen im Khan-Tengri-Massiv

sischen Reiseveranstalter zu wenden und sich den Transfer organisieren zu lassen. Ein kasachisches Visum ist seit Sommer 2014 nicht mehr notwendig (→ S. 306). Kirgisische Fluggesellschaften wird man vergebens suchen, da sie aufgrund von Sicherheitsmängeln in der EU nicht zugelassen sind.

Atlas 1
Diese kasachische Fluglinie bietet im Sommer Direktflüge mit einer Fokker 100 von Almaty zum Issyk Kul an (Juni bis September). Preis 90 Euro hin und zurück, Dauer 30 min. Atlas-1 Almaty, Tel. +7/727/2670542, 2670354, 2614583, atlas1kz@usa.net, www.atlas-1.kz.

Ticketkassen in Kirgistan
Es gibt zahlreiche Reisebüros **in Bischkek**, die Flugtickets verkaufen (Awiakassa/Авиакасса), beispielsweise die Firma Kyrgyz Concept: Prospekt Tschuj 126, Tel. +996/312/666006, Mo–So 8–19 Uhr, sowie ul. Kiewskaja 129, Tel. +996/312/900944, Mo–Fr 8.30–17.30, Sa 9–12 Uhr. Man kann auch online buchen: www.concept.kg.
Auch **in Osch** hat die Firma Niederlassungen: uliza Masaljewa 19, Tel. +996/3222/87210 sowie uliza Bajalinowa 1 (Hotel Nuru), Tel. +996/3222/59450. Öffnungszeiten jeweils Mo–Fr 9–18 Uhr, Sa 9–12 Uhr.

Anreise mit der Eisenbahn
Es gibt einen durchgehenden Zug von Moskau nach Bischkek. Die Fahrzeit beträgt ca. 74 Stunden für eine Strecke von 3720 Kilometern! Die Strecke ist sehr empfehlenswert und führt zunächst durch die Taiga Mittelrusslands, dann durch die Waldsteppen bei Samara, quert die riesige Wolga, kommt durch die Wiesensteppen des Orenburg-Oblastes und Nordkasachstans, fährt durch die breite Aue des Ural, kommt am Ufer des einst viertgrößten Sees der Erde vorbei, streift bei Kyzyl Orda die Kyzylkum-Wüste, das Karatau-Gebirge bei Schymkent, und dann erkennt am Horizont den Talas Alatoo, den ersten Ausläufer des Tien Schan. Die **Fahrkarten** besorgt man sich am besten über eine auf Russland und die ehemaligen Sowjetstaaten spezialisierte Agentur, z.B. die **Bahnagentur Schöneberg** (www.bahnagentur-schoeneberg.de) oder **die Bahnfüchse** (www.bahnfuechse.de)
Für **Russland** benötigt man ein **Transitvisum**. Möchte man die Rückreise auch per Eisenbahn unternehmen, benötigt man ein zweifaches Visum. Zur **Einreise nach Kasachstan**: → S. 306.

Ärztliche Hilfe
→ Gesundheit (→ S. 316)

Autoreparatur
In Bischkek und Osch werden alle Autotypen repariert und es gibt viele Autowerkstätten unterschiedlichster Qualität. So gibt es Werkstätten, die supergünstig im Hofe eines Privathauses den teuren Jeep reparieren, oder aber richtige Werkstätten mit guter technischer Ausstattung. Im Unterschied zu Mitteleuropa muss man grundsätzlich das Ersatzteil selber mitbringen.

Auto-Ersatzteile
Der Markt ›Kudajbergen‹ in Bischkek ist mit Abstand der größte Ersatzteilmarkt des

Strecke	Zugnummer	Abfahrt	Ankunft	Dauer	Verkehrstage
Moskau → Bischkek	18	23.50 Uhr	03.48 Uhr (+3 Tage)	75 Stunden	Mo, Do, Sa.
Bischkek → Moskau	27	09.48 Uhr	13.53 Uhr (+3 Tage)	76 Stunden	Di, Do.

Autoreparatur 311

Landes. Man fährt die Ausfallstraße (M 39) Richtung Osch nach Westen. Nach etwa drei Kilometern, vom Osch-Basar gerechnet, steht auf der rechten Seite ein blaues ovales Metallschild mit historischem Autobild und darüber der Schriftzug ›Кудайберген‹.

Autovermietung

Die Firma ›Central Asia Expeditions‹ (→ S. 327) betreibt auch eine kleine Autovermietung. Angeboten werden folgende Fahrzeugklassen:.
PKW: Für Selbstfahrer oder mit Fahrer. Geeignet für Fahrten im Stadtgebiet Bischkek und Fahrten auf Asphalt zu größeren Städten, ungeeignet für Schotterpiste oder gar Gebirge. Kosten: 50–60 Euro/Tag.
Jeep/Allrad-Kleinbus (7 Sitze): Für Selbstfahrer oder mit Fahrer. Geeignet für Fahrten ins Gebirge. Mindestmietdauer 1 Woche. Kann mit vollständiger Campingausrüstung verliehen werden. Kosten: 70–80 Euro/Tag.
Wohnmobil Mercedes 310 (6 Sitze, 4 Schlafplätze): Für Selbstfahrer; Mindestmietdauer 1 Woche. 4 Schlafplätze können mit Zelt auf 6 Personen aufgestockt werden. Kosten: 1 Woche 700 Euro.
Mercedes Allrad-Truck (18 Sitze): Mit Fahrer. Allrad-Truck für Rundreisen und Expeditionen in mittelschwerem Gelände. Kosten: auf Anfrage.
ZIL 131 (23 Sitze): Mit Fahrer. Sowjetischer Allrad-Truck für Expeditionen oder Fahrten in unwegsames, schweres Gelände. Kosten: auf Anfrage.
Die Fahrzeuge stehen in Kirgistan und in Kasachstan zur Verfügung. Es kann wahlweise eine Campingausrüstung angemietet werden: Klappstühle, Klapptisch, Kochgeschirr, Kocher, Zelt, Isomatte, Wasserkanister. Zusätzliche Leistungen sind: Dolmetscherservice, Transfer vom/zum Flughafen, Hotelbuchung. Anfragen (Deutsch; Englisch) über reise-kirgisien@mail.ru.

Banken und Wechselstuben

Das Geldwechseln ist nur in Wechselstuben und Banken möglich. Schwarztauscher wie in den 1990er Jahren gibt es mittlerweile

Tanken auf Kirgisisch

nicht mehr. Bitte meiden Sie die Wechselstuben auf dem Osch- und Alamedin-Bazar in Bischkek. Hier wird man regelmäßig übers Ohr gehauen.
Euro kann man in Bischkek und Osch problemlos in Banken und Wechselstuben gegen kirgisische Som umtauschen. In anderen Städten und Orten wird der US-Dollar dem Euro vorgezogen. Mitunter kommt es vor, dass in abgelegenen Gegenden gar keine Euro angenommen werden. Deswegen sollte man auch ein paar US-Dollar mitführen, die im ganzen Land in allen Städten und Dörfern (auch privat) gewechselt werden. In Bischkek liegen die meisten Wechselstuben mit dem besten Kurs auf dem ›Mossowjet‹ (Nähe der Kreuzung Moskowskaja und Sowjetskaja), doch auch an den anderen großen Straßen im Bischkeker Zentrum gibt es zahlreiche davon. Es lohnt sich, die Kurse zu vergleichen. Manche wollen wegen kleinerer Schäden an den Scheinen die Wechselsumme drücken – auch hier nochmals bei anderen Anbietern nachfragen. Am sichersten ist es, gleich darauf zu achten, dass die mitgebrachten Banknoten keine Einrisse oder Beschriftungen aufweisen.
Bei **US-Dollar** werden große Scheine, die nach 1994 ausgegeben wurden, bevorzugt.
Travellerschecks werden nur selten und gegen Provisionen von bis zu drei Prozent gewechselt.
Die immer zahlreicher werdenden **Geldautomaten** in Bischkek (zum Beispiel in den Beta-Stores) und mittlerweile auch bei ei-

Unverwüstlicher Lastesel: ein GAZ 66

nigen Banken im Zentrum von Osch geben auf Kreditkarten von Visa, Master Card und American Express Geld heraus, allerdings wird hier ebenfalls Provision aufgeschlagen. Am besten, man versucht während der Öffnungszeiten Geld abzuheben, da nicht jeder Bankomat auch funktioniert.

Die Bezahlung mit **Kreditkarte** ist nur in den teureren Hotels und Shops, den Büros der Fluglinien und den größeren Reiseagenturen möglich. Man sollte sich jedenfalls nicht nur auf die Kreditkarte verlassen und wenn möglich auf eine Kombination aus Bargeld und Kreditkarte zurückgreifen. Inzwischen kann man an einigen Geldautomaten sogar mit der **EC-Karte** (Maestro) Geld abheben, auch US-Dollar. (**Achtung**: mit den inzwischen in Europa weit verbreiteten **V-Pay-Karten** bekommt man in Kirgistan **kein Geld**!). Man sollte unbedingt vor einer Reise mit seiner Bank klären, ob man mit seiner Bankkarte in Kirgistan tatsächlich Geld abheben kann und welche Limits es gibt.

In Banken, Wechselstuben und Postämtern der größeren Städte gibt es Vertretungen von **Western Union**, wo man sehr einfach Geld verschicken und empfangen kann. Einer der wichtigsten Kooperationspartner ist die Aiyl-Bank (Айыл Банк), die zahlreiche Filialen im ganzen Land hat.

Wechselkurs: Anfang 2015 bekam man für einen Euro etwa 72 Som, für einen US-Dollar etwa 54 Som.

Botschaften und konsularische Vertretungen Kirgistans

Botschaft der Kirgisischen Republik in Deutschland
Otto-Suhr-Allee 146, 10585 Berlin
Tel. +49/30/36411860
info@botschaft-kirgisien.de, www.botschaft-kirgisien.de

Außenstelle der Botschaft der Kirgisischen Republik
Aennchenstr. 61, 53177 Bonn
Tel. +49/228/365230

Konsulat der Kirgisischen Republik
Brönnerstr. 20, 60313 Frankfurt/M
Tel. +49/69/95403926

Botschaft der Kirgisischen Republik in Österreich
Invalidenstraße 3/8, 1030 Wien
Tel. +43/1/5350379
kyremb@inode.at, www.kyremb.at

Botschaft der Kirgisischen Republik in der Schweiz
Rue du Lac 4–6, 1207 Genf
Tel. +41/22/7079220
kyrgyzmission@bluewin.ch, www.kyrgyzmission.net

Botschaften und Konsulate in Kirgistan

Bundesrepublik Deutschland, Botschaft
uliza Razzakowa 28
Tel. +996/312/905000, Fax 300744/3
info@bischkek.diplo.de, www.bischkek.diplo.de

Österreich, Honorarkonsulat
uliza Moskowskaja 187, Office 4
Tel. +996/312/900627, 353030; Fax 353353
austria@konsul.kg, www.konsul.kg

Schweiz, Konsularische Vertretung
uliza Panfilowa 144
Tel. +996/312/301036, Fax 301031
bishkek@sdc.net
www.swiss-cooperation.admin.ch/kyrgyzstan

Afghanistan, Botschaft
uliza Dshukejewa Pudowkina 241
Tel. +996/312/543802, Fax 443301
migraftan2009@mail.ru

Botschaften und Konsulate in Kirgistan

Hinweis auf ›Community Based Turism‹ (CBT)

China, Botschaft
uliza Toktogula 196
Tel. +996/312/610858, 662001, Fax 663014
chinaemb_kg@mfa.gov.cn,
kg.chineseembassy.org

Indien, Botschaft
uliza Aeroportinskaja 5a
Tel. +996/312/549214, Fax 543245
amb@ktnet.kg, indembas@infotel.kg
www.embassyofindia.kg

Iran, Botschaft
uliza Razzakowa 36
Tel. +996/312/621281, Fax 660209
embiran@mail.kg, www.bishkek.mfa.ir

Kasachstan, Botschaft
Prospekt Mira (Manas prospektesi) 95a
Tel. +996/312/692095
www.kaz-emb.kg, embassy.kg@mfa.kz

Niederlande, Honorarkonsulat
uliza Tynystanowa 96, Office 11
Tel. +996/312/690565, Fax 690228,
dutchconsulate@elcat.kg

Russland, Botschaft
Prospekt Mira (prospekt Manasa) 55
Tel. +996/312/610905, 610891, Fax 903384
rusemb@infotel.kg, www.kyrgyz.mid.ru

Tadschikistan, Botschaft
uliza Kara Darinskaja 36,
Tel. +996/312/512343, Fax 511464
tjemb@ktnet.kg, www.tajikemb.kg.

Türkei, Botschaft
uliza Moskowskaja 89
Tel. +996/312/905900, Fax 9099-12/-13
www.biskek.be.mfa.gov.tr

Usbekistan, Botschaft
uliza Tynystanowa 213
Tel. +996/312/662065, Fax 664403
uzbembish@elcat.kg, www.uzbekistan.kg

Einkaufen

Wie in den großen Städten der Sowjetunion üblich, gab es auch in Frunze (Bischkek) ein Zentrales Kaufhaus, ein sog. ZUM (russ: центральный универсальный магазин). Dieses steht auch heute noch an gleicher Stelle, hat zwar einen anderen Namen, wird aber von allen ›ZUM‹ genannt. Die erste Etage ist in erster Linie mit kleinen Boutiquen zugestellt, die Handys und Handy-Zubehör sowie Kameras verkaufen. In der zweiten Etage bekommt man allerlei Hausrat und Kleidung. Interessant ist die dritte Etage, in der es mehrere kleine Souvenirabteilungen gibt, die allerdings nicht billig sind. Neben Filzartikeln bekommt man hier Postkarten, Bücher, Landkarten und kunsthandwerkliche Gegenstände sowie Antiquitäten.

Mittlerweile wird Bischkek auch durch Supermärkte (›народный oder ›7 дней‹) westlicher Prägung bereichert, die heimische und importierte Genuss- und Lebensmittel sowie Hygiene- und Haushaltsartikel anbieten. Weiterhin gibt es Shoppingzentren wie ›Beta Stores‹, und ›Vefa Center‹ (→ S. 151).

Blick zum Nordufer des Issyk Kul

Basar am Straßenrand

In den kleinen Dörfern im Hinterland gibt es mindestens einen kleinen Krämerladen (russ: Магазин – Magazin). Hier bekommt man alle wichtigen Lebensmittel wie Brot, Mehl, Nudeln, Wodka, Bier sowie die nötigsten Sanitärartikel, Süßigkeiten, Zigaretten etc. Benötigt man Fleisch, Wurst, Käse, Milch, so sollte man es auf dem jeweiligen örtlichen Basar versuchen.

Einkaufen auf dem Basar

Nahrungsmittel erhält man in der besten Auswahl und Frische auf dem Basar – die größeren sind Sehenswürdigkeiten für sich und beschwören die althergebrachte Vorstellung von den Reichtümern Asiens. Dort trifft sich in buntes Völkergemisch: Die Kirgisen bieten meist Fleisch und Früchte an, die Russen lebendes Federvieh, Milchprodukte und Eier und die Usbeken Gewürze, frischgebackenes Brot, Nüsse, Trockenfrüchte und Gemüse.

Viele Händler nehmen für einen guten Basartag lange Anfahrten auf sich. Als zu Sowjetzeiten Flüge durch das Riesenreich so billig waren wie in Europa Zugfahrten in die nächste Stadt, lohnte sich für mittelasiatische Bauern sogar ein Tagesausflug nach Moskau, wo das unter südlicher Sonne gereifte Gemüse und Obst mehr Gewinn abwarf.

Zur empfohlenen Reisezeit von Juli bis September ist das Angebot gut, denn die Oasen Mittelasiens sind fruchtbar. Obst und Gemüse gibt es reichlich und in guter Qualität: prachtvolle Pfirsiche, Aprikosen, saftige Kirschen, Granatäpfel und inzwischen auch importierte Bananen und Kiwis. Berühmt sind die riesigen Wasser- und Honigmelonen, die im Spätsommer lastwagenweise aus Usbekistan heranrollen. Dann kann man an jeder Straßenecke und am Rand der großen Verbindungsstraßen die Händler sehen, die ihre zu hohen Türmen geschlichteten Melonen an Vorbeikommende verkaufen. Im Winter bekommt man nur Lagerfähiges: Kohl, Kartoffel, Möhren, Zwiebel und Äpfel. Längst sind die Basare keine traditionellen Bauernmärkte mehr, sondern bieten auch Importware jeder Art an.

Flohmärkte sind beliebt wegen ihres Angebots an Autoersatzteilen (hauptsächlich für russische Modelle), aber auch an Werkzeug und anderem Nützlichen. Antiquitäten in unserem Sinne findet man so gut wie nie, dafür aber das eine oder andere Souvenir mit sozialistischem oder folkloristischem Einschlag.

Die Basare dienen ebenfalls als Info-Börse für den Reisenden, der – falls mit einem eigenen Fahrzeug unterwegs – einen Mechaniker oder Mitfahrer sucht.

Elektrizität

Wie in Mitteleuropa liegen an der Steckdose 220 Volt mit 50 Hertz an. Da das Versorgungsnetz noch aus Sowjetzeiten stammt, schwankt die Spannung öfter und es kommt vor allem in den Wintermonaten zu Stromabschaltungen und das ganze Jahr über zu Stromschwankungen. Die sind so stark, dass es immer wieder vorkommt, dass Elektrogeräte sich einfach ausschalten. Deswegen sind die Computer in vielen Büros mit speziellen Geräten ausgestattet, die in einem solchen Fall die Computer noch ein Weile betreiben, so dass man genug Zeit zum Ausschalten hat. Oft sind die elektrischen Leitungen und die Sicherungen in Wohnungen oder Wohnhäusern falsch bemessen, und Kabelbrände und Schwankungen der Helligkeit beim Einschalten eines Wasserkochers sind an der Tagesordnung. Die Öffnungen an den Steckdosen haben den gleichen Abstand wie bei uns, allerdings weisen ältere Steckdosen einen geringeren Durchmesser der Löcher auf, so dass ein Adapter notwendig sein kann.

Feiertage

1. Januar: Neujahr
7. Januar: orthodoxes Weihnachtsfest
23. Februar: Tag der Verteidiger des Vaterlandes
8. März: Internationaler Frauentag
21. März: Nooruz, das altpersische Neujahrsfest
1. Mai: Tag der Arbeit
5. Mai: Tag der Verfassung
9. Mai: Tag des Sieges (der Roten Armee im Zweiten Weltkrieg)
31. August: Tag der Unabhängigkeit
Die muslimischen Feiertage Orozo Ajt (Ende des Fastenmonats Ramadan) und Kurman Ajt (das Opferfest) finden je nach Mondkalender jedes Jahr an anderen Tagen statt.

Geld

Die Währung Kirgistans ist der Som, er ist unterteilt in 100 Tyjn. Münzen sind in Kirgistan erst seit 2008 im Umlauf. Der Wechselkurs betrug Anfang 2015 etwa 54 Som für einen US-Dollar und etwa 72 Som zum Euro. Da man unter anderem in Bischkek und Osch an Bankautomaten Bargeld abheben kann, ist die Mitnahme größerer Euro- oder US-Dollarbestände nicht mehr unbedingt notwendig. Zudem finden sich nahezu in jeder größeren Stadt Wechselstuben, bei denen der aktuelle Kurs jedoch vor dem Umtausch mit anderen verglichen werden sollte. Vor der Fahrt aufs Land sollte man sich ausreichend mit Som bevorraten. In Bischkek kann man auch problemlos die Währungen der Nachbarländer und russische Rubel eintauschen.

Man sollte immer ausreichend kleine Scheine (20, 50, 100 Som) vorrätig haben, da Taxifahrer oder Kioskbesitzer auf größere Scheine manchmal nicht herausgeben können.

Die meisten einheimischen Reiseveranstalter wickeln die Bezahlung in US-Dollar ab, aber auch Euro werden häufig genommen. (→ S. 327)

Flussquerung im Utschemtschek-Tal

Gesundheit

Wenn es nicht unbedingt nötig ist, sollte man kirgisische Krankenhäuser meiden. Nicht nur die Ausrüstung, Hygiene und Medikamentenausstattung, sondern vor allem Fachkenntnisse des medizinischen Personals liegen unter westlichen Standards. Selbstverständlich gibt es da auch Ausnahmen. Zu Sowjetzeiten war die Ausbildung der Mediziner recht gut und man kann davon ausgehen, dass ein Arzt, der sein Handwerk in jener Zeit gelernt hat, dieses besser beherrscht, als einer, der nach dem Zerfall der Sowjetunion in Kirgistan Medizin studiert hat. Neben diesen Ärzten sind auch jene zu bevorzugen, die in St. Petersburg oder Moskau studiert haben. Bezüglich der Ausrüstung gibt es auch große Unterschiede. Neben den staatlichen Polikliniken und Krankenhäusern, die oft ein Versorgungsdefizit aufweisen, sind seit den 1990er Jahren auch private Kliniken eröffnet worden.

In Bischkek gibt es das **Kyrgyz-German Medical Centre**, uliza Achunbajewa 92, Tel. und Fax +996/312/512197, albakell@elcat.kg. Einige der Ärzte sprechen Englisch. In der **Medical Associates Clinic**, Hyatt Regency Bishkek, Sowjetskaja-Straße 191, Raum 113; Tel. +996/312680262, +996/312985745, sprechen die Ärzte Englisch.

Notrufnummer der Ersten Hilfe (Städtische Ambulanz): 103.

Apotheken (russ. аптека, kirg. дарыхана) gibt es in jedem Ort. Alle Medikamente, einschließlich Antibiotika, kann man rezeptfrei kaufen.

Gesundheitsgefahren

Vor allem in hohen Lagen oberhalb von 1200 Meter (z. B. Issyk-Kul-Becken auf 1609 m) ist die **Sonneneinstrahlung** enorm – im Jahresdurchschnitt beträgt sie beinahe doppelt so viel wie in Mitteleuropa. Um sich vor der intensiven UV-Strahlung zu schützen, sind eine Kopfbedeckung und Sonnencreme mit Sonnenschutzfaktor über 30 ratsam.

Mit dem Fahrzeug kommt man recht schnell in Passhöhen oberhalb von 3500 Meter, und man merkt, dass die Luft dünner wird. Selbst bei kurzzeitigen Aufenthalten oberhalb von 2600 Metern können die ersten Kopfschmerzen auftreten. Das kann ein Anzeichen für die **Höhenkrankheit** sein. Wer mit dem Auto nur über einen Pass fährt, wird oft von Kopfschmerzen nichts merken.

Leichte Symptome der Höhenkrankheit sind noch kein Grund zur Beunruhigung. Der Körper braucht einige Zeit, um sich zu akklimatisieren. Ernste Beschwerden treten in der Regel erst ab 3000 Metern auf und

Augustmorgen auf 3000 Metern Höhe

auch nur dann, wenn man zu schnell an Höhe gewinnt. Körperliche Fitness ist kein Garant gegen diese Erkrankung. Treten erste leichte Symptome (z. B. Kopfschmerzen, leichte Schwindelgefühle, Übelkeit, Schlaf- und Appetitlosigkeit) auf, kann man ein bis zwei Tage warten, denn oft klingen diese dann ab. Bei starken Symptomen wie starkem Erbrechen und starkem Schwindelgefühl, Herzrasen oder Herzrhythmusstörungen ist ein sofortiger Abstieg ratsam. In besonders schweren Fällen tritt Flüssigkeit in die Lunge ein und das Gehirn kann anschwellen. Oft hilft ein Abstieg um ein paar hundert Meter, und die Symptome lassen nach oder verschwinden ganz.

Ausruhen hilft – auch den Packpferden

Um der Höhenkrankheit vorzubeugen, empfiehlt es sich, keine körperlich anstrengenden Tätigkeiten zu verrichten, viel zu trinken, leichte Speisen einzunehmen und sich genügend Zeit für die Akklimatisierung zu lassen.

Durch streunende Hunde und Katzen sowie wildlebende Säugetiere kann **Tollwut** übertragen werden. Vor allem, wenn sie sich auffällig benehmen, ist mit diesen Tieren Vorsicht geboten. Eine Infektion verläuft tödlich, dies kann jedoch durch eine möglichst schnelle Gabe von Impfstoff nach einem Biss vermieden werden. Eine dreiteilige vorherige Impfung ist zwar teuer (manche Krankenkassen übernehmen die Kosten), erleichtert aber die Behandlung nach einer Tollwutinfektion. Auf jeden Fall sollte man sofort ein Krankenhaus aufsuchen, wenn der Verdacht besteht.

Durchfallerkrankungen sind bei Reisenden häufig. Wer mehr als drei wässrige Darmentleerungen in 24 Stunden zu verzeichnen hat, leidet höchst wahrscheinlich an ›Travellers' Diarrhoe‹, einem durch Bakterien ausgelöstem Durchfall, der ca. 30 Prozent aller Menschen in den ersten zwei Wochen nach Reisebeginn betrifft. Dazu kommen andere Symptome wie Fieber, Krämpfe, Schwindel und Übelkeit. Die beste Abhilfe gegen Dehydrierung ist viel zu trinken, insbesondere sind Elektrolytlösungen empfehlenswert. Trockenen Zwieback bekommt man in vielen Lebensmittelläden. Antibiotika helfen in der Regel gut gegen Magen-Darm-Infektionen. Wenn es nach zwei, drei Tagen nicht besser wird, sollte man medizinischen Rat einholen.

Insektenstiche sind ein weiteres Ärgernis. Vieh zieht Bremsen an und Wasser Stechmücken. Vor allem in niedrigen Lagen und beim Campen an Gewässern sind diese eine Plage. Insekten-Repellents zum Auftragen sind eine gute Investition. Bei den Spinnen ist Vorsicht vor dem Karakurt geboten, einer drei bis fünf Zentimeter schwarzen Spinne mit vier roten Punkten.

In Steppen bis in einer Höhe von 3000 Metern sind **Schlangen** anzutreffen. Giftig, jedoch keineswegs tödlich ist die weit verbreitet Halysschlange. Weit gefährlicher sind die Mittelasiatische Kobra und die Levante-Otter, die aber beide extrem selten sind. Die beste Vorbeugung ist es, feste Schuhe zu tragen und bei der Durchquerung von Gestrüpp etc. möglichst viel Wirbel zu verursachen, denn Schlangen sind extrem scheu.

In den Sommermonaten besteht die Gefahr, durch **Zeckenstiche** mit FSME oder Borreliose infiziert zu werden. Zeckengebiete sind vor allem die Bergtaiga mit den verschiedenen Nadelbaumarten im Kirgisischen Alatoo, im östlichen Issyk-Kul-Becken, im Zentralen und Westlichen Tien Schan sowie die Walnuss- und Laubwälder im Süden. In Höhen von über 2000 Metern kommen Zecken kaum vor.

Außerdem sollte man sich vor Blättern und Zweigen diverser **Pflanzen** fernhalten: vor allem zwei Bärenklau-Arten (*Heracleum lehmanianum, Heracleum defectum*), eine Prangos-Art (*Prangos papularia*) und der Aschwurz (*Dictamnus angustifolius*) sind problematisch: Sie rufen bei Berührung schmerzende Brandstellen oder Ausschläge auf der Haut hervor.

Gesundheit – Hygiene

Die hygienischen Bedingungen sind annehmbar. Die Restaurants sind nicht immer pieksauber, aber im allgemeinen akzeptabel. Auf dem Land sind die Maßstäbe aber etwas niedriger.

Die **Toiletten** bestehen oft nur aus einer Bretterbude über einer großen Grube, die sich in einigem Abstand zum Wohnhaus im Garten befindet. In guten Restaurants in Bischkek findet man durchaus westliche Toilettenstandards, was Technik und Zustand angeht, in der Provinz wird man jedoch oft mit primitiven und schmutzigen Verhältnissen konfrontiert. Hocktoiletten sind Standard. Klopapier sollte man stets selbst dabei haben. Man bekommt es auch in einzelnen Rollen am Basar zu kaufen.

Hygieneartikel für Frauen und Verhütungsmittel sind in ländlichen Gebieten oft Mangelware und sollten sicherheitshalber mitgebracht werden.

Trinkwasser aus gekauften Flaschen mit unbeschädigtem Verschluss kann man bedenkenlos genießen. Leitungswasser sollte unbedingt abgekocht werden. Aus Quellen im Gebirge kann man generell ohne Bedenken trinken, doch bei Gebirgsbächen sollte man vorsichtig sein: Durch den starken Herdeneintrieb können Fäkalien ins Wasser gelangen. Hier können Desinfektionstabletten helfen, z. B. Micropur.

Gesundheit – Impfschutz

Es empfiehlt sich, vor Reiseantritt zusammen mit einem Arzt den Impfschutz zu überprüfen. Besonders wichtig ist der Schutz gegen Polio, Tetanus, Diphtherie und Hepatitis A und B. Für längere Aufenthalte im Land und für Trekking-Touristen sind zusätzlich Impfungen gegen Tuberkulose, Tollwut und Meningitis empfohlen. Laut Informationen im Internet besteht für Malaria im Grenzgebiet zu Kasachstan und im Fergana-Becken ein moderates Risiko. Dies kann nicht bestätigt werden, denn die Malaria ist hier seit Jahrzehnten nicht mehr ausgebrochen.

Wenn man vorhat, in der Gebirgstaiga oder in den Walnusswäldern unterwegs zu sein (Trekking, Reiten, Expeditionen), ist es möglicherweise sinnvoll, sich gegen die von Zecken übertragene FSME impfen zu lassen. Ähnlich wie in Mitteleuropa gibt es auch hier Risikogebiete. Allerdings senken einfache Vorsichtsmaßnahmen (lange Hosen, Körper regelmäßig absuchen, Lotion zum Auftragen, z.B. No Bite, Autan etc.) das Risiko erheblich, und zudem kann eine FSME-Impfung durchaus auch unerwünschte Nebenwirkungen haben.

Toilette am Pamir-Highway

Gesundheit – Reiseapotheke

In der Reiseapotheke sollte sich befinden: Antibakterielle Creme, Breitbandantibiotika gegen bakteriell verursachte Infektionen sowie Antibiotika speziell gegen Durchfallerkrankungen, Elektrolytersatz bei Durchfall, Aktivkohletabletten, Schmerzmittel, entzündungshemmende Medikamente, Desinfektionslösung, Verbandsmaterial und Heftpflaster, Blasenpflaster gegen wundgeriebene Füße, Einwegspritzen mit Kanülen, Fieberthermometer, Lutschtabletten bei Halsschmerzen, Mückenmittel, Sonnenschutzcreme, Lippenbalsam und alle regelmäßig benötigten Medikamente. Sehr viel Wert sollte man auf Arzneien gegen Magen und Darmbeschwerden legen. Am besten, man erkundigt sich vor Reiseantritt nochmal bei einem Reisemediziner.

Hygieneartikel findet man in Apotheken, Supermärkten und auf dem Bazar. Medikamente sind meist auf Russisch beschriftet, in der Regel steht der Wirkstoff in der russischsprachigen Packungsbeilage. Sollte es sich um einen ausgebildeten Apotheker handeln, was selbst in Bischkek nicht immer der Fall ist, so kann dieser zumindest den Wirkstoff auf Lateinisch nennen. In den Apotheken bekommt man übrigens fast alles, was bei uns verschreibungspflichtig ist, beispielsweise Antibiotika.

Gesundheit – Versicherungen

Eine Reisekrankenversicherung, die auch die Kosten eines Rücktransportes abdeckt, sollte man unbedingt abschließen. Auch wenn man körperlich fit ist – Unfälle passieren. Wer auf Nummer sicher gehen will, kann mit einem Flugrettungsunternehmen eine Rücktransportversicherung abschließen. Allerdings gibt es keine unabhängigen Bergrettungsdienste – nur in Verbindung mit Expeditionen. Die Kosten für den Unterhalt der Bergretter und die Kosten für den Hubschrauber sind zu hoch. Die Reiseveranstalter ›Kyrgyz Alpine Club‹ (www.kac.centralasia.kg) und ›ITMC‹ (www.itmc.centralasia.kg) in Bischkek, die Gipfeltouren auf die Siebentausender organisieren,

Gedeckte Tafel in Tokmak im Tschuj-Oblast

bieten Zusatzversicherungen bei privaten Rettungsdiensten an. Reisende, die sich besonderen Risiken wie Bergsteigen aussetzen, müssen sich zudem bewusst sein, dass selbst in der Hauptstadt Notfälle nicht immer adäquat behandelt werden können. Für den Fall einer Rückführung sollte man unbedingt seiner Botschaft Reiseroute, persönliche Daten und Angaben zur Reisekrankenversicherung mitteilen. Ist eine Behandlung in Kirgistan unumgänglich, müssen alle Unterlagen und Berichte über medizinische Behandlungen eingefordert und daheim bei der Versicherung eingereicht werden.

Grenzübergänge

Der Grenzübertritt zwischen den mittelasiatischen Staaten ist auf auf dem Landweg problemlos, sofern man ein gültiges Visum für das jeweilige Zielland besitzt. Es empfiehlt sich, die Visa bereits vor Abreise einzuholen, auch wenn es in Bischkek Konsulate der Nachbarstaaten gibt. Es ist zu beachten, dass nicht alle Straßenverbindungen zwischen den Ländern als Grenzübergänge für Reisende aus Drittstaaten nutzbar sind. Man sollte darauf achten, bei jeder Ein- und Ausreise die entsprechenden Stempel in den Pass zu bekommen, sonst gibt es am nächsten Grenzübergang bzw. spätestens am Flughafen beim Rückflug Probleme. Bei grenzüberschreitenden Wanderungen im Gebirge, wo man unterwegs mangels Grenzposten keinen Einreisevermerk im Pass bekommt, sollte man sich die Hilfe eines örtlichen Reiseveranstalters holen, um die wichtigen Stempel zu bekommen – das vermeidet Probleme bei der Ausreise.

Von und nach China
Nach China gibt es zwei Grenzübergänge – über den Torugart-Pass und den Irkeschtam-Pass. Für den Übertritt über den Torugart-Pass muss man sich, wenn man von Kirgistan aus kommt, vorher einen Transport von der chinesischen Grenze bis Kaschgar organisieren. Dabei ist es so, dass man mit Auto und Fahrer in der neutralen Zone (zwischen kirgisischem und chinesischem Grenzposten) abgeholt wird. Dabei können kirgisische Reiseveranstalter hilfreich sein. Entscheidet man sich für Irkeschtam, so braucht man nicht am Grenzübergang abgeholt werden, doch der Weg bis dorthin ist meist weiter und beschwerlicher. Eine einfache Tour in die Seidenstraßenstadt Kaschgar lässt sich beispielsweise von Osch über Irkeschtam und zurück über den Torugart Pass-organisieren. Am Wochenende und an Feiertagen sind die Grenzübergänge nach China geschlossen, wer am Freitag noch hinüber will, sollte genügend Vorräte dabeihaben, falls es doch nicht mehr klappt. Die kirgisischen Feiertage sind 1.–3. Januar, 8., 16. und 21. März, 1., 5., 9. und 28. Mai und 31. August. Auf chinesischer Seite sind am 5.–19. Februar, 1. Mai, 1. Juni, 1. Juli, 1./2. August, 12. September und 1./2.Oktober die Grenzposten geschlossen.

Von und nach Kasachstan
Von Almaty in Kasachstan gehen stündlich Minibusse (Fahrzeit 4 bis 5 Stunden) und Sammeltaxis (3 bis 4 Studen) nach Bischkek. Für die umgekehrte Tour fahren Sammeltaxis (4000 bis 5000 Som) oder Marschrutkas (500 Som) vom Westlichen Busbahnhof in Bischkek (→ S. 141) ab. Zur Einreise nach Kasachstan siehe auch → S. 306.
Die für Drittstaatler zugelassenen Grenzübergänge befinden sich in Tschaldowar (westlich von Belowodskoe), Kordaj (nördlich von Bischkek), Karkyra (nordöstlich des Issyk Kul, Juni bis September) und ›Kyzyl Dshyldyz‹ (im Talas-Tal, bei Taraz).

Von und nach Usbekistan
Westlich von Osch gibt es den Übergang ›Dostuk‹ (uzb. Dustlyk) nach Usbekistan. Er

Am kasachisch-kirgisischen Grenzübergang Kordaj

liegt an der Hauptverbindungsstrecke zwischen Osch und Andishan auf der anderen Seite der Grenze und ist zwischen 7 Uhr und 19 Uhr geöffnet. Minibusse und Taxis sind auf beiden Seiten der Grenze verfügbar. Ein sehr kleiner Grenzübergang befindet sich auch bei Namangan, südlich von Tasch Kumyr in Ütsch Kurgon. Man muss erwähnen, dass die usbekisch-kirgisischen Grenzübergänge im Fergana-Tal mitunter, auch ohne Vorankündigung, geschlossen werden. Deshalb sollte man sich vorher in Bischkek kundig machen.

Wer mit dem Zug von Bischkek nach Taschkent fährt, muss wissen, dass ein Teil der Strecke durch Kasachstan verläuft und daher unter Umständen ein gültiges kasachisches Visum nötig ist (→ S. 306).

Hochgebirgssee im Terskej Alatoo

Von und nach Tadschikistan

Am Kyzyl-Art-Pass, südlich von Osch, kann man nach Tadschikistan einreisen. Für Tadschikistan benötigt man ein Visum. Die Fahrt von Osch nach Murgab dauert im besten Fall 12 bis 14 Stunden und kostet um die 300 US-Dollar pro Fahrzeug. Vor allem im Winter sollte man gut auf kalte Temperaturen und längere Wartezeiten vorbereitet sein. Die tadschikischen Grenzposten sind öfters mal korrupt und verlangen eine kleine Summe Schmiergeld. Den eigenen Pass sollte man nicht aus den Augen lassen. Für die Fahrt auf dem Pamir Highway ist eine spezielle Genehmigung einzuholen. Das Gebiet des Pamir ist eine eigene administrative Einheit Tadschikistans und heißt GBAO (russ.: ГБАО = Горно-Бадахшанская автономная область). Diese Genehmigung wird in Form eines Stempels (Tadschikische Botschaft in Berlin) oder eines handschriftlichen Eintrags (Tadschikische Botschaft in Bischkek) auf der Nachbarseite des eingeklebten Tadschikistan-Visums erteilt.

Ein weiterer Grenzübergang befindet sich bei Isfana im Fergana-Becken (Batken-Oblast). Wer keine Genehmigung für den Pamir hat, muss also in den äußersten Südwesten Kirgistans fahren, um nach Tadschikistan einreisen zu können. Von Osch sind es 5 bis 8 Stunden Fahrzeit bis zu diesem Grenzübergang.

Klima und Reisezeit

Aufgrund der Höhenunterschiede von etwa 7000 Metern, kann man das Land von Ende März bis Ende Oktober bereisen. Ende März sind in Bischkek Temperaturen um die 25 Grad und in Osch um die 30 Grad möglich, allerdings fast alle Pässe oberhalb 3000 Metern noch verschneit. Die Pässe auf dem Tien Schan Highway (M 41) zwischen Bischkek und Osch sowie die Verbindungsstraße von Bischkek zum Torugart-Pass (A 365) sind das ganze Jahr über frei und werden bei Schneefall geräumt. Ende Oktober sind in Bischkek immerhin noch 22 Grad, am Issyk Kul um die 18 Grad und in Osch um die 25 Grad üblich, bereits ab Oktober sind aber auch in den Ebenen erste Kälteeinbrüche unter 15 Grad zu beobachten. Der erste Schnee, der oberhalb von 3000 Metern auch liegen bleibt, fällt in der zweiten Septemberhälfte.

Reisezeit im Frühjahr
(Ende März bis Ende Mai)

Eigentlich ist dies die beste Reisezeit, denn in den Ebenen (bis 800 m) und im Mittelgebirge (bis 1800 m) ist alles grün, und man sieht einen großen Blumenreichtum. Dies ist die Zeit, um zum Beispiel Wildtulpen, die Ajgul-Blume, Orchideen und die

Obstblüte in den Wildobst-Walnusswäldern zu erleben. Auch Reit- und Trekking-Touren lassen sich bis an die 2500-Meter-Marke unternehmen. Um das Nomadenleben kennenzulernen, ist diese Zeit ungeeignet, denn die Nomaden ziehen mit ihren Pferde- und Schafherden erst Anfang Juni ins Hochgebirge und bauen ihre Jurten auf.

Reisezeit Sommer
(Anfang Juni bis Ende August)
Das ist eine gute Reisezeit für Trekking-Touren und für Reittrekking im ganzen Land, denn alle Pässe bis oberhalb von 3000 Metern sind begehbar. In den Zentralen Tien Schan (Inyltschek-Gletscher, Ak Schirak) sollte man sich im Juli oder August aufmachen, da dann auch die 4000er-Pässe passierbar sind. Weiterhin ist es eine gute Zeitspanne, um subalpine und alpine Pflanzen blühend anzutreffen. In entsprechenden Hochtälern trifft man in dieser Zeit auf Nomaden, die in Abhängigkeit der Höhenlage von Ende Mai bis Mitte September auf dem ›Dshajloo‹ zubringen. Eher ungeeignet ist diese Zeit für längere Aufenthalte in den Ebenen unterhalb von 1000 Metern. Hier sind für die Talas- und Tschuj-Ebene Temperaturen zwischen 38 und 40 Grad die Norm. Im Juli und August werden auch in der Fergana-Ebene oft Werte von 40 bis 42 Grad gemessen.

Reisezeit Herbst
(Anfang September bis Ende Oktober)
Der Herbst ist eine sehr gute Reisezeit, um den Süden zu bereisen, denn dann sind die Temperaturen im unteren Teil des Fergana-Tals (zwischen 500 und 1200 Metern) warm bis mild. Selbst Ende Oktober sind im Großraum Osch Temperaturen um 20 Grad nicht selten. Ein weiterer interessanter Aspekt ist, dass im Süden die Baumwoll- und Reisernte vonstatten geht. In den Walnusswäldern werden die reifen Nüsse geschlagen.
Auch das Issyk-Kul-Becken ist in dieser Zeit noch für Gäste interessant. Der See kühlt aufgrund seiner riesigen Wassermasse nur langsam ab, und so werden in den Boddengewässern des Sees immer noch Wassertemperaturen von 16 bis 18 Grad

Diese endemische Schmalhausenia wächst auf 4000 Metern Höhe

und Lufttemperaturen von bis zu 25 Grad erreicht (gilt für den September). Im Oktober sinken dann im Issyk-Kul-Becken die Werte unter 20 Grad.

In der Tschuj-Ebene und im Großraum Bischkek kann man im September noch Reit- und Trekking-Touren unternehmen und dabei den ›goldenen Herbst‹ genießen. Besonders ins Auge stechen die schönen Rottöne der Tien-Schan-Eberesche. Im Nationalpark Ala Artscha und in benachbarten Tälern (Ysyk Ata, Kegety, Schamschy, Sokuluk) sind die Pässe bis Mitte September, manchmal bis Anfang Oktober begehbar. Es bieten sich in dieser Zeit auch noch Touren auf die 4000er an, solange kein Neuschnee gefallen ist.

Enzianwiese im Sommer

Post

Das Zentrale Post- und Telegrafenamt befindet sich auf dem Tschuj-Prospekt 114, Bischkek. Geöffnet werktags von 7–19 Uhr, sonntags von 9–17 Uhr. Kirgistan ist leider kein gutes Land, um Postkarten zu verschicken. Zum einen bekommt man sie nur in den besseren Souvenirläden in den Städten, zum anderen ist ein Gang zum Postamt nötig, um sie aufzugeben. Dann ist da noch die Hürde mit den Briefmarken, die man auch wieder nur auf dem Postamt erhält und die öfters auch mal ausverkauft sind. Dafür ist die Freude bei den Lieben in Mitteleuropa um so größer, wenn nach drei Wochen (bestätigte mittlere Laufzeit) eine kirgisische ›Otkrytka‹ (открытка) ihr Ziel findet.

Eine Postkarte oder ein Brief mit beliebiger Destination kostet 30 Som. Pakete sind oft über den Luftweg günstiger zu verschicken als über den Landweg. DHL, UPS und FedEx haben ihre eigenen Büros in Bischkek bzw. auch in Osch. Ein Paket von 1kg nach Deutschland kostet mit DHL etwa 60 Euro.

DHL Bischkek
uliza Kiewskaja 107
Tel. +996/312/611111, 901111, 210727
bishkek@dhl.kg
www.dhl.kg

DHL Osch
uliza Masalijewa 73
Tel + 996/322220575
osh@dhl.kg
www.dhl.kg

UPS Bischkek (International Cargo Service)
uliza Tschokmorowa 240, 3. Stock
Tel. +996/312/979713, Tel. +996/312/699988
ics@ktnet.kg
www.ups.com

FedEx Bischkek (RBS Ltd.)
uliza Moskowskaja 217
Tel. +996/312/650012, 244290
fedex@elcat.kg
www.fedex.com/kg

Preisniveau

Grundnahrungsmittel (Brot, Kartoffeln, Mehl) und Waren des täglichen Bedarfs sind gemessen an westeuropäischen Verhältnissen immer noch sehr preiswert. Das gleiche gilt für ein Mittagessen in **Imbissbuden** oder **Teestuben** (3–6 Euro pro Person). In **Restaurants** der mittleren Preisklasse in Bischkek kommen pro Person locker 10–20 Euro, in gehobenen Restaurants auch mal 25–30 Euro zusammen (Hauptgericht und ein Glas Wasser oder Bier).

Auf dem Land kann man bei Familien und in kleineren **Gästehäusern** preiswert übernachten (10–15 Euro pro Person). Die sehr guten **Hotels** in Bischkek (min. 80 Euro pro Person) sowie **touristische Dienstleistungen** haben durchaus ihren Preis (Bergführer 50–60 Euro pro Tag, Packpferd 25–40 Euro pro Tag).

Öffentliche Verkehrsmittel sind sehr preiswert, eine Busfahrt von Bischkek nach Karakol (ca. 310 km) kostet zum Beispiel umgerechnet 4–5 Euro, Sammeltaxis sind etwas teurer. Die Preise für Überlandfahrten mit dem Taxi sind verhandelbar, eine Fahrt von Bischkek an das Südufer des Issyk Kul kostete 2014 etwa 3500 bis 4000 Som. Eine Marschrutka-Fahrt innerhalb von Bischkek kostet ca. 15 Cent, Busse und Trolleybusse ca. 10 Cent, eine Taxifahrt in der Stadt 1,5–5 Euro.

Preisbeispiele für Bischkek (Stand: Herbst 2014)
1 Liter Trinkwasser: 0,35 Euro
1 Liter Diesel: 0,65 Euro
Anruf nach Deutschland: 0,10 Euro pro Minute
Schaschlyk am Straßenbasar: 1,50 Euro
Cappuccino im Café: 2,50 Euro
1 Flasche Bier: 0,9 Euro
Taxi, innerstädtisch: 1,5–3 Euro

Obst ist sehr preiswert und lecker

Fladenbrot: 0,3 Euro
Zigaretten, einheimische (z.B. Kyrgysztan): 0,4 Euro
0,5 Liter Wodka, einheimischer: 2 Euro

Presse

In Bischkek erscheinen zahlreiche russisch- und kirgisischsprachige Zeitungen. Die auffälligste und am weitesten verbreitete russischsprachige Zeitung ist ›Wetschernyj Bischkek‹, die mittwochs und freitags erscheint. Neben Infos zum Zeitgeschehen in Kirgistan gibt es auch einen großen Anzeigenmarkt zu Dienstleistungen, Arbeitsangeboten und Wohnungsmarkt und Ankauf/Verkauf von Häusern und Grundstücken. Auch im Netz unter ›www.vb.kg‹ zu finden. Weitere russischsprachige Zeitungen sind ›MK Azija‹ (russ. МК Азия), ›Argumenty i fakty‹ (russ. аргументы и факты) und ›Komsomolskaja Prawda‹ (russ. Комсомольская правда). Die beiden letztgenannten erscheinen in Russland, haben jedoch in Bischkek eine Filiale und deshalb auch jeweils eine spezielle Ausgabe über Kirgistan.

Ein für die Männerwelt wichtiges Blatt ist der ›Awtogid‹ (russ. Автогид), der einmal wöchentlich erscheint und sich rund um Fahrzeuge dreht. Es werden nicht nur Motorräder, PKW und LKW, sondern auch Spezialtechnik wie Kräne oder Betonmischer feilgeboten. Weiterhin findet man die Adressen und Telefonnummern von Autowerkstätten und Ersatzteilhändler für diverse Automarken.

Wichtige kirgisischsprachige Druckerzeugnisse sind ›Erkin Too‹ (kirg. Эркин Тоо) oder ›Kyrgyz Tuusu‹ (kirg. Кыргыз Туусу), ›Kutbilim‹ (kirg. Кутбилим) oder ›Dshany Agym‹ (kirg. Жаны Агым). Sie alle werden vor allen in den ländlichen Gegenden gelesen, dort, wo mittlerweile die Leute unter 40 das Russische nur noch bruchstückhaft beherrschen.

Eine sehr informative, kritische Internetzeitung ist ›fergana.ru‹, die sich auf alle fünf mittelasiatischen Länder spezialisiert hat. Als fremdsprachige Blätter sind die englische Tageszeitung ›Times of Central Asia‹

Nationalpark-Ranger mit zahmem Adler

und das Wochenblatt ›The Bishkek Observer‹ zu erhalten.
Die einfachste Möglichkeit, in den Besitz einer kirgisischen Zeitung zu kommen, ist nach einem Kiosk mit der Aufschrift ›Газеты‹ Ausschau zu halten. Diese findet man in den Städten Bischkek, Osch, Dshalal Abad und Karakol. In den anderen Orten sind Zeitungen im Postamt erhältlich.

Reisen mit Kindern

Kirgistan ist nicht nur ein kinderfreundliches Land, man kann auch mit Kindern in dem rauen Gebirgsland gut reisen.
Besonders empfehlenswert sind Reiten, Wandern, Strandurlaube am Issyk Kul und Jurtenübernachtungen. So kann man sich eine Tour organisieren lassen, die zwei bis drei Reittage bei Bischkek, einen längeren Strandaufenthalt am Issyk Kul (Hotel oder Zelt), einige Tage Jurtenleben bei den Nomaden und eine Reittour oder Wanderung in den Walnusswäldern beinhaltet. Das Alter sollte mindestens fünf Jahre betragen.
Besonders viel Erfahrungen mit Eltern-Kind-Touren hat der Reiseveranstalter ›Central Asia Expeditions‹, der auch einen Kleinbus oder Jeep (zum Selbstfahren oder mit Fahrer) mit Campingausrüstung verleihen kann (s.u.).

Reiseveranstalter in Deutschland und der Schweiz

Auf und Davon Reisen
Lebrechtstr. 35
51643 Gummersbach
Tel. 02261/50199-0, Fax -16
www.auf-und-davon-reisen.de
Seidenstraßenreisen in Kirgistan, Usbekistan und Nordwestchina.

Baikaltours
Ostkirchstraße 65
47574 Goch
Tel. 02823/419748
www.baikaltours.de
Wander- und Kulturreisen.

Chili Reisen
Pappelstr. 81/83
28199 Bremen
Tel. 0421/52080663
www.chili-reisen.de
Trekking-Touren und Seidenstraßenrundreisen.

DAV Summit Club
Am Perlacher Forst 186
81454 München

Reiseveranstalter in Deutschland und der Schweiz

Tel. 089/64240-0, Fax -100
www.dav-summit-club.de
Bergsteigen auf die Siebentausender in Tien Schan und Pamir, Trekking.

Diamir Erlebnisreisen
Berthold-Haupt-Str. 2
01257 Dresden
Tel. 0351/3120 7-7
www.diamir.de
Kulturrundreisen, Trekking.

Elbrus Erlebnisreisen
Schillerplatz 2
14471 Potsdam
Tel. 0331/2805354
Fax 9512392
www.elbrus-reisen.de
Expedition zum Pik Lenin.

Gebeco
Holzkoppelweg 19
24118 Kiel
Tel. 0431/5446-0, Fax -111
www.gebeco.de
Kultur- und Erlebnisreisen mit Schwerpunkt auf regionalem Handwerk.

German Travel Network
Rothenburgerstr. 5
90443 Nürnberg
Tel. 0911/9289918-5, Fax -6
www.g-t-n.de
Trekkingreisen, Rundreisen.

GLOBOTREK
Trekking- und Erlebnisreisen
Neuengasse 30
Postfach 7722
CH 3001 Bern
Tel 031/3130010
www.globotrek.ch
Seidenstraßenreisen, Naturreisen, Partner der Entwicklungshilfeorganisation Helvetas.

Go East Reisen
Bahrenfelder Chaussee 53
22761 Hamburg
Tel. 040/8969090
www.go-east.de
Trekkingreisen, Rundreisen

Haase Touristik
Dickhardtstr. 56
12159 Berlin
Tel. 030/8418322-6, Fax -7
www.haase-touristik.de
Seidenstraßenreisen, Tour von Kasachstan zum Song Kul und Issyk Kul.

Hauser Exkursionen
Spiegelstr. 9
81241 München
Tel. 089/235006-0, Fax -99
www.hauser-exkursionen.de
Trekking zum Khan Tengri, Trekking

Ikarus Tours GmbH
Am Kaltenborn 49–51
61462 Königstein
Tel. 06174/29 020
Fax 22952
www.ikarus.com
Expedition auf dem Pamir-Highway, kombinierte Touren Kasachstan-Kirgistan.

Kira Reisen
Badstr. 31
CH–5400 Baden
Tel. 056/20019-00, Fax -11
www.kirareisen.ch
Bietet vor allem Reisebausteine an.

nomad. Reisen zu den Menschen
Albertinumweg 5
54568 Gerolstein
Tel. 06591/94998-0
www.nomad-reisen.de
Pferdetrekking, Erlebnisreisen, Familienferien sowie kombinierte Seidenstraßenreisen Usbekistan/Kirgistan.

Ost & Fern
An der Alster 40
20099 Hamburg
Tel. 040/28409570
www.ostundfern.de
Maßgeschneiderte Gruppenreisen, individuelle Reiseprogramme

Take Off Reisen
Dorotheenstr. 65
22301 Hamburg
Tel. 040/4222288
www.takeoffreisen.de
Seidenstraßenreisen, Kulturrundreisen

TSA-Travel Service Asia
Riedäckerweg 4
90765 Fürth
Tel. 0911/979599-0
www.tsa-reisen.de

Trekking bei Karakol, Fahrt entlang der Seidenstraße bis Kaschgar, Trekking im Kungej Alatoo.

Ventus Reisen
Krefelder Str. 8
10555 Berlin
Tel. 030/3910033-2, -3
www.ventus.com
Individuell organisierte Wander- und/oder Kulturreisen für Gruppen ab zwei Personen.

Wigwam Tours
Lerchenweg 2
87448 Waltenhofen
Tel. 08379/9206-0, Fax -16
www.wigwam-tours.de
Natur- und Expeditionsreisen.

Reiseveranstalter in Kirgistan und Kasachstan

Kirgisische Veranstalter können durchaus empfohlen werden. Sie bieten ein abwechslungsreiches und professionelles Angebot. Auf den meisten Internetseiten kann man Informationen über das Land sowie alle Reiseangebote auf Englisch finden.

Ak-Sai Travel
720021 Bischkek, ul. Ibraimova 113/1
Tel. +996/312/901616
info@ak-sai.com
www.ak-sai.com
Der Reise-Gigant in Kirgistan. Alle Arten von Touren in den fünf -›stans‹, außerdem in China und der Mongolei. Einige Mitarbeiter sprechen deutsch.

Asia Mountains International Trekking Center (ITC)
720021 Bischkek, ul. Linejnaja 1a
Tel: +996/312/690235, Fax 690236
info@asiamountains.net
www.asiamountains.net
Zuverlässige Firma, organisiert Bergsteiger- und Trekkingtouren, Heli-Ski, Jeeptouren und Kulturreisen durch Kirgistan, Usbekistan und China. Betreibt auch zwei gemütliche Hotels in Bischkek.

CBT
720031 Bischkek, ul. Gorkowo 58
Tel. +996/312/443331, 540069
www.cbtkyrgyzstan.kg

CBT steht für ›community based tourism‹, für Tourismus unter Einbeziehung der Gemeinden. Der Ertrag kommt den Menschen vor Ort zugute. Die Organisation hat mit Hilfe ausländischer Sponsoren ein Netzwerk privater Pensionen in 15 schön bis spektakulär gelegenen Clustern im ganzen Land organisiert. Hier kann man in Häusern und Jurten preiswert übernachten und ist dabei mitten im Leben. Kirgisische Hausmannskost kann dazugebucht werden.

Celestial Mountains
Bischkek, ul. Kiewskaja 131/2
Tel. +996/312/311814, Fax 311170
tours@celestial.com.kg
www.celestial.com.kg
Rundreisen, Trekking. Kulturreisen. Unterhält Hotels in Bischkek und Naryn sowie eine wahrhaft enzyklopädische Website.

Central Asia Expeditions
720000 Bischkek, ul. Tynystanowa 20/22
www.reise-kirgisien.de
reise-kirgisien@mail.ru
Der erfahrene und gut Deutsch sprechende Slawa organisiert als zertifizierter Bergführer seit 2002 in Tadschikistan, Kasachstan und Kirgistan Individualtouren: Trekking, Reiten, Mountainbike, Rundreisen. Durch Mitarbeit des Biologen Stephan Flechtner ist man auf ornithologische, botanische und Foto-Touren spezialisiert. Eigene Autovermietung (Jeeps, Allrad-Bus, URAL), umfangreiche Ausleihe von Ausrüstung, Vermittlung von Trägern, Guides und Dolmetschern.

Central Asia Tourism Corporation
720040 Bischkek, Tschuj-Prospekt 124
Tel./Fax +996/312/663665, 896339
cat@cat.kg, www.cat.kg
Seit 1995 agierender Reiseveranstalter, der Trekking, Rundreisen, Reitreisen anbietet, außerdem Hotel- und Flugbuchung.

Dostuck Trekking Ltd.
720005 Bischkek, ul. Igemberdijewa 42-1
Tel. +996/312/545455, 540237
Fax 0312/545455, 559090
www.dostuck.com.kg
dostuck@saimanet.kg

Reiseveranstalter in Kirgistan und Kasachstan

Zu Pferd kommt man an die schönsten Stellen

Das kirgisisch-britische Joint Venture bietet seit 1991 Trekking- und Mountainbike-Touren, Bergsteigen, Heli-Skiing, Reiten und Rafting sowie Kultur-Reisen in Kirgistan und entlang der Seidenstraße an.

IMC International Mountain Camp Pamir
720001 Bischkek, ul. Kievskaja 133–30
Tel./Fax +996/312/311472
info@imcpamir.com
Unternimmt seit 25 Jahren Gipfelbesteigungen und verwaltet die Basislager zum Pamir.

Kyrgyz Concept
Prospekt Tschuj 126, 720001 Bischkek
Tel. +996/312/666006
Fax +996/312/661011
www.concept.kg
Klassisches Reisebüro mit vielen Zweigstellen in Bischkek und einer Niederlassung in Osch. Hilfe bei Visafragen, Transferleistungen, Sondergenehmigungen, Ticketverkauf für Bahn- und Flugreisen etc.

Kirgistan-Kasachstan-Exkursionen
Durch Dipl-Geogr. W. Petschkin von der Universität Bischkek (geo-petschkin@mail.ru) wird jährlich eine kulturhistorische Exkursion und eine geographisch-ökologische Exkursion durch Kirgistan und Kasachstan durchgeführt. Diese wird durch einheimischen Archäologen und Historiker bzw. von einem Botaniker, Zoologen, Geographen, Geologen begleitet. Ansprechpartner:
Dr. Michael von Tschirnhaus
Fakultät für Biologie, Universität Bielefeld
m.tschirnhaus@uni-bielefeld.de
Prof. Stephan Pfefferkorn
Fakultät Bauingenieurwesen, HTW Dresden, pfefferkorn@htw-dresden.de

Kyrgyzland (ehemals Kyrgyz Travel)
720015 Bischkek, ul. Elebesova 237
Tel. +996/312/678444
travel@kyrgyzland.com
d-sasha@elcat.kg
www.kyrgyzland.com
Die kleine Firma des freundlichen Bergsteiger-Ehepaars Mischa Danitschkin und Anastasia (Nastja) Jachno bietet Wander- und Reittrekking sowie Bergsteigertouren aller Schwierigkeitsgrade an, Rundreisen durch Kirgistan, Kasachstan und Tadschikistan, Expeditionen, Foto-Safaris und mehr. Mischa Danitschkin ist international zertifizierter Bergführer. Die Familie hat ein Gästehaus in Tamga am Issyk-Kul-See, das sich gut als Ausgangspunkt für die Touren eignet. Trekking-Ausrüstung kann ausgeliehen werden.

Neofit
722360 Karakol, ul. Dshamansarieva 166
Tel. +996/392/255850
neofit.i-kul@rambler.ru
www.neofit.kg
Trekkingtouren im Gebiet Issyk Kul und Zentraler Tien Schan mit und ohne Pferd, Rad- und Skitouren, Expeditionen sowie Gipfelbesteigungen und Rafting. Vermittlung von Guides, Trägern, Köchen und Fahrern. Verleih von Ausrüstung und Tourenberatung. Eigenes Gästehaus in Karakol.

Nomadic Land
720000 Bischkek, ul. Tokojeva 32
Tel. +996/312/356478, Mobil +996/555/632412
Außerdem gibt es ein Office in 540004 Naryn, ul. Semetej 23, Tel. +996/312/645786, Mobil +996/555/345432
thenomadicland@gmail.com
www.kyrgyzstan-land.com

Im Programm sind mehrwöchige organisierte Touren zu den schönsten Orten Kirgistans. Außerdem werden Trekkingtouren, Rad- und Reitausflüge, Angeltouren und Rafting, kulturelle Programme und Stadtführungen in Bischkek angeboten.

NoviNomad
ul. Togolok Moldo 28, Ap. 10
720001 Bischkek
Tel.+996/312/62238-1, Mobil +996/555/776055
info@novinomad.com
www.novinomad.com

Etabliertes und erfahrenes Unternehmen, das naturnahen Urlaub in kleinen Gruppen anbietet und dabei mit Entwicklungsprojekten vor Ort zusammenarbeitet, die der lokalen Bevölkerung ein Auskommen im Tourismus ermöglichen. Im Angebot sind Trekking-Touren verschiedener Schwierigkeitsgrade (zu Fuß und zu Pferd), naturkundliche Touren, Reisen mit Schwerpunkt Begegnung und Kultur, Organisation von Transfer und Transport. Die Firma betreibt auch zwei Jurtencamps: am Song Köl und bei Dshety Oguz.

Shepherd's Way Trekking
Gulmira, Ishen und Rash Obolbekov
P.O. Box 2032
720000 Bischkek
Tel. +996/312/661392, 434532
Mobil +996/772/5183 5
shepherd@elcat.kg
www.kyrgyztrek.com

»Welcome to Kyrgyzstan, Land of Horses and Free Riders!«, lautet das Motto der kleinen Firma. Sie bietet Pferdetreks von 2–30 Tagen Länge an, von denen die meisten im Dorf der Familie in Barskoon am Südufer des Issyk Kul starten und in verschiedene Regionen des Tien Schan führen.

Travel Experts
720046 Bischkek, ul. Schopokowa 89-6,
Tel. + 996/312/385117, Mobil +996/555/993733
tours@travel-experts.kg
www.travel-experts.kg

Allrounder mit fröhlichem Team und origineller Website, der vom Autoverleih über Kultur-Rundreisen bis Trekking, Reiten, Hiking, Rafting, Skiing alles anbietet.

Turkestan Travel Company
722360 Karakol, ul. Toktogula 273
Tel. +996/543/911452, 911451, +996/550/234911
psi61@mail.ru
www.turkestan.biz

Dieser Veranstalter steht für langjährige Erfahrung und Kompetenz und ein umfangreiches Angebot für Reisen und Bergsport. Am Issyk Kul ansässig, organisiert er Reisen und Gipfelbesteigungen in ganz Kirgistan und Mittelasien – mit bestem Service.

Yak-Tours
722360 Karakol, ul. Gagarina 10
Tel. +996/392/256901
yaktours@infotel.kg

Dieser Reiseveranstalter ist für die Issyk Kul Region und die umliegenden Berge kompetent. Reisende loben die preiswerten Unterkünfte (Yak-Tours hat ein eigenes Gästehaus direkt am Firmensitz in Karakol, in einem schönen alten russischen Holzhaus) und die einfache, aber schmackhafte Verpflegung, empfehlen aber auch, die Arrangements vorher mit dem Chef unmissverständlich abzusprechen und zu fixieren.

Tankstellen

Mittlerweile ist das Netz an Tankstellen besser ausgebaut als in den ersten Jahren der Unabhängigkeit. Es gibt aber immer noch Gegenden, in denen das Wort ›zaprawka/заправка‹ (als Abkürzung für ›автозаправочная станция‹) ein Fremdwort ist. Wenn man Glück hat, findet man ein paar Privatleute, die aus einem 200-Liter-Fass den Treibstoff verkaufen. Hier sollte man nach unauffällig gemalten Schildern mit der Aufschrift ›диз‹ (für russ. дизель, dt. Diesel), ›сол‹ (für russ. солярка, dt. Diesel) oder ›бензин‹ Ausschau halten. Diese **privaten Händler** trifft man am Südufer des Issyk Kul, im Batken-Oblast, auf den Pisten im Talas-Oblast. Mitunter steht auch an der Straße ein Tank-LKW und verkauft direkt an die Autofahrer.

Tankstelle an der Schnellstraße Bischkek–Balyktschy

Allerdings gibt es auch ganze Landstriche, die eine extrem geringe Besiedlung aufweisen und in denen **keine Tankstellen** und meist auch keine privaten Benzinhändler zu finden sind. Dazu zählen das Ak-Saj-Tal und das Kök-Schaal-Gebirge, Teile des Tschatkal- und Pskem-Gebirges oder die Region südlich des Ortes Inyltschek.
Da die Tanks der Tankstellen oft ungepflegt sind und sich dadurch Schmutz im Treibstoff befinden kann, ist es sinnvoll, einen **Treibstofffilter** als Ersatz mitzuführen. Die günstigsten Preise gibt es in Bischkek. Hier lag 2014 der Preis für Normalbenzin (92 Oktan) bei 38 Som und für Diesel bei 40 Som). Kommt man in abgelegene Gegenden, so können die Kosten bis zu 20 Prozent höher sein. Superbenzin (95 Oktan) gibt es nur an wenigen Tankstellen.
Es sei erwähnt, dass man bei der Einreise nach Tadschikistan und Kasachstan nur maximal 10 Liter Treibstoff in Kanistern einführen kann.

Taxi

Mittlerweile existieren in Bischkek diverse **Taxiunternehmen**, bei denen telefonisch geordert werden kann. Hier die wichtigsten Firmen mit Telefonnummer: Ewrotaxi (150), Express-Taxi (156), Mobitaxi (166) und Super Taxi (152). Im **Stadtzentrum** (Kurzstrecke) kostet die Fahrt mit einem **Ruftaxi** zwischen 6 und 22 Uhr ca. 100 Som. ›Freischaffende‹ Taxis kosten 150 bis 200 Som – je nachdem, wie man sich einigt. Nachts gelten bei den freischaffenden Taxifahrern, also jenen, die nicht in einer Firma organisiert sind, etwa 20 bis 50 Prozent höhere Tarife.
Preise sind bei **Fahrten mit Privattaxis** unbedingt vor Fahrtbeginn auszuhandeln. Bei Ruftaxis kann man sich am Telefon den Preis sagen lassen. Besonders nach Einbruch der Dunkelheit ist es zu empfehlen, nur Ruftaxis zu nutzen.
Viele **Straßennamen** haben sich seit der Unabhängigkeit Kirgistans geändert, deshalb ist es von Vorteil, eine detaillierte Landkarte mitzuführen und das Ziel dem Fahrer zeigen. Oft haben diese sehr schlechte Ortskenntnis. Sind alter und neuer Name der Straße bzw. des Zieles bekannt, ist es umso besser. Neuere Taxis haben auch ein Navi für den Großraum Bischkek dabei. Trinkgeld wird von den Taxifahrern nicht erwartet.
Der **technische Zustand der Taxis** lässt oft zu wünschen übrig. Dieser hängt jedoch vom Eigentümer ab, denn auch die Taxifirmen haben keine eigenen Taxis, sondern die dort arbeitenden Taxifahrer fahren mit ihren Privatautos. Deshalb sollte man vor Fahrtantritt das Auto äußerlich begutachten. Und wenn man drinnen sitzt und merkt, dass Sicherheitsgurt oder Bremsen nicht richtig

funktionieren (was nicht selten passiert), sollte man das Fahrzeug besser verlassen.

Telefon

Mobil: Megacom und Beeline nutzen das GSM-System, so dass man sein mitgebrachtes Telefon und die eigene Nummer über Roaming nutzen kann, was jedoch recht teuer ist. Das Mobilfunknetz deckt ca. 60 Prozent des Landes ab. In jedem Falle sind alle großen Täler (also die Siedlungsschwerpunkte) vollständig abgedeckt. Als Reisende ist es die billigste Variante, sich nach Ankunft in Kirgistan mit einer **Prepaid SIM-Karte** auszustatten. Dazu gibt es neben Megacom, Beeline auch ›O!‹. So können teure Roaming-Gebühren vermieden werden, und ein Anruf ins deutsche Festnetz kostet dann nur um die 4 Som/Minute. Die SIM-Karten gibt es an überall im Zentrum und auf den Märkten zu kaufen. Um das Konto der gekauften SIM-Karte aufzuladen, bieten sich Kioske und Einkaufsläden an. In Kiosken liegt ein Buch aus, wo man mit Kuli die aufzuladende Handynummer einschreibt und den Betrag. Bezahlt wird in bar. In vielen großen Geschäften gibt es Terminale zum Aufladen der SIM-Karten. Die Darstellungen sind recht übersichtlich und erklären sich von selbst.

Festnetz: Fast alle Ortschaften verfügen über Festnetzanschlüsse. Nur einige wenige an der Peripherie des Naryn- und Issyk-Kul-Oblastes sind nicht ans Telefonnetz angeschlossen. Man kann vom Festnetz aufs Handy und ins Ausland anrufen. Allerdings kann der Eigentümer des jeweiligen Anschlusses diese Funktionen sperren lassen.

Vorwahl nach Kirgistan: +996.
Vorwahl nach Deutschland: +49.
Vorwahl nach Österreich: +43.
Vorwahl in die Schweiz: +41.
Die offizielle Vorwahl nach Europa ›+4xx‹ wird in manchen Postämtern im Land durch ›010xx‹ oder ›10xx‹ ersetzt. Am besten vorher nachfragen.

Wichtige Telefonnummern:
Polizeinotruf: 102.
Ärztlicher Notdienst: 103.
Feuerwehr: 101.
Telefonauskunft: 109.

Trinkgeld

Trinkgelder sind im Dienstleistungsgewerbe nur teilweise üblich. Viele Restaurants erheben mit der Rechnung bereits ein Bediengeld zwischen 5 und 15 Prozent. Trinkgelder sowie Geschenke sollten nicht wahllos vergeben werden, sondern nur als Anerkennung einer erbrachten Leistung dienen. Man kann dennoch zusätzlich ein wenig Wechselgeld überlassen. Taxifahrer erwarten kein Trinkgeld, allerdings kann man selbstverständlich bei guter Fahrweise und Zuvorkommenheit eines geben. Bei begleiteten Reisen sollte man in Abhängigkeit von der Zufriedenheit auch an eine Anerkennung für den Dolmetscher, Guide oder Bergführer denken.

Unterkunft

Hotel

Die meisten Unterkunftsmöglichkeiten im Land entsprechen nicht internationalem Standard. Jedoch gibt es auch einige gute Hotels in größeren Städten wie Bischkek, Osch und Karakol. Bei der Auswahl eines geeigneten Hotels helfen oft Internetbewertungen auf diversen Booking-Seiten, zudem kann man über die in diesem Buch genannten kirgisischen Reiseveranstalter Hotels und andere Unterkünfte buchen, auch wenn man nicht an einer organisierten Tour teilnimmt. Man sollte daran denken, dass nur in wenigen großen Hotels mit Kreditkarten bezahlt werden kann.

Gästehäuser

Hierbei handelt es sich fast durchweg um Privathäuser, die sich auf die Aufnahme von Touristen eingestellt haben. Die Ausstattung ist recht unterschiedlich. In Städten kann man oft 2-Bett-Zimmer mit europäischer Toilette im Haus antreffen. In großen oder nicht abgelegenen Dörfern bekommt man 3- bis 5-Personen-Zimmer mit Bett und dazugehörigem Bettzeug, aber meist ohne weiteres Mobiliar, sowie Gemeinschaftstoilette und -dusche. In abgelegenen Dörfern dagegen ist man auf 3- bis 6-Personen-Zimmer angewiesen. Man schläft ›kirgisisch‹, also auf dem Teppich mit Matratze und Bettzeug. Es gibt ein Plumpsklo im Garten und keine Dusche. Durch Privatunterkünfte wurden in den letzten Jahren die Möglichkeiten immer zahlreicher, auch in sehr ländlichen Gegenden ein Dach über dem Kopf zu finden und dabei die Kirgisen und ihre Lebensweise unmittelbar kennenzulernen. Die Unterkünfte sind im Normalfall alle sehr einfach, aber sauber und gepflegt. Die Kosten für solche Unterkünfte sind verhältnismäßig günstig und liegen zwischen 600 und 1100 Som pro Person (mit Frühstück).

Jurte

Eine Übernachtung in einer Jurte ist ein einmaliges Erlebnis und wird deshalb von vielen Unternehmen angeboten. Dabei gibt es zum einen die original belassenen Jurten, in denen man auf dem Filzteppich mit Matratze, Bettdecke, Laken und Kopfkissen schläft. Die zweite Variante ist die ›touristische Jurte‹. Hier werden, extra für Touristen, Betten in die Jurte gestellt und das wirkliche Jurtenerlebnis stark verfälscht. Die unter ›Reiseveranstalter‹ genannten Firmen bieten alle Übernachtungen in Jurten an.

Zelten

Für Naturliebhaber ist das Zelten die schönste Variante, das ›wilde‹ Kirgistan kennenzulernen. Durch unendliche Weiten und die geringe Bevölkerungsdichte ist es fast überall möglich, Zelte aufzuschlagen. Da es im Gebirge oft starke Winde und Regen gibt, sollte man qualitativ hochwertiges Material verwenden. Obwohl die Kirgisen eine völlig andere Einstellung zur Natur haben als wir und sich über Umweltschutz meist keine Gedanken machen, sollte man sich selbst rücksichtsvoll am Zeltplatz benehmen: kein Spülwasser oder Shampoo in Bäche laufen lassen und sich nicht mit Duschbad (biologisch abbaubare Seife ist ok) in Gewässern waschen. Abfälle sollte man verbrennen oder vergraben! Bitte beachten Sie, dass es in allen Ortschaften (außer in den großen Städten) keine Müllentsorgung gibt und der Müll auf wilden Halden herumliegt und verweht wird.

Unterwegs im Land

Man kommt als Individualtourist mit öffentlichen Verkehrsmitteln in alle Städte und ›Siedlungen städtischen Typs‹ (Einteilung aus der Sowjetzeit: Orte mit über 5000 Einwohnern). Möchte man allerdings weiter ins Gebirge, auf die großen Sommerweiden oberhalb 3000 Meter (Syrten) oder zu kleineren Dörfern reisen, dann benötigt man unbedingt ein Allrad-Fahrzeug.

Ein Beispiel: Möchte man zum Song Köl, so gibt es drei Möglichkeiten: 1. Man leiht sich ein Fahrzeug zum Selbstfahren und kann über drei verschiedene Wege zum See kommen. Allerdings muss das Fahrzeug einen Allradantrieb haben. 2. Man bucht die gewünschte Reise bei einem deutschsprachigen oder kirgisischen Reiseveranstalter. 3. Variante für Backpacker: mit Marschrutka oder Sammeltaxi bis Kotschkor fahren. Dann geht man zum Basar und verhandelt auf Kirgisisch oder Russisch einen Preis für die letzten 150 Kilometer bis zum See aus. Hier kann es dann vorkommen, dass der PKW aufgrund einer Schlammlawine oder weggebrochenen Brücke nicht mehr weiter kommt. Weitere Infos siehe unter ›Autovermietung‹.

Wenn man als Selbstfahrer unterwegs ist, benötigt man einen Internationalen Führerschein (wird z.B. in Deutschland von jeder Führerscheinstelle ausgestellt). Der Internationale Führerschein übersetzt den nationalen ins Englische, Französische und Russische und ist nur zusammen mit diesem gültig. Die Fahrzeugpapiere sollten ins Russische übersetzt werden, um Probleme zu vermeiden. Dies kann man in Übersetzungsbüros in Bischkek erledigen lassen oder bereits zu Hause.

Kirgisische Reiseveranstalter (→ S. 327) vermitteln auch Transfers und Autos mit zuverlässigen Fahrern. Für Individualreisende, die bereit sind, ein paar US-Dollar mehr zu investieren, ist es eine gute und sichere Möglichkeit, sich zu mehreren zusammenzutun und ein Auto über diese Agenturen zu buchen, anstatt einfach ein Taxi an der Straße anzuhalten, dessen technischen Zustand man in der Regel nicht einschätzen kann.

Verhaltensregeln
Begrüßung
Die Begrüßung (gemeint ist der Handschlag) erfolgt nie auf der Türschwelle, denn das könnte Unglück bringen. In allen Regionen des Landes reichen sich Männer bei der Begrüßung die Hand, mitunter wird eine, oft werden beide Hände gereicht. Egal, ob man beim Vorbeifahren nur nach dem Weg fragen möchte, man von einem Verkehrspolizisten kontrolliert wird – immer gilt es, zuerst die Hand zu drücken. Stehen mehrere fremde Männer in der Runde, so muss man alle Männer begrüßen und fängt dabei mit dem Ältesten an. Bezüglich der Begrüßung zwischen Mann und Frau gibt es in den einzelnen Regionen Unterschiede. Im traditionelleren Süden wird man fast nie sehen, dass ein Mann eine Frau per Handdruck begrüßt, im Naryn-Oblast oder in Bischkek ist es teilweise üblich. Bei der Begrüßung fragt man zuerst nach der Gesundheit, danach wie es den Kindern und der Familie geht. Ist man im Sommer oben im Gebirge, so schließen sich dann weitere wichtige Fragen an: wie es um das Vieh steht, ob die Stuten genug Milch geben, wie der Zustand der Sommerweide ist. Oft werden all diese Fragen drei Mal wiederholt.

Betritt man ein Haus oder eine Jurte, so zieht man sich davor die Schuhe aus.

Nacktbaden
Das Nacktbaden in den glasklaren Seen und Flüssen ist kein Problem, man sollte nur darauf achten, dass keine Einheimischen in der Nähe sind. Die Temperaturen sind meist gewöhnungsbedürftig.

Einladungen
Man kommt recht schnell mit den Leuten ins Gespräch. Mitunter wird man dann selbst nach kürzeren Gesprächen nach Hause zum Tee eingeladen. Die Menschen sind meist recht neugierig und wollen wissen, wie Menschen in anderen Ländern leben. Aufgrund der touristischen Unerschlossenheit (zum Beispiel: Turkestan-Gebirge im Batken-Oblast, Tschatkal-Gebirge, Pskem-Gebirge) gibt es noch breite Landstriche, in denen die letzten Touristen vor 30 Jahren vorbeigeschaut haben. Es gibt sogar immer noch Dörfer, die nachweislich noch nie von Ausländern besucht wurden (z. B. Grenzregion zu China im Naryn-Oblast). Wenn man keine Zeit hat, muss man trotz alledem vom dargereichten Brot ein Stück essen. Das verlangt die kirgisische Tradition, und der Einladende ist wirklich beleidigt, wenn man nicht einmal dafür Zeit hat.

Moscheebesuch
Kleiderordnung Männer: Lange Hosen, kurz- oder langärmliges Oberteil. Vor der Eingangstür müssen die Schuhe ausgezogen werden. Frauen kommen normalerweise nicht ins Innere einer Moschee. **Kleiderordnung Frauen**: Wenn Frauen das Gelände einer Moschee besuchen wollen (nicht die Moschee selbst), sollten sie lange Hosen/Röcke und ein Oberteil, das die Schultern bedeckt sowie ein Kopftuch tragen.

Ausländer (Männer UND Frauen) werden mitunter in die Moschee hineingelassen, wenn kein Gebet gehalten wird. Man kann

Zelten ist überall möglich

dem Mullah erklären, dass man Interesse an der islamischen Kultur und Architektur hat, dann wird manchmal eine Ausnahme gemacht.

Verkehrsregeln

Die wichtigsten Regeln sind: Alkohol am Steuer ist verboten, in geschlossenen Ortschaften sind 60 km/h und außerhalb 90 km/h erlaubt. Glücklicherweise sind die Verkehrsregeln und –schilder denen in Europa ähnlich. Allerdings halten sich viele Einheimische nicht daran. Normal sind Fahren bei roter Ampel, Fahren entgegen der Richtung in Einbahnstraßen und überhöhte Geschwindigkeit. Für Nichteinheimische ist die **kirgisische Fahrweise** sehr, sehr gewöhnungsbedürftig und **nicht ungefährlich**. Die Kirgisen fahren manchmal irritierend (manche sagen: sie fahren, wie sie reiten). Daran sind aber auch die schlechten Straßen schuld. Mitunter hört man den Spruch ›Wer geradeaus fährt, muss betrunken sein‹ (weil er durch die Schlaglöcher fährt, anstatt ihnen auszuweichen).

Aus Sowjetzeiten sind noch einige **stationäre Polizeiposten** (russ. ГАИ, kirg: МАИ) übrig geblieben. Hier kann man u. U. angehalten werden und die Fahrzeugpapiere und auch der Innenraum des Fahrzeugs können kontrolliert werden. Ist man als Ausländer mit eigenem Fahrzeug unterwegs, so sollte man einen **Internationalen Führerschein** (s.o.) dabei haben. Weiterhin benötigt man eine notariell beglaubigte Übersetzung (ins Russische) der Fahrerlaubnis und des Fahrzeugscheins. Diese kann man sich von Übersetzungsfirmen in Bischkek oder im jeweiligen Heimatland anfertigen lassen. Es kommt natürlich vor, dass diese Übersetzungen bei Kontrollen nicht abgefragt werden oder dass sich die Polizei sogar mit der jeweiligen heimischen Fahrerlaubnis zufrieden gibt. Um jedoch langwierigen Diskussionen aus dem Weg zu gehen, ist es besser, die Papiere im Vorfeld einer längeren Reise zu organisieren. Mit **auf die Straße rennenden Pferden** oder gar ganzen Viehherden muss gerechnet werden. Erhöhte Vorsicht ist in Dörfern geboten, die sich oft lang an der Landstraße entlangziehen. In geschlossenen Ortschaften sollte weniger als die erlaubten 60km/h fahren.

Nachtfahrten sollte man unbedingt vermeiden, da viele Unfallrisiken zu verzeichnen sind: stark blendende Scheinwerfer entgegenkommender Fahrzeuge, Fußgänger am Straßenrand, freilaufende große Haustiere (Pferde!), unbeleuchtete Fahrzeuge (sowohl

Offroad im Osten des Landes

stehend am Straßenrand als auch fahrend), fehlende Fahrbahnmarkierungen.

Fahrzeiten: Eine Strecke von 100 bis 200 Kilometern pro Tag ist auf Kirgistans holprigen Straßen schon ein gutes Wegstück. Auf den besser ausgebauten Überlandverbindungen geht es natürlich schneller, aber auch da muss man sich auf Durchschnittsgeschwindigkeiten von bestenfalls 50–60 Kilometern in der Stunde einstellen.

Auch wenn man versichert ist, ist die Einigung bei **Unfällen** heikel, da den Einheimischen Autohaftpflichtversicherungen fremd sind. Passiert ein Unfall, sollte man unbedingt die **Polizei rufen** und nach Möglichkeit einen Dolmetscher. Es ist üblich, dass Unfälle und deren finanzielle Seite an Ort und Stelle geregelt werden. Wenn nicht gleich bezahlt werden kann, nimmt man die Fahrerlaubnis und/oder den Fahrzeugschein mit und notiert sich Adresse und Telefonnummer. Das Einbehalten von Dokumenten des Unfallgegners sollte man auch dann einfordern, wenn Polizei dabei ist.

Visum und Einreise

Seit Juli 2012 ist für alle Reisenden aus den EU-Staaten und der Schweiz kein Visum mehr erforderlich. Dies gilt jedoch nur für einen Reisezeitraum von 60 Tagen. Es genügt ein Reisepass, der ab Einreise noch mindestens 3 Monate gültig sein muss.

Dauert der Aufenthalt mehr als 60 Tage, ist ein Visum erforderlich, das vor der Reise bei der zuständigen kirgisischen konsularischen Vertretung beantragt werden muss. Kinder bis zum 16. Lebensjahr benötigen für die Einreise einen Kinderreisepass mit Lichtbild. Bei jeder Einreise werden **Einreisestempel** erteilt, die bei Ausreise kontrolliert werden. Nähere Informationen erteilt die kirgisische Botschaft im Heimatland (→ S. 312).

Zeitzonen

Es gibt keine Sommerzeit. Der Zeitunterschied zwischen Mitteleuropa und Kirgistan beträgt plus 5 Stunden im Winter und plus 4 Stunden im Sommer. Die benachbarten kasachischen Regionen wie der Almaty-Oblast oder der ehemalige Schymkent-Oblast liegen in der gleichen Zeitzone wie Bischkek. Das nahe gelegene Taschkent und das usbekische Fergana-Becken haben dagegen zu Mitteleuropa nur 3 Stunden Zeitunterschied.

Zoll

Devisen dürfen in unbegrenzter Höhe eingeführt werden. Allerdings dürfen nur 3000 US-Dollar ohne ›Zollerklärung‹ (russ. таможенная декларация) ausgeführt werden. Deshalb sollte man sich, wenn man eine größere Geldmenge ins Land bringt, diese auf der **Zollerklärung** bei der Einreise bestätigen lassen. Die Zollerklärung erhält man am Flughafen von den Zollbeamten, oder sie liegt aus. Bringt man zum Beispiel 10 000 US-Dollar mit, so kann man mehr als die erlaubten 3000 US-Dollar ausführen. Für manche Souvenirs ist möglicherweise eine Ausfuhrgenehmigung vorzulegen, so zum Beispiel für Gegenstände, die als Antiquität (mehr als 50 Jahre alt) gelten könnten.

Zollinformationen zur **Einfuhr von Waren aus Kirgistan** bekommt man bei der Botschaft des Ziellandes. Die Zollbestimmungen für Deutschland können Sie auf der Website des deutschen Zoll (www.zoll.de) ansehen oder telefonisch erfragen. 200 Zigaretten und 1 Liter Hochprozentiges dürfen beispielsweise zum persönlichen Gebrauch eingeführt werden.

Fährt man mit einem **Fahrzeug** nach Kirgistan, das kein kirgisisches, kasachisches oder russisches Kennzeichen besitzt, so muss man in jedem Fall eine Zollerklärung ausfüllen und einige andere zolltechnische Papiere beantragen. Dort sind die Devisen, die Fahrzeugladung und die Kenndaten des Fahrzeuges aufzuführen. Insgesamt ist die Ein- und Ausreise eines Fahrzeuges mit ausländischen Kennzeichen recht nervenaufreibend. Ich habe es auf eigenen ›Trans-Eurasien-Reisen‹ von Deutschland nach Kirgistan bzw. Tadschikistan mehrmals erlebt, dass Ausländer mit ihren Fahrzeugen mitunter mehr als einen Tag an der kasachisch-kirgisischen oder kirgisisch-tadschikischen Grenze zugebracht haben.

Sprachführer Russisch

Grundsätzlich gibt es mehrere Möglichkeiten, die Buchstaben des russischen Alphabets von kyrillischen in lateinische Buchstaben zu übertragen. Wir haben in diesem Buch die eindeutschende Transkription mit leichten Veränderungen verwendet, da sie der Aussprache des Russischen bzw. Kirgisischen zumindest nahekommt. Allerdings unterscheidet diese nicht zwischen den häufig auftretenden Buchstaben ›з‹ und ›с‹, beide werden mit ›s‹ wiedergegeben. In diesem Buch wird ›з‹ durch ›z‹. Dies geschieht aus Gründen der besseren Lesbarkeit und auch, weil der ebenfalls durch ›z‹ dargestellte Buchstabe ›ц‹ wesentlich seltener auftritt, als ›з‹ und ›с‹.

Auf vielen Landkarten und auch auf manchen Straßenschildern in Kirgistan findet man die englische Transkription, deswegen wird in der folgenden Übersicht ebenso angegeben wie die wissenschaftliche Transliteration.

Grundsätzlich ist es sinnvoll, sich vor einer Reise ein wenig mit dem russischen Alphabet zu beschäftigen, da man sich sonst im Land nur schwer zurechtfindet.

Ein paar wichtige Redewendungen auf Kirgisisch stehen auf (→ S. 347)

Das russische Alphabet

Buchstabe	Aussprache	deutsch	transliteriert	englisch
А а	›a‹ wie in ›Vater‹	a	a	a
Б б	›b‹ wie in ›Ball‹	b	b	b
В в	›w‹ wie in ›Wasser‹	w	v	v
Г г	›g‹ wie in ›gut‹, in den Endungen -ero und -oro wie ›w‹	g	g	g
Д д	›d‹ wie in ›dort‹	d	d	d
Е е	am Wortanfang, nach Vokalen und in der Endsilbe ›ite‹ wie ›je‹, sonst wie ›e‹	e (je)	e	e
Ё ё	am Wortanfang und nach Vokalen ›jo‹, sonst betontes ›o‹	jo	ë	yo
Ж ж	›sch‹ wie in ›Journal‹	sh	zh	zh
З з	stimmhaftes ›s‹ wie in ›Rose‹	z	z	z
И и	›i‹ wie in ›Ritus‹	i	i	i
Й й	kurzes ›j‹	j	j	y
К к	›k‹ wie in ›Kamm‹	k	k	k
Л л	›l‹ wie in ›Schall‹	l	l	l
М м	›m‹ wie in ›Milch‹	m	m	m

Buchstabe	Aussprache	deutsch	trans-literiert	englisch
Н н	›n‹ wie in ›Natur‹	n	n	n
О о	›o‹ in betonten, ›a‹ in unbetonten Silben	o	o	o
П п	›p‹ wie in ›Post‹	p	p	p
Р р	rollendes ›r‹	r	r	r
С с	stimmloses ›s‹ (dass)	s	s	s
Т т	›t‹ wie in ›Tisch‹	t	t	t
У у	›u‹ wie in ›gut‹	u	u	u
Ф ф	›f‹ wie in ›falsch‹	f	f	f
Х х	›ch‹ wie in ›acht‹	ch	ch	kh
Ц ц	›z‹ wie in ›Zar‹	z	c	ts
Ч ч	›tsch‹ wie in ›Tschechow‹	tsch	č	ch
Ш ш	›sch‹ wie in ›Schule‹	sch	š	sh
Щ щ	länger gezogenes ›sch‹	schtsch	šč	shch
ы	ein im hinteren Mundbereich ausgesprochenes ›jüi‹	y	y	y
ь	Weichheitszeichen, davorstehende Konsonanten werden weich ausgesprochen	entfällt	'	entfällt
ъ	Hartheitszeichen	entfällt	entfällt	entfällt
Э э	›ä‹ wie in ›Ente‹	e	ė	e
Ю ю	›ju‹ wie in ›Jugend‹	ju	ju	yu
Я я	›ja‹ wie in ›Januar‹	ja	ja	ya

Wichtigste Ausspracheregeln

→ unbetontes ›o‹ wird wie ›a‹ ausgesprochen (der Akzent auf den Wörtern zeigt die jeweils betonte Silbe an)
→ s entspricht stimmlosen ›s‹
→ z entspricht stimmhaften ›s‹
→ sh entspricht stimmhaften ›sch‹
→ sch entspricht stimmlosen ›sch‹
→ x in Verbindung mit a, o, u – wie ›ch‹ in Acht, in Verbindung mit e und i – wie ›ch‹ in schlecht

Allgemeine Wendungen

Guten Tag!	Dóbryj den!	Добрый день!
Hallo!	Priwét!	Привет!
Guten Morgen!	Dóbroje útro!	Доброе утро!
Guten Abend!	Dóbryj wétscher!	Добрый вечер!
Gute Nacht!	Spokójnoj nótschi!	Спокойной ночи!
Auf Wiedersehen!	Do swidánija!	До свидания!
Tschüß!	Poká!	Пока!
Wie geht's?	Kak delá?	Как дела?
gut	choroschó	хорошо
schlecht	plócho	плохо
Es geht.	Ták sebé.	Так себе.
Danke!	Spasíbo!	Спасибо!.
Bitte!	Poshálujsta!	Пожалуйста!.
ja	da	да
nein	net	нет
Hilfe!	Pomogíte!	Помогите
Entschuldigung!	Izwiníte!	Извините!
Macht nichts!	Nitschewó!	Ничего!
Sprechen Sie Deutsch/Englisch?	wy goworíte po-nemézki/po-anglíjski?	Вы говорите по-немецки/по-английски?
Ich verstehe nicht.	Ja ne ponimáju.	Я не понимаю
Ich spreche kein Russisch.	Ja ne goworjú po-rússki.	Я не говорю по-русски
Sprechen Sie langsam!	Goworíte médlenno!	Говорите медленно!
Ich weiß es (nicht).	Ja (ne) znáju.	Я (не) знаю
Schreiben Sie es bitte auf!	Zapischíte, poshálujsta!	Запишите, пожалуйста!
Ist es frei?	Swobódno?	Свободно?
Darf ich?	Móshno?	Можно?
Sie dürfen nicht/Man darf nicht/Es geht nicht!	Nelzjá!	Нельзя!

Orientierung

Wo?	Gde?	Где?

Sprachführer Russisch

Sagen Sie bitte, wo ist ...?	Skashíte, poshálujsta, gde ...?	Скажите, пожалуйста, где...?
Entschuldigen Sie, wie komme ich zu ...?	Izwiníte, kak mne popást k ...?	Извините, как мне попасть к ...?
rechts, nach rechts	práwo, napráwo	право, направо
links, nach links	léwo, naléwo	лево, налево
geradeaus	prjámo	прямо
um die Ecke	za uglóm	за углом
hinter der Brücke	za mostóm	за мостом
hier	zdes	здесь
dort	tam	там
nah	blízko	близко
weit	dalekó	далеко
Norden	séwer	север
Süden	jug	юг
Westen	západ	запад
Osten	wostók	восток

Hinweisschilder

Eingang	wchod	вход
Ausgang	wychod	выход
geschlossen	zakrýto	закрыто
geöffnet	otkrýto	открыто
Kasse	kássa	касса
Umbau, Renovierung	remónt	ремонт
außer Betrieb	ne rabótajet	не работает
Hygiene-Tag (Syn. für heute geschlossen)	sanitárnyj den	санитарный день
Information	spráwka	справка
Toilette (Damen/Herren)	tualét (shénskij/mushskój)	туалет (женский/мужской)

Orte

Brücke	most	мост
Straße	úliza	улица

Gasse	pereúlok	переулок
Prospekt (große Straße)	prospékt	проспект
Platz	plóschtschad	площадь
Uferstraße	nábereshnaja	набережная
Boulevard	bulwár	бульвар
Haus	dom	дом
Theater	teátr	театр
Kloster	monastýr	монастырь
Kirche	zérkow	церковь
Museum	muzéj	музей

Öffentliche Verkehrsmittel

Bahnhof	wokzál	вокзал
Busbahnhof	awtowokzál	автовокзал
Haltestelle	ostanówka	остановка
Bahnsteig	platfórma, perrón	платформа, перрон
Abfahrt	otprawlénije	отправление
Ankunft	pribýtije	прибытие
Bus	awtóbus	автобус
Fährt dieser Zug/Bus nach ...?	Étot pójezd/awtóbus idjot w ...?	Этот поезд/автобус идёт в ...?
Wann fährt der Bus nach ...?	Kogdá otprawljáetsja awtóbus w ...?	Когда отправляется автобус в ...?
Von welchem Bahnsteig?	S kakój platfórmy?	С какой платформы?
Gleis	put'	путь
mit dem Bus	na awtóbuse	на автобусе
mit dem Taxi	na taksí	на такси
mit dem Zug	na pójezde	на поезде
Einen Fahrschein nach Naryn, bitte!	Odín bilét w Naryn, poshálujsta!	Один билет в Нарын, пожалуйста!
hin und zurück	tudá i obrátno	туда и обратно
Gepäck	bagásh	багаж
Gepäckaufbewahrung	kámera chranenija	камера хранения
Gute Reise!	Stschastlíwogo putí	Счастливого пути!

Sprachführer Russisch

Schaffner/in	prowodník/-níza	проводник/-ница
Wagennummer	nómer wagóna	номер вагона
Schlafwagen	spálnyj wagón	спальный вагон
Platz	mésto	место
Wann sind wir in...?	Tschérez skólko my búdem w ...?	Через сколько мы будем в ...?
Wann muss ich aussteigen?	Kogdá mne wýjti?	Когда мне выйти?

Öffentliche Einrichtungen

Post	pótschta	почта
Geschäft, Laden	magazín	магазин
Bank, Sparkasse	bank, sberkássa	банк, сберкасса
Konsulat	kónsulstwo	консульство
Botschaft	posólstwo	посольство

Gesundheit

Krankenhaus	bolníza	больница
Apotheke	aptéka	аптека
Arzt	wratsch	врач
Zahnarzt	zubnój wratsch	зубной врач
Ich habe Zahn-/Kopf-/Bauchschmerzen!	U menjá bolít zub/golowá/shiwót!	У меня болит зуб/голова/живот!

Im Hotel

Hotel	gostíniza	гостиница
Pension	pansión	пансион
Zimmer	nómer	номер
für eine Nacht	na notsch	на ночь
heißes Wasser	gorjátschaja wodá	горячая вода
Dusche	dusch	душ
Heizung	otoplénije	отопление
Preis	zená	цена
dies hier	wot éto	вот это
funktioniert nicht	ne rabótajet	не работает

| Licht | swet | свет |

Einkaufen

Haben Sie?	U Was est?	У Вас есть?
Was kostet das?	Skólko éto stóit?	Сколько это стоит?
Geben Sie mir bitte …!	Dájte mne, poshálujsta …!	Дайте мне, пожалуйста …!
Zeigen Sie mir bitte …!	Pokashíte mne poshálujsta …!	Покажите мне пожалуйста …!
Tüte	pakét	пакет
Eine Packung …, bitte	Odnú pátschku …, poshálujsta	Одну пачку …, пожалуйста
Eine Flasche …, bitte	Odnú butýlku …, poshálujsta	Одну бутылку …, пожалуйста
Zeitung	gazéta	газета
Zigaretten	sigaréty	сигареты
Schokolade	schokolád	шоколад
Kaugummi	shewátelnaja rezinka	жевательная резинка

Im Restaurant

Die Speisekarte bitte!	Menjú, poshálujsta!	Меню, пожалуйста!
Ich möchte zahlen.	Ja chotschú zaplatít.	Я хочу заплатить
Bringen Sie bitte …!	Prinesíte, poshálujsta …!	Принесите, пожалуйста …!
Teller	tarélka	тарелка
Tasse	tscháschka	чашка
Glas	stakán	стакан
Messer	nosh	нож
Gabel	wílka	вилка
Löffel	lóshka	ложка
Zucker	sáchar	сахар
Salz	sol	соль
Frühstück	záwtrak	завтрак
Mittagessen	obéd	обед
Abendessen	úshin	ужин
Vorspeisen	zakúski	закуски

Erster Gang (Suppe)	pérwoje (sup)	первое (суп)
Zweiter Gang	wtoróje	второе
Nachspeise	desért	десерт

Frühstück

Tee mit Zitrone	tschaj s limónom	чай с лимоном
Kaffee mit Milch und Zucker	kófe s molokóm i sácharom	кофе с молоком и сахаром
Brot	chleb	хлеб
Butter	máslo	масло
Honig	mjod	мёд
Marmelade	warénje	варенье
Milch	molokó	молоко
Eier	jájza	яйца
Käse	syr	сыр
Wurst	kolbasá	колбаса

Vorspeisen

Plinse, Pfannkuchen	bliný	блины
Fleischsalat mit Mayonnaise	oliwé	оливье
Gurkensalat	salát iz ogurzów	салат из огурцов
Tomatensalat	salát iz pomidórow	салат из помидоров
Pilze	gribý	грибы
Kaviar	ikrá	икра
Pirogge	piróg	пирог
Winegret (ein russ. Salat)	winegrét	винегрет

Suppen

Borschtsch (Rote-Beete-Suppe)	borschtsch	борщ
Kohlsuppe	schtschi	щи
Bouillon	bulón	бульон
Soljanka	soljánka	солянка
Fischsuppe	uchá	уха

Zubereitungsarten

gekocht	warjonyj	варёный
gebraten	shárenyj	жареный
geräuchert	koptschjonyj	копчёный
mariniert	marinówannyj	маринованный

Mittag- und Abendessen

Kartoffeln	kartóschka	картошка
Reis	ris	рис
Pommes frites	fri	фри
saure Sahne	smetána	сметана
russische Maultaschen	pelméni	пельмени
Fisch	rýba	рыба
Fleisch	mjáso	мясо
Hammelfleisch	baranina	баранина
Boulette	kotléta	котлета
Ragout	ragú	рагу
Würstchen	sosíski	сосиски
Huhn	kúriza	курица
Plow (Reisgericht mit Hammelfleisch)	plow	плов
Lagman (Nudelgericht mit Gemüse und Fleisch)	lagmán	лагман

Gemüse und Salat

Erbsen	goróch	горох
Gurke	oguréz	огурец
Kartoffel	kartófel	картофель
Kohl	kapústa	капуста
Möhren	morków	морковь
Rote Beete	swjoklá	свёкла
Salat	salát	салат
Tomate	pomidór	помидор
Zwiebel	luk	лук

Obst

Apfel	jábloko	яблоко
Birne	grúscha	груша
Erdbeere	klubníka	клубника
Honigmelone	dýnja	дыня
Süßkirsche	tscheréschnja	черешня
Orange	apelsín	апельсин
Pflaume	slíwa	слива
Wassermelone	arbúz	арбуз
Weintrauben	winográd	виноград
Zitrone	limón	лимон

Dessert

Speiseeis	moróshenoje	мороженое
Bonbons	konféty	конфеты
süßes Teiggebäck	piroshók	пирожок
Kuchen	piróshnoje	пирожное
Torte	tort	торт
Obst	frúkty	фрукты

Getränke

Mineralwasser	minerálnaja wodá	минеральная вода
Saft	sok	сок
Rotwein	krásnoje winó	красное вино
Weißwein	béloje winó	белое вино
Bier	píwo	пиво
Wodka	wódka	водка
Cognac	konják	коньяк

Telefonieren

Ich höre.	Slúschaju	Слушаю
Wer ist dort?	Kto goworít?	Кто говорит?
Wen möchten Sie sprechen?	Kto wam núshen?	Кто вам нужен?

Ich möchte bitte ... sprechen.	Pozowíte poshálujsta.. k telefónu.	Позовите пожалуйста ... к телефону
Ich möchte nach Deutschland telefonieren.	Ja chotschú pozwonít w Germániju.	Я хочу позвонит в Германию
Vorwahl	kod	код

Zahlen

eins, zwei, drei	odín, dwa, tri	один, два, три
vier, fünf, sechs	tschetýre, pjat, schest	четыре, пять, шесть
sieben, acht, neun	sem, wósem, déwjat	семь, восемь, девять
zehn, elf	désjat, odínadzat	десять, одиннадцать
zwölf	dwenádzat	двенадцать
dreizehn	trinádzat	тринадцать
vierzehn	tschetýrnadzat	четырнадцать
fünfzehn	pjatnádzat	пятнадцать
sechzehn	schestnádzat	шестнадцать
siebzehn	semnádzat	семнадцать
achtzehn	wosemnádzat	восемнадцать
neunzehn	dewjatnádzat	девятнадцать
zwanzig	dwádzat	двадцать
hundert	sto	сто
tausend	týsjatscha	тысяча

Zeitangaben

Wie spät ist es?	Kotóryj tschas?	Который час?
heute	segódnja	сегодня
gestern	wtscherá	вчера
morgen	záwtra	завтра
Stunde	tschas	час
am Morgen	útrom	утром
tagsüber, am Tag	dnëm	днём
am Abend	wétscherom	вечером
Woche	nedélja	неделя
Monat	mésjaz	месяц

Jahr	god	год
Montag	ponedélnik	понедельник
Dienstag	wtórnik	вторник
Mittwoch	sredá	среда
Donnerstag	tschetwérg	четверг
Freitag	pjátniza	пятница
Sonnabend	subbóta	суббота
Sonntag	woskreséne	воскресенье
Januar, Februar	janwár, fewrál	январь, февраль
März, April, Mai	mart, aprél, maj	март, апрель, май
Juni, Juli, August	ijún, ijúl, áwgust	июнь, июль, август
September, Oktober	sentjábr, oktjábr	сентябрь, октябрь
November, Dezember	nojábr, dekábr	ноябрь, декабрь

Sprachführer Kirgisisch

Die Lingua franca unter den vielen Völkern Kirgistans ist zwar Russisch. Je entlegener die Gegend und je jünger der Gesprächspartner, desto nützlicher (und netter) sind aber ein paar Worte Kirgisisch.

Das Kirgisische Alphabet (nur Transkription)

Buchstabe	Aussprache	deutsch
Ж ж	›dsh‹ wie in Dshamilja	dsh
Ң ң	ng ähnlich wie in Achtung	ng
Ө ө	ö wie in Öfen	ö
Ү ү	›ü‹ wie in Übung	ü

Sprachführer Kirgisisch

Begrüßung

Guten Morgen/Guten Tag/Guten Abend!	Salamatsyzby!	Саламатсызбы!
Antwort:	Salamattschilik	Саламатчилик
Willkommen!	Kosch kelingizder!	Кош келиңиздер!
Wie geht es Ihnen?	Kandaj turasyz?	Кандай турасыз?
Danke, ...	Yrachmat, ...	Ырахмат, ...
... gut.	... dshakschy.	жакшы.
... nicht schlecht.	... dshaman emes.	жаман эмес.
Es geht so.	... eptep-septep.	Эптеп септеп.
Wie heißen Sie?	Atyngyz kim?	Атыңыз ким?
Mein Name ist ...	Menin atym ...	Меним атым...
Aus welchem Land kommen Sie?	Siz kajsy ölködön keldingiz?	Сиз кайсы өлкөдөн келдиңиз?
Ich/Wir kommen aus ...	Men/Biz ... keldim/keldik.	Мен/Биз ... келдим/келдик.
Freut mich.	Abdan kubanytschtuumum.	Абдан кубанычтуумум.
Nehmen Sie Platz!	Oturunguz!	Отурунуз!
Auf Wiedersehen.	Kosch bolunguz.	Кош болунуз.
Alles Gute/Gute Reise!	Ak dshol!	Ак жол!
Es tut mir leid.	Ökünütschtömün.	Өкүнүчтөмүн.
Entschuldigung!	Ketschiresiz!	кечиресиз!
ehrenvolle Anrede für einen alten Mann (wörtlich ›Weißbärtiger‹)	Ak sakal	Ак сакал
respektvolle Anrede für einen Mann (wörtlich ›älterer Bruder‹)	Bajke	Байке
respektvolle Anrede für eine Frau	Eshe	Эже

Orientierung

Wie komme ich ...?	... kantip barsa bolot?	... кантип барса болот?
zum Theater	teatrga ...	театрга
zum Platz	ajantka ...	аянтка

ins Zentrum	centrge...	центрге
zum Museum	muzejge ...	музейге
zum Busbahnhof	awtowokzalga ...	автовоксалга
Wo ist das/der nächste ...?	Eng shakyn ... kajsy sherde?	Эң жакын ... кайсы жерде?
Hotel	mejmankana	мейманкана
Restaurant	restoran	ресторан
Postamt	potschta	почта
Telefon	telefon	телефон
Zeitung	гезит	gesit
Café	kafe	кафе
Imbissstube	kitschi aschkana	кичи ашкана
Taxi	taksi	такси
Geschäft	dükön	дүкөн
Dorf	aiyl	айыл
Straße	kötschö	көчө
Friedhof	mürzöö	мүрзөө
Ich habe mich verlaufen.	Men adaschyp kaldym.	Мен адашып калдым.

Im Restaurant

Was für Getränke haben Sie?	Kandaj itschimdikter bar?	Кандай ичимдиктер бар?
Die Speisekarte bitte.	Menyunu berip koyungustschu.	Менюну берип коюңусчу.
Die Rechnung bitte.	Sanap beringistschi.	Санап бериңисчи.
Nationalgericht Besch Barmak	besch barmak	беш бармак
Fleisch	et	эт
Fisch	balyk	балык
Brot	nan	нан
Butter	maj	май
Salz	tuz	туз
Wasser	suu	суу
Zucker	kant	кант

saure Sahne	kajmak	каймак
vergorener Stutenmilch	kymys	кымыс
Apfel	alma	алма

Im Hotel

Ich brauche ein Zimmer für eine Person.	Maga bir kischilik nomer kerek.	Мага бир кишилик номер керек.
... zwei Personen.	Maga eki kischilik nomer kerek.	Мага эки кишилик номер керек.
Was kostet es pro Nacht?	Nomer bir sutkaga kantscha turat?	Номер бир суткага канча турат?

Zahlen

Stunde	saat	саат
eins	bir	бир
zwei	eki	эки
drei	ütsch	уч
vier	tört	төрт
fünf	besch	беш
sechs	alty	алты
sieben	sheti	жети
acht	segiz	сегиз
neun	toguz	тогуз
zehn	on	он
elf	on bir	он бир
zwölf	on eki	он эки
zwanzig	shyjyrma	жыйырма
dreißig	otuz	отуз
vierzig	kyrk	кырк
fünfzig	elüü	элүү
sechzig	altymysch	алтымыш
siebzig	shetimisch	жетимиш
achtzig	seksen	сексен

Sprachführer Kirgisisch

neunzig	tokson	тoксон
hundert	shüz	жүз
zweihundert	eki shüz	эки жүз
tausend	ming	миң

Farben

schwarz	kara	кара
weiß	ak	ак
rot	kyzyl	кызыл
blau	kök	көк
grün	dshaschyl	жашыл
gelb	sary	сары

Häufig in geographischen Namen vorkommende Wörter

Berg, Gebirge	тоо, тоолор	too, toolor
Tal	өрөөн	öröön
See	көл	köl
Wasser	суу	suu
Fluss	дарыя	daryja
Pass	ашуу	aschuu
warm, heiß	жылуу, ысык	dshyluu, ysyk
groß	чоң	tschong

Glossar

Ajyl: Bezeichnung für Dorf oder Siedlung im Kirgisischen.
Ak Sakal: Dorfältester oder betagter Ratgeber. Wörtlich ›Weißbart‹.
Ala Kijis: gewalkter Filzteppich.
Alatoo (kasachisch Alatau): Bezeichnung von Gebirgsketten innerhalb des Gebirgssystems des Tien Schan. Bestehend aus dem Wort ›ala‹ (bunt) und ›too‹ (Berg). Es existieren im Tien Schan drei Gebirgsketten, die beide Bezeichnungen tragen, da sie grenzüberschreitend sind: Talas, Zailiskij und Kungej.
Aryk: Bezeichnung kleinerer Gerinne zur Bewässerung, die auf Feldern nur unbefestigte Gräben und in Dörfern und Städten mit Betonelementen ausgekleidet sind.
azonal: mit azonaler Vegetation bezeichnet man eine Vegetationseinheit, die sich aufgrund örtlich unterschiedlichen Klimas und veränderter Böden stark von der Vegetation in der Zone unterscheidet, in der sie sich eigentlich befindet.
Babulka, Babulja: Koseform des Wortes Babuschka (russ. Großmutter).
Banja: Badehaus, das man in Städten und Dörfern findet. Die Banja wurde von den Russen Ende des 19. Jahrhunderts nach Kirgistan gebracht.
Chalat: langer, über das Knie gehender Mantel aus Baumwollstoff, der mitunter sowohl mit der Außen- als auch mit der Innenseite getragen werden kann. Die gesamte Oberfläche ist mit vielen parallel verlaufenden Steppnähten versehen. Als Gürtel dient meist ein gedrehtes Tuch. Es handelt sich um die traditionelle Männerkleidung in Mittelasien. Das turksprachige Wort wurde vor der Oktoberrevolution ins Russische übernommen, wo es u. a. als Bezeichnung für den Morgenrock oder für einen Bademantel verwendet wird.
Dastarchon: traditioneller niedriger Tisch (Höhe zwischen 20 und 50 cm), den alle muslimischen Völker Mittelasiens verwenden. Man findet ihn als Inventar sowohl in den Häusern des Ajyls und in Jurten.
Ded: Koseform des Wortes Deduschka (russ. Großvater). Achtungsvolle Anrede für ältere Männer slawischer Herkunft.
Dshajloo: Wortbildung aus dem kirgisischen Wort für Sommer. Bezeichnet die Weiden, in denen die Nomaden ihr Vieh während der Sommermonate weiden.
endemisch: siehe Endemit
Endemit: Bezeichnung für Pflanzen oder Tiere, die nur in einer bestimmten, räumlich klar abgegrenzten Region vorkommen. Auf Kirgistan bezogen kann dies ein einzelnes Gebirgstal des Fergana-Gebirges (Endemit im engeren Sinne) oder der gesamte Tien Schan sein.
Kischlak: persische bzw. tadschikische Bezeichnung für Dorf.
Lepjoschka: russische Bezeichnung für rundes Fladenbrot.
Manas: 1) kirgischer Volksheld, 2) kirgisches Epos mit ca. 150000 Zeilen, das über den Helden Manas berichtet
Manastschy: ein das Manas-Epos vortragender Erzähler.
Marschrutka: Bus oder Kleinbus im Gebiet der ehemaligen UdSSR, der auf einer bestimmten Route, meist ohne festen Fahrplan, fährt.
Mazar: kirgisisches Wort für heilige Stätte.
Medrese: muslimische Religionsschule oder Koranschule.
nemoral: auch warmgemäßigt. In Bezug auf das Klima (nemorale Klimazone) oder die Vegetation verwendete Bezeichnung. So dominieren in der nemoralen Vegationszone breitblättrige Laubbaumarten.
Oblast: administrative Verwaltungseinheit der Sowjetunion, die von den meisten Nachfolgestaaten der Sowjetunion übernommen wurde. Die nächste kleinere Unterteilung ist der Rajon.

Schyrdak: kirgisischer zweischichtiger Filzteppich. Auf die erste ungefärbte Filzschicht wird eine zweite gefärbte aufgebracht und mit dieser vernäht.

Samowar: russ. ›Selbstkocher‹. Meist schön verziertes Metallgefäß mit Deckel aus Eisen, Kupfer oder Messing zum Kochen von Wasser (Fassungsvermögen von 2 bis 200 Liter), das auf vier Beinen steht. Die Russen hatten es im 19. Jahrhundert bei der Besiedlung Mittelasiens im Gepäck und schnell trat es den Siegeszug in die meisten Haushalte des sowjetischen Orients an. In der Mitte des ovalen Gefäßes befindet sich ein Rohr zur Befeuerung mit Holz oder Kohle und am unteren Teil ein Hahn zum Befüllen der Teegläser. Auf dem Deckel ist ein Kranz aufgebracht, auf dem man eine Teekanne mit Teesud warmhalten kann. Später wurde dann auch eine elektrische Variante eingeführt. Die Samoware gehören heute noch zu jedem Haushalt und in jede Jurte.

Taptschan: quadratisches metallisches oder hölzernes Gestell (Höhe zwischen 40 und 80 cm), das zum Schlafen und Essen verwendet wird. Taptschane fndet man oft im Süden Kirgistans, meist steht in der Mitte noch ein Dastarchon (s.o.).

Tien Schan, auch Tjan Schan oder Tienschan (russ. Тянь Шань Kirg. Тян Шан, Tjan Schan): Das Wort stammt aus dem Chinesischen und wird als ›Himmelsgebirge‹ übersetzt. Im Englischen ist die Bezeichnung ›Celestial Mountains‹ gebräuchlich.

Tjubetejka: meist schwarze Kappe mit weißen Stickmustern, die vor allem von Usbeken und Tadschiken getragen wird. Die Basis ist viereckig und der obere Teil rund. Neben der schwarzen Grundfarbe sieht man seltener blaue, weiße und grüne.

Toj: kirgisische Bezeichnung für ein Fest oder einen Feiertag.

UNIWERMAG: Kaufhaus zu Sowjetzeiten (Uniwersalnyj Magazin). Diese Bezeichnung ist in vielen Regionen Russlands, im Kaukasus und in Mittelasien erhalten geblieben. Mitunter sind diese UNIWERMAGs noch in Betrieb.

Ukaz: russ., Befehl oder Erlass.

Zakaznik: Schutzgebietskategorie des Naturschutzsystems der UdSSR, das in den meisten Nachfolgestaaten übernommen wurde. Der Schutzstatus liegt weit unter dem des Zapowedniks und ist am ehesten mit einem Landschaftsschutzgebiet zu vergleichen.

Zapowednik: höchstmögliche Naturschutzgebiets-Kategorie, die im russischen Reich und der Sowjetunion vergeben werden konnte. Gebiet mit dem höchsten Schutzstatus. Am ehesten mit dem deutschen Begriff Totalreservat zu bezeichnen. Ein Zapowednik kann auch kulturhistorisch bedeutsame Regionen umfassen.

ZIL: russische Abkürzung für Lichatschjow-Werk. Eines der traditionsreichsten Automobil-Werke Russlands und der Sowjetunion, das 1916 in Moskau gegründet wurde. Die Aufschrift ЗиЛ findet man auf zahlreichen LKW in Kirgistan.

ZUM: Abkürzung für Zentrales Universales Kaufhaus. Die ZUM wurden in sowjetischer Zeit in allen Städten und Kleinstädten eingerichtet, führten ein umfangreiches Warenangebot von Haushaltswaren bis zur Kleidung, jedoch keine Lebensmittel.

Literatur

Aktuelle Literatur über Kirgistan ist rar. Viele der hier angeführten Bücher sind nur antiquarisch erhältlich. Empfehlenswert ist die Internetsuche im Zentralverzeichnis antiquarischer Bücher (www.zvab.com).

Reiseführer

Edgar Knobloch, Turkestan, München: Prestel 1999. Ausführlicher Geschichts- und Kulturführer, der den gesamten kulturell zusammengehörigen Raum abdeckt, mit Westchina und Nordafghanistan.

Frith Maier, Trekking in Russia and Central Asia, Seattle: The Mountaineers 1994. Beschreibungen und Karten von Wander- und Hochtouren, sehr umfangreiche Hinweise, Ratschläge und Adressenverzeichnisse, letztere naturgemäß völlig veraltet.

Klaus Pander, Zentralasien, Köln: DuMont 2012. Bislang ausführlichster deutschsprachiger Reiseführer für dieses Gebiet mit Schwerpunkt Geschichte und Kulturdenkmäler; Kirgistan wird allerdings recht kurz abgehandelt. Die praktischen Tipps beschränken sich auf Kleinigkeiten, die Pauschaltouristen die Reise angenehmer machen.

Wolfgang Schmidt, Trans-Alatau. Von Alma-Ata zum Issyk Kul, Outdoor Handbuch Nr. 33. Kronshagen: Conrad Stein Verlag 1996. Handlicher Wanderführer für einen der einst populärsten Treks im Tien Schan, der allerdings wegen der Grenze zwischen Kasachstan und Kirgistan nicht begangen werden kann.

Kay Tschersich, Kirgistan: Terskej-Alatau-Traverse von Kyzyl Suu nach Ak Suu. Trekking im Tienschan, Outdoor-Handbuch Nr. 151, Welver: Conrad Stein Verlag 2005. Wanderführer.

Reiseberichte

Alfred Brehm, Reise zu den Kirgisen. Aus dem Sibirientagebuch 1876, Leipzig Reclam 1982. Interessanter Reisebericht über die Lebensweise und Gebräuche der sibirischen Kirgisen, der aus Briefen besteht, die der berühmte Zoologe seiner Frau schrieb.

Richard Karutz, Unter Kirgisen und Turkmenen. Aus dem Leben der Steppe, Berlin Ullstein 1920. Reisebericht des des Stralsunder Mediziners und Hobby-Völkerkundlers zur Halbinsel Mangyschlak (heute Kasachstan/Turkmenistan).

Gustav Krist, Allein durchs verbotene Land. Fahrten in Zentralasien, Wien: Verlag Anton Schroll & Co. 1941. Abenteuerliche Erlebnisse eines Österreichers in diesem gerade befriedeten Teil der jungen Sowjetunion im Jahr 1937.

Ella Maillart, Turkestan Solo, München: Goldmann. Fesselndes, erstaunlich aktuell klingendes Reisetagebuch einer abenteuerlustigen Schweizerin aus den 1930ern.

Gottfried Merzbacher, Der Tian-Schan oder das Himmelsgebirge. Skizze von einer in den Jahren 1902 und 1903 ausgeführten Forschungsreise in den zentralen Tian-Schan, Zeitschrift des deutschen und österreichischen Alpenvereins. Kostenlos online auf den Seiten der Österreichischen Nationalbibliothek erhältlich (www.anno.onb.ac.at). Ein schwärmerischer und zugleich wissenschaftlicher Bericht des fränkischen Naturforschers.

Natur

Algirdas Knystautas, Naturparadies UdSSR, München: Süddeutscher Verlag 1988. Kundige, schön bebilderte Beschreibung der Naturschutzgebiete auf dem Gebiet der ehemaligen Sowjetunion.

Nicholas u. Nina Shoumatoff (Hrsg.), Around the Roof of the World, Detroit: The University of Michigan Press 1996. Sammlung von Reiseberichten und Naturbetrachtungen in der Bergwelt Mittelasiens. Lesenswert wegen der unübertroffenen Ortskenntnisse der überwiegend einheimischen Verfasser.

John Sparks, Im Reich des russischen Bären, Köln 1993. Bildband zur gleichnamigen Fernsehserie über das Tierleben in einigen Naturzonen der Ex-Sowjetunion.

Politik und Landeskunde

Johannes Grotzky, Konflikt im Vielvölkerstaat, München: Piper 1991. Zutreffende Prognose des Endes der UdSSR.

Thomas Hoppe, Die ethnischen Gruppen Xinjiangs. Kulturunterschiede und interethnische Beziehungen, Mitteilungen des Instituts für Asienkunde Nr. 258, Hamburg: 1995. Beschäftigt sich mit Westchina, jedoch trifft die Beschreibung der Kultur dort ansässiger Kirgisen auch auf diejenigen in der ehemaligen UdSSR zu.

M. Sapper, V. Weichsel, A. Huterer, A. (Hrsg.): Machtmosaik Zentralasien, Doppelheft Osteuropa 8-9/2007.

Igor Trutanow, Zwischen Coca-Cola und Koran, Berlin: Aufbau Verlag 1994. Politik und Islam in den moslemischen ehemaligen Sowjetrepubliken.

Geschichte

Hans-Wilhelm Haussig, Die Geschichte Zentralasiens und der Seidenstraße in islamischer Zeit, Darmstadt: Wissenschaftliche Buchgesellschaft 1988.

Peter Hopkirk, The Great Game. The Struggle for Empire in Central Asia, Oxford University Press 1990. Das russisch-englische Tauziehen um die Vormacht in Mittelasien Ende des 19. Jahrhunderts – spannend geschrieben wie ein Thriller.

Jürgen Paul, Zentralasien. Neue Fischer Weltgeschichte Bd. 10, Frankfurt am Main: S. Fischer Verlag 2012. Fundierte Einführung in die Geschichte des Großraums und der hier lebenden Völker.

Bildbände

Claudia Antipina, Temirbek Musakeev, Rolando Paiva, Kyrgyzstan, Mailand: Skira 2006. Reichhaltig und eindrucksvoll bebildertes Buch über die traditionelle Kleidung der Bevölkerung Kirgistans in verschiedenen Landesteilen, zusammengestellt aufgrund des Lebenswerks einer zu Sowjetzeiten bekannten Ethnologin (in Englisch).

Judith Beyer, Roman Knee, Kirgistan. Ein Bildband über Talas, Hirmer 2007. Mit vielen lebensnahen Fotos und ethnografischem Hintergrundwissen über Land und Leute, dargestellt am Beispiel der entlegenen Talas-Region im Nordwesten des Landes.

Georg Kürzinger, Ferne Heimat Kirgisien, Knesebeck 1999. Fotos aus dem Leben der Kirgisen mit Texten Tschingis Aitmatows.

Christoph Schütz, Issyk Kul. 28 Porträts und Landschaften, Berlin: Wostok 2000.

Christoph Schütz, Kirgistan. Eine Republik in Zentralasien, Berlin: Wostok 2001.

Theodor Herzen und **Samar Mussajew**, Nationalepos Manas, Bonn/Bischkek 1995. Einführung in das wichtigste literarische Werk der Kirgisen mit ebenso eindrucksvollen wie anrührenden Gemälden und Holzschnitten des deutschstämmigen kirgisischen Künstlers Theodor Herzen.

Sprache

Ömüralijewa/Kundusakowa, Wir lernen Kirgisisch. Sprachlehrbuch. Übersetzung und Überarbeitung für deutsche Leser: Hans-Joachim Arnold, Bischkek 1997/Berlin 1999.

Werke von Tschingis Aitmatow

Erzählungen und Novellen:

Dshamilja (russ: Джамиля, kirg: Жамиля), 1957.

Aug in Auge (russ: ›Лицом к лицу‹), 1957.

Das Kamelauge (russ: Верблюжий глаз), 1961.

Der erste Lehrer (russ: Первый учитель, kirg: Биринчи мугалим), 1962.

Der Weg des Schnitters, 1963.

Abschied von Gülsary (russ: Прощай, Гульсары!), 1967.

Der weiße Dampfer (russ: Белый пароход), 1970.

Du meine Pappel im roten Kopftuch. (kirg: Кызыл Жоолук Жалжалым, ›Тополёк мой в красной косынке‹, 1970.
Frühe Kraniche (russ: ›Ранние журавли‹), 1975.
Die Klage des Zugvogels, (russ: ›Плач перелётной птицы‹), 1990.
Die weiße Wolke des Tschingis Khan (russ: ›Белое облако Чингисхана‹), 1990.
Die Träume der Wölfin, 1996.

Romane
Der Junge und das Meer (russ: ›Пегий пес, бегущий краем моря‹), 1977.
Der Tag zieht den Jahrhundertweg (russ: ›И дольше века длится день‹) 1981.
Die Richtstatt (russ: Плаха), 1986.
Das Kassandramal (russ: ›Тавро Кассандры‹), 1994.
Kindheit in Kirgistan (Детство в Киргизии), 1998.
Der Schneeleopard (russ: ›Когда падают горы (Вечная невеста)‹, wörtlich ›Wenn die Berge einstürzen (Die ewige Braut)‹), 2006.

Dramen
Der Aufstieg auf den Fudschijama (russ: ›Восхождение на Фудзияму‹), 1973.

Landkarten
Autokarte Zentralasien: Kasachstan Süd, Kirgistan, Tadschikistan, Turkmenistan, Usbekistan, Freytag & Berndt (2011), Maßstab 1:1 500 000. Brauchbarer Maßstab, allerdings nur mit Vorsicht zu genießen, da zahlreiche Straßen eingezeichnet sind, die nicht bzw. nicht durchgehend befahrbar sind.
Zentral-Asien: Turkmenistan, Kirgistan, Tadschikistan, Usbekistan. Reise Know-How (2011), Maßstab 1:1 700 000.

Central Asia: Turkmenistan, Uzbekistan, Tajikistan, Kyrgyzstan, North Eastern Iran. Englisch, Nelles Map (2012), Maßstab 1:1 750 000. Relativ zuverlässig Straßenkarte.
Kyrgyzstan: A Climber's Map & Guide Englisch, Alpine Mapping Guild (2006). Detaillierte Karten für Bergsteiger und Wanderer des Ala Artscha-Nationalparks, des westlichen Kök Schaal-Alatoo und der Region Karawschin im äußersten Südwesten Kirgistans.
Pik Lenin (Lenin Peak) Englisch, Gecko Maps (2011), Maßstab 1:100 000. Topographische Reliefkarte mit allen nötigen Informationen zur Besteigung des Pik Lenin und zum Trekking in dieser Region.
Der Deutsche Alpenverein **DAV Geocenter** bietet Trekkingkarten zu den Gebieten Inyltschek (Karte 0/14, 2008) und Chan Tengri (Karte 0/15, 2011) an (Maßstab 1:100 000).
Fliegerkarten (TPC – Tactical Pilot Charts) erfassen Ost-Kirgistan (F-6C), West-Kirgistan (F-6D) und den Pamiro-Alaj (G6B). Eine Vorschau auf diese sowie weitere Karten von Kirgistan gibt es auf der Seite der University of Texas: http://www.lib.utexas.edu/maps/tpc/, http://www.lib.utexas.edu/maps/kyrgyzstan.html.
In Bischkek erhält man Karten im Maßstab 1:200 000 von der Firma **GeoID** (ul. Kiewskaja 107, 3. Stock, Tel. +996/312/212202) für etwa 6 Euro pro Blatt. Wer Wanderungen im Gebirge plant, sollte nach den **Spezialkarten für Bergtourismus** fragen.
Stadtpläne von Bischkek sind in Buchläden und in den meisten Souvenirläden erhältlich.

Kirgistan und Mittelasien im Internet

Alle Links finden Sie auch unter www.trescher-verlag.de.

www.auswaertiges-amt.de
Reise- und Sicherheitshinweise und Kontakt zu Botschaftsstellen im Ausland.

www.aussenministerium.at
Länderinformation des österreichischen Außenministeriums mit Reise- und Sicherheitswarnungen.

www.caravanistan.com
Informative und schöne Seite für Reisende in die postsowjetischen ›stans‹ und entlang der Seidenstraße

www.deine-berge.de
Umfangreiches Karten- und Geodatenmaterial sowie ein Online-Umrechner für alle gängigen Geodatensysteme.

www.deutsche-allgemeine-zeitung.de
Die zweisprachige ›Deutsch-Russische Wochenzeitung in Zentralasien‹ erscheint wöchentlich in Almaty.

www.eda.admin.ch
Reise- und Sicherheitshinweise von Schweizer Behörden.

www.eng.24.kg
Englischsprachige Nachrichtenseite.

www.eurasianet.org
Englischsprachige Seite mit aktuellen Nachrichten aus ganz Mittelasien und vielen Links.

www.eurasischesmagazin.de
Hintergrundreportagen aus zentralasiatischen Ländern mit monatlicher Aktualisierung.

www.fantasticasia.net
Seiten eines Reiseveranstalters mit vielen Informationen zu Natur und Kultur.

www.fergananews.com
Sehr umfangreiche russisch- und englischsprachige Informationsseite zu aktuellen politischen und kulturellen Ereignissen in Mittelasien. Neben Kyrgyzstan sind alle weiteren vier mittelasiatischen Republiken abrufbar.

www.helvetas.kg
Diese Schweizer Organisation unterstützt Tourismus- und Kunsthandwerksprojekte.

www.kyrgyzmusic.com
Informationen und Beispiele zu moderner und traditioneller kirgisischer Musik.

www.numismondo.com/pm/kgz und www.banknotes.com/kg.html
Abbildungen der kirgisischen Geldscheine.

www.shyrdak-felt-rugs.com
Ausführliche Information auf Englisch über Filzteppiche und ihre Herstellung sowie Verkauf der Schyrdaks.

www.tengri.de
Sehr lesenswerte Reportagen aus ganz Mittelasien, geschrieben von der in Almaty lebenden deutschen Journalistin Edda Schlager.

www.times.kg
Website der englischsprachigen Zeitung ›The Times of Central Asia‹ mit gutem Länderguide.

www.taigan.de
Homepage über kirgisische Windhunde.

www.wildlife.kg
Seite zur Fauna Kirgistans, die auch wissenschaftliche Interessen bedient.

www.youtube.com/watch?v=fgVJJ5yd4R8
Hier gibt es einen Film über die Jurtenmachermeister von Kyzyl Tuu.

www.zentralasien.ahk.de
Auf den Seiten der Delegation der deutschen Wirtschaft für Zentralasien gibt es vielfältige Informationen und Nachrichten aus den Bereichen Wirtschaft und Politik.

Über die Autoren

Dagmar Schreiber, Jahrgang 1962, ist seit 1994 in Zentralasien unterwegs. Im Rahmen der Arbeit am Reiseführer ›Kasachstan‹ (Trescher Verlag, 5. Auflage) überquerte sie 2002 zum ersten Mal mit ihren beiden Kindern und einigen Freunden zu Fuß den nördlichen Tien Schan, um im Nachbarland Kirgistan Jurten-Urlaub am Issyk Kul zu machen. Tief beeindruckt von Land und Leuten, kam sie seither jährlich wieder, um die Gebirge um den großen See zu erwandern. Seit 2012 erkundet sie auch die anderen Teile des Landes. Ihre kleine Reiseberatung TourbaZAar ist Menschen mit Reiseziel Zentralasien behilflich, Touren zusammenzustellen und zu organisieren.

Dagmar Schreiber

Stephan Flechtner (Jg. 1968) Studium der Wasserwirtschaft und Forstwissenschaft an der Universität Dresden. Er studierte fünf Jahre Russistik, u. a. von 1994 bis 1996 an der Hydrometeorologischen Universität Leningrad, in den Fächern Russisch und Physische Geographie. Im Jahre 1994 verschlug es ihn zum ersten Mal nach Sibirien und Mittelasien. Land und Leute zogen ihn so in ihren Bann, dass er für mehr als ein Jahrzehnt seinen Lebensmittelpunkt nach Bischkek verlegte. Sein Hobby Ornithologie (seit 1985) führte ihn zu seiner Arbeit als Wildtier-Biologe beim ›NABU Kirgistan‹, wo er für vier Jahre (bis 2010) tätig war. Als Co-Autor war er an ›Wirbeltiere Kyrgyzstans‹ beteiligt. Biologische Expeditionen führten ihn in abgelegendste Regionen der ehemaligen UdSSR. Als Reiseleiter begleitet er Touren in Taschikistan und Kasachstan. Dieses Buch möchte ich meinen Eltern Georg und Maria sowie Camilla und Armin widmen.

Stephan Flechtner

Besonderer Dank gilt folgenden Freunden, welche meinen Blick für die Fauna, Flora und Landschaft Kyrgyzstans und Mittelasiens schärften: Dr. Walentina Toropowa (†), Dr. Walerij Eremtschenko (†), Dr. Michael von Tschirnhaus, Dr. habil. G. Lazkow, Dipl.-Biol. Dmitrij Milko, Dipl.-Geogr. W. Petschkin und Prof. A. Kenderbaejewa. Für die fachlichen Beiträge möchte ich mich bei Prof. Dr. Stephan Pfefferkorn, Anett Ramisch, Dr. S. Iwanow, Dipl.-Hydrol. Dshamilja Murzabekowa und Dr. Frank Eigenfeld bedanken. Verbunden bin ich meinen Freunden, den Fahrern und Truck-Mechanikern Alymkul Karabajew, Almaz Dshamaldinow, Almaz Temirbekow und Raschid Nurmambetow, die mit mir auf dem ZIL 131 in den entlegendsten Winkeln unterwegs waren

Register

A
Abbasiden 51, 168
Achämeniden 47
Achmed Khan 59
Ahnenkult 113
Aitmatow, Tschingis 69, 94, 174, 176
Ajgul Tasch 303
Akajew, Askar 70, 163
Ak Bejit 248
Ak-Bejit-Pass 248
Ak Beschim 160
Ak Bulun 182
Ak Döbö 175
Ak-Saj-Gletscher 156
Ak Schyrak 22
Ak Suu 217, 218
Ak-Suu-Gletscher 165
Ak-Suu-Tal 165
Ak Tschukur 303
Ak Tuz 162
Ala-Artscha-Fluss 156
Ala-Artscha-Nationalpark 155
Ala-Bel-Pass 257
Ala Buka 263
Alaj-Gebirge 273
Alaj-Tal 22, 274, 293
Ala-Medin-Tal 157
Alasch-Orda-Staat 66
Alexander der Große 47
Allwein, Eugen 295
Altyn Araschan 218
Alysch-Fluss 244
Amphibien 35
Amu Darja 28
Ananjewo 199
Anreise mit dem Auto 306
Anreise mit dem Flugzeug 308
Anreise mit der Eisenbahn 310
Arabel-Syrten 221
Arawan 285
Arkit 261
Arslanbob 267
Ärztliche Hilfe 310
Atabekow, Kaba 174
Atambajew, Almazbek 78, 81
Ata-Dshurt-Partei 80
At Baschy 246
At-Baschy-Too 22
Auto-Ersatzteile 135, 310
Autoreparatur 310
Autovermietung 311

B
Babanow, Ömürbek 81
Bakijew, Dschanysch 76
Bakijew, Kurmanbek 71, 75, 77
Bakijew, Marat 76
Balasagun 160
Balasaguni, Jusuf 114
Balbaj 185
Balyktschy (Rybatsche) 188
Banken 141, 311
Baptisten 85
Barskoon 221
Barskoon-Pass 216, 221
Barskoon-Tal 221
Basar 314
Basmatschen-Bewegung 66
Batken 302
Batken-Oblast 300
Bedel-Pass 66, 220
Begrüßung 333
Beknazarow, Azimbek 71, 76
Bel Terek 269
Berg Badachschan (Tadschikistan) 296
Besch-Aral-Zapowednik 41, 263
Beschbarmak 99, 103
Besch-Tasch-Nationalparks 174
Biosphärenreservat Issyk Kul 41, 184
Bischkek 128–152
Alamedin-Basar 135
Alatoo-Platz 133
An- und Abreise 142
Banken und Wechselstuben 141
Buchläden 151
Busbahnhöfe 145
Cafés und Bars 149
Denkmal für die Opfer der Revolution von 2010 134
Dordoi-Basar 135
Eichenpark 132
Einkaufen 150
Gedenkstätte Ata Bejit 139
Hauptpostamt 133
Haus der Räte 134
Internet-Cafés 141
Kaufhaus ZUM 132
Kinos 149
Kunstmuseum 132
Mahnmal des Großen Vaterländischen Krieges 131
Medizinische Hilfe 152
Meldestelle (Owir) 142
Museen 136
Nachtclubs 149
Nationalmuseum 133
öffentliche Verkehrsmittel 143
Oper 132
Orto-Saj-Basar 135
Osch-Basar 134
Panfilow-Park 134
Parks 138
Post 141
Rathaus 134
religiöse Stätten 138

Restaurants 148
Siegesplatz 131
Souvenirs 151
Staatliche Philharmonie 134
Straßennamen 144
Teestuben 147
Theater, Konzert 150
Tschingis-Aitmatow-Statue 133
Tschong Aryk 139
Tschuj-Prospekt 133
Unterkünfte 145
Weißes Haus 133
Bodenreform 116
Bodenschätze 25, 120
Bokonbajewo 225
Boom-Tal 185
Boorsok 99
Borondu-Tal 167
Bosteri 197
Botschaften 312
Bozymtschak 121
Brautraub 109
Bronzezeit 45
Bruttoinlandsprodukt 116, 117
Buddhismus 112
Burana 160

C
Choresm 55
Chorog 298
Christentum 112

D
Daroot Korgon 291, 293
Deutsch-sowjetische Alaj-Pamir-Expedition 295
Dienstleistungssektor 118
Donguröme-Pass 221
Dschingis Khan 55
Dshajloo 94
Dshalal Abad 266
Dshalal-Abad-Oblast 254

Dshantajew, Schabdan 163
Dshany Bazar 264
Dshazyl Köl 163
Dshety Oguz 218
Dshumgal-Tal 235
Dshuuka-Tal 220
Dubček, Alexander 130
Dunganen 83, 85
Durchschnittslohn 117

E
Eduard-Kaiserkrone 303
Eigenfeld, Frank 22
Einfuhr von Waren aus Kirgistan 335
Einkaufen 313
Einladungen 100, 333
Einreise 16, 335
Eki Naryn 245
Elektrizität 315
Emirat von Buchara 63
Emir Mohammed 60
Energiesektor 122
Entfernungen 16
Entkulakisierung 85
Enver Pascha 67
erdgeschichtliche Zeitalter 26
Ethnien 107
ethnische Konflikte 70
Etschkili Tasch 209

F
Fahrzeiten 335
Fedtschenko, Alexej Pawlowitsch 295
Fedtschenko-Gletscher 294
Feiertage 315
Fergana-Becken 254
Fergana-Berge 22, 273
Fergana-Dialekt 88
Fergana-Tadschiken 88
Fergana-Usbeken 88
Filzteppiche 87, 92

Fische 38
Flüsse 28
Frauenrechte 108
Frunze 129, 130
Frunze, Michajl 129, 137
Fučík, Julius 130

G
Gästehäuser 331
GAZ 66 250
Gebirgsketten 23
Geld 315
Geldautomaten 311
Geldwechsel 16, 311
Generalgouvernement Turkestan 63
geographische Regionen 21
Geologie 22
Geschichte 42
Gesteinsformen 24
Gesundheit 316
Gesundheitsgefahren 316
Gewässer 28
Glossar 352
Goldmine Kumtor 222
Goldvorkommen 121
Gorbatschow, Michail 69
Gorbunow, Nikolaj Petrowitsch 295
Gorno Badachschan (Berg Badachschan) 296
Gottfried-Merzbacher-Station 210
Great Game 61, 296
Greig-Tulpe 175
Grenzübergänge 319
Grigorjewka 197
Großer Alaj 22
Gultscha 290

H
Halbinsel Kara Bulun 219
Handel 118
Harder, Thorsten 304
Hephtaliten 49

Höhenkrankheit 316
Hotels 331
Hunnen 47
Hygiene 318

I
Ignatjew, Iwan 207
II., Alexander 63
Impfschutz 318
Industrie 120
Innerenr Tien Schan 22
Insekten 38
Interhelpo 130
Internationaler Führerschein 332
Internet 357
Internet-Cafés 141
Inyltschek 216
Inyltschek-Gletscher 22, 207
Irkeschtam-Pass 291
Islam 110
Issyk Kul 29, 179–227

J
Jaxartes 28
Journalismus 107
Jurewka 159
Jurten 87, 93, 94, 97
Jurtenübernachtung 332

K
Kadshy Saj 225
Kajyngdy-Too 22
Kalmak-Pass 237
KAMAZ 251
Kanysch Kija 264
Kara Alma 268
Kara Balta 165
Kara Bulak 303
Kara-Buura-Pass 262
Karachaniden 52, 88, 287
Karakirgisischer Autonomer Oblast 67
Kara Kitai 55
Karakol 202
Kara-Köl-See (Tadschikistan) 297
Karakol-Tal 217
Karakul 258
Kara Oj 193
Karatal-Dshapyryk-Zapowednik 239
Karatau-Gebirge 21
Karawanserei Tasch Rabat 247
Karawschin-Fluss 303
Karluken 52
Kasachen 83
Kaschgari, Machmud Al 52
Katharina II. 60
Kaudi-Khan 57
Kaufman, Konstantin Petrowitsch von 63, 295
Kazarman 271
Kegen 189
Kegety 160
Kemin 162
Kerben 262
Khanat von Chiwa 63
Khan Tengri 22, 113, 207, 214
Kirgisen 58, 86
Kirgisen-Aufstand 66
Kirgisische Autonome Sozialistische Sowjetrepublik (KASSR) 67
Kirgisische Kette (Kyrgyz Alatoo) 22, 155
Kirgisischer Autonomer Oblast 67
Kirowskoje-Stausee 175
Kitschi Kemin 162
Kitschik Kyzyl Suu 220
Kleiner Alaj 273
Klima 17, 30, 321
klimatische Zonen 30
Koj Tasch 140, 157
Kokander Khanat 60
Kök-Schaal-Berge 217
Kök-Schaal-Too 22
Kollektivierung 68, 115
Kolpakowskij-Gletscher 220
Konsulate 312
Koreaner 83, 85
Korruption 123
Koschoj Korgon 247
Kosch-Ünkür-Tal 244
Koshomkul 166
Kotschkor 231
Kotschur Tasch 220
Krankenhäuser 316
Küche 99
Kujlju-Too 22
Kulaken 85
Kulow, Felix 75, 76
Kumtor 81, 120, 221, 222
Kungej Alatoo 22, 163, 191
Kunsthandwerk 92
Kurden 83
Kurmandshan Datka 132, 284
Kuropatkin, Aleksej Nikolajewitsch 65
Kurum-Tör-Pass 264
Kuschan 47
Kuvaljatan 264
Kymyz 99, 102
Kyz-Art-Pass 235
Kyzyl Adyr (Kirowka) 175
Kyzyl-Art-Pass 291, 292
Kyzyl Oj 166
Kyzyl Suu 274
Kyzyl Tuu 226
Kyzyl Ünkür 268

L
Lagman 99
Landesname 82
Landkarten 356
Landwirtschaft 119
Lehmbau 124
Leili Mazar 303

Leninpol (Bakaj Ata)) 175
Literatur 354
Lukaschenko, Alexander 78

M
Machalla 89
Machmud Al Kaschgari 114
Majda-Adyr 215
Manas-Epos 172
Manas Ordo 172
Mandschu 60
Manichäismus 113
Mennoniten 85, 158, 175
Menschenrechte 107
Menzbier, Michajl Alexandrowitsch 263
Menzbier-Murmeltier 263
Merzbacher, Gottfried 207, 212
Merzbacher-See 22, 210
Merzbacher-Wiese 210
Mescheten 69, 83
Milko, Dmitrij 38
Minarett von Burana 161
Mittelasien 82
Moldo, Togolok 174
Moldo-Too 22
Mongolen 55
Moscheebesuch 333
Murgab 297
Murzabekowa, Dshamilja 28, 30
Musik 96
Musikinstrumente 93

N
NABU Kirgistan 304
Nacktbaden 333
Naryn 239
Naryn (Fluss) 28
Naryn-Oblast 230
Naryn-Too-Gebirge 239
Naryn-Zapowednik 245
Nationalitäten 83
Nationalpark Ala Artscha 41, 155
Nationalparks 41
Naturreservate 41
Naturschutz 304
Nazarow, Temir 126
Nichtregierungsorganisationen 107
Niederschlag 31
Nikolaus II. 65
Nomadentum 87, 94
Nördlicher Tien Schan 22
Nord-Süd-Ausdehnung 21

O
Oguz Baschi 219
Oj-Kajyng-Gebirge 167
Oktoberrevolution 66
Opposition 107
Orlowka 162
Orozbakow, Sagymbaj 174
Orto-Schatschma-Tal 303
Orto-Tokoj-Stausee 231, 235
Osch 275
Oschanin, Wasilij Fjodorwitsch 294
Osch-Dialekt 88
Osch-Oblast 273
Otunbajewa, Rosa 76, 78, 80
Oxus 28
Ozjornyj-Pass 165

P
Pamir 21, 296
Pamir-Highway 290
Pamiro-Alaj 22
Pamirskij Post 64
Pamirskij Trakt 298
Parlament 105
Parteien 105
Pass Tschong Ak Suu 165
Patagonien Mittelasiens 303
Perestroika 70
Permafrostbereich 25
Petrow-Gletscher 222
Pfefferkorn, Stephan 124
Pflanzenwelt 32
Pik Karakol 216, 217
Pik Khan Tengri (→ Khan Tengri) 207
Pik Lenin 295
Pik Manas 174
Pik Nansen 209
Pik Neil Armstrong 219
Pik Piramidalnyj 303
Pik Pobeda 22
Pik Pobeda (Dshengisch Tschokusu) 207, 215
Pik Sabach 303
Pischpek 61, 129
Pjandsh (Tadschikistan) 298
Planwirtschaft 68, 115
Platonow, Andrej 130
Plow 99
Pogrebetskij, Michail 214
Politisches System 105
Polygamie 109
Post 323
Präsident 79
Preisniveau 323
Presse 324
Pro-Kopf-Einkommen 107
Prshewalskij-Museum 202
Prshewalskij, Nikolaj 202
Pskem-Gebirge 264

R
Rechtswesen 107
Regierung 105
Regierungsbezirke 105
Reiseapotheke 319
Reisen mit Kindern 325
Reiseveranstalter 325
Reiseveranstalter in Kirgistan 327

Register

Reisezeit 17, 30, 321
Relief 21
Religionen 110
Reptilien 35
Rickmers, Willi Rickmer 295
Rotfront 158
Ruch-Ordo 195
Russen 83, 85, 90
russische Kolonisierung 90
Russlanddeutsche 86

S

Sajmaluu Tasch 271
Saken 47
Salzsee Kara Köl 225
Sanatorium Tschong Tuz 235
San-Tasch-Pass 189
Sary Dshaz 209, 216
Sary-Dshaz-Too 22
Sary-Kamysch-Gebirge 167
Sary Mogol 293
Sary Oj 193
Sary Tasch 290
Sary-Tschelek-Schutzgebiet 260
Sary-Tschelek-See 30, 260
Sassaniden 49
Satybaldijew, Dschantoro 81
Satylganow, Toktogul 257
Sauberer, Franz 214
Säugetiere 38
Schafzucht 69
Schamanismus 113
Schamschy 160, 235
Schattenwirtschaft 117
Scheker 174
Schneider, Erwin 295
Seen 29
Seidenstraße 54
Semjonowka 198

Semjonow-Tjan-Schanskij, Pjotr Petrowitsch 63, 158, 178, 183
Sicherheit 17
SIM-Karten 331
Skazka-Felsen 225
Skigebiet Karakol 217
Sokuluk-Tal 140
Sommerweiden von Sarala Saz 234
Song Köl 29, 237
Song-Köl-Hochebene 237
Sprache 114
Staat 105
Steinzeit 42
Stolypin, Pjotr Arkadjewitsch 231
Strelnikowo 140
Succow, Michael 14, 41
Sujab 55, 160
Sulajman Too 279
Sultan Chalil 60
Sultan Seid 60
Suusamyr 165
Suusamyr-Ebene 165
Suusamyr-Gebirge 167
Swetlyj Mys (Ak Bulung) 201
Synkretismus 113
Syr Darja 21, 28
Syrten 216

T

Tadschiken 83
Taklamakan-Wüste 21
Talas 170
Talas Alatoo 22
Talas (Fluss) 29
Talas-Oblast 168
Tal der Südlichen Inyltschek 209
Tamerlan 182
Tamga 223
Tamga Tasch 223
Tamtschy 190, 192
Tandyr 99

Tankstellen 329
Tasch Baschat 245
Tasch Bulak 140
Tasch Kumyr 259
Tasch Rabat 247
Tasch-Rabat-Pass 248
Tataren 69, 83, 85
Taxi 330
Teke Sekrik 244
Telefon 331
Temir Kanat 226
Temperaturverteilung 31
Tengiz-Baj-Pass 294
Tengri 113
Terkej-Torpok-Pass 237
Terskej Alatoo 22, 216
Tien Schan 21
Tien-Schan-Highway 256
Tierwelt 34
Timur (Tamerlan) 57
Tjup 189
Tjurin, Boris 214
Tokmak 61, 159
Toktogul 257
Toktogul-Stausee 30
Tölök-Tal 237
Tong 225
Töö-Pass 165
Toropowa, Walentina 304
Torugart-Pass 248
Tosor 225
Tosor-Pass 224
Tourismus 118
Trans-Alatau-Trail 165
Transili-Alatau 22, 155
Transoxanien 28
Trinkgeld 331
Tschaar-Pass 246
Tschagatai 56
Tschajek 235
Tschandalasch-Gebirge 264
Tschaptschyma-Pass 264
Tschatkal-Gebirge 22, 262

Tschatyr Köl 30
Tschegedek-Tal 224
Tschernjajew, Michail Grigorjewitsch 63
Tschetschenen 69
Tschil-Ustun-Höhle 285
Tschokajewo, Mustafa 66
Tschokoly Köl 220
Tscholpon Ata 194
Tschong Kemin 188, 198
Tschong-Kemin-Nationalpark 165
Tschong-Kemin-Tal 162
Tschong Kyzyl Suu 219
Tschong Sary Oj 185, 193
Tschong Tasch 69, 221
Tschuj 29, 185
Tschuj-Oblast 153
Tschust-Kultur 46
Tschyrtschyk-Pass 290
Tschytschkan-Schlucht 257
Tulpenrevolution 75
Tündük 97
Turgarinow, Arkadij Jakowlewitsch 45
Türgesch-Kaganat 50
Turkestan-Aufstand 65
Turkestanische Autonome Sozialistische Sowjetrepublik (TASSR) 66
Turkestanisches Gebirge 21
Turkestan-Sibirische Eisenbahn (Turksib) 64
Turk-Kaganate 49
Tuura Suu 226

U

UAZ 452 250, 294
Uiguren 83, 85
Ukrainer 83, 85, 90
Umtauschkurs 16
Unabhängigkeit 70
Union der Sozialistischen Sowjetrepubliken (UdSSR) 66
University of Central Asia 241
Unterkunft 17, 331
Unterwegs im Land 17, 332
Ural 4320 251
Urmaral 175
Usbeken 83, 87
usbekische Traditionen 89
Usunen 47
Utschemtschek-Tal 224
Uzgen 287

V

Vegetarier 101
Vegetationszonen 34
Verfassung 79, 105
Verhaltensregeln 333
Verkehrsregeln 334
Versicherungen 319
Verständigung 17
Verwaltungsbezirke 20
Viehzucht 95
Visum 335
Vögel 34, 36

W

Wachan-Korridor (Tadschikistan) 64, 298
Währung 123
Walichanow, Schokan 63
Walnuss-Urwälder 268
Wechselkurs 123, 312
Wechselstuben 141, 311, 315
Weißrussen 83, 90
Westlicher Tien Schan 22
West-Ost-Ausdehnung 21
Westpamir 297
Wetterstationen 32
Wien, Karl 295
Wildobstblüte 268
Wildobstwälder 268
Wildtulpen 263
Wirtschaft 115, 116
Wirtschaftswachstum 117
Wolga-Deutsche 69

Y

Ysyk Ata 157
Yüe-tschi 47

Z

Zailijskij Alatoo 155, 163
Zakazniks (Naturdenkmale) 41
Zapowedniks (Totalreservate) 41
Zeitzonen 335
Zelten 332
Zentralasien 82
Zentraler Tien Schan 22, 207
Zoll 335
Zollerklärung 335
Zoroastrismus 112
Zweiter Weltkrieg 69

Bildnachweis

Konstantin Abert: 115, 122, 250.
Chubykin Arkady/shutterstock.com: 121.
Sabine Fach: 7o., 8m., 9o., 12m., 25, 27, 53, 61, 77, 91, 131, 132, 134, 135, 136, 142, 146, 149, 162o., 181, 182, 188, 191, 201, 205, 216, 220, 221, 224, 225, 227, 308u., 312, 315, 324, 328, 330, 333.
Camilla Flechtner: 358u.
Stephan Flechtner: 31, 34, 37, 46, 48, 51, 68, 96, 120, 125, 129, 133, 156, 157, 158, 159, 167, 190, 206, 235, 238u., 239, 244, 246, 249, 252/253, 259, 268, 274, 306, 311, 314, 317, 320.
Sascha und Mischa Danitschkin/Kyrgyzland: 6m., 7u. 36, 184, 210o., 219, 226, 288, 313u.
Artem Loskutnikov/shutterstock.com: 92.
Nikita Maykov/shutterstock.com: 80, 126/127.
Dmitrij Milko: 39, 40.
Peter Loos/Sabine Kauer: 151, 183.
Elena Mirage/shutterstock.com: 128.
NoviNomad Travelcompany: 5o., 9u., 10, 23, 44, 95, 98, 100, 106, 152, 157, 166, 170, 175, 193, 194, 200, 230, 247, 265, 273, 325.
Stephan Pfefferkorn: 45, 231, 258.
Radiokafka/shutterstock.com: 13m., 242.
Hans Schirrmeister: 87, 161.
Dagmar Schreiber: 4, 5m., 7m., 8o., 8u., 9m., 13o., 21, 30, 49, 58, 63, 65, 81, 84, 88, 93, 108, 110, 117, 162u., 163, 164, 180, 185, 198, 199, 204, 208, 210u., 211, 213, 215, 217, 218, 234, 238o., 256, 257, 263, 272, 275, 279, 280, 282, 283o., 283u., 284, 287, 290, 292, 294, 295, 296, 297o., 297u., 299, 308o., 309, 313o., 318, 322, 334.
Zachar Swiridenko: S. 358o.
Bodo Thöns: 12o., 17, 73, 78, 147, 150, 196.
Tracing Tea/shutterstock.com: 5u., 71, 74, 228/229.
Travel Experts: 104
Abdylas Tynyshov/shutterstock.com: 173.
Ulrich Wegener: 13u., 28, 214, 251o., 251u.
Claudia Wiedner: 6o., 6u., 12u., 15, 18/19, 33, 43, 83, 101, 102, 109, 116, 119, 178/179, 221u., 223, 316, 319, 321, 323.

Titelbild: Minarett in Burana (Pavel Svoboda/shutterstock.com)
Klappe vorn: Weg vom Tosor-Pass ins Utschemtschek-Tal (Claudia Wiedner)
Klappe hinten: Badestrand am Issyk Kul (Dagmar Schreiber)

NATURREISEN
EXPEDITIONEN
PRIVATREISEN

- Kleine Reisegruppen von 6-12 Personen
- Kompetente Betreuung
- Deutschsprachige Reiseleitung
- Aktiv unterwegs (zu Fuß, per Boot etc.)
- Authentischer, naturnaher Reisestil

z.B. - Kirgistan, Usbekistan & Kashgar
- Aktivreise "Altai, Mongolei & Baikal"
- Vom Baikalsee nach Kamtschatka
- Russland: Vulkane, Bären & Kurilensee
- Expeditionsreise durch Kamtschatka
 & viele weitere Abenteuer weltweit

Lassen Sie sich von uns persönlich beraten!

Info/Gesamtkatalog:
Tel: +49 (0)8379-92060
info@wigwam-tours.de
www.wigwam-tours.de

naturreisen WIGWAM expeditionen

OST & FERN
Reisen erleben mit dem Spezialisten

OST & FERN ★ Spezialist Osteuropa • Kaukasus • Zentralasien,
Auf der Alten Seidenstraße, Kultur & Natur erleben!

REISEN ★ Städte- & Rundreisen • Studien- & Erlebnisreisen
maßgeschneidert für Gruppen-/Kleingruppen, Privatreisen

ERLEBEN ★ Begegnungen • Events • Sonder-/Fachprogramme
Unser Reisetipp Natur erleben und im Jurten-Camp übernachten!

OST & FERN Reisedienst GmbH • AN DER ALSTER 40 • 20099 HAMBURG
Telefon (040) 28 40 95 70 • Fax (040) 280 20 11 • www.ostundfern.de

IHR REISEPARTNER IN ZENTRALASIEN

Usbekistan • Kirgistan • Kasachstan • Tadschikistan • Kashgar

Länderkombinationen auf der Seidenstraße
Natur- und Kulturreisen mit Nomaden
Abenteuer- und Trekkingtouren
Gruppen- und Individualreisen
Erlebnis- und Studienreisen
Specialtoure und Agrotoure
Organisation der Konferenz
Landkarten und Postkarten

www.novinomad.com   www.agrotourism.kg

Natur- und Erlebnisreisen

KIRGISTAN

Erleben Sie mit uns die faszinierende Natur und die Menschen im Tien-Shan-Gebirge. Auf einer Rundreise mit leichten Wanderungen oder bei einer Trekking-Tour erleben Sie die schönsten Gegenden des Landes und authentische Begegnungen mit Einheimischen.

- **Kirgistan – zu Nomaden in die Bergwelt**
  Eine Natur- und Kulturrundreise mit Wanderungen und Übernachtungen bei Nomaden-Familien, 18 Tage ab 2790,- € inkl. Flug

- **Wanderwelt – Kirgistan**
  Eine mittelschwere Trekkingtour in grandioser Natur des Tien-Shan mit Erholung am Issyk-Kul-See, 17 Tage ab 2690,- € inkl. Flug

Ostkirchstraße 65 · D-47574 Goch · Telefon +49(0)2823 / 419748
Fax +49(0)2823 / 419749 · eMail info@baikaltours.de · www.baikaltours.de

Baikalsee Altai Kamtschatka Karelien Jakutien Kaukasus Transsib Mongolei

www.Kirgistan.de
Trekking zwischen Pamir und Tienschan

Ihr Wegweiser für Reisen nach Kirgistan und Zentralasien

Kultur · Trekking & Bergsteigen · Natur

Trekking · Bergsteigen · Reiseangebote
Reiseinformationen · Reisebausteine

Kirgistan.de
Mitten ins Herz Zentralasiens

www.diamir.de

KIRGISTAN
selbst erleben...

Kleingruppenreisen & individuelle Touren

▲ **Zwischen Issyk Kul und Tienschan**
  18 Tage Trekking- und Naturrundreise ab 2450 € inkl. Flug

▲ **Auf Merzbachers Spuren im Himmelsgebirge**
  17 Tage Trekkingreise ab 2590 € inkl. Flug

▲ **Aksu-Sabakh – Durchs "Patagonien Zentralasiens"**
  13 Tage Trekkingrundreise ab 2450 € inkl. Flug

▲ **Eselwandern zwischen Bergen, Seen und Schluchten**
  16 Tage Familien- und Naturrundreise ab 1590 € inkl. Flug

▲ **Kirgistan • Kasachstan – Große Seidenstraße Teil 3**
  16 Tage Kirgistan • Kasachstan ab 1550 € zzgl. Flug

Natur- und Kulturreisen, Trekking, Safaris, Fotoreisen, Kreuzfahrten und Expeditionen in mehr als 120 Länder weltweit

Katalogbestellung, Beratung und Buchung
DIAMIR Erlebnisreisen GmbH
Berthold-Haupt-Straße 2
D – 01257 Dresden
Tel.: (0351) 31 20 77
Fax: (0351) 31 20 76
info@diamir.de

Kirgistan
Trekkingtour durch unberührte Landschaft

Gruppen- und Individualreisen

Tel: 0421 – 52 08 06 63
www.chili-reisen.de

Chili Reisen
Entdecke die Welt

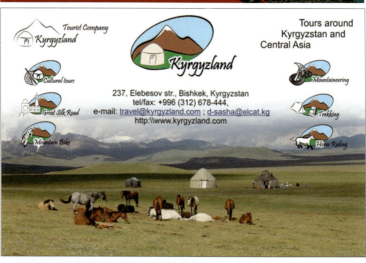

Tourist Company Kyrgyzland

Tours around Kyrgyzstan and Central Asia

- Cultural tours
- Great Silk Road
- Mountain Bike
- Mountaineering
- Trekking
- Horse Riding

237, Elebesov str., Bishkek, Kyrgyzstan
tel/fax: +996 (312) 678-444,
e-mail: travel@kyrgyzland.com ; d-sasha@elcat.kg
http:\\www.kyrgyzland.com

GO EAST REISEN
Der Spezialist für Osteuropa und Asien!

- BAIKALSEE
- BALTIKUM
- BELARUS
- CHINA
- KASACHSTAN
- KAUKASUS
- *KIRGISIEN*
- MOLDAWIEN
- MONGOLEI
- NORDKOREA
- POLEN
- RUSSLAND
- TRANSSIB
- *SEIDENSTRASSE*
- UKRAINE
- *ZENTRALASIEN*

14-tägige Rundreise Seidenstraße ab € 2323,- p.P.
Turkmenistan – Usbekistan – Kasachstan – Kirgisien

- Rund- & Städtereisen
- Ausflüge
- Individual- & Gruppenreisen
- Trekking, Fahrradtouren
- Flug- & Bahntickets
- Hotels & Appartements
- Visumservice

GO EAST®
Go East Reisen GmbH
Bahrenfelder Ch. 53, 22761 Hamburg
Tel. 040/8969090 Fax: 040/894940
www.go-east.de

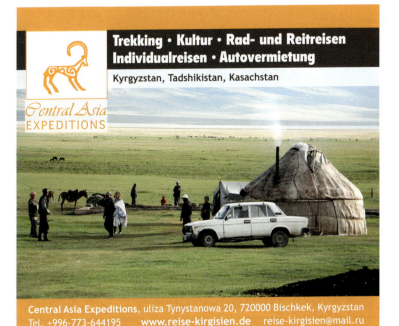

SEIDENSTRASSE

TSA - Travel Service Asia Reisen – Wir planen Ihr Abenteuer!

* Kasachstan, Tadschikistan, Usbekistan, Kirgistan und China entdecken
* Unterbringung in Hotels und bei Gastfamilien
* Touren mit privatem Pkw oder Jeep, eigenem Fahrer und Reiseleiter

Individuelle Ausarbeitung Ihres Wunschprogramms
Seit 1987 – Profitieren Sie von 28 Jahren Erfahrung!

Informationen & Katalog anfordern: www.tsa-reisen.de
Telefon: +49 (0) 911 - 9795990

Reisen nach Maß

Ihr Spezialist für
Individualreisen nach Kirgisistan

HAASE
TOURISTIK

| www.haase-touristik.de | fon 030 84 183 226 | Dickhardtstr. 56 |
| info@haase-touristik.com | fax 030 84 183 227 | 12159 Berlin |

Der Osten vom Spezialisten –

Wir organisieren Ihre Traumreise nach Kirgistan, entlang der Seidenstrasse, nach Russland und in die Mongolei.

Kira Reisen
Badstrasse 31, CH-5400 Baden
Tel. +41 (0)56 200 19 00, info@kiratravel.ch
www.kirareisen.ch

MEHR WISSEN. BESSER REISEN

TRESCHER-LESERREISEN

Auf Trescher-Leserreisen geben unsere Autoren als Reiseleiter ihr umfangreiches Wissen weiter. Mehr Informationen und alle aktuellen Leserreisen finden Sie auf unserer Website.

trescher-verlag.de / leserreisen

MEHR WISSEN. BESSER REISEN
ASIEN-REISEFÜHRER AUS DEM TRESCHER VERLAG

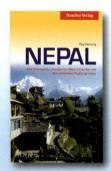

NEPAL
456 Seiten, 18.95 Euro

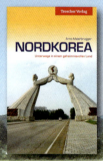

NORDKOREA
228 Seiten, 16.95 Euro

SÜDKOREA
432 Seiten, 19.95 Euro

Trescher Verlag

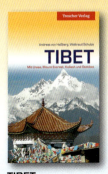

TIBET
372 Seiten, 19.95 Euro

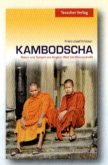

KAMBODSCHA
400 Seiten, 19.95 Euro

JAPAN
516 Seiten, 19.95 Euro

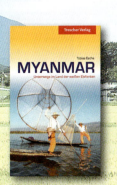

MYANMAR
420 Seiten, 19.95 Euro

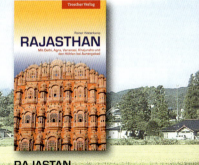

RAJASTAN
390 Seiten, 19.95 Euro

trescher-verlag.de

DIE SEIDENSTRASSE

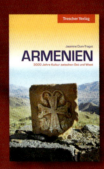
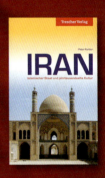

MEHR WISSEN. BESSER REISEN
ASIEN-REISEFÜHRER AUS DEM TRESCHER VERLAG

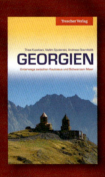
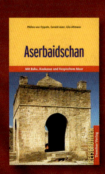
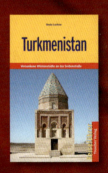